21世纪项目管理系列规划教材

# 项目管理教程

## The Course
of Project Management

## 第 2 版

骆珣 / 主编
陈翔　刘军丽 / 副主编

机械工业出版社
CHINA MACHINE PRESS

本书分为12章,前3章主要介绍了项目管理的基础知识,包括项目概述、项目管理概述和项目组织。4~12章讲述了项目管理的九大知识领域:项目整体管理、项目范围管理、项目时间管理、项目成本管理、项目质量管理、项目人力资源管理、项目沟通管理、项目风险管理和项目采购管理。最后的附录部分介绍了Project 2007项目管理软件应用指南,为读者提供了一套完整的项目管理知识体系。

本书内容理论与实践相结合,条理清晰,附有内容丰富的案例和习题,可供项目管理及相关专业师生阅读参考。

## 图书在版编目(CIP)数据

项目管理教程/骆珣主编. —2版. —北京:机械工业出版社,2010.7(2021.8重印)
(21世纪项目管理系列规划教材)
ISBN 978-7-111-28939-5

Ⅰ.项… Ⅱ.骆… Ⅲ.项目管理—教材 Ⅳ.F224.5

中国版本图书馆CIP数据核字(2010)第115112号

机械工业出版社(北京市百万庄大街22号 邮政编码100037)
策划编辑:曹雅君 责任编辑:孙晶晶 责任校对:李 杉
封面设计:柏拉图 责任印制:张 博
北京玥实印刷有限公司印刷
2021年8月第2版第27次印刷
169mm×239mm · 28印张 · 543千字
标准书号:ISBN 978-7-111-28939-5
定价:55.00元

凡购本书,如有缺页、倒页、脱页,由本社发行部调换

电话服务 网络服务
社 服 务 中 心:(010)88361066 门户网:http://www.cmpbook.com
销 售 一 部:(010)68326294 教材网:http://www.cmpedu.com
销 售 二 部:(010)88379649
读者购书热线:(010)88379203 封面无防伪标均为盗版

# 丛 书 序

"21世纪项目管理系列规划教材"自2003年陆续出版以来，受到了广大师生的好评，有两本书被列入教育部"十一五国家级规划教材"之中。时隔五年，出版社决定修订再版，遵嘱作序。

2003~2008年是极不平凡的五年，不管是中国还是世界各国，我们可以列出许许多多极具影响的重大事件。谨以中国为例，历时18年(1992~2009年)有113万大移民的三峡工程到2008年已基本完成；创造世界铁路建设奇迹的青藏铁路克服重重困难于2006年7月1日全线通车；还有2008年百年罕见的南方大雪，烈度接近极限的汶川大地震，令世界各国为之震撼的北京奥运会，神七英雄漫游太空……试想这些重大事件，哪一件不是我们所关注的"项目"？哪一件不需要我们极尽全能地去管理？我们说企业是在"运作"和"项目"这两类活动中不断发展的。往深层次地去考虑，我们的社会不也是在"运作"和"项目"这两类活动中不断发展吗？只不过以前项目管理学科还没有发展到像今天这样，人们还没有从"项目"的概念上来认识这些重大事件。经过几十年的发展，项目管理已逐渐为人们所认知，在社会发展中所起的作用也逐渐为人们所认同。特别是近年来在项目管理领域呼声甚高的"项目导向型社会"的出现就是明证。

近几年来，项目管理学科在急速发展，在我国的大学本科、硕士教育中都已设置了项目管理专业，就在这三五年之内，我国设置工程硕士的高等院校也已发展到了100多所。这不仅说明项目管理学科已逐渐为人们所认知，更说明社会的发展很需要项目管理。再回看我们的"系列教材"，如何更好地为教育、为社会服务就是一个很迫切的问题了。

出版物的修订与再版无非是做两件事：一是补充新的内容，二是修改原版中已发现的问题和错误。这里说的补充新的内容，既包括系列教材各分册需要补充的内容，也包括还没有列入系列教材中的新内容，如项目管理成熟度模型(Project Management Maturity Model)，大型项目的管理(Program Management)，项目群管理(Portfolio Management)，项目导向型社会

(Project-Oriented Socialist),项目管理(Project Governance)等。我相信系列教材的作者们、出版社的编辑们以及国内项目管理的专家们会共同努力,跟上时代发展步伐的。这也是 2006 年 IPMA 上海大会"项目管理——创新时代发展的关键"(Development by Projects—A Key to The Innovation Age)和 2008 年 IPMA 罗马大会"与时俱进的项目管理"(Project Management to Run)的精神所在。愿与系列教材的作者们、出版社的同志们以及广大项目管理领域的专家们共勉。

# 序

进入 21 世纪，信息技术和知识经济迅猛发展，许多社会经济活动都是通过项目方式来实现的。在经济全球化的今天，各种各样的项目如雨后春笋般不断涌现，大批跨国公司的"进入"和我国公司的"走出去"，使得国内、国际市场融为一体，竞争日益激烈。

随着社会的快速发展、竞争的加剧，以及市场不确定性和风险性的日益提高，现代项目管理作为一种系统的管理体系和技术，几乎被广泛地应用于所有行业，取得了卓越的成效，产生了巨大的影响，并发挥着越来越大的作用。经过半个多世纪的发展，项目管理已经形成了一套完整的知识体系，并成为现代管理学科的一个重要分支。

项目管理专业人才已成为国内外企业争夺人才的热点。但是合格的项目管理人才仍比较匮乏，我国在项目管理总体水平上有待进一步提升，特别是如何按照国际通用的项目管理方法和技术，结合中国国情对项目管理等问题进行解决。

本书结合编者多年的实践教学经验，同时吸收、借鉴国内外先进项目管理教材的一些内容，系统、全面地介绍了项目管理的理论和方法。本书的最大特点是"简约而不简单"，紧紧围绕项目管理这一主题，在名人名言的启迪下，引发读者对项目管理相关知识点的浓厚兴趣，并在各章后辅以相关案例思考，以突出实践的应用，注重培养和增强读者运用项目管理知识分析和解决实际问题的能力。同时，为了帮助读者进一步消化项目管理的基本概念，熟练掌握项目管理的基本程序与基本方法，章后还附有大量的习题，为读者巩固所学知识点提供了便利。

衷心地希望本书能在我国各行业的实际应用中起到促进作用，为项目管理事业的发展贡献力量。

清华大学土木水利学院建设管理系　教授、博士生导师
全国项目管理领域工程硕士教育协作组　组长

# 前　言

项目管理作为管理科学的一个重要分支，其学科地位已经在国内外获得普遍认同。项目管理所倡导的管理理念和方法已逐步为人们所认识。现在，几乎所有行业和领域都在尝试着将工作任务细分为一个个相对独立的"项目"进行管理和运作。项目管理将得到更为广泛的应用。

全书共分 12 章，前 3 章主要介绍了项目管理的基础知识。4～12 章讲述了项目管理九大知识领域。最后的附录部分介绍了 Project 2007 版项目管理软件应用指南，力图为读者提供一套完整的项目管理知识体系。

本书由骆珣教授主持编写，负责大纲设计、总纂和定稿工作。书中的 1～5 章、8～11 章由骆珣教授负责编写，第 6、7 章由陈翔副教授负责编写，第 12 章由刘军丽讲师负责编写，附录 Project 2007 版项目管理软件应用指南由陈翔副教授负责编写。此外，王广文、吴建红、陈晓明、刘宏娟、张翠峰、刘洁宁和李明明等硕士研究生也分别参与了本书各章的资料、案例和习题的收集、整理、校对及图形绘制等工作。

本书在内容上力求做到普遍性、创新性、理论性和实践性良好结合，并注重培养读者的项目管理技能和按照项目方法去管理工作或活动的技能。具体表现出如下三个特点：第一，通俗性。本书结构严谨，条理清楚，简明扼要，重点突出，读者不需要拥有高深的理论基础就可以很好地理解本书的内容。第二，先进性。本书按照项目管理知识体系 PMBOK（2008 版）的框架体系进行修订改编，从而保证了课程内容的先进性。第三，实用性。考虑到不同层次读者的需要，本书在行文中既有理论和方法叙述，又辅以经典案例对相应的理论进行说明。在章末相应安排了大量的自测题、练习题和模拟案例等补充资料，相信这些也将有助于读者对这门学科的深入理解和掌握。

在本书的编写过程中，参阅了国内外大量的文献和资料。在此，对所有项目管理领域的专家和学者致以最诚挚的谢意。

本书虽力求完善，然而由于时间仓促和能力有限，书中难免存在不妥及疏漏之处，恳请各位学者、专家和广大读者不吝赐教，以使本书得以不断充实和完善。

编　者

2010 年 2 月 2 日

# 目　　录

丛书序

序

前言

## 第1章　项目概述 ⋯⋯⋯⋯⋯⋯⋯⋯⋯⋯⋯⋯⋯⋯⋯⋯⋯⋯⋯⋯⋯⋯⋯ 1
1.1　项目的含义 ⋯⋯⋯⋯⋯⋯⋯⋯⋯⋯⋯⋯⋯⋯⋯⋯⋯⋯⋯⋯⋯⋯ 2
1.2　项目的基本特征 ⋯⋯⋯⋯⋯⋯⋯⋯⋯⋯⋯⋯⋯⋯⋯⋯⋯⋯⋯⋯ 3
1.3　项目干系人 ⋯⋯⋯⋯⋯⋯⋯⋯⋯⋯⋯⋯⋯⋯⋯⋯⋯⋯⋯⋯⋯⋯ 6
1.4　项目生命期 ⋯⋯⋯⋯⋯⋯⋯⋯⋯⋯⋯⋯⋯⋯⋯⋯⋯⋯⋯⋯⋯⋯ 9
1.5　里程碑和可交付成果 ⋯⋯⋯⋯⋯⋯⋯⋯⋯⋯⋯⋯⋯⋯⋯⋯⋯⋯ 12
本章小结 ⋯⋯⋯⋯⋯⋯⋯⋯⋯⋯⋯⋯⋯⋯⋯⋯⋯⋯⋯⋯⋯⋯⋯⋯⋯ 13
自测题 ⋯⋯⋯⋯⋯⋯⋯⋯⋯⋯⋯⋯⋯⋯⋯⋯⋯⋯⋯⋯⋯⋯⋯⋯⋯⋯ 13
练习与思考 ⋯⋯⋯⋯⋯⋯⋯⋯⋯⋯⋯⋯⋯⋯⋯⋯⋯⋯⋯⋯⋯⋯⋯⋯ 15
模拟练习 ⋯⋯⋯⋯⋯⋯⋯⋯⋯⋯⋯⋯⋯⋯⋯⋯⋯⋯⋯⋯⋯⋯⋯⋯⋯ 15
案例思考 ⋯⋯⋯⋯⋯⋯⋯⋯⋯⋯⋯⋯⋯⋯⋯⋯⋯⋯⋯⋯⋯⋯⋯⋯⋯ 15

## 第2章　项目管理概述 ⋯⋯⋯⋯⋯⋯⋯⋯⋯⋯⋯⋯⋯⋯⋯⋯⋯⋯⋯ 17
2.1　项目管理的产生与发展 ⋯⋯⋯⋯⋯⋯⋯⋯⋯⋯⋯⋯⋯⋯⋯⋯⋯ 18
2.2　项目管理的含义、特征及要素 ⋯⋯⋯⋯⋯⋯⋯⋯⋯⋯⋯⋯⋯⋯ 21
2.3　项目管理工作过程 ⋯⋯⋯⋯⋯⋯⋯⋯⋯⋯⋯⋯⋯⋯⋯⋯⋯⋯⋯ 23
2.4　项目管理九大知识领域 ⋯⋯⋯⋯⋯⋯⋯⋯⋯⋯⋯⋯⋯⋯⋯⋯⋯ 29
本章小结 ⋯⋯⋯⋯⋯⋯⋯⋯⋯⋯⋯⋯⋯⋯⋯⋯⋯⋯⋯⋯⋯⋯⋯⋯⋯ 40
自测题 ⋯⋯⋯⋯⋯⋯⋯⋯⋯⋯⋯⋯⋯⋯⋯⋯⋯⋯⋯⋯⋯⋯⋯⋯⋯⋯ 40
练习与思考 ⋯⋯⋯⋯⋯⋯⋯⋯⋯⋯⋯⋯⋯⋯⋯⋯⋯⋯⋯⋯⋯⋯⋯⋯ 41
模拟练习 ⋯⋯⋯⋯⋯⋯⋯⋯⋯⋯⋯⋯⋯⋯⋯⋯⋯⋯⋯⋯⋯⋯⋯⋯⋯ 41
案例思考 ⋯⋯⋯⋯⋯⋯⋯⋯⋯⋯⋯⋯⋯⋯⋯⋯⋯⋯⋯⋯⋯⋯⋯⋯⋯ 41

## 第3章　项目组织 ⋯⋯⋯⋯⋯⋯⋯⋯⋯⋯⋯⋯⋯⋯⋯⋯⋯⋯⋯⋯⋯ 43
3.1　项目组织相关概述 ⋯⋯⋯⋯⋯⋯⋯⋯⋯⋯⋯⋯⋯⋯⋯⋯⋯⋯⋯ 44

3.2 项目组织结构 ·················································· 48
3.3 项目组织结构选择 ············································ 57
本章小结 ···························································· 61
自测题 ······························································· 61
练习与思考 ························································· 63
模拟练习 ···························································· 63
案例思考 ···························································· 64

## 第4章 项目整体管理 ············································· 66
4.1 概述 ···························································· 67
4.2 制定项目章程 ················································· 69
4.3 制订项目管理计划 ············································ 76
4.4 指导和管理项目执行 ········································· 79
4.5 监督和控制项目工作 ········································· 84
4.6 实施整体变更控制 ············································ 87
4.7 项目收尾 ······················································· 89
本章小结 ···························································· 92
自测题 ······························································· 92
练习与思考 ························································· 94
模拟练习 ···························································· 94
案例思考 ···························································· 95

## 第5章 项目范围管理 ············································· 96
5.1 概述 ···························································· 97
5.2 收集需求 ······················································· 99
5.3 项目范围定义 ·················································· 108
5.4 创建工作分解结构 ············································ 114
5.5 项目范围确认 ·················································· 121
5.6 项目范围控制 ·················································· 124
本章小结 ···························································· 127
自测题 ······························································· 127
练习与思考 ························································· 129
模拟练习 ···························································· 130

IX

案例思考 …… 130

## 第6章 项目时间管理 …… 131

### 6.1 概述 …… 132
### 6.2 项目活动定义 …… 132
### 6.3 项目活动排序 …… 136
### 6.4 项目资源估算 …… 144
### 6.5 活动持续时间估算 …… 149
### 6.6 项目进度规划 …… 153
### 6.7 项目进度控制 …… 170

本章小结 …… 174
自测题 …… 174
练习与思考 …… 177
模拟练习 …… 178
案例思考 …… 178

## 第7章 项目成本管理 …… 179

### 7.1 概述 …… 180
### 7.2 项目成本估算 …… 182
### 7.3 项目成本预算 …… 190
### 7.4 项目成本控制 …… 197

本章小结 …… 207
自测题 …… 208
练习与思考 …… 211
模拟练习 …… 212
案例思考 …… 213

## 第8章 项目质量管理 …… 215

### 8.1 概述 …… 216
### 8.2 项目质量规划 …… 219
### 8.3 项目质量保证 …… 230
### 8.4 项目质量控制 …… 233

本章小结 …… 240
自测题 …… 240

  练习与思考 ························································································· 243
  案例点评 ····························································································· 243
  案例思考 ····························································································· 245
 第 9 章 项目人力资源管理 ····································································· 246
  9.1 概述 ························································································· 247
  9.2 项目人力资源规划 ······································································ 250
  9.3 项目团队组建 ············································································ 257
  9.4 项目团队建设 ············································································ 261
  9.5 项目团队管理 ············································································ 269
  本章小结 ····························································································· 273
  自测题 ································································································ 273
  练习与思考 ························································································· 276
  模拟练习 ····························································································· 276
  案例思考 ····························································································· 276
 第 10 章 项目沟通管理 ············································································· 278
  10.1 概述 ······················································································· 279
  10.2 项目干系人识别 ······································································ 280
  10.3 项目沟通规划 ········································································· 284
  10.4 项目信息发布 ········································································· 292
  10.5 项目干系人期望管理 ······························································· 295
  10.6 项目绩效报告 ········································································· 297
  本章小结 ····························································································· 300
  自测题 ································································································ 300
  练习与思考 ························································································· 302
  模拟练习 ····························································································· 303
  案例思考 ····························································································· 303
 第 11 章 项目风险管理 ············································································· 305
  11.1 概述 ······················································································· 306
  11.2 项目风险管理规划 ·································································· 307
  11.3 项目风险识别 ········································································· 312
  11.4 项目风险定性分析 ·································································· 320

| | |
|---|---|
| 11.5 项目风险定量分析 | 325 |
| 11.6 项目风险应对 | 331 |
| 11.7 项目风险监控 | 336 |
| 本章小结 | 340 |
| 自测题 | 340 |
| 练习与思考 | 343 |
| 案例思考 | 343 |

**第 12 章 项目采购管理** ·············· 345

| | |
|---|---|
| 12.1 概述 | 346 |
| 12.2 项目采购规划 | 351 |
| 12.3 项目采购组织 | 362 |
| 12.4 项目采购实施 | 366 |
| 12.5 项目采购收尾 | 370 |
| 本章小结 | 373 |
| 自测题 | 373 |
| 练习与思考 | 375 |
| 案例思考 | 376 |

**附录 Project 2007 项目管理软件应用指南** ·············· 378

| | |
|---|---|
| 一、Project 2007 概述 | 379 |
| 二、建立项目计划 | 384 |
| 三、资源管理 | 395 |
| 四、成本管理 | 405 |
| 五、项目监控 | 409 |

**参考文献** ·············· 429

# 本 书 图 例

○ 项目组织或人员

📄 项目文件

▭ 该领域正在进行的项目工作

→ 项目工作信息流出

▭ 领域外的项目工作

⇢ 项目工作信息流入

▭ 领域内其他项目工作

⟺ 不同领域项目工作具有关联性

主要内容
- ➤ 项目的含义
- ➤ 项目的基本特征
- ➤ 项目干系人
- ➤ 项目生命期
- ➤ 里程碑和可交付成果

第 1 章

# 项目概述

在当今社会,一切都是项目,一切也都将成为项目!
——美国项目管理专业资质认证委员会主席保罗·格雷斯(Paul Grace)

## 1.1 项目的含义

在现实生活中,时常会听某人说,他正在做一个项目,甚至会有人把他所做的一切事情都称之为项目。"项目"这个专业术语有时被用得比较模糊。人类的活动丰富多彩,为什么有些活动可将其称之为项目?究竟什么样的活动可视为项目呢?项目是一件事情、一项独一无二的任务,也可理解为是在一定时间、一定成本内所要达到的预期目标的活动。

国内外的很多组织和专家学者都对项目这个术语下过定义:

(1) 美国项目管理协会(Project Management Institute,PMI)认为,项目是为提供某项独特产品、服务或成果所做的临时性努力。其中,"独特"是指一个项目所形成的产品、服务或成果在关键特性上的不同。"临时"是指每个项目都有明确的起点和终点。

(2) 德国 DIN69901 认为,项目是指在总体上符合如下条件的唯一性任务:

1) 具有预定的目标。
2) 具有时间、资金、人力和其他限制条件。
3) 具有专门的组织。

(3) Harold Kerzner 博士认为,项目是具有以下条件的一项活动:

1) 有根据某种技术规格完成特定任务的一个目标。
2) 有确定的开始和结束时间。
3) 有经费限制。
4) 消耗资源(如资金、人员、设备)。

(4) R. J. 格雷厄姆认为,项目是为了达到某种特定目标而调集到一起的资源组合。它与运作的区别是:项目通常只做一次;项目是一项独特的工作,即按某种规范及应用标准生产某种新产品或提供某项新服务。这种工作应当在限定的时间、成本和人力资源等项目参数内完成。

(5) Joan Knutson 和 Ira Bits 认为,项目是为达到某项目标而精心组织的某项过程,该目标起初具有抽象化的形态。

(6) J. R. Meredith 和 S. J. Mantel 认为,项目是具有以下特性的、必须完成的、特殊的有限任务:

1）目的性。
2）相互依赖性。
3）独特性。
4）冲突性。
5）寿命期。

（7）R. K. Wysocki, R. beck, Jr. 和 D. B. Crane 认为，项目是由一些独特的、复杂的相关活动所组成的一个序列，它必须在特定时间和预算之内且根据规范完成一个目的或目标。

（8）John Bing 认为，项目是一件事，一项一次性任务，在一定时间和一定成本内达到预期的目标。

综上所述，尽管不同的组织或者个人给项目下的定义有所不同，但这些定义均在不同程度上揭示了项目的本质特征，并具有许多共性。例如，具有明确的起止时间，具有预定目标，受到经费和人员的限制，都要耗费资源，并为达到目标付出努力，而且都是临时性、一次性的活动。由此可见，项目是在一定时间、成本、人力资源、环境等约束条件下，为了达到特定的目标所从事的一次性任务，也可从如下三个层面来理解项目的含义：

1）项目是一项有待完成的任务，具有特定的环境要求。
2）项目是在一定的组织机构内，利用有限的资源（人力、物力、财力等），在规定的时间内所要完成的任务。
3）项目所要完成的任务应满足特定的性能、质量、数量和技术指标等要求。

例如，项目既可以是建设一座水坝或开发一个油田，也可是建造一栋大楼或改造一个体育场馆。这里需要强调的是，项目侧重于过程，它是一个动态概念，我们可以把一条高速公路的建设过程视为项目，但切不可将高速公路本身称为项目。项目也可以是一个组织中各个层次的任务。它可能只涉及某个人，也可能会涉及很多人。有的项目仅需很短的工时即可完成，而有的项目需要数千万个工时方能实现。

## 1.2 项目的基本特征

项目的基本特征包括一次性、独特性、目标明确性、组织的临时性和开放性、风险性及资源制约性等。

（1）一次性。项目的一次性特征是项目与运作的最大区别。项目有明确的起止时间，项目在此之前从未发生过，将来也不会在同样的条件下再度发生；而运作是无休止的或重复性的活动。如办公室的日常保洁工作、传达室工作人员收发报纸等工作都可以视为运作。

项目的一次性与项目的持续时间长短无关，不管项目持续多长时间，项目都有始有终。例如，装修一套房屋的持续时间较短，建造一幢大楼的持续时间较长，但无论怎样，这两个项目都有其起止时间。

（2）独特性。项目的独特性意味着每一个项目都将创造某一项特殊的、有别于其他项目的产品或服务。虽然项目的可交付成果可能会呈现某些重复性特征，但这并不会改变项目所具有的独特性。独特性是项目可交付成果（如产品、服务或成果）的一种重要特征。例如，对于各种各样的办公楼建设而言，它们可能是由同一施工团队采用相同或相似的材料建造的，但是每一栋办公楼的建设却有其独特性，即不同的业主、不同的设计、不同的地点、不同的承建人等。重复部件的存在并不改变整个项目工作的独特性本质。

（3）目标明确性。每个项目都有其明确的目标，即在一定的约束条件下所预期达到的目标。项目经理在项目实施前必须进行周密的计划。事实上，项目实施过程中的各项工作都是为实现项目的预定目标而进行的。例如，企业为了扩大生产规模，建造一个生产车间的过程就是一个项目，该项目的目标包括生产车间的规模、功能、特性、使用寿命、起止时间及预算成本等。

（4）组织的临时性和开放性。开展项目离不开项目组织。在项目启动时，首先需要建立项目组织，组建项目团队，但项目组织中的团队成员不是静止不变的，在项目的执行过程中，团队成员的人数可能会有增减变化。当项目达到预期目标或因某种原因而提前终止时，项目组织将会随之解散。此时，项目团队成员可能会转移到其他项目中，或者会回到他们原来的工作岗位上。需要说明的是，组织的临时性并不意味着项目的持续期很短。

一个项目有时需要多个甚至数百个单位共同协作，它们可以通过合同、协议以及其他社会联系方式组合在一起。由此可知，项目组织并没有严格界限,而是具有良好的开放性。

(5) 风险性。项目具有风险性特点。项目不像有些事情可以尝试着重做,或失败了重新再来。项目的风险性是指由于各种条件和环境的发展变化以及人们认识的有限性而使项目结果出现非预期的损失或收益的可能性。由于项目的各种资源条件和环境因素会引起各种不同的情况发生,所以当有利情况发生时,项目就有可能获得非预期的收益;而当不利情况发生时,项目就有可能遭受非预期的损失。例如,一个在露天施工的项目受气候的影响就很大。当实际的雨天天数比预计的多时,就有造成误工损失的可能,反之亦然。项目的风险性是项目不同于运作的最重要特征之一。

(6) 资源制约性。任何项目在一定程度上都会受到项目所处的客观环境和各种资源的制约,包括项目所需的人力、财力、物力、时间、技术和信息等资源。因此,明晰开展项目工作究竟面临哪些约束条件,如时间约束、成本约束、质量约束等非常重要。项目的制约性也是决定项目成败的关键特征之一。

项目除了具有上述特征外,还有一些其他特征,包括项目的创新性、项目的过程性等,项目的这些特征是相互联系、相互影响和共同作用的。例如,正是因为项目的创新性引发了项目的风险性,而项目风险性又与项目的独特性、制约性和一次性紧密相关。

综上所述,项目与运作两者既有区别又有共同之处。它们的共同之处主要有三个方面:一是都需要依靠人员来实现;二是存在资源约束;三是需要计划、执行、控制。它们的区别在于:项目是一项独一无二的任务;而运作是连续不断、周而复始的活动,如食品厂每天制作蛋糕、邮递员每天送信等活动都属于反复进行的运作。这里需要强调的是,项目与运作的划分也并不是绝对的,在特定的条件下,运作可以转化为项目。例如,如果某一天把办公室的保洁工作改为一次特定的大扫除,以便迎接上级部门的卫生检查;如果将邮递员送信的活动理解为一项消除"死信"的行动,此时的运作就可以被视为一个具体项目了。

通过表1-1可以更好地理解项目与运作的区别所在。

表 1-1 项目与运作的区别

| 名称比较 | 项目 | 运作 | 名称比较 | 项目 | 运作 |
|---|---|---|---|---|---|
| 目的 | 特殊的 | 常规的 | 特性 | 独特性 | 普遍性 |
| 责任人 | 项目经理 | 部门经理 | 组织机构 | 项目组织 | 职能部门 |
| 时间 | 有限的 | 相对无限的 | 考核指标 | 以目标为导向 | 效率和有效性 |
| 管理方法 | 风险型 | 确定型 | 资源需求 | 多变性 | 稳定性 |
| 持续性 | 一次性 | 重复性 | | | |

## 1.3 项目干系人

一个项目的完成需要各个方面的人员或组织参与。项目干系人(Stakeholder)，也可称为利益关系人或利益相关者，是指那些积极参与项目，且其利益会因项目的执行、完工或提前终止受到正面或者负面影响的个人或者组织，如项目发起人、客户等。同时，项目干系人也可以对项目及其可交付成果实施影响。为了确定所有项目干系人对项目的要求和期望，项目管理团队必须仔细识别组织内部和外部的项目干系人。此外，为了确保项目成功，项目经理需要关注不同项目干系人对项目的影响。因为在项目实施的过程中，项目干系人的责任和权力各不相同，并且会随着项目生命期的推进而发生改变。

一个项目通常同时拥有积极的和消极的项目干系人。一般情况下，能够从项目成果中获益的人就是积极的项目干系人；而消极项目干系人是指项目成果会给其带来不利影响的人。对于积极项目干系人，帮助项目获得成功能够使他们的利益最大化。同时，如果忽视消极项目干系人可能会增加项目失败的可能性。

项目经理需要协调不同项目干系人之间的利益关系，并确保项目团队能够与项目干系人进行专业化、合作性的沟通。项目经理的一项重要工作就是对项目干系人的期望进行管理。项目干系人的识别有时是比较困难的，对项目干系人的分析应该在项目启动阶段就着手进行，并随项目进展及时进行更新，这样才有助于项目经理及其团队更好地服务于项目干系人。

通常，下列人员或组织可能成为项目的干系人：

（1）发起人。发起人是以现金或者实物形式为项目提供资金来源的一个人或一群人。发起人的重要贡献是为项目提供资金支持。发起人对项目的成功与否承担着很大的风险，因此，项目范围变更的审批、项目阶段末的评审等工作都需要项目发起人参与决策。

（2）客户。客户也称为委托人或业主，即项目最终成果的需求者和使用者。客户可以是组织内部的，也可以是组织之外的，客户也可以是发起人。客户是项目团队获得项目信息的关键来源，在项目范围的确定中客户起着重要的作用，同时影响着项目的执行过程，并负责检验项目的可交付成果。

（3）项目经理。项目经理是由上级组织授权或委派来保证按照客户的需求完成项目、并对项目全面负责的人。项目经理职位是一个富有挑战性的、需承担重要责任的岗位。项目经理需要具备灵活、快捷的判断力和娴熟的谈判技巧。项目经理必须能够理解项目的细节，同时又能够对项目进行整体管理。项目经理的工作权限取决于项目组织结构类型和上级组织的授权。

（4）项目团队。项目团队是由项目经理、项目管理团队以及其他负责实施项目但并不参与管理工作的项目团队成员组成，为实现项目的共同目标而相互依赖、协同合作的群体。在某些项目中，发起人也可能是项目团队成员之一。

项目团队应该由具备完成项目任务所需能力和技巧的人员组成。项目团队能否有效地执行项目是项目成败的关键因素。一个有效的项目团队应该善于协作，并能包容团队成员的缺点。项目工作需要团队成员进行准确而清晰的沟通，并为达到工作质量和按期完工而付出努力。每个成员应该意识到自身的工作会影响到团队中的其他成员。

（5）项目管理办公室。项目管理办公室（PMO）是负责对其所辖项目进行集中协调管理的一个组织部门，其职责从提供项目管理支持到直接管理项目等，具体包括：①管理其所辖范围内所有项目所需要的共享资源；②识别和研究项目管理方法和标准；③开发和管理项目政策及其他共享文档；④项目间的协调沟通。

项目经理和项目管理办公室的管理者角色的区别如下：

1）项目经理把精力集中在某一个具体的项目目标上，而项目管理办公室的管理者把精力集中于各个项目的范围变更，并将变更视为一种改进商业目标的潜在机遇。

2）项目经理控制已分配的项目资源，而项目管理办公室致力于在所有项目范围内最大化地利用组织的共享资源。

3）项目经理负责管理项目的范围、进度、成本和产品质量，而项目管理办公室的管理者负责管理项目的全局风险和机遇，以及企业层面上各项目间的相互依赖关系。

（6）职能经理。职能经理是指在企业的行政等各职能领域担任管理角色的人，如人力资源、财务、会计、研发或设计等部门经理。他们拥有自己稳定的团队来执行持续的职能工作，在他们各自的领域内，职能经理承担着直接管理的责任。

项目经理需要与职能经理进行合作，从而更好地利用职能部门为项目提供服务。例如，为了更好地完成项目任务，项目经理可能协同人力资源部门经理一起寻找新的项目团队成员。同时，财务部门经理能够为项目提供资金来源以及其他详细预算资料。此外，项目需要从这些部门获取具备专业技能的专家等资源。职能部门的人员可以为项目提供全职性的服务或者兼职性的辅助性工作。职能经理主要与项目经理及项目团队其他成员沟通，很少与其他项目干系人联系。

（7）商业合伙人。商业合伙人是指以合同的形式提供项目所必需的组件或服务的外部公司。

商业合伙人主要有承包商和供应商。承包商是依据合同而实施项目工作的一方，不具有对项目产品的所有权。项目承包商也是"项目执行组织"中的一员。供应商是指为项目提供原材料、设备、工具等物资设备的个人或组织。

（8）与项目有利益关系的其他组织或个人。其他项目干系人主要包括政府有关部门、新闻媒体、竞争对手、合作伙伴和社区公众等。

需要说明的是，项目干系人的角色是可转换的，在特定的环境下，他们的角色会发生变化。例如，假设A房地产开发公司拟开发一个楼盘，此时该房地产开发公司就可视为客户，在建筑业中其通常也被称为项目业主。倘若该房地产开发公司自身并没有资金实力开发此项目，有一家W公司愿意出资购买整个楼盘，此时，W公司就变成了该项目的业主。

## 1.4 项目生命期

### 1.4.1 项目生命期的含义

作为提供独特产品或服务的一次性活动,任何项目的实现都要经历若干阶段或工作过程。项目的实现依赖于那些为创造项目的可交付成果而开展的各种活动序列(也称为项目阶段)。项目的实现过程通常用项目生命期来描述,即把项目实现过程中先后衔接的各个阶段的集合称为项目的生命期。PMI把项目的生命期定义为:"项目是分阶段完成的一项独特任务,一个组织在完成一个项目时会将项目划分成一系列的项目阶段,以便更好地管理和控制项目,更好地将组织运作与项目管理结合在一起,项目各阶段的叠加就构成了一个项目的生命期。"典型的项目生命期划分如表1-2所示。

表1-2 项目生命期的阶段

| 名　　称 | 主　要　内　容 |
| --- | --- |
| 项目启动阶段 | 确定需求目标;项目立项;可行性研究;项目批准;建立项目组织;确定项目经理等 |
| 项目规划阶段 | 项目基本预算和进程的制定;为项目的执行作准备等 |
| 项目执行阶段 | 项目实施;项目监督;项目控制等 |
| 项目收尾阶段 | 评价、总结项目目标的完成程度;项目交接等 |

如表2-1可知,项目生命期一般可归纳为如下四个阶段:

(1) 项目启动阶段。这一阶段的主要工作任务是项目识别、项目构思和项目立项等工作,其形成的文字资料主要有项目建议书或可行性研究报告、项目章程或合同。

(2) 项目规划阶段。项目规划阶段的可交付成果是项目计划文件,项目计划文件是项目执行的蓝本。这一阶段的主要工作是回答何时、由谁如何来完成项目的目标等问题,即制订项目计划书。具体包括确定项目工作范围,进行项目工作分解；估算各种活动所需的时间和成本；明确进度安排和人员安排；建立质量保证体系等。

（3）项目执行阶段。这一阶段的主要任务是具体实施项目计划，简单来说，就是项目从无到有的实现过程。这一阶段的管理重点是执行项目的计划书、跟踪执行过程和进行过程控制。由此可见，项目执行阶段才是项目真正意义上的开始，是顺利实现项目目标的过程。

（4）项目收尾阶段。当项目的目标已经实现，或者项目的目标不可能实现时，项目就进入了收尾阶段。收尾阶段的管理重点是项目的交接，对项目结果进行检验、评价和总结，吸取经验教训，为完善以后的项目管理积累经验。

项目生命期的阶段划分并非唯一，最为典型的就是上述的四阶段划分法。根据项目的不同，有些项目的生命期划分得很笼统，而有些则划分得很详细。例如，有些项目的生命期可以分为五个、九个甚至更多阶段，建设类项目生命期与非建设类项目生命期阶段的划分差别也很大。图 1-1 可以帮助我们进一步理解项目生命期划分的多样性。

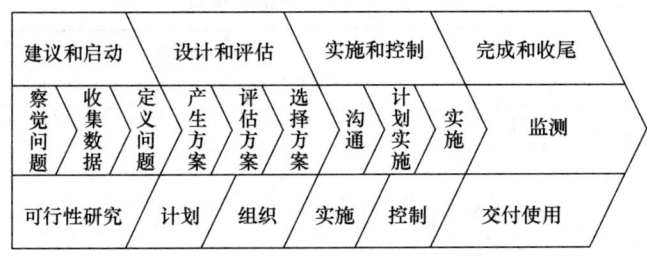

图 1-1  三种不同生命期划分的比较

项目生命期与产品生命期的含义不尽相同。如某一新产品的生命期包含研发、设计、制造、销售、使用直至报废的全过程。而该新产品的研发工作可视为一个项目，作为研发项目，它有自己的生命期，而这只是该项新产品生命期中的一个具体阶段。

## 1.4.2 项目生命期的特征

在项目实现的过程中，项目生命期的各个阶段的资源投入情况、项目风险程度和项目干系人对项目的可控性均有所不同。一般而言，典型的项目生命期都有如下特征：

（1）项目资源的投入具有波动性。在项目启动阶段，主要投入的资源是项目管理团队的智力劳动，而物力和财力的投入比较少。进入项目的执行阶段后，项目所需各种资源（人力、物力和财力）的数量将迅速增加，并达到最高峰。此后便是项目的收尾阶段，投入水平也随之下降，直到项目终止。项目生命期中资源的投入如图1-2所示。

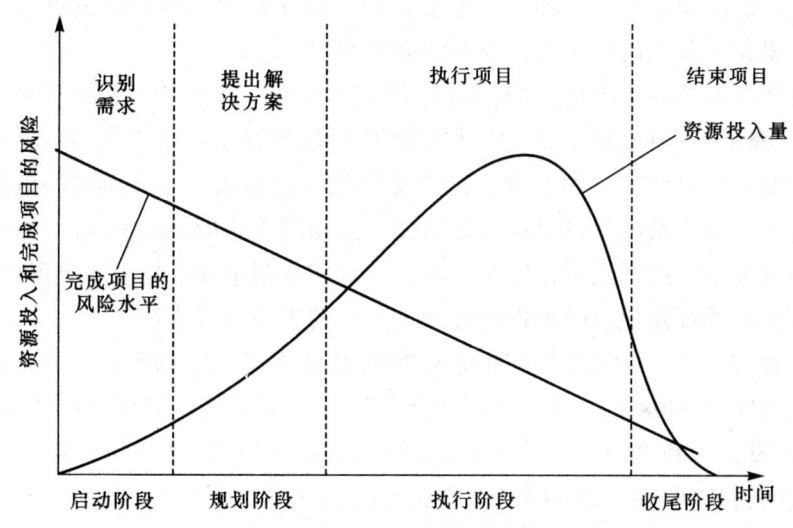

图1-2 资源的投入示意图

（2）项目风险程度逐渐变小。项目开始时，由于存在很多不确定性因素，成功完成项目的概率是最低的。随着项目的进展，不确定因素逐渐减少，成功完成项目的概率通常会逐步增加，项目生命期中完成项目的风险水平见图1-2。

（3）项目干系人对项目的控制力逐渐减弱。在项目开始时，项目干系人对项目的成本和可交付成果的特征影响是最强的，随着项目的进展，项目干系人的影响力就会逐渐减弱。这主要是因为随着项目的深入，变更和纠错成本不断增加的缘故。

## 1.5 里程碑和可交付成果

### 1.5.1 里程碑

里程碑(Milestone)，即项目中的重大事件，通常指一个主要可交付成果的完成。它是项目进程中的一些重要标记，是在规划阶段应该重点考虑的关键点，里程碑既不占用时间，也不消耗资源。

在项目的具体实施过程中，会有多个里程碑。里程碑计划就是将那些对项目实施进度有重要意义的关键事件按时间顺序加以排列的文档。项目里程碑计划的表示方法有多种形式，包括文字法、图表法等。下面以房地产开发项目为例，分别给出项目里程碑计划文字法和图表法的表示形式。

假设某生产线开发项目历时 1 年，在其生命期中共有如下 5 个里程碑。

该生产线开发项目的里程碑计划文字法的表现形式为：

里程碑 1——项目的启动时间为 2008 年 1 月 1 日；里程碑 2——需求确认完成时间为 2008 年 2 月 15 日；里程碑 3——方案设计完成时间为 2008 年 4 月 28 日；里程碑 4——试运行启动时间为 2008 年 10 月 18 日；里程碑 5——项目验收时间为 2008 年 12 月 31 日。

上述该生产线开发项目的里程碑计划也可以采用图表形式来表述，也称为图表法，具体如图 1-3 所示。

| 里程碑事件 | 1 月 | 2 月 | 4 月 | 10 月 | 12 月 |
|---|---|---|---|---|---|
| 项目启动 | ▲ | | | | |
| 需求确认完成 | | ▲ | | | |
| 方案设计完成 | | | ▲ | | |
| 试运行启动 | | | | ▲ | |
| 项目验收 | | | | | ▲ |

图 1-3 生产线开发项目的里程碑计划的图表形式

### 1.5.2 可交付成果

可交付成果(Deliverable)是指某种有形的、可以核实的工作成果或事项。

一般来说，项目有阶段可交付成果和最终可交付成果。

以典型项目生命期为例，启动阶段结束时，批准可行性研究报告是第一个里程碑，此时其可交付成果就是可行性研究报告；规划阶段结束时，批准项目计划是第二个里程碑，此时其可交付成果就是项目计划文件；执行阶段结束时，项目完工是第三个里程碑，其可交付成果就是有待交付的完工产品（基本完成的项目）或文件、软件等；收尾阶段结束时，项目交接是最后一个里程碑，其可交付成果就是完工产品和项目文件。项目里程碑和可交付成果的图例见图1-4。

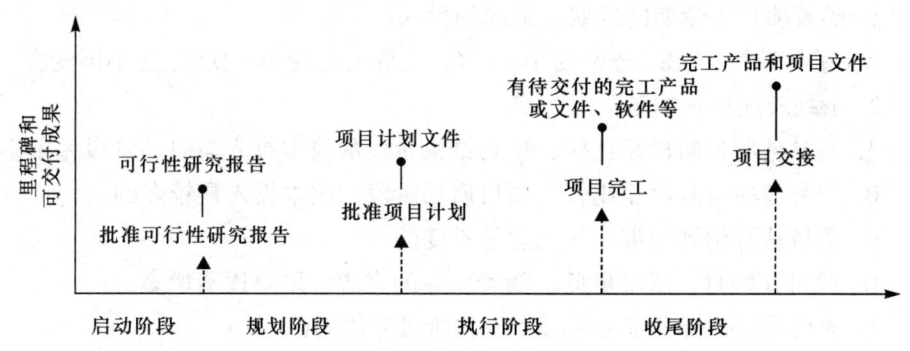

图1-4 项目里程碑和可交付成果

注：▲——里程碑事件 ●——可交付成果

## 本 章 小 结

本章从总体上对项目的基本概念进行了阐述，具体包括：项目的含义、基本特征、项目干系人、项目生命期、里程碑和可交付成果。掌握这些概念对后续章节的学习和理解非常重要。

## 自 测 题

**一、判断题**

1. 项目是为了完成某一独特的产品、服务或任务所做的一次性努力。

（　　）

2. 日常工作总是在很短的时间内完成，而项目则要跨越数年或更长

时间。 ( )

3. 项目进程中每个阶段结束时必须以某种可交付成果为标志。 ( )
4. 项目的生命期可归纳为四个阶段,这种划分是唯一的。 ( )
5. 里程碑通常是指项目进程中的阶段可交付成果。 ( )
6. 项目在开始时的风险和不确定性最高。 ( )
7. 项目变更所需的花费将随着生命期的推进而增加。 ( )
8. 在项目启动和收尾两个阶段中,人力资源的投入一般都比较少。 ( )

## 二、单选题

1. 随着项目生命期的进展,资源的投入( )。
   A. 逐渐变大　　B. 逐渐变小　　C. 先变大再变小　　D. 先变小再变大
2. 下列表述正确的是( )。
   A. 与其他项目阶段相比较,项目结束阶段的成本投入与启动阶段差不多
   B. 与其他项目阶段相比较,项目启动阶段的成本投入是较多的
   C. 项目从开始到结束,其风险是不变的
   D. 项目开始时,风险最低,随着任务的完成,风险逐渐增多
3. 确定项目是否可行是在哪个工作阶段完成的( )。
   A. 项目启动　　B. 项目规划　　C. 项目执行　　　D. 项目收尾
4. 下列表述正确的是( )。
   A. 项目的生命期是指项目的开始时间和项目的结束时间这一段时间的累计
   B. 不管项目阶段如何划分,一般均可归纳为启动阶段、执行阶段、收尾阶段
   C. 失败的项目也存在收尾阶段
   D. 项目生命期是循环往复的一段时间
5. 项目"一次性"的含义是指( )。
   A. 项目持续的时间很短
   B. 项目有确定的开始和结束时间
   C. 项目将在未来一个不确定的时间内结束
   D. 项目可以在任何时候取消
6. 应对项目的可交付成果负主要责任的是( )。
   A. 质量经理　　　　　　　　B. 项目经理
   C. 高级经理层　　　　　　　D. 项目团队成员中的某个人

## 三、多选题

1. 下列属于项目实例的是(　　)。
   A. 举办一场晚会　　　　　　B. 开发一种新的计算机软件系统
   C. 提供税务服务　　　　　　D. 管理一家工厂
2. 项目的共同点有(　　)。
   A. 明确的起止时间　　　　　B. 预定目标
   C. 受到资源的限制　　　　　D. 消耗资源
3. 日常工作与项目的区别在于(　　)。
   A. 管理方法　　B. 责任人　　C. 组织机构　　D. 管理过程
4. 项目干系人可能包括(　　)。
   A. 项目经理　　B. 客户　　　C. 供货商　　　D. 项目发起人
5. 下列属于项目基本特征的是(　　)。
   A. 目的性　　　B. 一次性　　C. 生产性　　　D. 独特性

## 练习与思考

1. 什么是项目？它与日常工作有何不同？
2. 项目的基本特征有哪些？
3. 项目生命期的基本特征有哪些？
4. 项目干系人主要包括哪些方面？

## 模 拟 练 习

请定义一个具体项目，列出该项目的最终可交付成果；对项目生命期进行划分，表明里程碑和阶段可交付成果；列出该项目的项目干系人，并对各类项目干系人的作用所在进行阐述。

## 案 例 思 考

### 英吉利海峡隧道项目的建设

英吉利海峡隧道(The Channel Tunnel)又称欧洲隧道(Eurotunnel)，由三

条长 51km 的平行隧洞组成，总长度 153km，其中海底段的隧洞长度为 3km×38km，是目前世界上最长的海底隧道。从 1986 年 2 月 12 日法、英两国签订关于隧道连接的《坎特布利条约》到 1994 年 5 月 7 日正式通车，历时 8 年多，耗资约 100 亿英镑，是世界上规模最大的利用私人资本建造的工程项目。该项目资金来源渠道甚多，既有欧、美、日等 220 家银行的贷款，又有 70 多万个股东的筹资，还有许多由建筑公司和供货厂商提供的设备材料等。

隧道的开通填补了欧洲铁路网中短缺的一环，极大地方便了欧洲各大城市之间的来往。各种汽车都可全天候地通过英吉利海峡，从而使欧洲公路网连成一体。人们称誉这项工程为"一梦 200 年，海峡变通途"。

回顾英吉利海峡隧道的建设项目，尽管在工程技术上取得了重大的成功，但是由于种种原因，其立项在过去的 8 年中至少被放弃或中断了 26 次；工程预算也从 1987 年估计的 48 亿英镑，上升到建成时的 106 亿英镑；全面营运的时间从原来计划的 1993 年初，推迟到了 1994 年 5 月。

1989 年，总承包商(TML)的成本增加，导致了 1990 年初业主(欧洲隧道公司 CTG-FM)的资金告罄。银行财团、业主和承包商各方产生了尖锐的矛盾。经过艰难的谈判，各方才接受了一个折中办法：英、法两国政府对贷款工作作担保，项目将按有限的追偿权，交付发起人使用，债务由完成项目的收益来偿还。参加过隧道建设的人认为：如果现在重新开始，不会让发起人英法隧道集团(CTG-FM)既作为业主又作为建设方，允许自己的合作伙伴(总承包商 TML 和牵头银行)与他们自己(指欧洲隧道公司)签订合同。隧道公司财务主说："财务上最致命的教训是必须有一个独立的业主，来对建设和贷款问题进行谈判。此外，由于总承包商是一个庞大的集团，一家总包，削弱了投标的竞争性，也是导致造价高昂的一个因素。"

阅读该资料后，结合本章所学的知识回答以下问题：
1. 该项目的干系人有哪些，他们所起的作用分别是什么？
2. 项目发起人是谁？
3. 该项目的可交付成果有哪些？
4. 该项目的里程碑有哪些？

主要内容
- ➢ 项目管理的产生与发展
- ➢ 项目管理的含义、特征及要素
- ➢ 项目管理工作过程
- ➢ 项目管理九大知识领域

第 2 章

# 项目管理概述

工欲善其事,必先利其器。

——《论语》

项目管理将站在 21 世纪管理舞台的中央。

——美国管理学大师　汤姆·彼得斯(Tom　Peters)

## 2.1 项目管理的产生与发展

### 2.1.1 国外项目管理的产生与发展

20世纪初,人们开始探索管理项目的科学方法。1917年,Henry Gantt发明了甘特图(又称横道图),它和里程碑系统已成为计划和控制军事工程、建筑项目的重要工具。但真正意义上的项目管理概念的形成始于1942年曼哈顿计划的实施。

迄今为止,国外项目管理经历了如下阶段:

(1)传统项目管理阶段。20世纪50~80年代是传统项目管理阶段,其重要特征是开发、推广与应用网络计划技术。1950年,关键路线法(CPM)和计划评审技术(PERT)作为网络计划技术的核心出现。它的开发和应用使美国海军部门在研究北极星号潜艇所采用的远程导弹F. B. M项目中,顺利解决了组织协调问题(该项目涉及美国48个州的200多个主要承包商和11000多家企业),节约了投资,缩短了约两年工期(缩短工期近25%)。

传统的项目管理阶段取得了巨大成绩,有效地节约了成本,保证了项目的完成时间和质量,很快就引起了全世界的普遍重视。世界许多学者由此对项目管理产生了巨大兴趣,他们聚集在一起研究项目管理的相关理论,逐渐形成了以下两个项目管理研究组织:

1)欧洲国家建立的侧重实践的国际性项目管理学术组织——国际项目管理协会(International Project Management Association,IPMA)。它是欧洲主要国家于1965年在瑞士注册的以促进全球项目管理发展为宗旨的非营利性项目管理研究组织。目前,约有45个成员国,其成员代表各个国家的项目管理研究组织,负责协调国际间具有共性的项目管理需求,进行理论研究和理论发展,提供项目管理国际标准和认证,并组织培训和教育、举办各类研讨会等。它提供自己的专业人才资格认证,即IPMA国际认证,分为A(工程主任)、B(项目经理)、C(项目管理工程师)、D(项目管理技术员)四个级别。它的认证特别强调申请者的实践能力,要求项目管理能力和具体专业知识相结合,认证过程相对严格。

2) 美国建立的注重知识性的项目管理学术组织——美国项目管理研究会(Project Management Institute, PMI)。它于 1969 年成立,成员以企业、大学、研究机构的专家为主,拥有近 26.5 万名会员,它致力于向全球推行项目管理,是由研究人员、学者、顾问和经理组成的全球最大的项目管理专业组织。通过 PMI 认证的专业项目管理人才称为 PMP(Project Management Professional),其认证更侧重于对项目管理知识的考核。

(2) 现代项目管理阶段。20 世纪 80 年代后期是现代项目管理阶段。这一时期,由于项目管理本身强大的跨行业适用性以及两大国际性项目管理研究体系的进一步推广,项目管理被广泛应用到除军事、建筑、航空工程以外的许多行业中,比如,软件制造业、金融业、保险业、计算机业、电信业等。甚至政府机关和一些国际组织也把项目管理作为其中心运作模式用以提高工作和管理效率。许多大型跨国公司和机构,如 AT&T、Bell、IBM、ABB、NCR、Motorola、Morgan Stanley、美国白宫行政办公室、世界银行和美国能源部等在其运营的核心部门都采用项目管理。

这一时期也是现代项目管理理论的多产时期。1983 年,PMI 在《项目管理季刊》中发表了有关《道德、标准和认证》的专题报道,首次将项目管理知识体系规范为一项标准。该报告标准部分的题目是《项目管理知识体系》(PMBOK)。其主要内容是从事项目管理的项目经理应当具备的基本基础知识。这个体系把项目管理系统地分为 9 个知识领域和 5 个过程组,每个过程组都有一个或者多个管理过程。国际标准化组织(ISO)也以 1996 年修订版的美国 PMBOK 作为框架,设计了 ISO 10006 项目管理标准。

进入 20 世纪 90 年代后,随着知识经济时代的来临和信息、通信等高新技术的迅猛发展,项目管理在理论和实践上都发生了巨大的变化。在以信息经济为主导的环境下,项目的不确定因素增多,需要管理人员灵活地对项目的各个任务进行处理,对时刻处于动态变化中的信息进行收集、分析和反馈,因此,在各个行业中,为重视管理的灵活性和随机性,一些具体、独特的项目管理方法和工具不断地被开发出来。计算机软件项目管理方法已经逐渐渗透到各行各业中,成为各类企业增强核心竞争力的重要内容。

近年来,国际上项目管理的研究与应用发展出现了一些新动向,主要包括:

1) 内容范畴不断扩展。

2) 高新技术和 R&D 项目管理的需求不断增大。
3) 项目管理知识体系不断完善。
4) 计算机与信息技术支撑平台的快速改善。

## 2.1.2 我国项目管理的研究和应用

我国的项目管理起源于 20 世纪 60 年代初，如老一辈科学家钱学森推广的系统工程理论和方法、华罗庚推广的"统筹法"。国防科研部门也有计划地引进了国外大型科技项目的管理理论和方法。20 世纪 60 年代，我国研制第一代战略导弹武器系统时，引进了网络计划技术（PERT）、规划计划预算系统（PPBS）、工作分解结构（WBS）等技术，并结合我国国情建立了一套组织管理理论，如总体设计部、两条指挥线等。20 世纪 70 年代，我国引进了全寿命管理概念，派生出全寿命成本管理、一体化后勤管理和决策点控制等管理理论和方法。许多大型工程，如上海宝钢工程、北京电子对撞机工程和秦山核电站工程等，都相继采用了系统工程管理方法。对现代项目管理方法的推广应用则是在 20 世纪 80 年代以后。当时，一些国外专家和从国外回国的学者开始在国内介绍和推行项目管理。

与此同时，我国在现代项目管理的应用实践中取得了进一步的成果。1982 年，在我国利用世界银行贷款建设的鲁布格水电站引水导流工程中，日本建筑企业运用项目管理方法对这一工程的施工进行了有效的管理，收到了很好的效果。航天工业在歼 7Ⅲ、歼 8Ⅱ等型号飞行器的研制中推行系统工程，实行了矩阵管理。随着项目管理影响的扩大，我国政府也开始关注项目管理科学。1987 年，国家计委等五部委联合发出通知，确定了一批试点企业和建设项目，要求采用项目管理。1991 年，原建设部进一步提出把试点工作转变为全行业推进的综合改革，全面推广项目管理。

20 世纪 90 年代初，在西北工业大学等单位的倡导下成立了我国第一个跨学科的项目管理专业学术组织——中国项目管理研究委员会（Project Management Research Committee, China, PMRC）。PMRC 在吸取国外先进经验和知识的基础上，根据与国际接轨和便于国际合作的原则，结合中国的文化与特色，编制、开发了中国自己的项目管理知识体系（C-PMBOK）及与之配套的"国际项目管理专业资质认证标准"（C-NCB），并建立了中国项目管理专业资质认证网络，初步建立了中国自己的项目管理学科体系和人才培养体系，并得到了国际项目管理协会的认可。

近年来，我国的项目管理发展速度较快，人们对项目管理知识的需求呈上升趋势，项目管理专业的书籍纷纷出版，项目管理专业逐步成为热门专业。

美国项目管理学会(PMI)的项目管理专业人员 PMP 认证于 2000 年进入我国。经过近 10 年的发展，约有 60 万人参加项目管理知识体系的培训，5.1 万人参加了 PMP 考试，3.3 万人通过考试并取得证书。

2001 年下半年，国际项目管理协会(IPMA)的国际项目管理专业资质认证进入中国，并在北京、上海、西安、深圳四城市首次开展了全国性 IPMA 认证。项目管理专业资质认证工作进一步推动了项目管理在我国的深入发展。

随着我国科学技术的发展和对项目管理研究的深入，项目管理的理念已经渗透到了 IT、机械、医药、金融、服务等各个领域，按项目进行管理也成为各行各业发展的共识。如我国 2008 年举办的奥运会，不仅各个奥运场馆的建设应用了工程项目管理的方法，各项比赛以及奥运会开闭幕式等活动的筹划也都应用了项目管理的思想。随着项目管理应用领域的多元化发展，具有行业特色的项目管理研究也日趋普及，如 IT 项目管理、研发项目管理等。此外，我国的项目管理已体现出集成化、信息化、量化等特点。在项目组织管理体系内运用集成思想，综合考虑工期、成本、质量、安全、环境等要素，并将其与信息系统相结合，实现项目管理的集成化信息系统，与此同时，对各项要素予以量化的管理和控制，成为当前项目管理的研究重点和发展趋势。

## 2.2 项目管理的含义、特征及要素

### 2.2.1 项目管理的含义

本书认为，项目管理(Project Management)是以项目及其资源为对象，运用系统的理论和方法对项目进行高效率的计划、组织、实施和控制，以实现项目目标的管理方法体系。可以通过以下方面来进一步理解项目管理的含义：

(1) 项目管理的主体是项目经理。项目经理被授权在一定的时间、资金、人员等约束情况下完成项目目标，有权独立进行计划、资源调配、协调

和控制，他必须使项目团队成为一个在工作上配合默契，具有积极性和责任心的高效群体。

（2）项目管理的客体是项目本身。项目管理是针对项目的特点而形成的一种管理方式，因而它的适用对象是项目。

（3）项目管理的职能由计划、组织、协调和控制组成，项目管理的职能是由项目经理执行的，他通过高效地运用这些职能来实现项目的目标。

（4）项目管理的任务是对项目及其资源进行计划、组织、协调、控制。需要注意的是，项目管理的任务与项目的任务含义是不同的。

（5）项目管理的目的是实现项目的目标，即提供符合客户要求的产品或服务。

### 2.2.2 项目管理的特征

项目管理与日常管理相比，有如下特征：

（1）项目管理具有创造性。项目的一次性特征，决定了每实施一个项目都要具有创新性。项目管理的创造性包括两个方面：一方面是项目管理是对于项目所包含的创新活动的管理；另一方面是项目管理必须通过管理创新来实现对项目的有效管理，因为项目的管理工作没有一成不变的模式和方法可以直接利用。

（2）项目管理是一项复杂的工作，具有较强的不确定性。项目一般由多部分组成，工作跨越多个组织、多个学科、多个行业，可供参考的经验很少甚至没有，不确定因素很多，而项目管理要在各种约束条件下实现项目目标，这些条件决定了项目管理具有复杂性。

（3）项目管理需要专门的组织和团队。项目管理通常要跨越部门的界限，在工作中将会遇到许多不同部门的人员，因此，需要建立一个不受现存组织约束的项目组织，组建一个由不同部门专业人员组成的项目团队。

（4）项目经理的作用非常重要。项目经理要在有限的资源和时间的约束条件下，运用系统的观点、科学合理的方法对与项目相关的所有工作进行有效管理。因此，项目经理对项目的成败起着非常重要的作用。

### 2.2.3 项目管理的要素

项目管理的要素有很多，从三要素逐渐发展为四要素、五要素，进而发展为六要素。

项目管理的三要素包括质量、时间和成本，对于一个特定的项目而言，项目管理的目的就是处理好这三者之间的关系。

项目管理的四要素除包括质量、时间和成本三要素以外，还包括了项目的范围，使得项目范围可以与成本、时间、质量相互协调。例如，范围增减、质量改变会引起成本和时间的相应变化。

项目管理的五要素包括质量、时间、成本、范围和组织。在这五个要素中，范围与组织是必不可少的，没有范围就无法作项目计划，没有组织就无法实施项目。而质量、时间和成本可以随着范围的变化而有所变通。

项目管理的六要素包括范围、时间、成本、质量、组织和客户满意度。客户满意度是项目管理的核心，所以在此把它列为项目管理六要素之一。

## 2.3 项目管理工作过程

项目的实现过程是由一系列的项目阶段或工作过程构成的，工作过程是产生某种结果的活动序列。任何项目都可以划分为多个不同的工作过程，对于一个项目的工作过程来说，它们都需要有一个相应的项目管理过程。一般认为，项目管理过程由如下五个基本工作过程组成，即启动工作过程、规划工作过程、执行工作过程、监控工作过程和收尾工作过程。各个工作过程之间的相互作用如图2-1所示。

从图2-1可知，项目管理的工作过程相互之间是一种前后衔接的关系。事实上，项目管理的这五个工作过程也是相互交叠的，有时还是"双向"的，如启动工作过程最先开始，依据启动工作过程的输出结果(项目章程、项目干系人登记表、项目干系人管理策略)进行制订项目管理计划工作。制订项目管理计划工作过程先为项目执行工作过程提供决策和供应商选择标准，同时还为监控工作过程提供项目管理计划。执行工作过程反过来又为规划工作过程提供更新的信息和情况(如资源日历)。因为监控工作过程中的很大一部

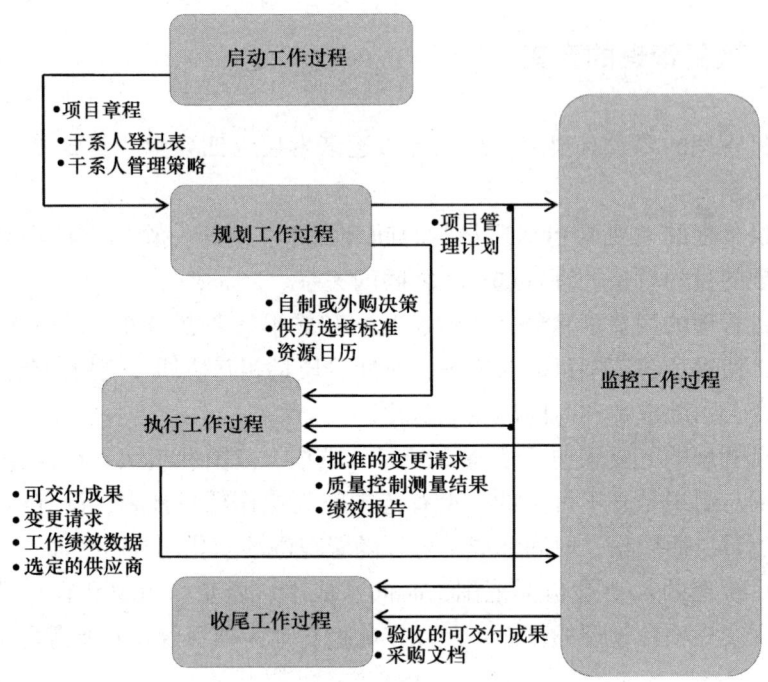

图 2-1 项目管理工作过程之间的相互作用

分工作属于事前控制,所以监控工作过程在执行工作过程开始前、规划工作过程开始后就进行了。监控工作过程为执行工作过程反馈信息(批准的变更请求、质量控制测量结果和绩效报告)。在项目管理中,控制是无处不在的,它贯穿于项目的整个生命期,以确保项目生命期的各个阶段能按预定的计划进行。收尾工作过程的工作信息不仅来源于规划工作过程,也来源于监控工作过程。

### 2.3.1 启动工作过程

启动工作过程是指定义一个项目(或阶段)的工作与活动,决策其起始与否,并决定其是否可以向后推进的过程。它由项目整体管理和项目沟通管理两个领域中的相应工作构成,如图 2-2 所示。

# 第 2 章 项目管理概述

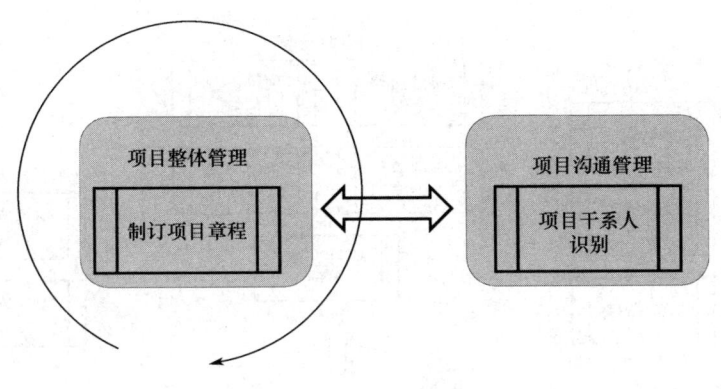

图 2-2　启动工作过程

## 2.3.2　规划工作过程

规划工作过程,即拟订、编制并改进一个项目或项目工作阶段的目标、工作计划方案、资源计划和成本预算等方面的工作,从备选方案中选择最佳方案,以实现项目目标的过程。它涉及项目管理九大知识领域,由一系列计划性的项目管理工作所构成,具体如图 2-3 所示。

## 2.3.3　执行工作过程

执行工作过程即组织和协调各项任务与工作、人员和其他资源,激励项目团队完成既定的工作计划,形成项目可交付成果的过程。它涉及项目整体管理、项目质量管理、项目采购管理、项目人力资源管理和项目沟通管理五个知识领域,由一系列组织性的项目管理工作所构成,具体如图 2-4 所示。

## 2.3.4　监控工作过程

监控工作过程,即制定标准、定期监控和测量项目的进展情况,确定实际情况与计划存在的偏差,采取纠偏措施等活动的过程。它涉及除项目人力资源管理之外的其他 8 个知识领域,是由一系列控制性的项目管理工作所构

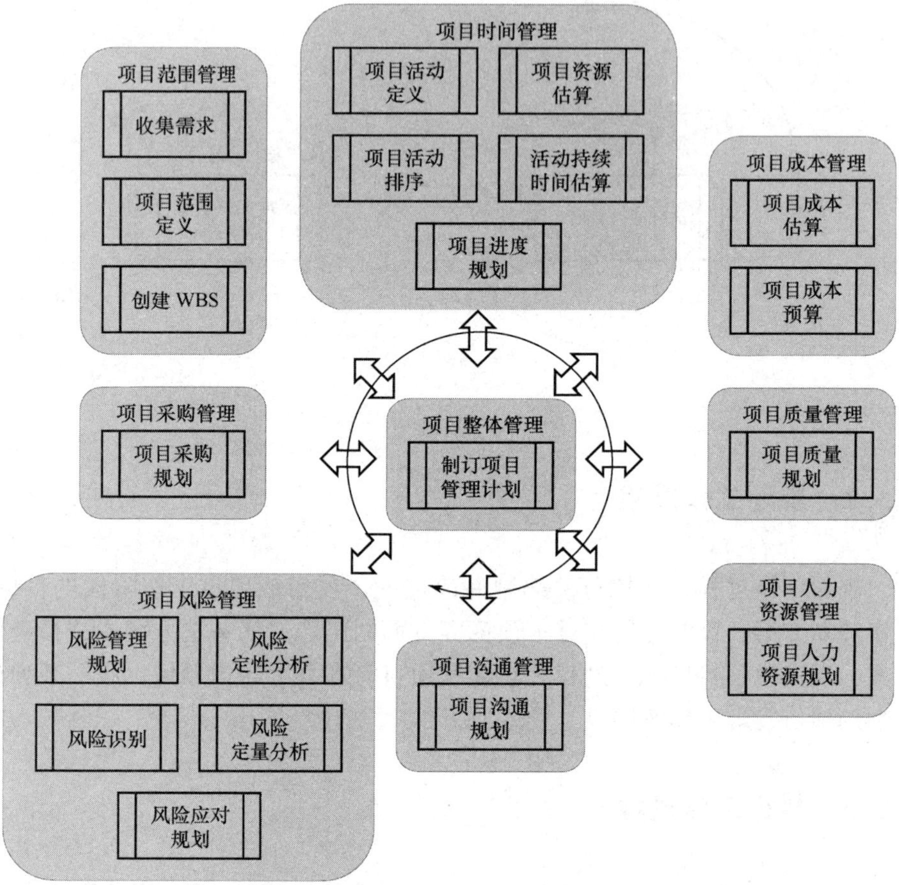

图 2-3 规划工作过程

成,如图 2-5 所示。

## 2.3.5 收尾工作过程

收尾工作过程是指制订一个项目或项目阶段需移交的文件,对项目或项目阶段正式接收,进而使项目顺利结束的过程。它涉及项目整体管理和项目采购管理两个知识领域,由文件归档和验收移交等项目管理工作构成,如图 2-6 所示。

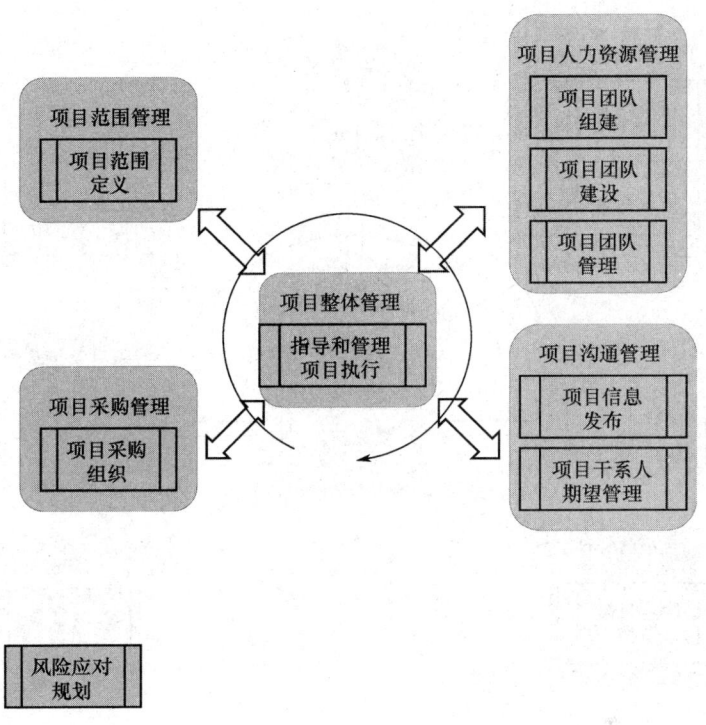

图 2-4　执行工作过程

## 2.3.6　项目生命期阶段和项目管理工作过程的关系

虽然有些项目管理过程的名称(启动过程、规划过程、执行过程、控制过程和收尾过程)与典型项目生命期的名称(启动阶段、规划阶段、执行阶段和收尾阶段)相同,但它们的含义却不同。项目的生命期包括的4个阶段是从项目实现过程的角度考虑的,是依次进行的,不可能重复。而项目管理的5个工作过程并不是独立的一次性过程,它贯穿于项目生命期的每一个阶段,项目的任何一个阶段都包含一个或几个"启动—规划—执行—控制—收尾"的管理工作过程。项目生命期阶段和管理工作过程的关系如图2-7所示。

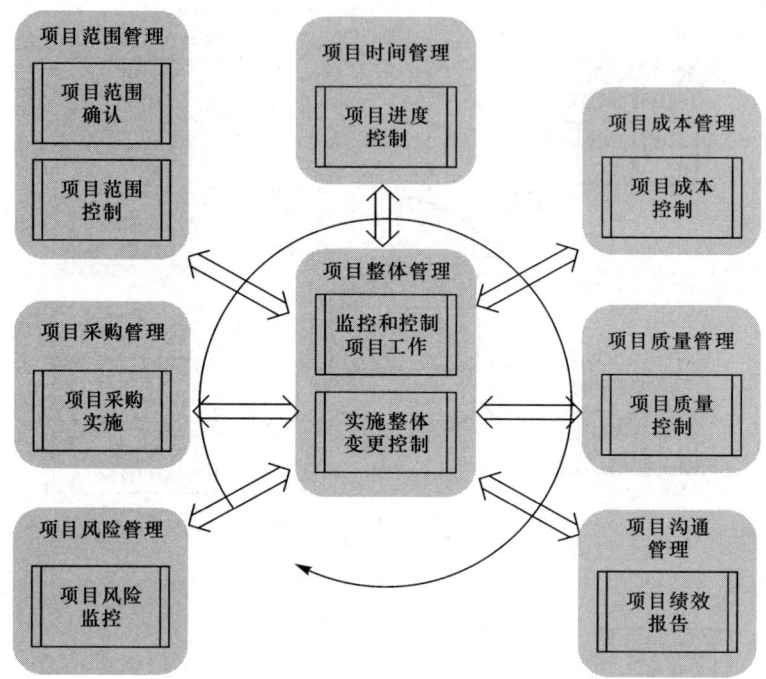

图 2-5 监控工作过程

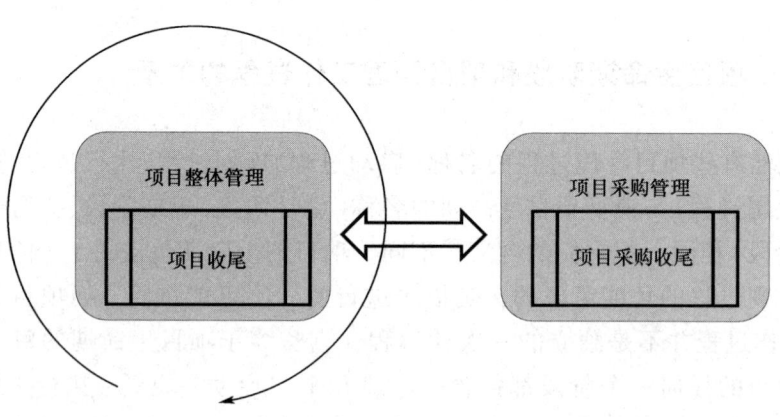

图 2-6 收尾工作过程

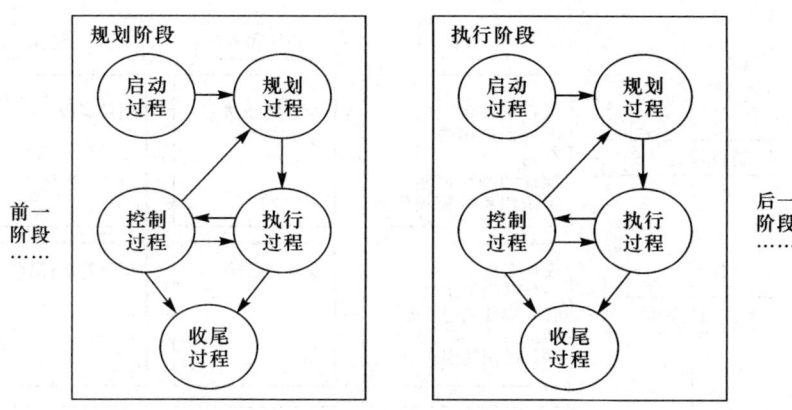

图 2-7　项目生命期阶段和管理工作过程的关系

## 2.4　项目管理九大知识领域

本书参考美国项目管理协会(PMI)颁发的项目管理知识领域的划分方法。按照美国项目管理协会提出的方法,可以将项目管理知识领域划分为 9 个知识领域,它们分别从不同的管理职能和领域描述了现代项目管理者需要的知识、方法、工具、技能以及相应的管理实践。

### 2.4.1　项目整体管理

(1) 项目整体管理的含义。项目整体管理(Project Integration Management)是指保证项目各要素相互协调的全部工作和活动过程。它从全局、整体的角度出发,有机地协调时间、成本、质量和资源等要素,在相互影响的各项具体目标和方案中权衡利弊,以消除项目各单项管理的局限性,从而满足项目干系人的需求和期望。

(2) 项目整体管理的具体工作过程。项目整体管理的具体工作过程包括制定项目章程,制订项目管理计划,指导和管理项目的执行,监督和控制项目工作,实施整体变更控制和项目收尾等 6 个方面。其具体工作过程如图 2-8 所示。

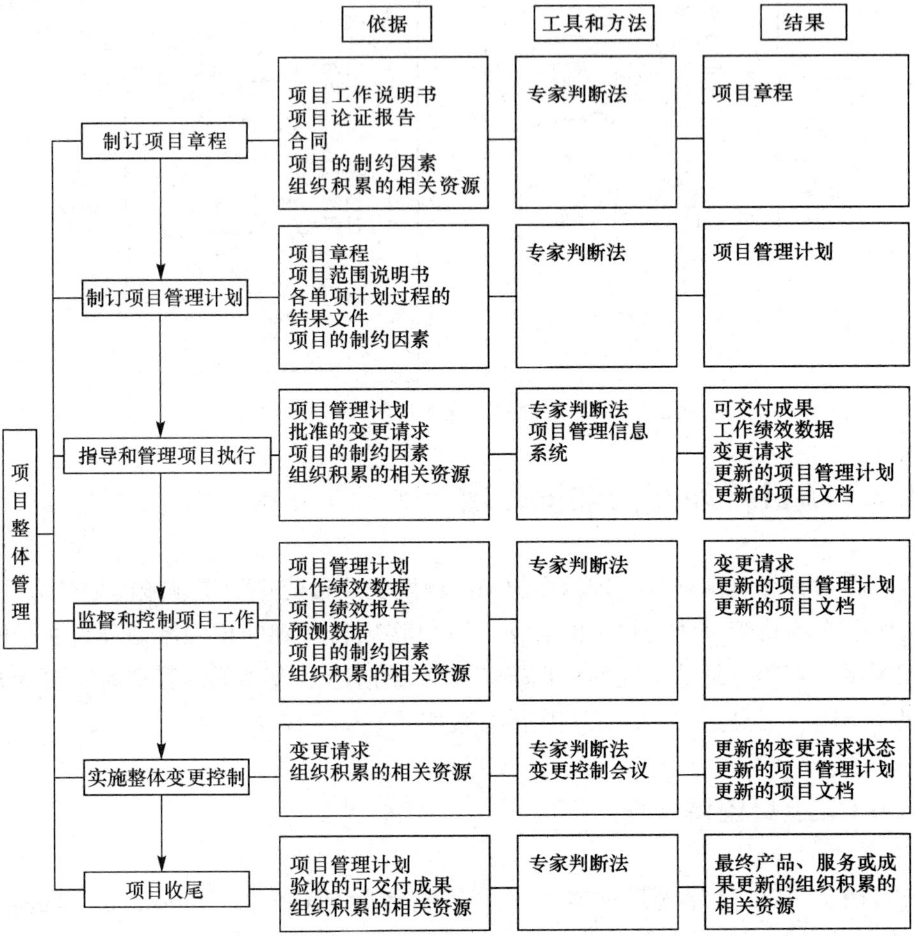

图 2-8 项目整体管理的具体工作过程

## 2.4.2 项目范围管理

（1）项目范围管理的含义。项目范围管理（Project Scope Management）是指对项目的工作范围进行管理、控制的过程和活动。其实质是功能管理，包括确保项目能够按所要求的范围完成涉及的所有过程，如启动一个新项目，编制项目范围计划，界定项目范围，由项目干系人确认项目范围及对项目范围变更进行控制。

（2）项目范围管理的具体工作过程。项目范围管理的具体工作过程包括收集需求，项目范围定义，创建工作分解结构，项目范围确认，项目范围控制 5 个方面。其具体工作过程如图 2-9 所示。

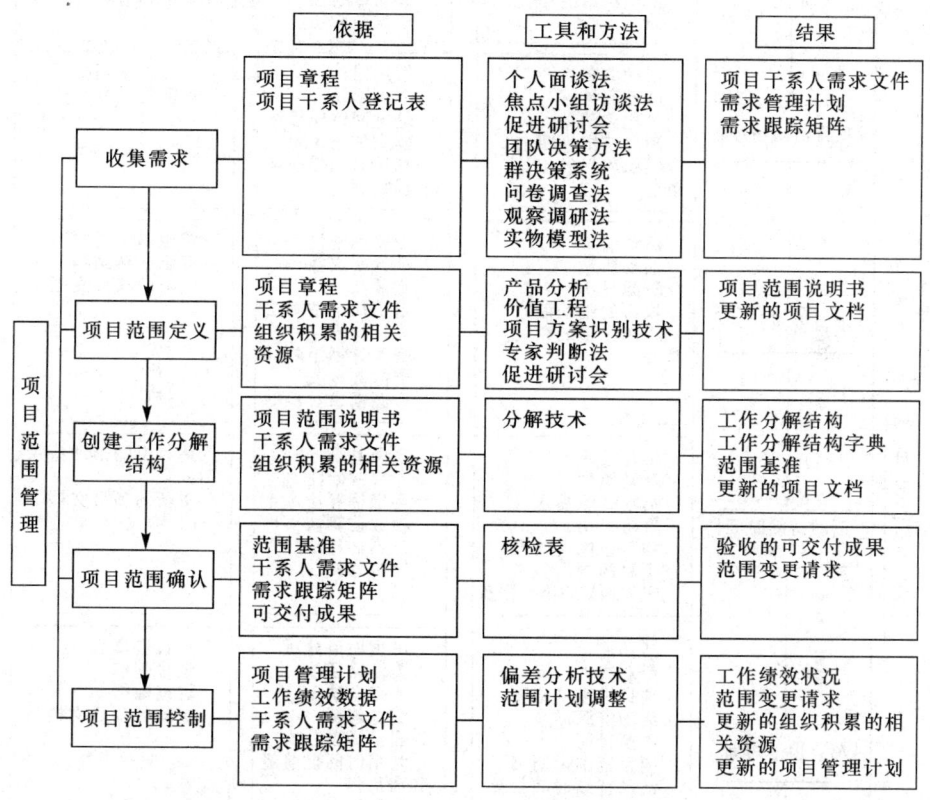

图 2-9　项目范围管理的具体工作过程

## 2.4.3　项目时间管理

（1）项目时间管理的含义。项目时间管理（Project Time Management）是指在项目的进展中，对项目活动时间及日程安排所进行的管理过程，以确保项目能够在规定的时间内实现项目目标。

（2）项目时间管理的具体工作过程。项目时间管理的具体工作过程包括项目活动定义，项目活动排序，项目资源估算，活动持续时间估算，进度计划制订和进度控制 6 个方面。其具体工作过程如图 2-10 所示。

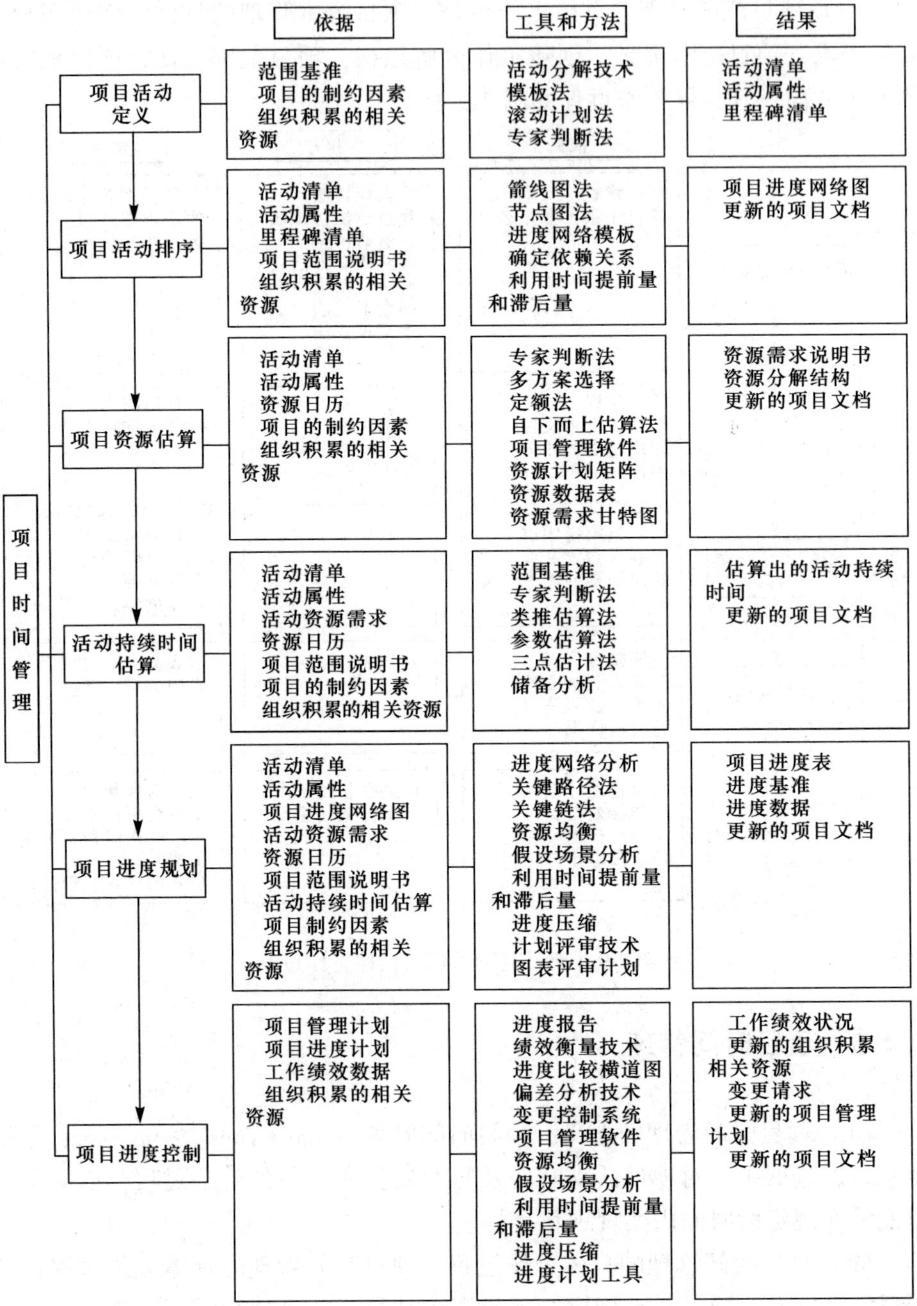

项目管理教程　第 2 版

| | 依据 | 工具和方法 | 结果 |
|---|---|---|---|
| 项目活动定义 | 范围基准<br>项目的制约因素<br>组织积累的相关资源 | 活动分解技术<br>模板法<br>滚动计划法<br>专家判断法 | 活动清单<br>活动属性<br>里程碑清单 |
| 项目活动排序 | 活动清单<br>活动属性<br>里程碑清单<br>项目范围说明书<br>组织积累的相关资源 | 箭线图法<br>节点图法<br>进度网络模板<br>确定依赖关系<br>利用时间提前量和滞后量 | 项目进度网络图<br>更新的项目文档 |
| 项目资源估算 | 活动清单<br>活动属性<br>资源日历<br>项目的制约因素<br>组织积累的相关资源 | 专家判断法<br>多方案选择<br>定额法<br>自下而上估算法<br>项目管理软件<br>资源计划矩阵<br>资源数据表<br>资源需求甘特图 | 资源需求说明书<br>资源分解结构<br>更新的项目文档 |
| 活动持续时间估算 | 活动清单<br>活动属性<br>活动资源需求<br>资源日历<br>项目范围说明书<br>项目的制约因素<br>组织积累的相关资源 | 范围基准<br>专家判断法<br>类推估算法<br>参数估算法<br>三点估算法<br>储备分析 | 估算出的活动持续时间<br>更新的项目文档 |
| 项目进度规划 | 活动清单<br>活动属性<br>项目进度网络图<br>活动资源需求<br>资源日历<br>项目范围说明书<br>活动持续时间估算<br>项目制约因素<br>组织积累的相关资源 | 进度网络分析<br>关键路径法<br>关键链法<br>资源均衡<br>假设场景分析<br>利用时间提前量和滞后量<br>进度压缩<br>计划评审技术<br>图表评审计划 | 项目进度表<br>进度基准<br>进度数据<br>更新的项目文档 |
| 项目进度控制 | 项目管理计划<br>项目进度计划<br>工作绩效数据<br>组织积累的相关资源 | 进度报告<br>绩效衡量技术<br>进度比较横道图<br>偏差分析技术<br>变更控制系统<br>项目管理软件<br>资源均衡<br>假设场景分析<br>利用时间提前量和滞后量<br>进度压缩<br>进度计划工具 | 工作绩效状况<br>更新的组织积累相关资源<br>变更请求<br>更新的项目管理计划<br>更新的项目文档 |

（项目时间管理）

图 2-10　项目成本管理的具体工作过程

## 2.4.4 项目成本管理

(1) 项目成本管理的含义。项目成本管理(Project Cost Management)是指为保证项目实际发生的成本不超过项目的预算成本,而进行的成本估算、成本预算和成本控制等方面的管理过程和活动。

(2) 项目成本管理的具体工作过程。项目成本管理具体工作过程包括项目成本估算、项目成本预算和项目成本控制3个方面。其具体工作过程如图2-11所示。

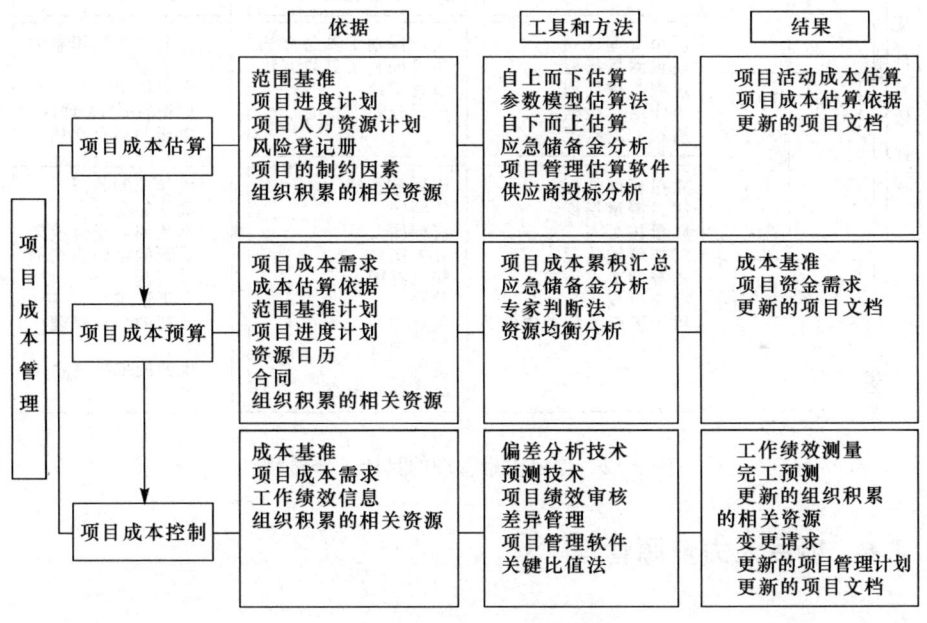

图2-11 项目成本管理的具体工作过程

## 2.4.5 项目质量管理

(1) 项目质量管理的含义。项目质量管理(Project Quality Management)是指为了满足开展项目各方面的要求,实施项目的组织确定质量方针、目标和责任的所有活动。

（2）项目质量管理的具体工作过程。项目质量管理的具体工作过程包括项目质量规划、质量保证和质量控制 3 个方面。其具体工作过程如图 2-12 所示。

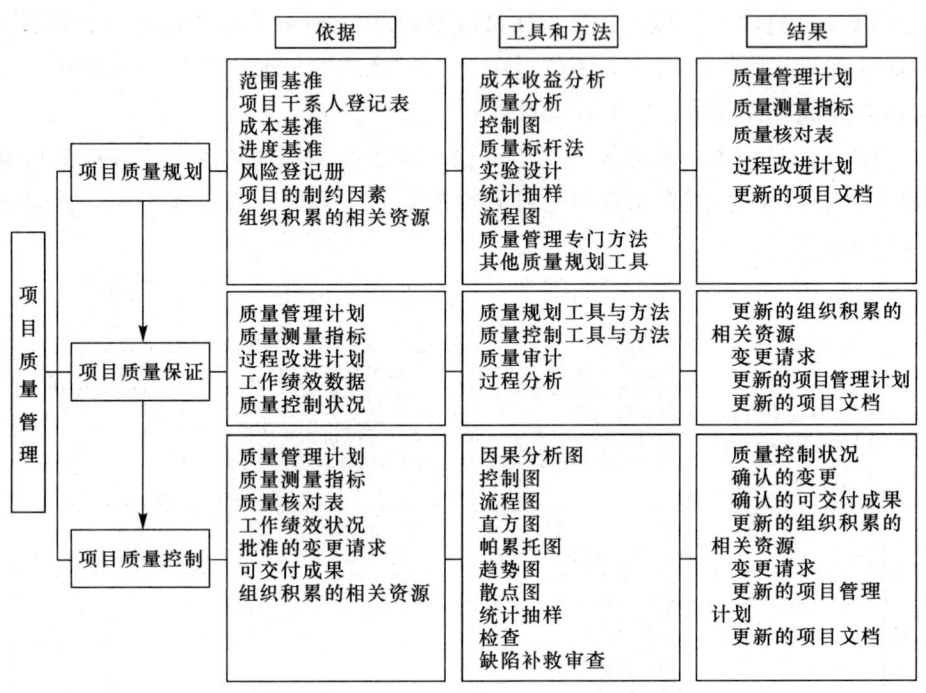

图 2-12　项目质量管理的具体工作过程

## 2.4.6　项目人力资源管理

（1）项目人力资源管理的含义。项目人力资源管理（Project Human Resource Management）是指项目经理对该项目所需的人力资源进行的科学计划、适当培训、合理配置、准确评估和有效激励等一系列管理活动和过程。

（2）项目人力资源管理的具体工作过程。项目人力资源管理具体工作过程包括人力资源规划、项目团队组建、项目团队建设等 4 个方面。其具体工作过程如图 2-13 所示。

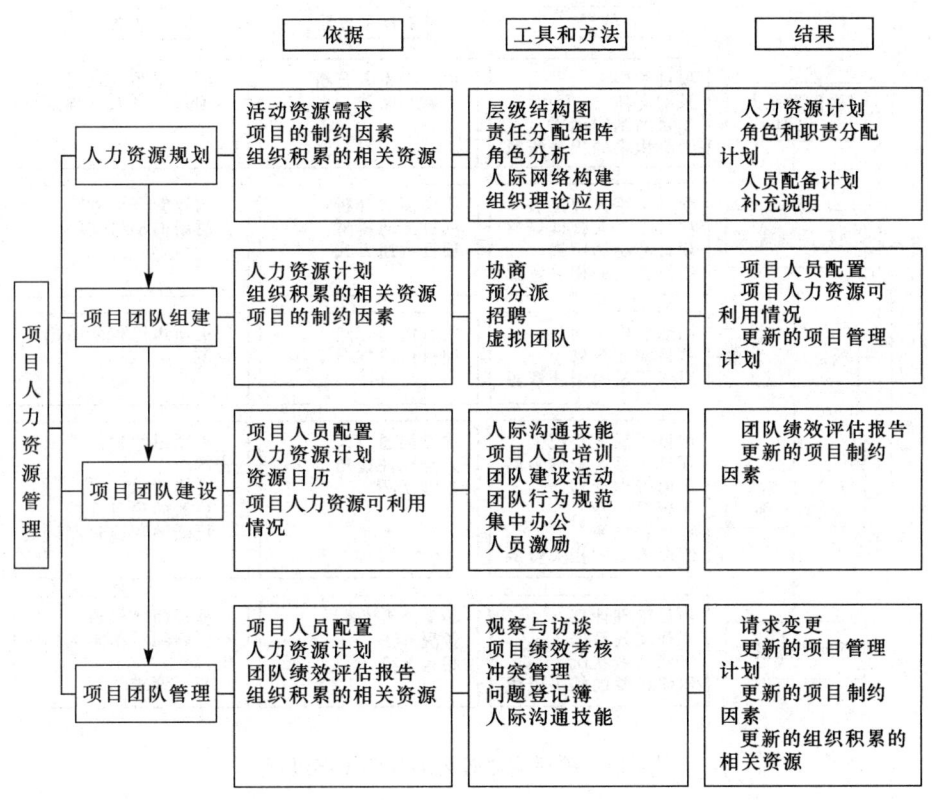

图 2-13　项目人力资源管理的具体工作过程

## 2.4.7　项目沟通管理

（1）项目沟通管理的含义。项目沟通管理（Project Communications Management）是指为确保项目信息合理收集和传递，对项目信息的内容、信息传递的方式、信息传递的过程等进行的全面管理活动。

（2）项目沟通管理的具体工作过程。项目沟通管理的具体工作过程包括项目干系人识别、项目沟通规划、项目信息发布、项目干系人期望管理和项目绩效报告 5 个方面。其具体工作过程如图 2-14 所示。

35

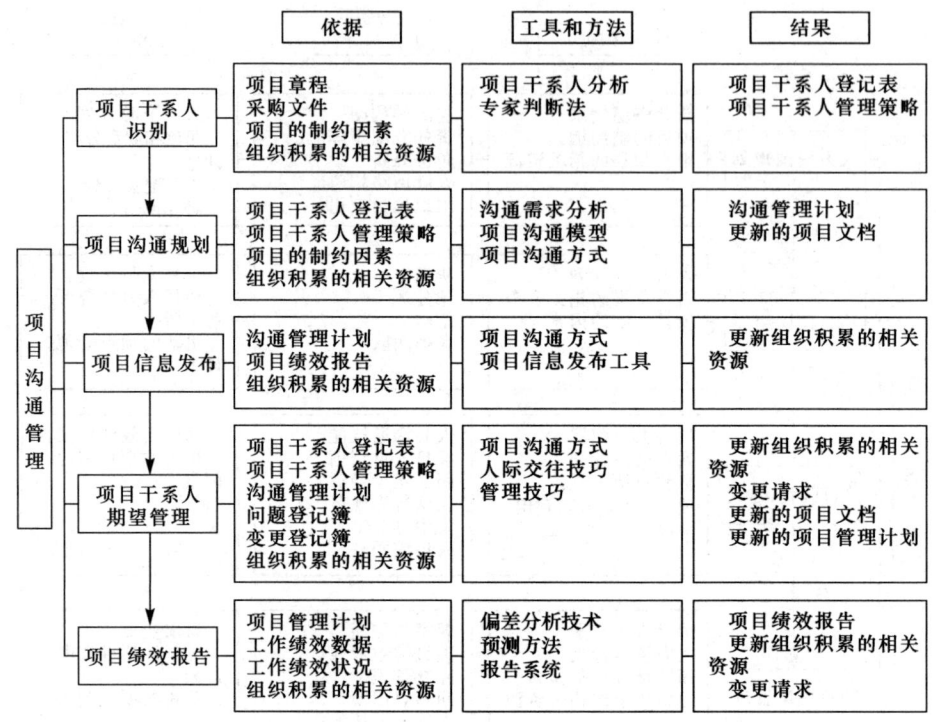

图 2-14 项目沟通管理的具体工作过程

### 2.4.8 项目风险管理

(1) 项目风险管理的含义。项目风险管理(Project Risk Management)是指通过风险识别和风险评估认识项目的风险,并以此为基础合理地使用各种风险的应对措施、管理方法、技术和手段,对项目风险实行有效的应对和监控的活动和过程,妥善处理风险事件造成的不利影响,以最少的成本保证项目总体目标的实现。

(2) 项目风险管理的具体工作过程。项目风险管理的具体工作过程包括项目风险管理规划、项目风险识别、项目风险定性分析、项目风险定量分析、项目风险应对和项目风险监控方面。其具体工作过程如图 2-15 所示。

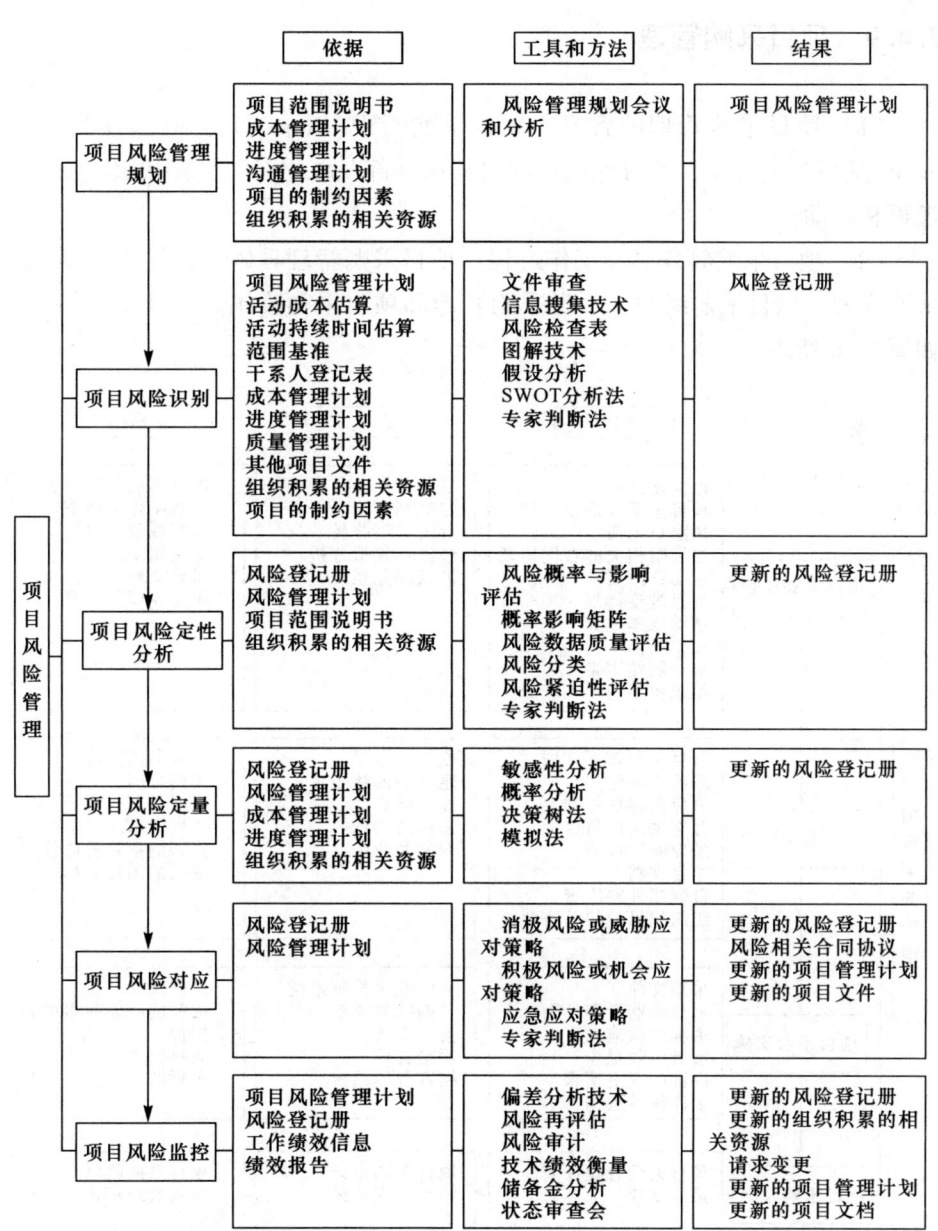

图 2-15 项目风险管理的具体工作过程

### 2.4.9 项目采购管理

(1) 项目采购管理的含义。项目采购管理(Project Procurement Management)是指为实现项目的目标而从项目组织外部获取物料、工程和服务所需的过程和活动。

(2) 项目采购管理具体工作过程。项目采购管理具体工作过程包括项目采购规划、项目采购组织、项目采购实施和项目采购收尾。其具体工作过程如图2-16所示。

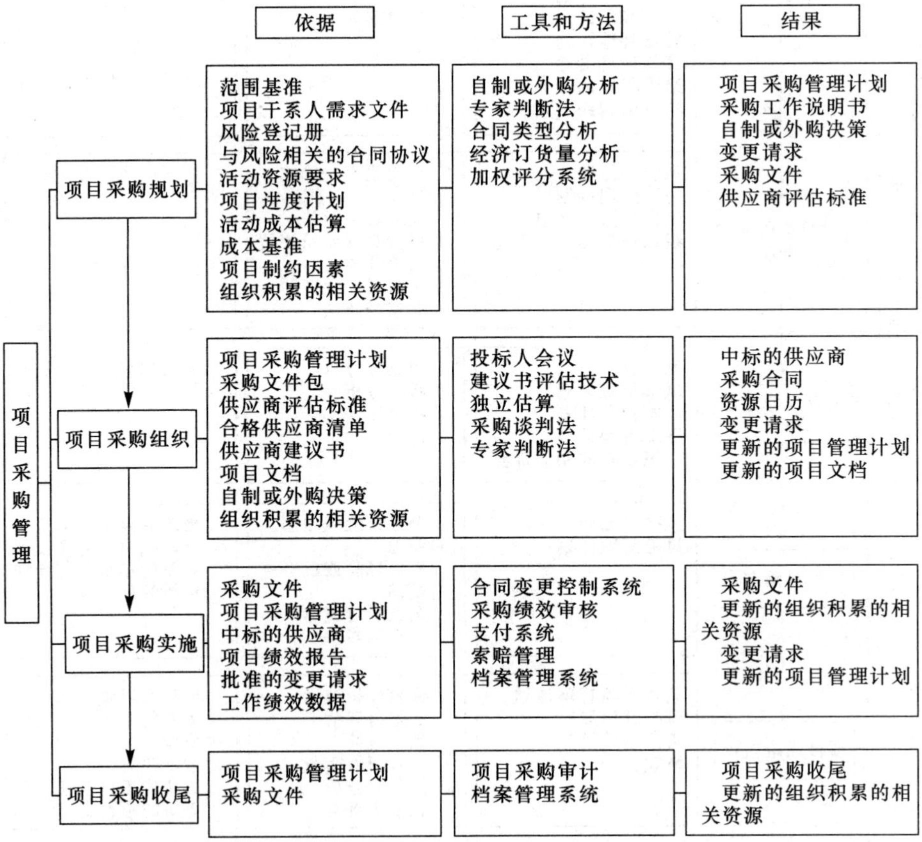

| | 依据 | 工具和方法 | 结果 |
|---|---|---|---|
| 项目采购规划 | 范围基准<br>项目干系人需求文件<br>风险登记册<br>与风险相关的合同协议<br>活动资源要求<br>项目进度计划<br>活动成本估算<br>成本基准<br>项目制约因素<br>组织积累的相关资源 | 自制或外购分析<br>专家判断法<br>合同类型分析<br>经济订货量分析<br>加权评分系统 | 项目采购管理计划<br>采购工作说明书<br>自制或外购决策<br>变更请求<br>采购文件<br>供应商评估标准 |
| 项目采购组织 | 项目采购管理计划<br>采购文件包<br>供应商评估标准<br>合格供应商清单<br>供应商建议书<br>项目文档<br>自制或外购决策<br>组织积累的相关资源 | 投标人会议<br>建议书评估技术<br>独立估算<br>采购谈判法<br>专家判断法 | 中标的供应商<br>采购合同<br>资源日历<br>变更请求<br>更新的项目管理计划<br>更新的项目文档 |
| 项目采购实施 | 采购文件<br>项目采购管理计划<br>中标的供应商<br>项目绩效报告<br>批准的变更请求<br>工作绩效数据 | 合同变更控制系统<br>采购绩效审核<br>支付系统<br>索赔管理<br>档案管理系统 | 采购文件<br>更新的组织积累的相关资源<br>变更请求<br>更新的项目管理计划 |
| 项目采购收尾 | 项目采购管理计划<br>采购文件 | 项目采购审计<br>档案管理系统 | 项目采购收尾<br>更新的组织积累的相关资源 |

图2-16 项目采购管理的具体工作过程

前文分别阐述了项目管理的过程与九大知识领域，两者之间关系如表2-1所示。

表2-1 项目管理的工作过程与知识领域的关系

| 工作过程<br>知识领域 | 启动 | 规划 | 执行 | 监控 | 收尾 |
|---|---|---|---|---|---|
| 项目整体管理 | 制定项目章程 | 制订项目管理计划 | 指导和管理项目执行 | 监督和控制项目工作<br>实施整体变更控制 | 项目收尾 |
| 项目范围管理 | | 收集需求<br>项目范围定义<br>创建工作分解结构 | | 项目范围确认<br>项目范围控制 | |
| 项目时间管理 | | 项目活动定义<br>项目活动排序<br>项目资源估算<br>活动持续时间估算<br>项目进度规划 | | 项目进度控制 | |
| 项目成本管理 | | 项目成本估算<br>项目成本预算 | | 项目成本控制 | |
| 项目质量管理 | | 项目质量规划 | 项目质量保证 | 项目质量控制 | |
| 项目人力资源管理 | | 项目人力资源规划 | 项目团队组建<br>项目团队建设<br>项目团队管理 | | |
| 项目沟通管理 | 项目干系人识别 | 项目沟通规划 | 项目信息发布<br>项目干系人期望管理 | 项目绩效报告 | |
| 项目风险管理 | | 项目风险管理规划<br>项目风险识别<br>项目风险定性分析<br>项目风险定量分析<br>项目风险应对 | | 项目风险监控 | |
| 项目采购管理 | | 项目采购规划 | 项目采购组织 | 项目采购实施 | 项目采购收尾 |

# 本 章 小 结

本章从总体上对项目管理的框架进行了描述，并介绍了项目管理的一些重要基本概念，具体有：项目管理的含义；项目管理的基本特征及要素；项目管理的工作过程；项目生命期阶段与项目管理工作过程的关系；项目管理的知识领域。

# 自 测 题

## 一、判断题

1. 项目管理的客体是项目管理者。　　　　　　　　　　　　　　　（　　）
2. 项目管理的主体是项目的全部任务。　　　　　　　　　　　　　（　　）
3. 项目管理是一项复杂的工作，具有较强的不确定性。　　　　　　（　　）
4. 项目管理的五要素包括质量、时间、成本、范围和客户满意度。

（　　）

## 二、单选题

1. 确定项目是否可行是在哪个工作过程完成的(　　)。
   A. 项目启动　　B. 项目规划　　C. 项目执行　　D. 项目收尾
2. 项目干系人识别是在哪个项目管理工作过程中进行的(　　)。
   A. 启动工作过程　　　　　　　B. 规划工作过程
   C. 执行工作过程　　　　　　　D. 收尾工作过程

## 三、多选题

1. 下列属于项目管理基本特征的是(　　)。
   A. 复杂性　　B. 创造性　　C. 自发性　　D. 预测性
2. 典型项目管理包括哪些内容(　　)。
   A. 识别需求
   B. 根据项目干系人的关注和预期来调整规格、计划和方法
   C. 平衡质量、范围、时间和成本之间的竞争需求
   D. 实施项目
3. 项目管理的三要素包括(　　)质量、时间和成本。

A. 质量　　　　B. 时间　　　　C. 成本　　　　D. 组织

## 练习与思考

1. 什么是项目管理，怎样理解这一概念？它与一般的管理有何不同？
2. 项目管理的九大知识领域有哪些？

## 模 拟 练 习

请你结合项目管理概述的基础知识，从项目管理的角度选取生活工作中的一件事情，进行分析和安排，使其能够有效、合理地开展。

## 案 例 思 考

### "彗星"空难噩梦惊首相

喷气式飞机早在1939年便诞生了。那么，喷气发动机能否用于民航客机呢？喷气发动机的故乡英国给出了答案。英国德·哈维兰公司研制的"彗星"式喷气客机表明，喷气发动机不仅可以用于客机，而且还能带来革命性的变化：飞行速度更快、飞行高度更高、乘坐更加舒适。潜在的优势还有：航程更远、载客量更大。

1949年7月9日，由英国德·哈维兰公司研制的世界上第一架4发中程喷气式客机"彗星"号诞生，7月27日首航，飞行持续了31min，"彗星"喷气式客机的出现使民航客运的平均速度由400km/h提高到800km/h，飞行高度也突破了1万m，可达到1.2万m。

正当英国准备用"彗星"号大展宏图之际，噩梦却开始了。

该机自投入使用后，接连出现了几次重大的空难事故。自1952年加入航线到1970年，重大事故就发生了21起，直接导致乘客死亡的事故就有11起。最惨重的一次发生在1970年7月3日，"彗星"4型客机满载112名乘客，结果所有乘客包括机组人员全部遇难。其余还有七起事故是机组与乘客全部死亡。

短短一年时间，交付的9架"彗星"1号客机中就有4架坠毁，其中3

架又是在空中解体的，这不能不引起英国政府和航空专家的重视。

连续发生空难，令全世界为之震动。当时的英国首相丘吉尔下令，要不惜一切代价，查出飞机爆炸原因，由一个庞大的专家组展开了详尽调查。

终于爆炸的原因被查清楚了。元凶是飞机机体结构的金属材料产生的疲劳。

在此后的几年中，德·哈维兰公司卧薪尝胆，大刀阔斧地对"彗星"号客机进行了重新设计，尤其着重对结构方面进行加强。

阅读该资料后，请结合本章所学的知识，回答如下问题：

1. 项目的启动源于何种需求？
2. 该项目在启动阶段都做了哪些工作？
3. 上述案例对你所从事的工作有何借鉴意义？

主要内容
- ➢ 项目组织相关概述
- ➢ 项目组织结构
- ➢ 项目组织结构选择

# 第 3 章

# 项 目 组 织

今天的组织需要的是由一群平凡的人，做出不平凡的事。

——管理学大师 彼得·德鲁克（Peter F. Drucker）

我们必须看到所有的问题，不管它们有多么复杂，只要你以正确的方式看待，它们就不会变得更加复杂。

——民谚

## 3.1 项目组织相关概述

### 3.1.1 组织的含义

组织有多种定义,从结构论的角度讲,组织是为了达到某些特定的目标,经过分工与合作、由不同层次的权力和责任制度所构成的人的集合。从管理角度讲,组织是通过设计和维持组织内部的结构和相互间的关系,使人们为实现组织的目标而有效地协调工作的过程,是管理的一种职能。管理角度所说的组织,通常也可以理解为组织结构。

组织结构,有时也称组织类型,它反映了生产要素相结合的结构形式,即管理活动中各职能的横向分工和层次划分,其贯穿管理活动的全过程,并随着组织活动的需要而变化。组织结构通常具有复杂性、规范性、集权与分权性三个基本特征。

(1)组织结构中的复杂性是指机构内各要素之间的差异性,它包括组织内的专业分工程度、垂直领导的层级数、组织内人员及各部门地区分布情况等。

(2)组织结构中的规范性是指一个组织内的纪律、规章制度、工作程序、生产过程及产品的标准化程序等。

(3)组织结构中的集权与分权性是指组织内的决策权力的集中与分散程度。

上述三个基本特征是组织结构外在表现形式的决定因素,它们直接决定着组织的协调、框架的设计、调整和变革。

### 3.1.2 组织管理理论

组织管理理论主要有系统论和权变理论。

(1)系统论。"系统"一词中,"系"为关系、联系;"统"为有机统一。因此,"系统"可解释为联系和统一的范畴。Webster大辞典将系统解释为:系统表现为有组织的整体,即综合构成整体的概念和原理,以有序的相互作用和相互依存的形式结合的诸要素集合体。

系统的形成应具备以下三个条件:

1）系统由两个或两个以上要素（部分、元素）所组成，要素是系统存在的基础和载体。

2）各要素之间、系统和要素之间存在着相互联系，它在系统内部和外部形成一定的结构和秩序。

3）任何系统都有特定的功能。系统论是把对象作为系统来认识和处理的理论，是对事物"完整性"的科学探索。系统论认为，世界上的一切事物都是由一定数量的相互作用和相互联系的部分或因素组成的、具有特定功能的、稳定的统一整体。

系统论方法是一种以系统理论为指导，以某些特定的定性、定量分析手段为工具，从事物本身的系统性出发，把研究对象放在系统形式中加以考察，以求得解决问题的最佳方法。

系统论强调整体性和动态性思想。整体性思想是指凡是系统都具有整体的特性，包含整体的结构、行为、功能等；动态性思想，即系统的状态随时间不断发生变化的特性。其主要强调以下观点：

1）组织的部分、部分之间的交互影响、部分之和组成的整体的重要性。

2）组织对环境的影响和环境对组织的影响。

3）将组织视为一个相互联系的、动态的、开放的系统。

系统论所强调的上述观点使得人们对组织的一般性质和一般发展规律有更深刻的认识。

（2）权变理论。权变理论是系统论的延伸和发展，它是建立在系统论基础之上的。"权变"就是随机应变的意思。权变理论认为，管理者应该根据环境变化对组织进行相应地调整，使组织和外部环境相适应，从不存在一成不变的转变为适应所有情况的、最为理想的管理理论和方法。

权变理论试图引导人们更好地将理论与实际相结合，更加正确地把握世界的客观规律。它对决策、领导、管理等方面有着广泛的指导意义。管理者若想设计一个能够适应环境、高效的组织，就必须关注内部条件和外部环境之间的一致性。

## 3.1.3 项目组织含义

项目组织（Project Organization）是为了完成特定的项目任务而建立起来

的、从事项目具体工作的载体。

在项目管理的过程中，作为完成项目工作的载体，项目组织的作用非常重要的。项目组织不仅是开展项目管理工作的基础，也是项目正常实施的保证体系。组建项目组织的目的是为了充分发挥项目管理的职能，提高项目管理的整体效率，最终实现项目所确定的目标。项目组织同一般组织一样，具有相应的领导（项目经理）、规章制度（项目章程）、相关人员（项目团队）及组织文化等。

建立项目组织的工作过程详见图3-1，具体步骤如下：

（1）确定项目合理目标。一个项目的目标包括规模、时间、质量等很多方面，这些方面的内容是互相影响的。因此，项目的实施者同委托方进行讨论，明确主要矛盾，确定一个合理的、科学的项目目标是项目工作开展的基础，同时也是选择组织结构的重要基础。

（2）确定项目工作内容。为了使项目工作更具有针对性，在确定合理的项目目标的同时，项目工作内容也应得到相应的确认。确定项目具体工作内容时，围绕项目的工作目标与任务进行分解，一般按类分成几个模块，模块之间可根据项目进度及人员情况进行调整，从而使项目工作内容系统化。

（3）确定组织目标和组织工作内容。在项目的实施过程中，并非所有的项目目标都是项目组织所必须达到的，也不是所有的工作内容都是项目组织所必须完成的。这一阶段必须明确的是：在项目工作内容中，哪些是项目组织的工作内容，因为有的工作可能是公司或组织以外的部门负责，而本组织只需掌握或了解即可。

（4）项目组织结构设计。在确定了项目目标、项目工作内容以及组织目标和组织工作内容以后，下一步就要进行组织结构设计。根据项目的特点和项目内外环境因素，选择一种适合项目工作开展的管理组织形式，并完成组织结构的设计，包括组织形式、组织层次、各层次的组织单元（部门）、相互关系框架的设计等。

（5）工作岗位与工作职责确定。工作岗位的确定要满足以事定岗的原则，满足项目组织目标的要求。岗位的划分要有相对独立性，同时要考虑合理性与完成的可能性等。岗位确定后，就要确定各岗位的工作职责。

（6）人员配置。项目组织机构设置中的一项重要原则是以事设岗、以岗定人。在项目人员配备时要做到人员精干、以事选人，根据不同层次的事情

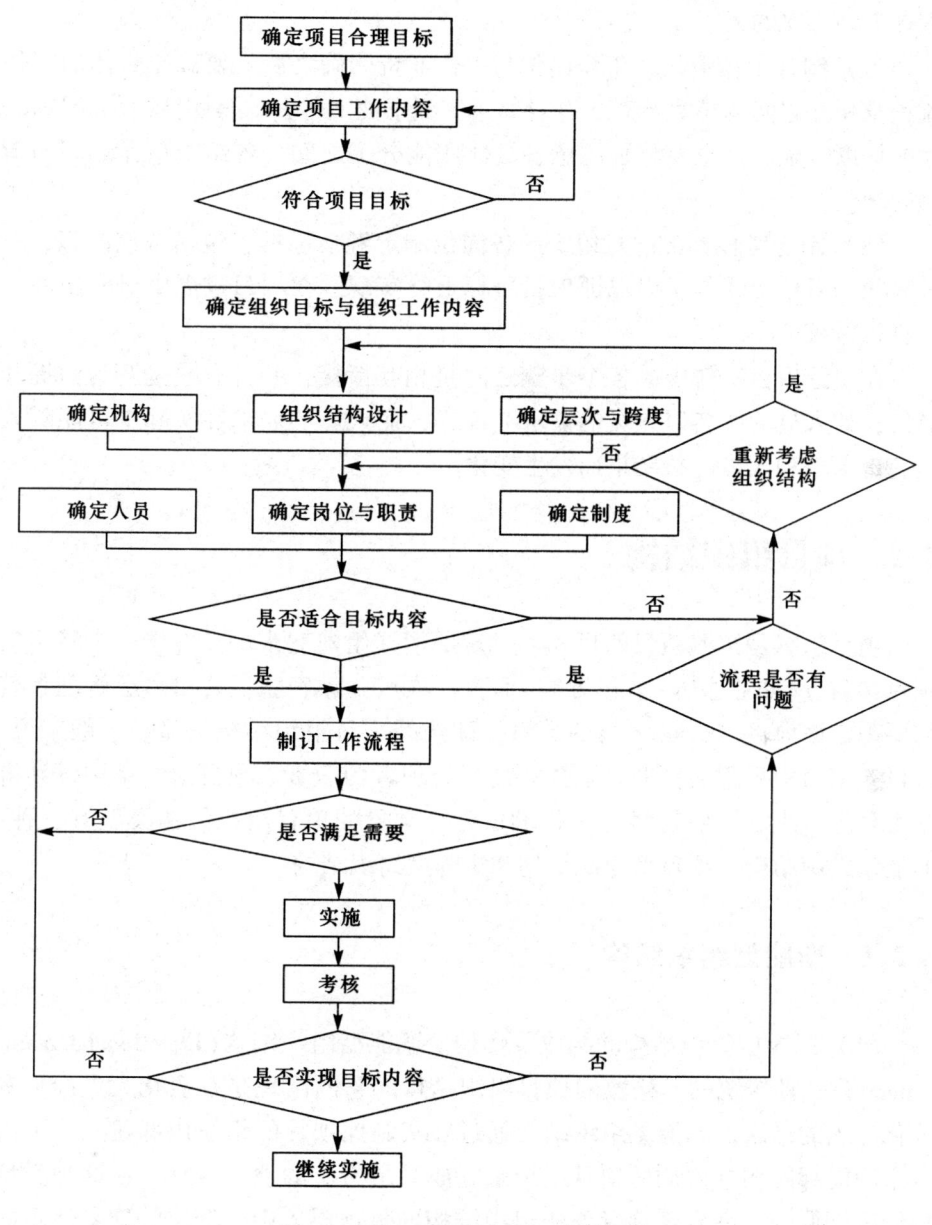

图 3-1　建立项目组织的工作过程[一]

---

[一] 注册咨询工程考试教材编写委员会。工程项目组织与管理。中国计划出版社，2003 年版。

安排不同层次的人。

（7）制订工作流程。工作岗位与工作职责明确之后就要确定具体的工作流程及相互之间的信息流程，并且要落实到书面文件，取得团队内部的认知，才能得以实施。这里要特别注意各具体职能分工之间、各组织单元之间的衔接问题。

（8）制定考核标准。对组织内各岗位制定考核标准，包括考核内容、考核时间、考核形式等，以保证项目目标最终实现。在项目进展中对实施的工作进行考核。

在实际项目工作中，各个步骤之间是相互衔接，并且有些是互为前提开展的，如人员的配备以人员的需求为前提，而人员的需求在实际中可能随人员获得结果和人员考核结果而发生变化。

## 3.2　项目组织结构

项目组织是按照项目的目标以一定的形式组建起来的。对于一个特定的项目参与方（如业主方、承包方等）而言，项目一旦确立，公司高层管理者就需要确定该项目与公司之间的关系，即选择项目组织结构类型。一般来说，项目组织结构采用何种形式是公司高层管理者的职责，项目组织结构设计得是否合理，决定了项目经理工作的成败。常见的项目组织结构类型有三种：职能型组织结构、项目型组织结构和矩阵型组织结构。

### 3.2.1　职能型组织结构

（1）职能型组织结构的构成及作用。职能型组织结构（Functional Organization）是一种传统的、松散的项目组织结构。它的出现是社会化大生产、专业化分工的结果。职能型组织结构通过在实施此项目的组织内部建立一个由各个职能部门相互协调的项目组织来完成某个特定的项目目标。在这种类型的组织结构中，高层管理者处于组织结构的最顶层，中、低层管理者逐步向下分布，公司按照各种管理职能划分为生产、财务、营销、人事和研发等若干职能部门。图3-2是一个典型的职能型组织结构示意图。

职能型组织结构主要承担公司内部项目，如公司管理信息系统开发、公

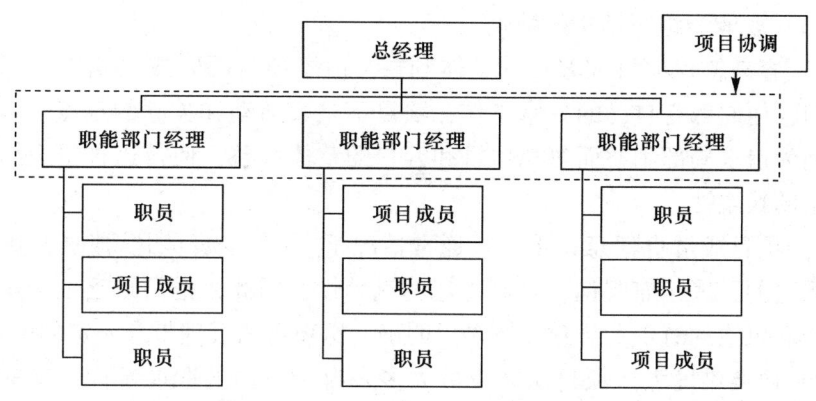

图 3-2　职能型组织结构示意图

司规章制度的完善等，一般很少承担外部项目。当公司要进行某个项目时，由各个职能部门的职员承担相应的项目任务。通常情况下，他们都是兼职的，因为这些成员在完成一定项目任务的同时，还要完成其所属职能部门的任务。项目经理可能是职能部门经理，也可能是某个部门的一般成员，主要起着协调作用，但没有足够的权力控制项目的进展，对项目团队成员也没有完全的支配权力。

（2）职能型组织结构的优点。

1）有利于灵活地利用资源。职能型项目组织能够充分利用公司内部的人力和其他资源，可以根据项目的工作需要配备所需资源，稀缺的技术专家也可以在不同的项目中共享。被临时抽调到项目中的专业人员完成任务后，又可以返回到原来的部门。

2）知识共享。由于职能部门是按照职能和专业进行划分的，同一部门的专业人员可以交流知识和经验，一起钻研业务，有利于提高专业技能，并使项目获得所需的知识和技术支持。

3）有利于保持技术及管理的连续性。当专业人员撤离项目时，职能部门将成为使技术得以延续的重要依托，从而保持技术的连续性。同时，将项目交给某一具体的职能部门来运作，有利于在程序、管理和政策等方面保持连续性。

4）项目团队成员的归宿有保障。由于项目完成后，项目团队成员可以回到原来的职能部门，该组织结构为本部门团队成员日后的职业生涯提供了保障。

(3) 职能型组织结构的缺点。

1) 容易忽视项目和客户的整体利益。由于项目团队成员属于原来的职能部门，他们都有自己的日常工作，项目不是其活动和关心的重点，因而可能会因为追求局部利益而忽视项目和客户的整体利益，使得这种组织结构具有一定的狭隘性。

2) 项目成员责任意识淡化。通常情况下，由于项目团队成员是由职能经理派遣的，属于兼职型，具有一定的流动性，因此，他们缺乏主动承担项目责任和风险的意识，导致权责难以明确，给项目的管理带来一定的困难。

3) 协调难度大。项目团队成员大多来自于不同的职能部门，横向联系较少，相互之间缺乏沟通，合作比较困难。而且，由于项目组织没有明确的项目经理，当不同的职能部门发生利益冲突时，部门经理之间很难进行协调，从而影响企业整体目标的实现。

## 3.2.2 项目型组织结构

(1) 项目型组织结构的构成及作用。项目型组织结构(Projected Organization)是按照项目设置的，每个项目相当于一个微型的职能型组织，都有自己的项目经理及其下属的部门和职员，如图 3-3 所示。项目经理全权管理项目，享有高度的权力和独立性，能够配置项目所需的全部资源，并且对项目成员有着直接的管理权力。而且不同的项目之间相互独立，所有的项目成员都是专职的，当一个项目结束时，该项目团队通常就解散了，团队中的成员可能

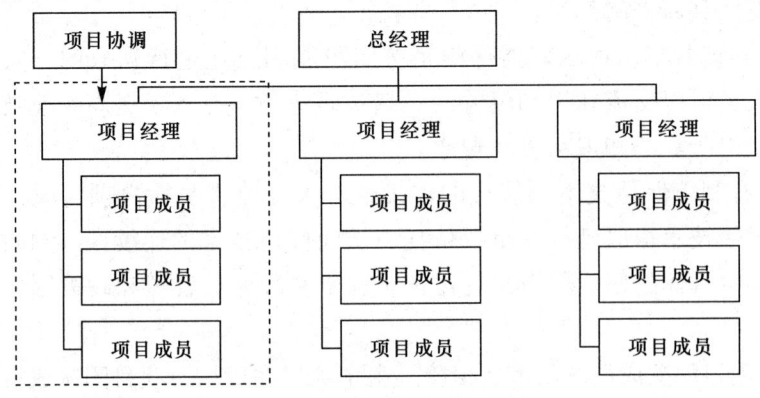

图 3-3 项目型组织结构示意图

会被分配到新的项目中去。如果没有新的项目,他们就有可能被解雇。

项目型组织中通常还设有项目管理办公室(PMO)来为各个不同的项目提供服务。项目型组织结构最突出的特点是"集中决策,分散经营",即公司的总部控制着所有部门的重大决策,各部门分别独立完成其所承担的项目,这也体现了组织领导方式由集权向分权的转化。项目型组织结构由于要汇集大量的专业人才,且重复设置,成本较高,所以常在投资额大、时间跨度长的大型项目中使用,而不适用于人才匮乏或规模较小的企业开展的项目。

(2) 项目型组织结构的优点。

1) 有利于统一指挥和管理。在项目型组织结构中,项目团队中的成员一般不具有双重身份,通常都是专职人员。因此,项目组织较为稳定,而且每个项目成员都明确自己的责任,有利于项目组织的统一指挥和管理。

2) 目标明确,有利于充分发挥团队精神。由于项目型组织都是基于项目组建的,其首要目标就是圆满完成项目的任务,项目成员能够明确理解并专注于这一目标,使得团队精神得到充分发挥。

3) 项目经理享有最大限度的自主决策权。项目经理在实施项目管理的过程中,可以调用整个组织内部或外部的资源,在进度、成本和质量方面的控制较为灵活,能够统一协调整个组织的管理工作,而且对客户的需求和公司高层的意图可以作出快捷的响应,从而保证了项目的成功实施。

4) 沟通途径简洁,命令统一。项目从职能部门中分离出来,项目经理就可以避开职能部门直接与高层管理者沟通,这既提高了沟通效率,又避免了沟通中的失真与延误。此外,在项目型组织结构中,每个成员只有一个上司,因而避免了多重领导、无所适从的局面。

5) 有利于培养全面型人才。由于项目实施时需要进行计划、组织、领导、协调与控制等管理活动,并涉及专业知识,因此,项目型组织为培养全面型管理人才创造了条件。

(3) 项目型组织结构的缺点。

1) 资源配置重复。当公司同时进行多个项目时,每个独立的项目组织都设有自己的职能部门,造成人员、设施、技术和设备等的重复设置,不利于资源共享;同时由于项目各阶段的工作重点不同,而项目组之间的人力资源又不能相互协调,影响了员工的工作积极性,也会造成人力资源的浪费。

2) 专业技术知识难以共享。各项目团队的技术人员往往只注重自身项目中所需的技术，团队之间的横向沟通较少，不同的项目团队很难做到知识共享，也不利于公司专业技术水平的提高。

3）项目团队成员缺乏事业上的保障。项目型组织是根据项目而临时组建的，项目一旦结束，项目组织就会解散，项目团队成员就有可能失去工作。由于他们担心项目结束后的生计，项目的收尾工作可能会因此被推迟，影响项目的稳定进行。

### 3.2.3 矩阵型组织结构

（1）矩阵型组织结构的含义。矩阵型组织结构(Matrix Organization)是为了最大限度地利用组织中的资源而发展起来的，是由职能型组织结构和项目型组织结构结合而成的一个混合体。它在职能型组织的垂直层次结构中叠加了项目型组织的水平结构，因此，矩阵型组织结构兼有职能型组织结构和项目型组织结构的特征。

（2）矩阵型组织结构的类型。根据项目组织中项目经理与职能型组织中职能经理权限的大小，可以将矩阵型组织结构分为弱矩阵式、平衡矩阵式和强矩阵式三种类型，在不同的组织结构类型中，项目经理的权限不尽相同，具体情形如图3-4所示。

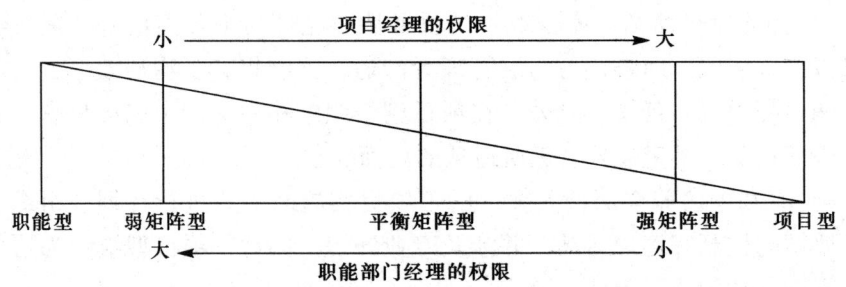

图3-4 不同项目组织结构中项目经理权限的变化图

1）弱矩阵型组织结构。弱矩阵型组织结构(Weak Matrix Organization)基本保留了职能型组织结构的主要特征。在该组织结构中，项目经理的权力小于职能部门经理的权力。通常情况下，项目经理的角色不过是一个项目协调者或项目监督者，而不是真正意义上的项目管理者。他虽负责协调项目的各项工作，但没有权力确定资源在各个职能部门分配的优先程度。项目成员不是从职能部门直接调派过来，而是在各职能部门兼职为项目提供服务，项目需要的各项资源也由相应职能部门提供。图 3-5 是一个典型的弱矩阵型组织结构示意图。

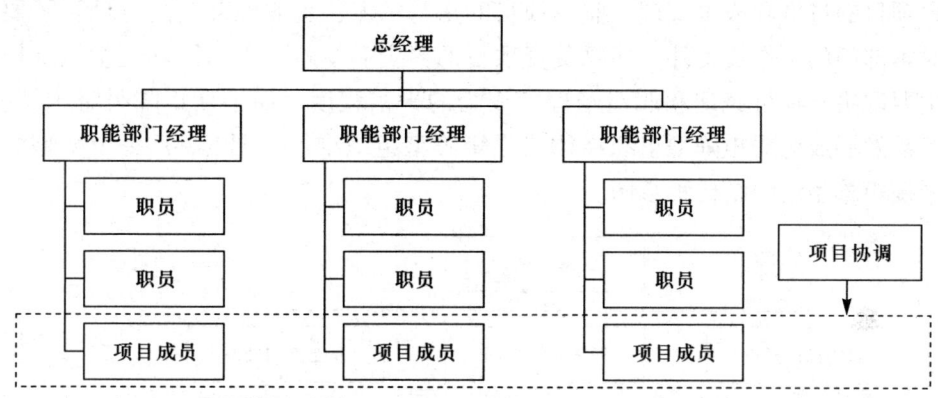

图 3-5　弱矩阵型组织结构示意图

2）强矩阵型组织结构。强矩阵型组织结构（Strong Matrix Organization）基本保留了项目型组织结构的主要特征。在该组织结构中，项目经理的权力大于职能部门经理的权力。一般情况下，项目经理对项目管理部门经理或总经理负责，对项目实施全权控制。资源由职能部门所有和控制，每个项目经理根据项目需要从职能部门调用，职能部门经理的任务主要是辅助项目经理工作，对项目没有直接的影响力。图 3-6 是一个典型的强矩阵型组织结构示意图。

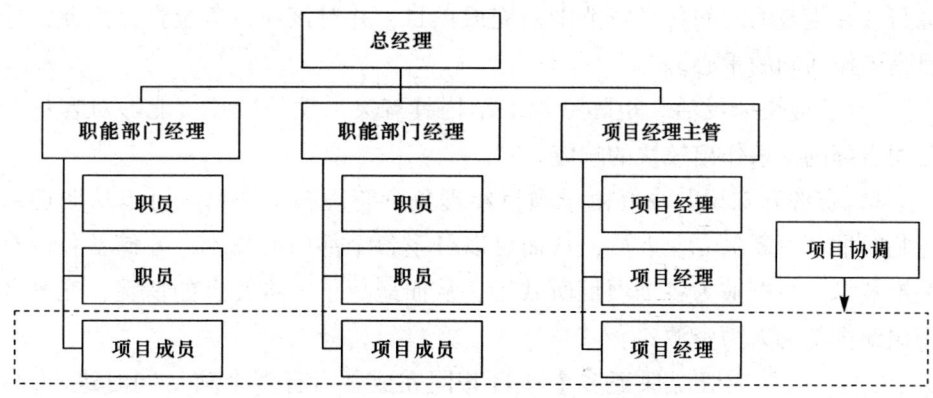

图 3-6　强矩阵型组织结构示意图

3）平衡矩阵型组织结构。平衡矩阵型组织结构（Balanced Matrix Organization）介于弱矩阵型组织结构和强矩阵型组织结构之间。在这种组织结构中，项目经理的权力与职能部门经理的权力大体相等。通常情况下，项目经理负责项目的进度和成本管理，监督项目的执行情况；各职能部门的经理除了要对本部门的工作负责外，还要负责项目的界定和质量。平衡矩阵型组织结构主要取决于项目经理和职能经理的权力的平衡程度，而平衡矩阵很难维持，容易发展成为弱矩阵型组织结构或强矩阵型组织结构。图 3-7 是一个典型的平衡矩阵型组织结构示意图。

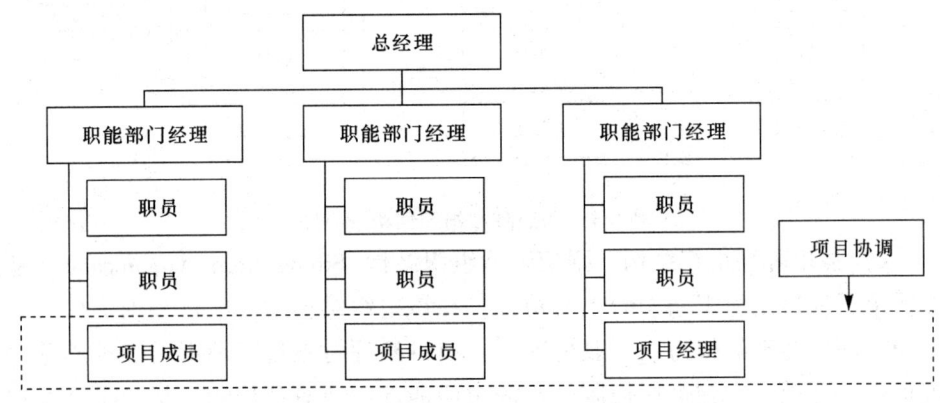

图 3-7　平衡矩阵型组织结构示意图

（3）矩阵型组织结构的优点。

1）项目是工作的重心。在矩阵型组织中，由项目经理负责整个项目的运行，在规定的时间、经费范围内完成项目，并对该项目负全责，因此，项目是工作活动的重心。

2）反应快捷灵活。矩阵型组织结构具有灵活性的特点，能够对客户和公司内部的要求作出较快的响应。

3）资源和知识共享。由于项目经理负责管理整个项目，可以从职能部门临时抽调所需的专业人员，从而可以分享各个部门的技术人才储备；而且关键技术人员能够为各个项目所共用，从而避免了人员冗余的情况，充分利用组织内部的人力资源。

4）可以平衡资源保证多个项目共同完成。当有多个项目同时进行时，公司可以对各个项目所需的资源、进度和成本等方面进行总体协调和平衡，提高整个系统的效率,保证每个项目都能按预定的目标完成。

5)增加决策层对项目的信任。项目团队中有来自公司行政管理部门的人员,他们能保证项目的规章制度与公司章程保持一致,从而增加了公司决策者对项目的信任。

6)减少项目团队成员的忧虑。当项目结束后,项目团队成员可以回到原来的职能部门,因而不必担心日后的工作。

(4)矩阵型组织结构的缺点。

1)容易造成项目经理之间的矛盾。由于资源在多个项目之间流动,容易使项目经理之间发生利益冲突,因此,公司要处理好资源分配、技术支持等方面的均衡问题。

2)违反了命令单一性原则。在矩阵型组织结构中,项目团队成员可能会接受项目经理和职能部门经理等的多重领导,当命令有分歧时,项目团队成员就会感到无所适从。

3)项目经理可能会只关心所负责项目的成败,而不以整个公司的目标为努力方向。

4)项目与职能部门的责权不清。在这种结构中,项目经理主管项目的技术问题,职能部门经理主管项目的行政事务,如果他们协调不好,或对各自成员的影响力不同,都可能会影响项目的进度和职能部门的日常工作。

## 3.2.4 项目组织结构类型的比较

综上所述,职能型组织结构、项目型组织结构和矩阵型组织结构的优缺点汇总结果如表 3-1 所示。

表 3-1 项目组织结构类型的优缺点比较

| 优缺点<br>组织结构类型 | 优 点 | 缺 点 |
| --- | --- | --- |
| 职能型 | 没有重复活动;充分发挥职能作用;人员使用灵活 | 狭隘、不全面;反应缓慢;不注重客户 |
| 项目型 | 决策及时、准确;能够控制资源;对客户负责 | 效率低下;项目之间缺乏知识信息交流 |

(续)

| 组织结构类型 | 优点 | 缺点 |
|---|---|---|
| 矩阵型 | 有效利用资源；能够共享职能专业知识；促进学习和交流；沟通良好；注重客户 | 双层汇报关系；需要平衡权利 |

职能型组织结构、项目型组织结构和矩阵型组织结构的特征归纳如表3-2所示。

表 3-2　项目组织结构类型的特征比较

| 组织结构 特征 | 职能型 | 矩阵型 | | | 项目型 |
|---|---|---|---|---|---|
| | | 弱矩阵型 | 平衡矩阵型 | 强矩阵型 | |
| 项目经理的权限 | 很少或没有 | 有限 | 弱到中等 | 中等到强 | 很高甚至全权 |
| 全职人员比例 | 几乎没有 | 0~25% | 15%~60% | 50%~95% | 85%~100% |
| 项目经理的任务 | 兼职 | 兼职 | 全职 | 全职 | 全职 |
| 项目经理的角色 | 项目协调员 | 项目协调员 | 项目经理 | 项目经理 | 项目经理 |
| 项目管理行政人员 | 兼职 | 兼职 | 兼职 | 全职 | 全职 |

由表3-2可以看出，在职能型组织结构和弱矩阵型组织结构中，一般只有兼职的项目协调员，即使有项目经理，也只起着协调的作用。而在平衡矩阵型、强矩阵型组织结构以及项目型组织结构中，配置有全职的项目经理。项目协调员和项目经理的角色差异表现为：前者仅需综合协调项目，后者则需进行实际决策。职能型组织结构中几乎没有全职的工作人员，而项目型组织结构中的成员大多数都是全职服务于项目的。在矩阵型组织结构中，"强"、"弱"所表示的是矩阵型组织结构中职能化集成的程度。

此外，在一个公司中，也可以根据实际情况采用混合型组织结构，即采用不同的组织结构开展不同的项目。混合型组织结构是指在一个公司中，同时存在有职能型、项目型和矩阵型等多种组织结构类型。如图3-8所示。

混合型项目组织结构的团队成员来自不同的职能部门，并且可能存在同一个职员同时在不同的项目中担任职务。图3-8中左下角的职员，既在项目A（矩阵型组织结构）中负责某专业工作，同时又在项目B（职能型组织结构）

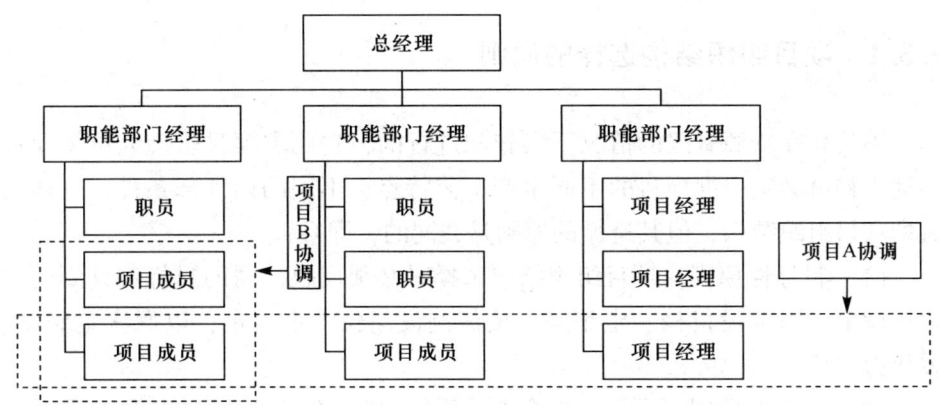

图 3-8 混合型组织结构

中负责某专业工作。

（1）混合型项目组织结构的优点。混合型项目组织结构让同一个专业人员在不同的项目组担任职务，能最大限度地发挥专职人员的技术优势，从而使企业的人力资源利用率达到最大化。公司可以根据具体项目与公司的具体情况确定项目管理的组织结构类型，而不受现有模式的限制，因而在发挥项目优势与人力资源优势等方面具有方便、灵活的特点。项目经理可从职能部门抽调或招聘一批有专业技术特长的人员，有利于培养一专多能的人才并充分发挥其作用。

（2）混合型项目组织结构的缺点。混合型项目组织结构也会存在一些缺点，如在公司的项目管理方面容易造成混乱，项目的信息流、项目的沟通等容易产生问题，公司管理制度不易较好地得到贯彻执行。各类人员在同一时期内所担负的管理工作任务可能会有很大差别，很容易产生忙闲不均的现象。职能部门的优势有时无法体现出来。特别是对稀缺专业人才，难以在公司内调剂使用。

## 3.3 项目组织结构选择

在进行项目组织结构选择时，首先应明确项目组织选择的原则，梳理项目组织选择的依据，在此基础上综合考虑影响项目组织选择的因素。

### 3.3.1 项目组织结构选择的原则

项目是在资源有限的情况下实施和进行的,它要求项目管理人员从项目启动之初就必须根据项目的不同生产工艺特点、不同的内外部条件,选择适宜的项目组织结构,但其遵循的原则是共同的,即:

(1) 目标性原则。项目组织结构选择时必须反映公司的目标和计划,因目标设事,因事设机构、定编制,按编制设岗位、定人员,以职责定制度、授权力。

(2) 整体性原则。项目是由众多子系统组成的一个大系统,各个子系统之间、子系统内部各部门之间都存在着大量的结合部,这就要求项目组织必须恰当地分层和设置部门,以业务工作系统化原则为指导,周密考虑多方关系,将组织结构建设成一个严密、封闭的系统,实行合理分工、和谐协作,顺利完成项目管理的总目标。

(3) 统一指挥原则。项目组织结构必须保证决策指挥的统一。组织结构中要有合理的层次、位置,安排合适的人员,并且使其保持相应的决策权和指挥权。

(4) 人尽其才原则。项目组织结构必须创造人尽其才的环境。如果不能充分发挥每个人的专长,压抑员工的主动性与创造精神,组织的目标就很难实现。

(5) 利于控制原则。项目组织结构必须有利于全过程及全局的控制。失控是失败的先兆,保持控制才能实现目标,此时应该注意信息的有效沟通。

(6) 适应性原则。项目组织结构必须适应项目的性质和规模要求。项目组织是为了更有效地实现项目的任务而采取的一种组织手段,这种组织手段必须服从项目的目标。

(7) 重要性原则。选择项目组织结构时必须考虑项目在公司中的地位与重要性。公司的资源是有限的,通常要同时承担几个项目,每个项目都处于不同的生命期,且每个项目对公司效益的影响程度不同,因此要考虑团体、部门、组织、公司之间的相互关系和作用,重点关注处于关键时期且对公司整体影响程度较大的项目。

## 3.3.2 项目组织结构选择的影响因素

项目组织是项目系统的子系统,项目组织结构选择是一项系统工程,在各个方面都必须围绕项目的目标进行。项目生产和服务的技术特点对项目组织结构选择影响极大。例如,一个汽车制造厂的新建项目和一个房地产项目的技术特点大相径庭,业主方的项目管理组织结构会有较大差别。显然,工业项目的组织结构专业性强,技术与设备方面的职能部门必不可少,而多数服务业项目没有生产过程,技术复杂程度较低,技术与设备方面要求不高,项目管理组织机构中相应部门会减少,组织结构会精简。

一般而言,项目生产或服务的技术复杂程度高、专业性强、技术水准高、所需要的专业技术人员较多,对项目管理的要求也较高,专业经验要求丰富。业主方的项目管理组织结构也较复杂。反之,项目生产或服务的技术水准较低、专业性不强,业主方的项目管理组织结构相对简单。

然而,由于不同的项目组织结构有其各自不同的特点,不可能有一个万能的组织结构适用于所有的项目。项目高层管理者应该结合公司和项目的实际情况,选择适合的项目组织结构类型。在具体选择项目组织结构时应该运用权变管理理论的原理,在充分考虑项目的具体特性、项目组织结构的优缺点、项目所处的环境以及公司的文化氛围等方面的情况下,根据自身情况来选择适合自己公司的项目组织结构。

在进行项目组织结构选择之前,首先需要弄清楚选择项目组织结构类型所应考虑的关键因素,具体如表3-3所示。

表3-3 选择项目组织结构类型应考虑的关键因素

| 组织结构<br>因素 | 职能型 | 项目型 | 矩阵型 |
| --- | --- | --- | --- |
| 项目风险程度 | 小 | 大 | 大 |
| 项目所用的技术 | 标准 | 创新性强 | 复杂 |
| 项目本身复杂程度 | 小 | 大 | 一般 |
| 项目的持续时间 | 短 | 长 | 一般 |
| 项目的投资规模 | 小 | 大 | 一般 |
| 客户的类型 | 多 | 单一 | 一般 |

（续）

| 组织结构<br>因素 | 职能型 | 项目型 | 矩阵型 |
|---|---|---|---|
| 对公司内部的依赖性 | 弱 | 强 | 一般 |
| 对公司外部的依赖性 | 强 | 弱 | 一般 |

项目组织结构类型的适用范围比较如表 3-4 所示。

表 3-4　项目组织结构类型的适用范围比较

| 比较因素<br>组织结构类型 | 适用项目 | 适用公司类型 |
|---|---|---|
| 职能型 | 小型简单项目<br>公司内部项目<br>内容涉及较少部门的项目 | 构成单一、综合实力比较弱的公司<br>总体水平虽然不是很高、但其中的部门实力较强的公司<br>内部少数人员素质较高的公司 |
| 项目型 | 非营利机构<br>建筑业及航空航天业<br>价值高、期限长的大型复杂项目<br>公司中的多个相似项目 | 组织部门完善、综合力量较强的公司<br>总体水平较高、职能部门拥有丰富的专业人员且素质较高的公司<br>项目经理素质较高、能力强的公司<br>资金雄厚的公司 |
| 矩阵型 | 多工种、多部门、多技术配合的大型项目<br>人、财、物效率要求较高的项目<br>公司资源共享、广泛沟通的项目 | 大型综合施工企业<br>经营多元化、实力很强的公司<br>管理水平较高、沟通渠道畅通灵活、管理经验丰富的大型公司<br>技术和管理人员素质较高、有自己较为完善的企业文化的大型公司 |

通常，职能型组织比较适用于规模较小、以技术为重点、持续时间较短的项目，而不适用于时间限制性强或环境变化较大的项目。如企业需要在某类设备或厂房上进行投资，此时适于采用职能型的组织结构。项目型组织结构适用于一个公司中包括多个相似项目的情况，或长期的、大型的、重要的、复杂的项目，因为这种组织结构中的每个项目都下设了很多职能部门，可以进行有效的协调和配合，不断适应环境的变化。矩阵型组织结构融合了上述

两种组织结构的优点，可以更充分地利用公司的资源。因此，适用于技术复杂、风险程度较大的大型项目。

项目业主自身的组织结构与项目管理模式(项目实施的承包方式)有关，如果项目采用的是总承包，业主承担的管理职责就会少些，无须设置过多的管理部门，项目组织结构可以简单一些；如果项目采用的是传统项目管理模式，业主需承担更多的管理责任和大量的协调工作，业主的项目组织结构类型就会复杂一些。业主可以结合自己的项目管理力量和工程项目的特点，委托项目管理公司、咨询公司或监理公司作为自己的项目管理顾问或代为进行全过程项目管理。对于承包商而言，其也可以通过业主选择的项目管理模式和自身承担的职责来决定是否采用项目型或矩阵型的组织结构。

# 本 章 小 结

系统论和权变理论是两个较为重要的组织管理理论。项目组织是为完成特定的项目任务而建立起来的、从事项目具体工作的载体。常见的项目组织结构类型有三种：职能型组织结构、项目型组织结构和矩阵型组织结构。根据项目经理与职能型组织职能经理权限大小，又可将矩阵型组织结构分为弱矩阵式、平衡矩阵式和强矩阵式三种类型。这些组织结构都有各自的优缺点以及不同的特征。在选择项目组织结构的时候应该全方位考虑各种影响因素。

# 自 测 题

一、判断题

1. 系统论是把对象作为系统来认识和处理的理论。　　　　　　　（　　）
2. 项目组织机构设置中的一项重要原则是以事设岗，以岗定人。（　　）
3. 职能型组织中有专门为项目工作的人员。　　　　　　　　　　（　　）
4. 在矩阵型组织中，弱矩阵形式的项目经理的权利比强矩阵形式的项目经理的权利大。　　　　　　　　　　　　　　　　　　　　　　　（　　）
5. 在职能型项目组织中，团队成员往往优先考虑项目的利益。　（　　）
6. 项目型与职能型的组织结构类似，其可实现资源共享。　　　（　　）

7. 一般来说，职能型组织结构适用于所用技术标准化的小项目，而不适用于环境变化较大的项目。（   ）

8. 在项目型组织结构的公司中，其部门是按项目进行设置的。（   ）

二、单选题

1. 矩阵型组织结构的最大优点是(   )。
   A. 改进了项目经理对资源的控制　　B. 团队成员至少有一个领导
   C. 沟通更加容易　　　　　　　　　D. 报告更加简单

2. 在以下组织中，最机动灵活的组织形式是(   )。
   A. 项目型　　　B. 职能型　　　C. 矩阵型　　　D. 混合型

3. 对于风险较大、技术较为复杂的大型项目，应采用(   )。
   A. 矩阵型　　　B. 职能型　　　C. 项目型　　　D. 混合型

4. 项目型组织结构适用于(   )情况。
   A. 项目的不确定因素较多，同时技术问题一般
   B. 项目的规模小，但是不确定因素较多
   C. 项目的规模大，同时技术创新性强
   D. 项目的工期较短，采用的技术较为复杂

5. 下列有关矩阵型组织结构情况的描述中，错误的是(   )。
   A. 矩阵型组织结构能充分利用人力资源
   B. 项目经理和职能部门经理必须就谁占主导地位达成共识
   C. 只有项目经理是职能部门领导，才能取得公司总经理对项目的信任
   D. 矩阵型组织结构能对客户的要求作出快速响应

6. 项目经理在(   )中权力最大。
   A. 职能型组织　B. 项目型组织　C. 矩阵型组织　D. 协调型组织

7. 项目经理在(   )组织结构中的角色是兼职的。
   A. 职能型　　　B. 项目型　　　C. 强矩阵型　　D. 平衡矩阵型

三、多选题

1. 项目组织选择的原则有(   )。
   A. 目标性原则　B. 整体性原则　C. 统一指挥原则　D. 重要性原则

2. 职能式组织的优点有(   )。
   A. 技术专家可以同时在不同的项目中发挥作用
   B. 有利于提高部门的专业化水平

C. 有效利用资源

D. 每个项目成员都有明确的责任

3. 项目式组织的缺点有(　　)。

A. 每个项目组成员有两个领导

B. 资源配置重复，管理成本高

C. 需要平衡权力

D. 项目成员要担心项目结束后的生计

4. 采用职能型组织结构，可能会出现的情形有(　　)。

A. 任何一个成员都对每个项目直接负责

B. 项目团队成员更关注所属部门的工作，而不是项目的目的

C. 对客户需求的反应迟缓

D. 项目团队成员在项目结束后回到所属的部门

5. 选择项目组织结构类型应考虑的因素有(　　)。

A. 项目风险程度　　　　　　　　B. 项目持续时间

C. 对公司内部的依赖性　　　　　D. 对公司外部的依赖性

## 练习与思考

1. 你是否同意下面有关矩阵型组织的描述？请说明理由。

（1）矩阵型组织结构相对于项目型组织结构能够更充分地利用项目团队成员。

（2）项目经理和职能部门经理可以不必就谁占主导地位达成一致意见。

2. 对下面的一些项目，你将采用哪种组织结构，请简要说明理由：

（1）某家银行投资部的风险投资项目。

（2）公司的基础研究实验室的研究项目。

（3）客户要求较多的一个标准软件项目。

## 模 拟 练 习

请你在前面所定义的项目的基础上，从项目参与方的角度出发，选择一种合适的项目组织结构，以保证项目经理的权限能够很好地管理项目。

# 案 例 思 考

## M 公司组织结构的选择

M 公司是一家以国防装备设计及科研开发为主的国有企业，其主要业务是对国防事业需求的高科技武器装备进行科研开发及生产。其产品的生产工艺要求高，且产品之间的共性很少。M 公司由公司的副总裁和各项目部门经理负责项目前期的筛选工作，在初步确认出那些具有较大需求和开发价值的项目后，再由总裁作出是否对该项目进行开发设计的最终决策。对那些决定投产的项目，就把它们分到项目组中设计。当产品开发出来后，自行生产制造。

该公司的各职能机构如下：①总裁：协调公司与上级领导部门的关系，以及公司的日常行政工作，受信息产业部领导并对其负责。②副总裁：统筹和协调各项目组工作，接受国家指派的项目和根据市场热点自行立项的项目，并把各项目分派到项目组，同时协调公共资源的使用（主要是人力资源）。他实际上是领导各项目组进行开发工作的核心人物。③项目经理：具体领导各项目组进行项目开发，分配和协调各项工作，对项目工作进行控制，行政上对副总裁负责。④研究开发部门：负责实际的产品开发。⑤工程设计部门：负责产品的工程设计。⑥生产制造部门：负责产品的实际生产制造。⑦人事行政部门：负责公司内的人员调动。

目前该公司研发生产和制造 D 产品采用的组织结构如图 3-9 所示。由于其存在一些弊端，正在考虑是否转换为新型的组织结构，如图 3-10 和图 3-11 所示。

阅读该资料后，结合本章所学的知识回答以下问题：

1. 图 3-9 中 M 公司目前的组织结构是何种组织结构，其缺陷是什么？

2. 图 3-10 所示的是何种组织结构？若该公司采用此种组织结构，有何优缺点？

3. 图 3-11 所示的是何种组织结构？若该公司采用此种组织结构，有何优缺点？

4. 你认为该公司最适于采用何种组织结构类型？为什么？

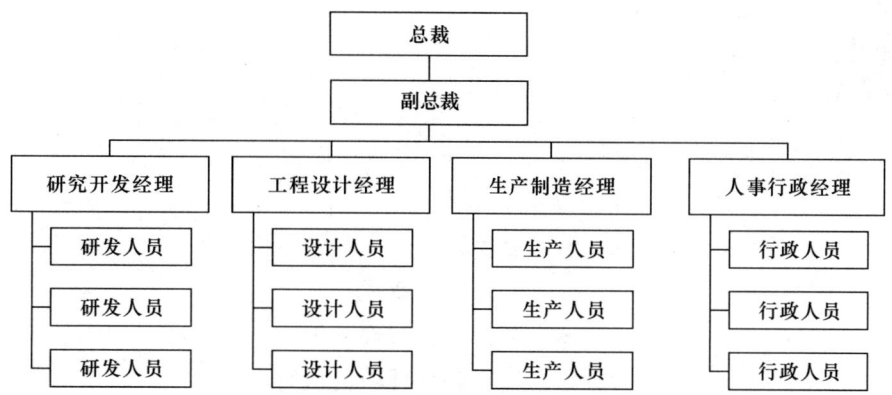

图 3-9　M 公司研发生产和制造 D 产品当前的组织结构

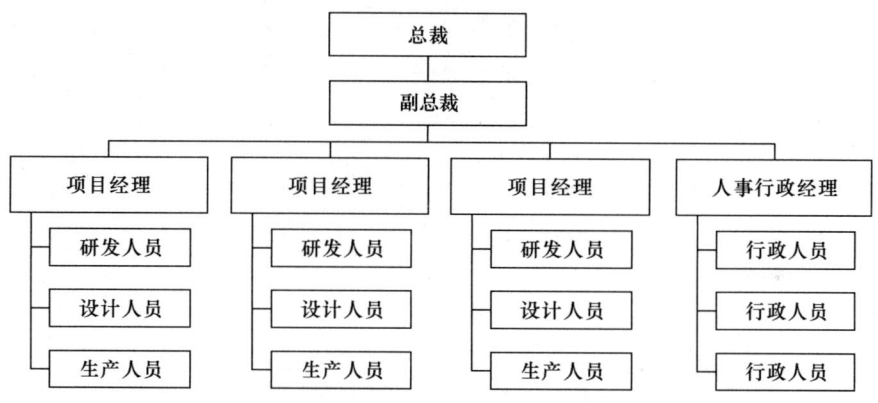

图 3-10　M 公司研发生产和制造 D 产品的新型组织结构 1

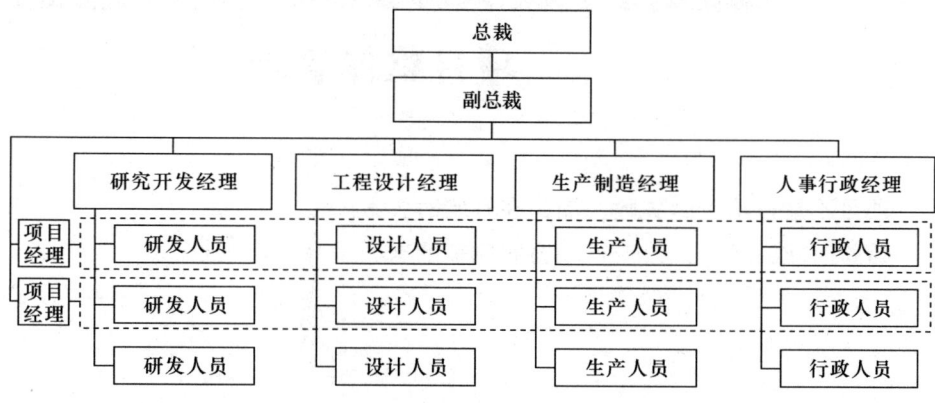

图 3-11　M 公司研发生产和制造 D 产品的新型组织结构 2

主要内容
- 概述
- 制定项目章程
- 制订项目管理计划
- 指导和管理项目执行
- 监督和控制项目工作
- 实施整体变更控制
- 项目收尾

第 4 章

# 项目整体管理

项目不是在结束时失败,而是在开始时失败。
随着时间的增长,改变行动方向所需的努力呈几何倍增长。

——民谚

## 4.1 概述

项目整体管理对于项目的成功起着关键作用，项目经理既是项目整体管理的责任者，也是项目的综合协调者。项目团队成员在项目经理的指导下制订相应的项目计划。项目经理要领导项目团队根据项目目标进行决策，负责协调所有团队成员开展工作，并解决他们之间的冲突，同时还应与所有的项目干系人进行沟通。项目整体管理在项目整个生命期内整合其他项目管理过程和要素，引导项目走向成功。

### 4.1.1 项目整体管理的含义

项目整体管理（Project Integration Management）是指保证项目各要素相互协调的全部工作和活动过程，它是从全局、整体的观点出发，通过有机地协调项目各个要素（时间、成本、质量和资源等），在相互影响的各项具体项目目标和备选方案中权衡利弊，以便消除项目各单项管理的局限性，从而满足项目干系人的需求和期望。

项目整体管理与其他的项目单项管理（如项目时间管理、项目成本管理等）相比，具有综合性、全局性和系统性的特点。

（1）综合性。项目单项管理都是针对项目某个特定的方面所进行的管理，如项目时间管理主要是针对项目进度进行的管理，不会过多地涉及项目管理的其他方面。项目整体管理则是综合每个单项项目管理的所有方面，平衡项目各个方面相互之间的冲突，对它们的目标、工作过程进行协调与管理。例如，项目的某个目标（如质量）要求的提高，可能会以降低或牺牲其他目标（时间）为代价，这时就有必要分析和权衡这两个方面的综合作用对项目总体绩效所产生的影响。

（2）全局性。全局性是指为了最大化地实现项目总体目标，从全局出发协调和控制项目的各个方面，消除项目各单项管理的局部性，有时甚至可以不惜降低或牺牲一些项目的单项目标，以协调统一项目各方面的单项管理为主要内容。例如，若上海世博会筹建项目的整体目标是以时间作为第一位，为了加快项目的进度就可能会增加项目的成本，这是在项目成本管理和时间管理这两个单项管理中所无法达到的。

（3）系统性。系统性是指项目整体管理把项目作为一个整体系统来考虑，将项目的内、外部影响因素结合起来，不仅要对系统内部进行管理和控制，还要兼顾来自外部环境的影响因素和问题等，并对其进行管理和控制。例如，在项目的实施过程中，客户会提出一些任务的变动要求，项目整体管理则需要响应这一变动要求，对项目作出及时、相应的调整。

### 4.1.2 项目整体管理工作过程

项目整体管理工作过程主要包括以下6个方面：

（1）制定项目章程。它是为项目（或某一阶段）进行正式授权、整理和记录项目干系人需求文件的工作过程。项目章程正式确认了项目的地位，赋予项目经理调配组织资源开展项目活动的权力。项目章程的制定对于项目来说是一个关键的起点。

（2）制订项目管理计划。制订项目管理计划工作包括编制各单项计划，并对其进行整合和协调的一系列工作过程。

（3）指导和管理项目的执行。指导和管理项目的执行就是将项目管理计划所确定的工作付诸实施，以实现项目目标的过程。它是为指导存在于项目中各种各样的技术和组织界面，执行项目管理计划中确定的工作构成所必需的环节。

（4）监督和控制项目工作。监督和控制项目工作就是对项目的进展情况进行跟踪、检查和控制，以实现项目管理计划中所确定的绩效目标的过程。

（5）实施整体变更控制。实施整体变更控制包括审核变更请求，批准变更，并依据所批准的变更文件相应地对可交付成果、组织积累的相关资源、项目文件和项目管理计划进行更新的工作过程。

（6）项目收尾。结束项目管理范围内所有活动过程，以示项目或阶段的正式完工，包括正式结束项目和各个项目阶段的所有活动，将成果交予他人。正式结束项目的过程。

项目整体管理在项目的任何阶段都是必不可少的一项工作，在实际工作中，这6个独立的过程之间经常会相互影响、前后重叠，同时它们也会对项目的其他单项管理产生重要的影响。在项目的具体执行过程中，项目整体管理工作既可由专人负责，也可以由专门的团队共同管理。

## 4.2 制定项目章程

项目通常始于组织的某种需求。当组织决定要实施某项目时就会制定和发布项目章程。

项目章程是产品或服务的购买方(客户)与提供方(项目组织)之间达成的一个初步协议，也可以将项目章程理解为是用来回答"谁将为谁做什么"这个问题的。

制定项目章程是制定一份正式批准的项目启动文件，并将项目干系人的需求和期望记入其中的工作过程。最好的情形是在制定项目章程的同时任命项目经理。项目章程应由项目经理与项目发起人经过协商共同制定，通常由项目经理起草，再由项目发起人审批并签署通过。项目章程一经批准就标志着项目的正式启动。最初的项目章程通常只对项目范围和目标进行简要描述，在项目章程被批准后还要进一步细化。其步骤如下：

（1）收集基本信息。项目章程是整个项目管理过程中最重要的项目文件。组织通过制定项目章程授权项目经理及项目团队、调拨组织内的资源并运行项目。在制定项目章程之前，项目团队必须收集与项目有关的重要信息，如组织的规划、客户需求、项目干系人的情况、衡量项目成功的标准、项目建议书、组织的审批程序、历史项目信息等。

（2）编制项目章程。编制项目章程具体工作有：定义项目目标，阐述项目需求，描述项目产品，指定项目经理，明确项目里程碑，识别主要项目干系人，描述组织的外部环境，制定项目预算等。一般情况下，项目章程所包含的基本要素如表4-1所示。

需要说明的是，表4-1中列示的基本要素并非都是必须具备的，其详细程度取决于项目的规模和复杂程度。有些项目章程中也会包括一些项目计划的内容，如甘特图、工作分解结构等，但它们通常会以附件的形式出现在项目章程中。

制定项目章程的主要工作如表4-2所示。

表 4-1  项目章程的基本要素

| 项目发起人的详细信息 | 项目概述 |
|---|---|
| 姓名、职务、职权<br>授权签名 | 项目经理不可控的外部因素<br>尚待决定的事宜 |
| 项目概述<br>　项目来源<br>　项目目标<br>　项目范围<br>　项目所要达到的目标和项目可交付成果<br>　项目经理和项目团队成员<br>　项目干系人识别 | 项目的时间点<br>　预定的开始日期<br>　预定的最终交付日期<br>项目的成本预算<br>　物资<br>　人员<br>　外包工作 |

表 4-2  制定项目章程的主要工作

| 依　据 | 工具和方法 | 结　果 |
|---|---|---|
| 项目工作说明书<br>项目论证报告<br>合同<br>项目的制约因素<br>组织积累的相关资源 | 专家判断法 | 项目章程 |

根据图 4-1 可以更加清楚地了解在制定项目章程时的工作信息流向。

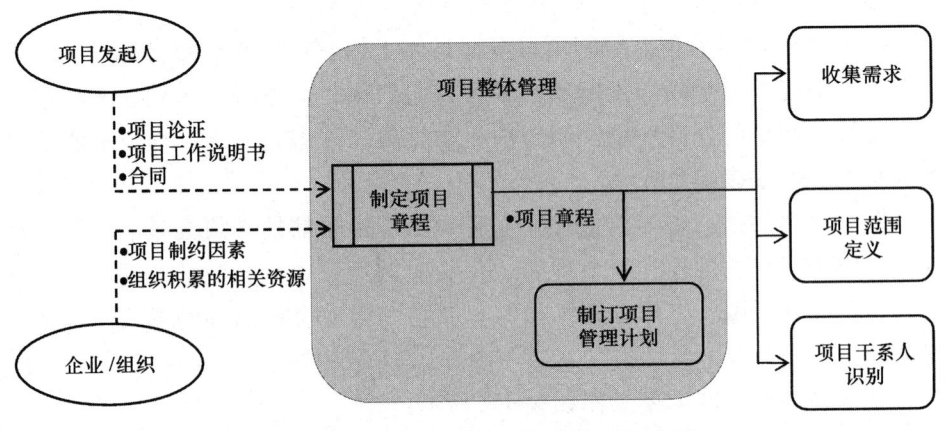

图 4-1  制定项目章程的工作信息流向示意图

### 4.2.1 制定项目章程的依据

(1) 项目工作说明书。项目工作说明书(Statement of Work,SOW)是对项目所要提供的产品或服务的叙述性描述。对内部项目而言，项目发起人基于商业需求、产品或服务的需求提出项目工作说明书。对外部项目而言，项目工作说明书是投标文档或合同的一部分，从客户处取得。项目工作说明书需要说明如下内容：

1) 业务需求。组织的业务需求可能基于市场需求、技术进步、培训需求、法律法规等。

2) 产品范围描述。在产品范围描述中应记录项目所要提供的产品或服务的特性，以及产品或服务与项目所要满足的业务需求之间的关系。

3) 战略计划。所有项目都应服务于组织的战略计划。在对项目进行遴选时，应将组织的战略计划作为首选因素。

(2) 项目论证报告。当从商业角度出发来判断项目是否值得投资时，借助于项目论证为决策提供必要信息。项目论证报告中包含的业务需求和成本收益分析能够说明该项目是否可行。在企业外部项目中，一般由提出需求的组织或客户来编写项目论证报告。项目论证报告的编制前提基于以下需求：

1) 市场需求。如为了回应消费者对减肥药的需求，某医药公司决定投产一个生产减肥药品的项目。

2) 业务需求。如某汽车制造厂为生产新车型，准备安装一条新的生产线。

3) 客户需求。如某花园小区开发商应广大业主之需修建一所幼儿园。

4) 技术进步需求。如随着科技的发展，公司落后的产品不断被市场淘汰，为了维持公司生存，公司开发技术含量更高的产品。

5) 法律需求。如某省政府颁布了一项限制某保健品的法规，则当地生产该品种保健品的厂家就不得不转向其他新品种的开发和生产。

6) 社会需求。如某国家大部分地区发生某种类型的流感，该国正在加紧实施该种流感疫苗的研制项目。

(3) 合同。一般来说，项目分为外部项目和内部项目。作为外部项目，合同是承包商与客户之间的协议，承包商按协议提供产品或服务，作为回报，客户则付给承包商一定的酬金。合同必须清楚地描述期望承包商提供的可交付成果，同时，合同也必须注明客户必须为承包商支付相关款项的条款。

（4）项目的制约因素。能够对制定项目章程产生影响的因素包括政府或行业标准、组织的基础设施、市场发展前景等。

（5）组织积累的相关资源。组织积累的相关资源包括组织的正式或非正式的方针政策、工作和管理程序、指导思想、管理体制和规章制度、历史项目的经验教训等。

### 4.2.2 制定项目章程的工具和方法

专家判断法是制定项目章程这项工作最为重要的工具和方法。

（1）专家判断法的含义。专家判断法，即由来自项目内部和外部的具备专业知识或受过专门培训的人组成一个专家小组，该小组的成员凭借其专业知识和经验对所获得的信息进行分析和判断，以决定是否批准某项决议或采取某种措施。该方法被广泛应用于项目整体管理的各个阶段，主要用于对各过程所需依据的评价，专家们的意见和判断被应用于项目整体管理过程中的各技术和管理细节。这些判断和意见来自于任何具有专业知识或受过专门培训的组织和个人，如组织内部的其他单位、顾问公司，包括客户和发起人在内的项目干系人、专业和技术协会、行业组织、项目管理办公室等。

专家判断法的一个最为突出特点就在于参加的人员必须是与项目有关的专家。专家在这里一般指具有专业知识、精通业务、在某些方面积累了丰富经验、富有创造性和分析判断能力的人（无论有无名望）。同时，它还可以将某些难以用数学模型定量化的因素考虑在内，在缺乏足够的统计数据和原始资料的情况下作出定量估计。

（2）专家判断法的优缺点。

1）专家判断法的优点。

◇ 判断过程迅速，成本较低。

◇ 预测过程中，各种不同的观点都可以表达并加以调和。

◇ 如果缺乏基本数据，可以运用这种方法加以弥补。

2）专家判断法的缺点。

◇ 专家意见未必能反映客观现实。

◇ 责任较为分散。
◇ 一般仅适用于总体情况的估计和判断。

（3）专家判断法的具体形式。专家判断法的具体形式主要包括：专家会议法、头脑风暴法、德尔菲法、个人判断法和集体判断法。

1）专家会议法。专家会议法又称专家会议调查法，是根据项目的目的和要求，向一组经过挑选的有关专家提供一定的背景资料，通过会议的形式对项目及其前景进行评价，在综合专家分析判断的基础上，对项目作出定量估计。

2）头脑风暴法。它是组织各类专家相互交流意见，无拘无束地畅谈自己的想法，敞开心扉发表自己的意见，在头脑中进行智力碰撞，产生新的思想火花，使预测观点不断集中和深化，从而提炼出符合实际的方案。

头脑风暴法的开会形式与普通会议的根本区别在于：

◇ 不批评别人的意见。
◇ 提倡自由奔放式的思考。
◇ 提出的方案越多越好。
◇ 提倡在他人方案的基础上改进完善。

依据头脑风暴法会议主题归集的不同，头脑风暴法又可分为直接头脑风暴法和质疑头脑风暴法。

◇ 直接头脑风暴法。这种方法是按照头脑风暴法的规则，通过一组专家会议，对所预测的问题进行创造性的思维活动，从而得出满意方案的一种方法。

◇ 质疑头脑风暴法。这种方法是同时召开由两组专家参加的两个会议进行集体讨论，其中一个专家组会议按直接头脑风暴法提出设想，另一个专家组会议则是对第一个专家组会议所提出的各种设想进行质疑，从而形成一个更科学、可行的预测方案。

3）德尔菲法。它是按一定的程序，采用背对背的反复函询的方式，征询专家小组成员的意见，经过几轮的征询与反馈，使各种不同的意见渐趋一致，经汇总和用数理统计方法进行收敛，得出一个比较合理的结果供决策者参考。德尔菲法具有匿名性、反馈性、收敛性等特点。实施德尔菲法的步骤有：

◇ 成立课题小组，确定目标。
◇ 选择和邀请专家。

◇ 设计征询表。
◇ 逐轮咨询和进行信息反馈。
◇ 采用统计分析方法对结果进行定量评价和表述。

4）个人判断法。它是用规定程序对专家个人进行调查的方法。这种方法是依靠个别专家的专业知识和特殊才能进行判断的。

个人判断法的优点是能利用专家个人的创造能力，不受外界影响，简单易行，成本不高。但是，依靠专家个人的判断，容易受专家的知识面、知识深度、占有资料是否充分以及对预测问题有无兴趣影响，难免带有片面性。专家的个人意见往往容易忽略或贬低相邻部门、相邻学科的研究成果，专家之间的当面讨论又可能产生不和谐。因此，这种方法最好与其他方法结合使用，让被调查的专家之间不发生直接联系，并给时间让专家反复修改个人的见解。

5）集体判断法。它是在个人判断法的基础上，通过会议进行集体分析判断，将专家个人的见解综合起来，寻求较为一致结论的预测方法。这种方法参加的人数多，所拥有的信息量远远大于个人所拥有的信息量，因而能凝聚众多专家的智慧，避免个人判断法的不足，在一些重大问题的预测方面较为可行可信。但是，集体判断的参与人员也可能受到感情、个性、时间及利益等因素的影响，不能充分或真实地表明自己的判断。

使用集体判断法时，会议主持人要尊重每位与会者，鼓励与会者各抒己见，使与会者在积极发言的同时要保持谦虚恭敬的态度，对任何意见都不应具有倾向性。同时还要掌握好会议的时间和节奏，当话题分散或意见相持不下时，能适当提醒或调节会议的进程等。

例如，对于某图书经销商来说，可将对某本专著销售量的预测视为一个项目。该经销商可采用专家判断法对该专著销售量进行预测。他首先选择若干书店经理、书评家、读者、编审、销售代表和海外公司经理组成专家小组，并将该专著和一些相应的背景材料发给各位专家，要求大家给出该专著的最低销售量、最可能销售量和最高销售量，同时说明自己作出判断的主要理由。将专家们的意见收集起来，归纳整理后返给各位专家，然后要求专家们参考他人的意见对自己的预测重新考虑。专家们完成第一次预测并得到第一次预测的汇总结果以后，除书店经理外，其他专家在第二次预测中都作了不同程度的修正。重复进行，在第三次预测中，大多数专家又一次修改了自己的看法。第四次预测时,所有专家都不再修改自己的意见。因此,专家意见收集过程在第四次以后停止。最终预测结果为最低销售量 26 万册,最高销售量 60 万册,最可能销售量 46 万册。

### 4.2.3 制定项目章程的结果

项目章程是在制定项目章程工作过程中所形成的最终文件,是正式批准项目的文件。该文件授权项目经理在项目活动中动用组织的资源,通常由项目组织以外的负责人或者高级管理层颁发。

完备的项目章程可以使项目干系人事先避免许多在项目进程中可能会出现的问题。经过签发的项目章程表明项目已由在其上签名的项目发起人、高层管理人员以及其他重要项目干系人审阅过,并且同意和支持该项目。在一般情况下,项目章程是由项目经理编写的,但必须由项目经理以外的高级管理人员来公布,并且应将其分发给相关的项目干系人。项目章程模板如表 4-3 所示。

表 4-3 项目章程模板

| |
|---|
| 项目的目标: |
| 项目范围和可交付成果: |
| 需求: |
| 假设条件: |
| 限制条件: |
| 指定的项目经理及其权限: |
| 参与的职能部门: |
| 主要风险: |
| 主要里程碑: |
| 预算: |
| 各方职责<br>  项目发起人:<br>  项目经理:<br>  项目团队:<br>  主要的项目干系人: |

(续)

| 验收 | | |
|---|---|---|
| 项目经理： | 签字： | 日期： |
| 项目管理委员会主任： | 签字： | 日期： |
| 项目发起人： | 签字： | 日期： |
| 项目干系人： | 签字： | 日期： |
| 项目干系人： | 签字： | 日期： |

## 4.3 制订项目管理计划

项目管理计划(Project Management Plan)是项目管理过程中最为重要的一项计划，也被称为项目主计划。项目管理计划是一个全面集成、综合协调项目各方面的影响和要求的整体计划，是指导整个项目实施和管理的根本依据和方案。项目管理计划确定了项目的执行、监控及收尾程序。

项目管理计划的主要作用如下：①指导项目团队实施项目。②作为开展项目管理的依据。③给出了度量项目绩效和进行项目监控的基准。④是全体项目干系人进行有效沟通的基础。⑤有效地激励项目团队士气。

制订项目管理计划的主要工作如表4-4所示。

表4-4 制订项目管理计划的主要工作

| 依 据 | 工具和方法 | 结 果 |
|---|---|---|
| 项目章程<br>项目范围说明书<br>各单项计划过程的结果文件<br>项目的制约因素<br>组织积累的相关资源 | 专家判断法 | 项目管理计划 |

通过图4-2可以更加清楚地了解制订项目管理计划的工作信息流向。

### 4.3.1 制订项目管理计划的依据

(1) 项目章程。项目章程已在制定项目章程章节中予以说明，这里不再

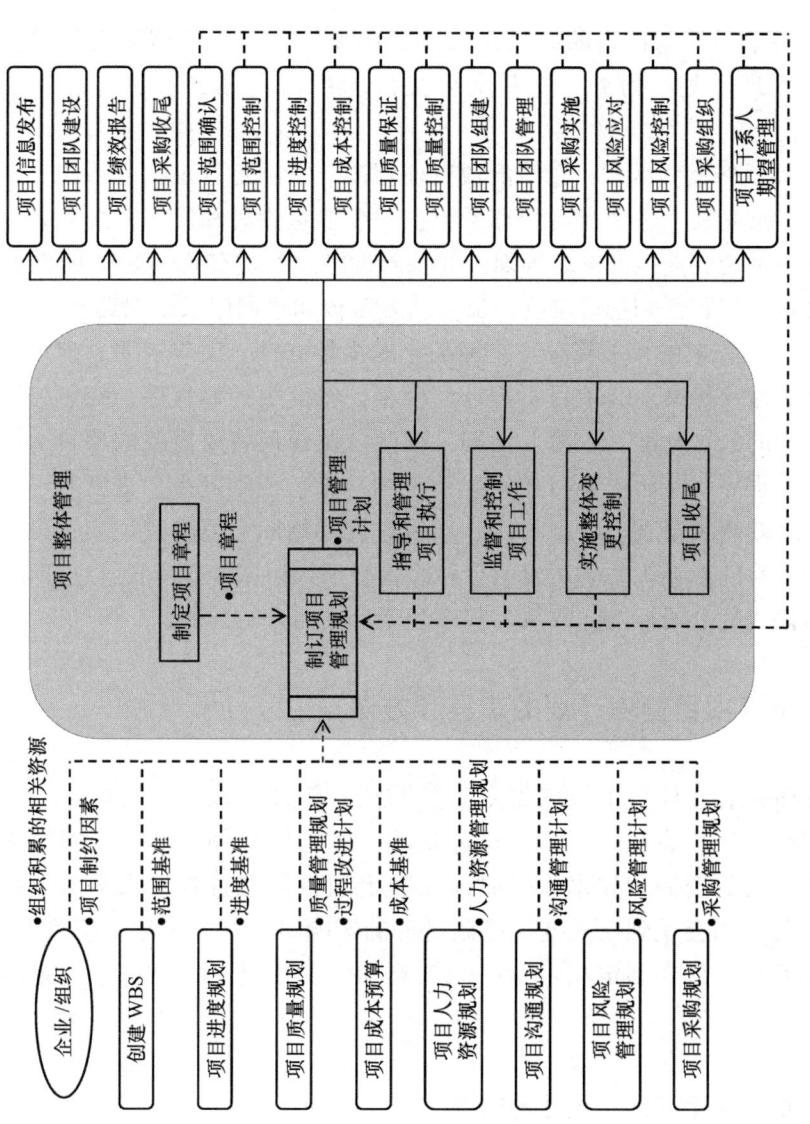

图 4-2 制订项目管理计划的工作信息流向示意图

赘述。

（2）项目范围说明书。项目范围说明书的相关内容将在项目范围定义所在章节进行介绍。

（3）各单项计划过程的结果文件。各单项计划过程的结果文件将被整合成项目管理计划。另外，这些结果文件的更新会导致项目管理计划的更新。

（4）项目的制约因素：①政府或行业标准。②项目管理信息系统。如一个自动化工具套装、一个配置管理系统、一个信息收集和发布系统或者一个与其他自动系统相连接的网络界面。③基础设施。如现有的设施和重要设备。④人事管理。如聘任和解聘制度、员工绩效考核和培训记录。⑤其他。

（5）组织积累的相关资源：①标准化的指导方针、工作说明、建议评价标准及绩效考核标准。②项目管理计划模板。③变更控制程序。变更控制程序包括正式的公司标准、政策、计划、程序以及任何将要修改的项目文档案和变更批准程序。④历史项目档案。如范围基准、成本基准、进度基准、质量基准、绩效衡量基准、项目日历、项目进度网络图、风险登记表、风险应对措施和风险的影响等。⑤历史信息和经验教训知识库。⑥配置管理知识库。包括所有正式的公司标准、政策、程序和项目文档。⑦其他。

### 4.3.2 制订项目管理计划的工具和方法

制订项目管理计划主要依据专家判断法。例如，在为满足项目需要而进行过程精简时，在制订项目管理计划的技术和管理细节时，在确定实施项目工作所需的资源和技术水平时，在确定项目的配置管理水平时，在确定哪些项目文档会受到正式变更控制过程的影响时，都会运用专家判断法。由于专家判断法已在制定项目章程的工具和方法中进行过介绍，这里不再赘述。

### 4.3.3 制订项目管理计划的结果

制订项目管理计划的最终成果是项目管理计划文件，它是多个单项项目管理计划的汇总。项目管理计划是项目团队根据项目的各种制约因素、假设条件、各项目干系人的要求及各单项计划编制而成的计划文件。它是整个项目实施和管理的总体计划和安排，是用于指导实施和管理控制项目的计划文件。

项目管理计划囊括和整合了项目单项管理计划（如范围管理计划、需求管理计划、进度管理计划、成本管理计划、质量管理计划、过程改进计划、人力资源计划、沟通管理计划、风险管理计划、采购管理计划等）和项目文件（也称项目基准，如进度基准、成本基准、范围基准、质量基准等）的所有内容。

## 4.4 指导和管理项目执行

指导和管理项目执行（Direct and Manage Project Execution）是指将项目管理计划中所确定的工作付诸实践、以达到项目要求的过程。这一过程要求项目团队进行多种活动，以保证项目目标的实现。

指导和管理项目执行过程的活动有：

（1）实施活动以满足项目要求、创造项目可交付成果、对分配到项目的团队成员进行配备、培训和管理。

（2）获取、管理和使用包括材料、工具、设备和设施在内的各类资源。

（3）将设计方案和标准付诸实施，在项目团队内外建立沟通渠道并对其进行管理。

（4）生成成本、进度、技术等项目数据。

（5）发布变更请求并将批准的变更应用于项目范围、计划和环境。

（6）管理风险并实施风险应对活动。

（7）管理供应商。

（8）收集和记录所得的经验教训，并实施批准的改进活动等。

此外，指导和管理项目执行还包括实施经过批准的变更请求，主要包括：①使得预期的项目绩效与项目管理计划保持一致的纠正措施。②为降低潜在消极后果的概率所采取的预防措施。③更正质量过程中发现的产品缺陷改进请求。

指导和管理项目执行的主要工作如表 4-5 所示。

由图 4-3 可以更加清楚地了解指导与管理项目执行的工作信息流向。

表 4-5　指导和管理项目执行的主要工作

| 依　据 | 工具和方法 | 结　果 |
|---|---|---|
| 项目管理计划<br>批准的变更请求<br>项目的制约因素<br>组织积累的相关资源 | 专家判断法<br>项目管理信息系统 | 可交付成果<br>工作绩效数据<br>变更请求<br>更新的项目管理计划<br>更新的项目文档 |

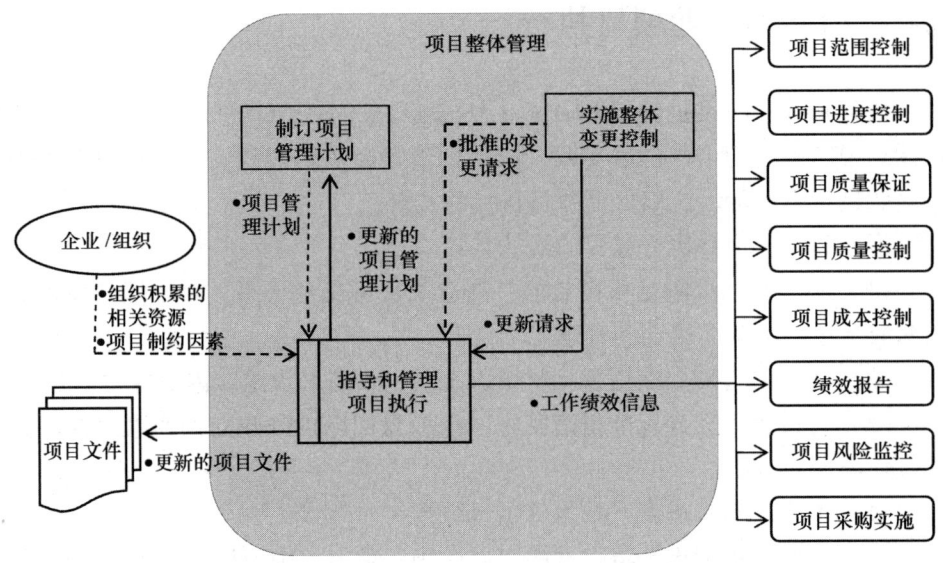

图 4-3　指导与管理项目执行的工作信息流向示意图

## 4.4.1　指导和管理项目执行的依据

（1）项目管理计划。项目管理计划已在制订项目管理计划章节进行了介绍，这里不再赘述。

（2）批准的变更请求。由项目团队来安排已获得批准的变更请求的实施。批准的变更请求就是被记录下来并获得批准的、扩大或缩小项目范围的请求。批准的变更请求会导致方针、项目管理计划、程序、成本或预算的修改及进度的修订，还可能使得项目团队采取相应的预防或纠正措施。

(3)项目的制约因素。

1)组织或公司文化和结构。

2)基础设施。如现有的设施和重要设备。

3)人事管理制度。如聘任和解聘制度、员工绩效考核和培训记录。

4)干系人的风险容忍度。

5)项目管理信息系统。如一个自动化工具套装、一个配置管理系统、一个信息收集和发布系统或者一个与其他自动系统相连接的网络界面。

6)其他。

(4)组织积累的相关资源。

1)标准化方针和工作说明。

2)沟通需求(用于确定沟通媒介、记录保存方式和安全需求)。

3)问题和缺陷管理程序。用于控制问题和缺陷、识别及处理问题和缺陷、跟踪行动项等。

4)过程测量数据库。用于收集和获取过程和产品的测量数据。

5)历史项目文档。例如,范围、成本、进度和质量基准、绩效衡量基准、项目日历、项目进度网络图、风险登记表、风险应对措施和风险的影响等。

6)问题和缺陷管理数据库。问题和缺陷管理数据库包括项目的历史问题和缺陷情况、控制信息、问题和缺陷解决方法及行动结果。

7)其他。

## 4.4.2 指导和管理项目执行的工具和方法

(1)专家判断法。专家判断法也常常会用于评估指导和管理项目执行过程的依据。专家的判断能力和专业知识对于正确、高效地指导和管理项目执行过程中的所有技术和管理细节至关重要。专家判断法已在制定项目章程的工具和方法中进行过介绍,这里不再重复。

(2)项目管理信息系统。在项目管理的过程中,信息、信息流和信息处理各方面的总和称为项目管理信息系统。它是计算机辅助项目管理工具,为项目目标的实现提供了强有力的帮助。项目管理信息系统能够帮助项目团队进行成本估算,收集相关信息来计算挣值,进行复杂的时间和资源调度,还能够帮助项目团队进行风险分析。例如，项目计划图表（PERT图、甘特图）的绘制、项目关键路径的计算、项目成本的核算、项目计划的调整等都可以借助于项目管理信息系统。

项目管理信息系统是建立在项目管理流程和项目实施流程基础上的，它们之间既互相联系又互相影响。项目管理信息系统的建立需要明确以下几个基本问题：

1）信息的需要。项目管理者和各职能部门为了决策、计划和控制需要哪些信息？以什么形式，何时，通过何种渠道获取信息？上层系统和周边组织在项目过程中需要什么信息？不同层次的管理者对信息的内容、精度、综合性有不同的要求。

2）信息的收集和加工。在项目实施过程中，每天都会生成大量原始资料。由谁来负责这些原始数据的收集？这些资料、数据的内容、结构、准确程度如何？如何获得这些原始数据、资料？这些原始资料覆盖面广、数量庞大、形式丰富多彩，只有经过信息加工才能符合不同层次项目管理者的要求。

3）编制索引和存储。为了查询、调用的方便，建立项目文档管理系统，将所有信息分类、编码。作为项目的历史资料和实施情况的证明，信息必须被妥善保存，一般要保存到项目结束，有些则要作长期保存。按不同的使用和存储要求，数据和资料储存于一定的信息载体上，要做到既安全可靠，又使用方便。

4）信息的使用和传递渠道。信息的传递是信息系统灵活性和效率的表现。信息传递的特点是仅传输信息的内容，而保持信息结构不变。在项目管理中，要设计好信息的传递路径，按不同的要求选择快速、误差小、成本低的传输方式。

例如，山东省高速公路信息管理系统一期工程自2000年9月1日开工以来，从第一阶段480km到第二阶段880km一次联网运行都是一次成功开通并平稳运行。据统计，仅一期工程共建设1个总中心、4个中心、22个分中心、114个收费站、793个车道，涉及施工单位及供货商一百余家。面对如此巨大的工程，项目部和总承包商采取了多种措施以确保项目的实施质量。在项目的系统设计、系统集成等各个环节，采取项目管理的计划管理方法，通过制订和执行周密的项目概要计划、项目控制计划、产品控制计划和运行维护计划，提高了对项目执行中事件和变化的管理能力。在系统开发中采用了海量信息处理、数据挖掘等先进技术 20 多种，实现了全省高速公路收费、监控、通信的自动化管理，保证了高速公路的畅通无阻和高效运行。山东省高速公路收费信息管理系统的首页界面见图 4-4。

图 4-4　山东省高速公路收费信息管理系统的首页界面○

## 4.4.3　指导和管理项目执行的结果

（1）可交付成果。可交付成果是任何在项目管理计划文档中被识别出来的、唯一的、可检验的产品、成果或提供服务的能力。可交付成果的生产或提供的目是保证项目的完成。

（2）工作绩效数据。在项目进展过程中，项目团队成员按常规收集来自项目活动的未经处理的数据。该数据可能与各种绩效结果相联系，例如，可交付成果的状况、进度进展情况和发生的成本等。

---

○　图片来源：http://image.baidu.com/

（3）变更请求。当在项目实施过程中发现问题时，项目变更就会发生。项目变更会引起项目范围的扩大、调整或缩小，导致项目政策或程序的修改，项目成本或预算的变化以及项目进度的修订。变更请求还包括为消除消极影响所采取的预防或纠正措施。变更请求可以是直接的或间接的，可以内部的或外部的，可以是选择的或法律（合同）指定的，包括纠正措施、预防措施、发现并更正的缺陷、正式的控制文档和计划的更新等。

（4）更新的项目管理计划。需要更新的项目管理计划包括沟通管理计划、人力资源计划、进度管理计划、成本管理计划、需求管理计划和项目基准等。

（5）更新的项目文档。需要更新的项目文档包括请求文件、项目日志和干系人登记表等。

## 4.5 监督和控制项目工作

监督和控制项目工作就是跟踪、检查和规范项目进展，使之符合项目管理计划所确定的绩效目标的过程。作为项目管理的工作之一，监督贯穿于项目的始终。监督包括收集、衡量和发布绩效信息，对影响项目的进展措施和趋势进行评估。其工作过程涉及的主要内容如下：

（1）将实际项目绩效与项目管理计划进行比较。

（2）评价项目绩效，判断是否出现了需要采取纠正或预防措施的情况，并在必要的时候提出采取措施的建议。

（3）分析、跟踪并监督项目风险，确保项目团队能够识别项目风险，报告其状况，并实施适当的风险应对措施。

（4）建立一个与项目产品及其相关文件有关的准确而及时的信息库，并持续到项目完成。

（5）为状态报告、进展测定和预测提供信息支持。

（6）为更新当前的成本和进度信息提供预测。

（7）监督已批准项目变更的执行情况。

监督和控制项目工作的主要工作如表4-6所示。

通过图4-5可以更加清楚地了解监督和控制项目的工作信息流向。

表 4-6　监督和控制项目工作的主要工作

| 依　据 | 工具和方法 | 结　果 |
|---|---|---|
| 项目管理计划<br>工作绩效数据<br>项目绩效报告<br>预测数据<br>项目的制约因素<br>组织积累的相关资源 | 专家判断法 | 变更请求<br>更新的项目管理计划<br>更新的项目文档 |

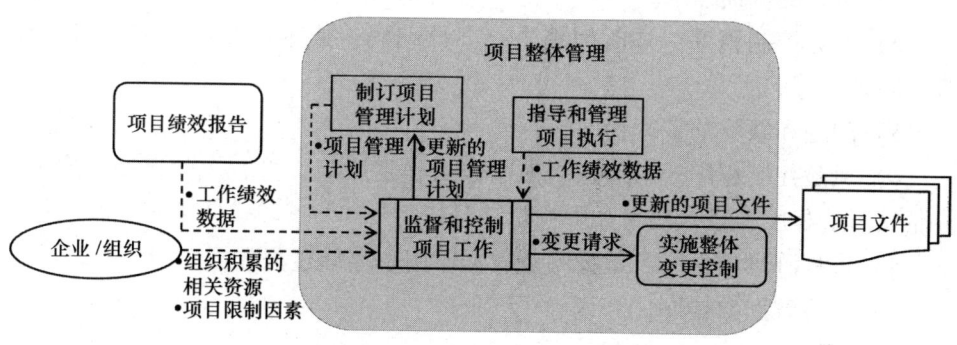

图 4-5　监督和控制项目工作的信息流向示意图

## 4.5.1　监督和控制项目工作的依据

（1）项目管理计划。项目管理计划已在制订项目管理计划的章节中进行了介绍，这里不再赘述。

（2）工作绩效数据。工作绩效数据主要用于比较计划绩效和实际绩效。

（3）项目绩效报告。绩效报告由项目团队编制，是对项目活动、项目完成情况、里程碑事件及发现的问题的详细说明。状态报告用于汇报关键信息，包括目前的状态、本阶段取得的重大成绩、安排的活动及存在的问题等。

（4）预测数据。预测是项目团队对于项目未来状况和事件的估计和预报。这些估计和预报是基于预测时所能获得的信息和知识作出的。项目团队根据项目执行过程中所产生的工作绩效数据对预测进行更新和重新发布。

（5）项目制约因素。

1）政府或行业标准。如管理机构的规定、产品标准、质量标准和工艺标准等。

2）公司的工作授权系统。

3）项目干系人的风险容忍度。

4）项目管理信息系统。如一个自动化工具套装、一个配置管理系统、一个信息收集和发布系统或者一个与其他自动系统相连接的网络界面。

5）其他。

（6）组织积累的相关资源。

1）组织的沟通需求。

2）财务控制程序。如时间报告、会计编码、成本和支出的审核以及标准合同条款等。

3）问题和缺陷的管理程序。

4）风险控制程序。风险控制程序包括确定风险类型、风险概率的定义、评估其影响程度，进行概率和影响矩阵分析。

5）过程测量数据库。过程测量数据库用于存储过程数据。

6）经验教训数据库。

7）其他。

### 4.5.2 监督和控制项目工作的工具和方法

项目管理团队应用专家判断法来解释分析监控项目绩效过程中所产生的信息。项目经理和项目团队通过对比实际状况和已有计划，决定该信息的重要性和所要采取的行动。

专家判断法已在制定项目章程的工具和方法中进行过介绍，这里不再赘述。

### 4.5.3 监督和控制项目工作的结果

（1）变更请求。通过对比计划结果和实际结果，项目团队提出变更请求。变更请求可能会导致项目或产品范围的扩大、调整或缩小。变更还可能对项目管理计划、项目文件或产品可交付成果产生影响。变更包括如下内容：

保证项目将来的绩效与项目管理计划相一致的纠正措施，降低项目风险消极影响的预防措施，使有缺陷的可交付成果符合要求的补救措施等。

（2）更新的项目管理计划。可能会更新的项目管理计划包括：进度管理计划、质量管理计划、成本管理计划、进度基准、成本基准、范围基准和质量基准等。

（3）更新的项目文档。可能会更新的项目文档包含：预测报告、绩效报告和问题登记簿等。

## 4.6 实施整体变更控制

实施整体变更控制，即审核所有的变更请求、批准变更并将变更应用于可交付成果、组织积累的相关资源、项目文档和项目管理计划的过程。项目整体变更控制是贯穿项目管理计划实施全过程的工作之一，因为一旦项目的某个要素发生变更，项目团队就必须开展项目整体变更控制工作。实施整体变更控制过程包括的变更管理活动如下：

（1）识别已经发生和将要发生的变更。
（2）对不受控制的因素施加影响，以保证只有经过批准的变更才会被执行。
（3）快速地审核并批准变更请求。
（4）管理发生的变更。
（5）只公布用于并入项目计划和项目文档的已批准变更，以保持基准的完整。
（6）对推荐的纠正和预防措施所包含的行动进行审核、评估和选择。
（7）在整个项目实施过程中对变更进行协调。
（8）将变更请求的全部影响形成文档。

与项目有关的任意干系人都可能提出变更请求。在变更控制系统和配置管理系统中通常要求以书面形式提交变更请求。项目团队内部的权威机构或外部的组织(如变更控制委员会)负责批准或否决记录下来的变更请求。如果项目是依照合同进行的，则由客户按合同决定是否批准变更请求。变更会导致项目管理计划、单项计划及文件的调整。变更控制的应用水平取决于具体项目的要求、实施背景、应用领域和复杂程度。

实施整体变更控制的主要工作如表 4-7 所示。

表 4-7　实施整体变更控制的主要工作

| 依　　据 | 工具和方法 | 结　　果 |
|---|---|---|
| 变更请求<br>组织积累的相关资源 | 专家判断法<br>变更控制会议 | 更新的变更请求状态<br>更新的项目管理计划<br>更新的项目文档 |

由图 4-6 可以更加清楚地了解实施整体变更控制的工作信息流向。

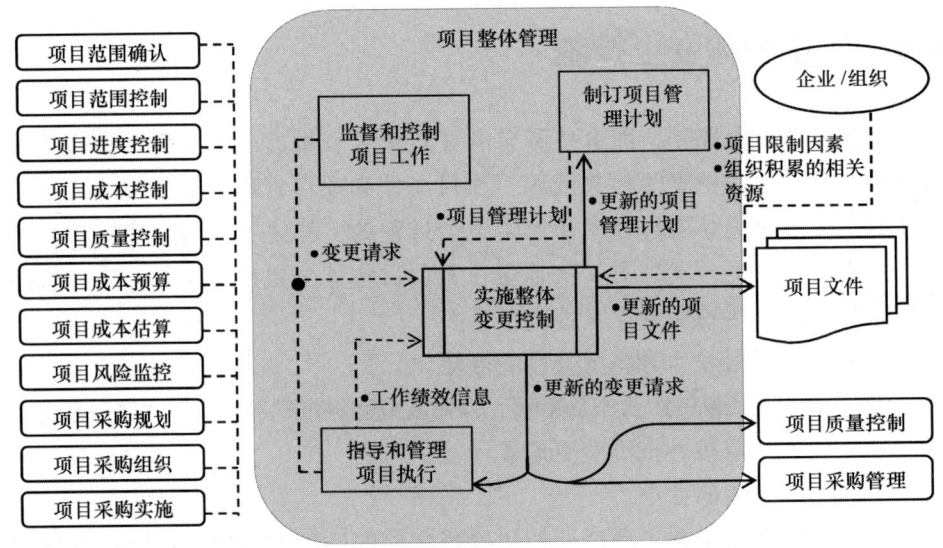

图 4-6　实施整体变更控制的工作信息流向示意图

## 4.6.1　实施整体变更控制的依据

(1) 变更请求。变更请求产生于任何控制过程或项目整体管理过程。变更请求包括：纠正措施、预防措施和缺陷补救措施。

(2) 组织积累的相关资源。

1) 变更控制程序。变更控制程序包括修改正式的公司标准、政策和其他项目文件，以及如何批准、证实、公布一个变更。

2) 变更批准程序。

3) 过程测量数据库(用于获取过程或产品的测量数据)。

4）项目档案。如范围、成本、进度和质量基准、绩效衡量基准、项目日历、项目进度网络图、风险登记表、风险应对措施和风险影响等。

5）配置管理知识库。配置管理知识库包括所有正式的公司标准、政策、程序以及项目文件的版本和基准。

6）其他。

### 4.6.2 实施整体变更控制的工具和方法

（1）专家判断法。项目干系人可能会被邀请加入变更控制委员会，并提供其具备的专业知识，作为项目管理团队判断的依据，用于该过程中的任意技术和管理细节。

专家判断法已在制定项目章程的工具和方法中进行过介绍，这里不再赘述。

（2）变更控制会议。变更控制委员会负责会议的召开，并对变更请求进行审核，批准或否决这些请求。变更控制委员会的作用和职责被明确规定，并得到所有干系人的许可。变更控制委员会的所有决策将会被记录下来，并传达给干系人以进一步获取信息。

### 4.6.3 实施整体变更控制的结果

（1）更新的变更请求状态。项目经理或一个指定的团队成员根据变更控制系统对变更请求进行处理。

（2）更新的项目管理计划。可能会更新的项目管理计划因素包括：任何单项管理计划、受正式变更控制过程影响的基准等。

（3）更新的项目文档。由于实施整体变更控制过程而可能更新的项目文件包括任何受正式变更控制过程影响的文件。

## 4.7 项目收尾

当项目的阶段目标或最终目标已经实现，或者项目的目标无法实现时，项目就进入了收尾阶段。项目收尾（Close Project）是项目团队完成所有项目管理过程组的工作，正式结束项目或阶段，把已完成或取消的项目移交给客户的过程。

项目收尾工作是项目整体管理的最后一个环节，它对项目的圆满结束具有重要意义。只有通过项目收尾这个工作环节，项目干系人才有可能终止他们为完成项目所承担的责任和应尽的义务，并从项目中获益。项目收尾是一项繁琐耗时的工作，项目经理和项目团队需要投入大量精力，密切关注工作中的细节。其程序如下：首先，核实和记录项目或阶段可交付成果；其次，与客户或发起人进行协调和联系，使其正式接收可交付成果；再次，调查和记录项目未完成就被终止的原因。

项目或阶段的管理收尾所进行的活动主要有以下几种：

（1）确认项目或阶段符合发起人、客户或其他干系人的要求，对交付和接受项目可交付成果过程中的活动进行核实。

（2）为实现项目或阶段的完成或结束而进行的活动。

（3）将项目产品或服务移交至下一阶段，转入生产和(或)经营。

（4）组织收集项目或阶段的相关信息，核查项目的成功或失败，获取经验教训过程中涉及的活动。

项目收尾的主要工作内容如表 4-8 所示。

表 4-8　项目收尾的主要工作

| 依　据 | 工具和方法 | 结　果 |
| --- | --- | --- |
| 项目管理计划<br>验收的可交付成果<br>组织积累的相关资源 | 专家判断法 | 最终产品、服务或成果的移交<br>更新的组织积累的相关资源 |

由图 4-7 可以更加清楚地了解项目收尾的工作信息流向。

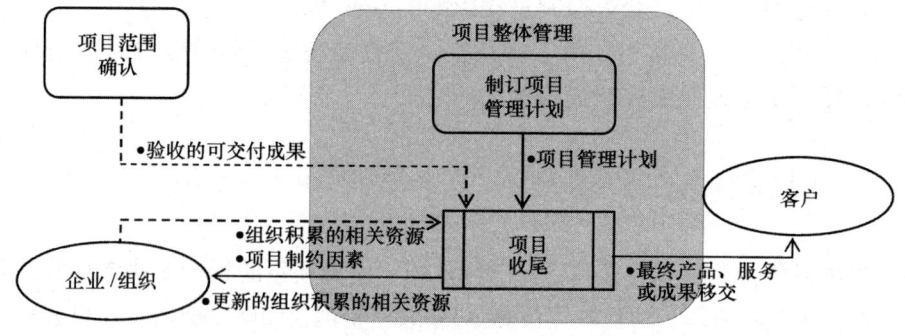

图 4-7　项目收尾的工作信息流向示意图

### 4.7.1 项目收尾的依据

(1) 项目管理计划。项目管理计划已在指定项目管理计划章节进行过介绍,这里不再赘述。

(2) 验收的可交付成果。验收的可交付成果是指在项目范围确认过程中,客户或项目发起人正式接收并签字确认的可交付成果。具体内容详见项目范围确认。

(3) 组织积累的相关资源。

1) 项目收尾的指导方针和要求。如项目审计、项目评估、产品验收标准等。

2) 历史信息和经验教训知识库。如项目记录表和文件、项目收尾的全部信息和文档,与先前项目选择的决策结果,绩效信息及风险管理工作有关的信息等。

### 4.7.2 项目收尾的工具和方法

专家判断法是项目或阶段收尾的常用工具。在实施管理收尾时,专家凭借其丰富的专业知识,对项目或阶段收尾是否按照适当的标准实施作出判断。

专家判断法已在制定项目章程的工具和方法中进行过介绍,这里不再赘述。

### 4.7.3 项目收尾的结果

(1) 最终产品、服务或成果的移交。最终产品、服务或成果的移交是在签订好项目验收鉴定书后,项目团队将项目产品和相关的技术档案资料的所有权移交给客户的行为。项目移交需完成以下工作:

1) 准备需要移交的项目产品和文件资料。

2) 由项目团队负责进行项目产品的试运营。

3) 办理好项目产品的移交手续,包括收到一份合同项目已被认可的正式声明。

4）处理好项目运营后的技术服务和人员培训工作。

(2) 更新的组织积累的相关资源。

1）正式的验收文件。客户或发起人正式确认有关项目或阶段的产品、服务或结果符合其要求和规格。

2）项目档案。项目档案是指在项目活动中形成的文件，如项目管理计划、范围基准、成本基准、进度基准和质量基准、项目日历、风险登记表、计划风险应对措施以及风险影响等。

3）项目或阶段收尾文件。项目或阶段收尾文件，即表明项目或阶段已经完成，完成的项目或阶段可交付成果已经转交给其他方（如一个经营组织或下一个阶段等）的正式文件。如果项目在完成前被取消，该文件需要说明项目为何被取消，并且将移交该项目的已完成和未完成的可交付成果的过程正式化。

4）历史信息。项目组织应该把引起项目偏差的原因、采取纠正措施的理由、不同项目管理方法和技术等编制成文件，以此作为历史资料的一部分，以便为项目组织继续完成这个项目或今后进行其他项目提供参考。

## 本 章 小 结

本章首先介绍了项目整体管理的含义，然后分别从制定项目章程，制订项目管理计划，指导和管理项目执行，监督和控制项目工作，实施整体变更控制和项目收尾 6 个过程展开讨论，其中详尽地介绍了各个过程的依据、可采用的工具和方法以及得出的结果。

## 自 测 题

**一、判断题**

1. 项目发起人既是项目整体管理的责任者，也是项目的综合协调者。
（  ）
2. 项目整体管理的 6 个阶段是彼此独立的。（  ）
3. 项目整体管理工作既可以由专人负责，也可以组成专门的团队进行共

同管理。                                          (   )
4. 项目通常始于组织的某种需求。                    (   )
5. 项目章程是用来回答"谁将为谁做什么"这个问题的。  (   )
6. 对于内部项目而言,项目工作说明书是由项目经理提出的。(   )
7. 专家判断法用于对项目整体管理各过程的结果的评价。 (   )
8. 在进行头脑风暴会议时,可以对其他人的意见提出质疑。(   )

二、单选题
1. 项目整体管理过程中经常使用的技术和方法是(   )。
A. 专家判断法   B. 观察调研法   C. 偏差分析技术   D. 计划评审技术
2. 对于外部项目而言,项目工作说明书是由(   )提交的。
A. 项目经理              B. 客户
C. 项目发起人            D. 任意项目团队成员
3. (   )是整个项目实施和管理的总体安排。
A. 项目章程              B. 项目范围说明书
C. 项目管理计划          D. 项目工作说明书
4. (   )同项目团队一起指导项目活动的实施。
A. 高层管理者   B. 项目发起人   C. 客户   D. 项目经理
5. 由(   )来安排已获得批准的变更请求的实施。
A. 项目团队   B. 项目发起人   C. 客户   D. 项目经理
6. (   )是计算机辅助项目管理的工具。
A. 计划评审技术          B. 项目管理信息系统
C. 项目管理软件          D. 方案识别技术
7. 可交付成果的生产或提供是为了(   )项目。
A. 启动      B. 执行      C. 控制      D. 完成
8. 项目绩效报告是由(   )负责编制的。
A. 项目团队   B. 项目发起人   C. 客户   D. 项目经理

三、多选题
1. 项目整体管理与其他项目单项管理相比,具有的特点包括(   )。
A. 综合性    B. 全局性    C. 系统性    D. 统一性
2. 专家判断法的具体形式包括(   )。
A. 专家会议法   B. 头脑风暴法   C. 德尔菲法   D. 集体判断法

3. 编写项目案例可能源于哪些需求(　　)。
   A. 市场需求　　B. 商业需求　　C. 法律需求　　D. 社会需求
4. 制定项目章程时的影响因素包括(　　)。
   A. 政府标准　　　　　　　　B. 行业标准
   C. 组织的基础设施　　　　　D. 市场发展情况
5. 项目章程基本要素的详细程度取决于项目的(　　)。
   A. 规模　　B. 持续时间　　C. 复杂程度　　D. 重要性
6. 德尔菲法的特点包括(　　)。
   A. 匿名性　　B. 间接性　　C. 反馈性　　D. 收敛性
7. 项目章程通常是由(　　)颁发的。
   A. 项目发起人　　　　　　　B. 项目组织以外的负责人
   C. 项目经理　　　　　　　　D. 高级管理层
8. (　　)可能提出变更请求。
   A. 项目发起人　B. 客户　　C. 项目经理　　D. 项目团队成员

## 练习与思考

1. 简述项目整体管理的工作过程。
2. 制定项目章程的一般步骤有哪些？
3. 专家判断法有什么优缺点？具体包括哪些形式？
4. 项目管理计划都有什么作用？
5. 监督和控制项目工作包括哪些工作内容？
6. 实施整体变更控制都包括哪些管理活动？

## 模 拟 练 习

结合本章所介绍的基本知识，选取你将要做的一件比较重要的事情，从项目整体管理的角度，拟订一份详细的项目计划，组成项目小组分工合作，并对执行过程进行监督和控制。

# 案 例 思 考

**A 集团 ERP 项目的搁浅**

1998 年初，某省 A 集团采用 Symix 公司(现更名 Frontstep 公司)的产品来实施 ERP 项目。从 1998 年初签单，到同年 7 月，A 集团实施 ERP 项目的进展很顺利，包括数据整理、业务流程重组，以及物料清单的建立都很顺利。Symix 公司的售后服务工作也基本到位，基本完成了产品的知识转移。另外，A 集团在培养自己的二次开发队伍方面也做了一定的工作。如果能这样持续发展下去，或许 A 集团将成为国内企业成功实施 ERP 项目的典范。

然而，计划没有变化快。到了 1998 年 8 月，A 集团内部为了适应市场变化，开始进行重大的机构调整。由于 A 集团的高层在调整过程中，更多的是关注企业的生存，企业经营的合理化和利润最大化，没有认真考虑公司内部结构调整对 ERP 项目的影响。于是企业经营结构变了，而当时所用的 ERP 软件流程却已经定死了，Symix 厂商也似乎无能为力，想不出更好的解决方案。于是 A 集团不得不与 Symix 公司友好协商，项目暂停，虽然已经运行了 5 个月，但是继续运行显然已经失去了意义。Symix 的 ERP 项目现在只在 A 集团一些分公司的某些功能上运行。

阅读该资料后，结合本章所学的知识回答以下问题：

1. 你认为 A 集团 ERP 项目的目标是什么？
2. 你认为 A 集团 ERP 项目的干系人都有谁？
3. 你认为 A 集团 ERP 项目在整体管理方面有什么缺陷？应该如何改进？
4. 你认为 A 集团 ERP 项目最终未能取得成功的主要原因是什么？

主要内容
- 概述
- 收集需求
- 项目范围定义
- 创建工作分解结构
- 项目范围确认
- 项目范围控制

第 5 章

# 项目范围管理

你可以冻结客户的要求,但你却无法阻止他的期望。

——民谚

可能没有什么会比良好而完整的范围定义能对项目的成功作出更大的贡献。

——昆廷·佛莱明(Quentin Fleming)和乔尔·科佩尔蒙(Joel Kepeiermeng)

## 5.1 概述

项目组织要想成功地完成某个项目，在明确了项目的预定目标后，必须开展一系列的工作或活动，这些工作或活动构成了项目的工作范围。项目的工作范围包括项目的最终产品或服务、实现该产品或服务所需要做的各项具体工作。因此，项目范围管理就是为了成功地实现项目的目标，规定或控制哪些方面是项目应该做的，哪些方面是不应该做的，从而定义项目的范畴。

### 5.1.1 项目范围管理的含义

（1）项目范围的含义。项目范围（Project Scope）是指为了成功地实现项目目标所必须完成的全部且最少的工作。该定义包含如下两层含义：

1）全部的——实现该项目目标所进行的"所有工作"，任何工作都不能遗漏，否则将会导致项目范围"萎缩"。

2）最少的——完成该项目目标所规定的"必要的、最少量"的工作，不进行此项工作就无法最终完成项目。工作范围不包括那些超出项目可交付成果需求的多余工作，否则将导致项目范围"蔓延"。

例如，某项目的目标是"用600万元在6个月内修建一幢2层豪华别墅"，这个目标是一个较为笼统的概念，项目组织还需要根据该项目目标来确定项目的具体工作，即界定项目的范围。该项目的范围或许应该这样描述：建筑面积为600$m^2$，别墅共有6间卧室、2个客厅、2个厨房、4个卫生间、1个健身房和1个地下室；庭院面积为800$m^2$，包括一个200$m^2$的露天游泳池、一个300$m^2$的花园和一个50$m^2$的车库。操作中，该项目的范围还要更加具体一些。

（2）产品范围和项目范围的区别。产品范围是指客户对项目最终产品或服务所期望包含的特征和功能的总和；项目范围是为了交付满足产品范围要求的产品或服务所必须完成的全部工作的总和。项目范围最终是以产品范围为基础确定的，产品范围对产品要求的深度和广度决定了项目工作范围的深度和广度。产品范围的完成情况是参照客户的要求来衡量的，而项目范围的完成情况则是参照计划来检验的。

(3) 项目范围管理的含义。项目范围管理(Project Scope Management)是对项目所要完成的工作范围进行管理和控制的过程和活动，包括确保项目能够按要求的范围完成所涉及的所有过程，实质上是一种功能管理。例如，启动一个新项目、编制项目范围计划、界定项目范围、由项目干系人确认项目范围、对项目范围变更进行控制等内容。

项目范围管理是项目能否成功的决定性因素，项目经理在与客户及在组织内界定项目范围时，还必须同时确定项目的假设、限制条件以及排除事项，也就是通常所说的"是什么，不是什么"的问题。项目范围管理的具体作用如下：

1) 为项目实施提供工作范围的框架。项目范围管理最重要的作用就是为项目实施提供了一个项目工作范围的边界和框架，并通过该边界和框架去规范项目组织的行动，在澄清了项目工作范围和条件之后，就可以让项目团队成员放弃不必要的工作和各种不切实际的想法。

2) 提高资金、时间、人力和其他资源估算的准确性。项目的具体工作内容明确以后，就可以较为准确地对整体和各项工作的需求进行估计。

3) 确定进度测量和控制的基准。项目范围是项目计划的基础，项目范围确定了，也就为项目进度计划的执行和控制确定了基准，便于实施有效的控制，从而可以采取相应的纠偏行动。

4) 有助于清楚地分派责任。一旦项目范围界定了，就确定了项目的具体工作任务，为进一步分派任务奠定了基础。

### 5.1.2 项目范围管理工作过程

项目范围管理工作过程的具体内容如下：

(1) 收集需求。收集需求是将满足客户需求和预期的项目或产品的特征及功能确定并记录下来的过程。

(2) 项目范围定义。它是制定详细项目和产品描述的过程。即制定项目范围管理计划：如何确定核实和控制项目范围以及如何建立和制作工作分解结构所必需的过程。

(3) 创建工作分解结构。它是将项目可交付成果及项目工作分解成更小的、易于操作工作单元的过程。

（4）项目范围确认。项目范围确认是正式接受完工可交付成果的过程。

（5）项目范围控制。项目范围控制是监督项目状况和项目范围，并管理变更的过程。

尽管在图2-9中对每个独立的工作过程作了明确的界定，但是，在实践中它们是以各种形式重叠并相互影响的。此外，在开始项目范围管理的工作过程之前，项目经理和其团队需要编制项目范围管理计划。项目范围管理计划用于指导如何对项目范围进行定义、记录、核实、管理和控制。项目范围管理计划是项目管理计划的子计划，可以是正式或非正式的，既可以非常详细也可以高度概括，具体可依据项目的实际情况而定。

## 5.2　收集需求

收集需求（Collect Requirement）是指分析客户基于某些方面的变化而对项目产品所产生的特定需求。项目绝不是无源之水、无本之木，而是来源于社会和经济活动的各种需求，任何一个项目都是从收集客户需求开始的。收集需求是项目启动的首要工作，它处于项目生命期的最初阶段。客户需求主要源于以下几点：

（1）市场需求，即由市场变化而引起的需求。如某机车厂经过市场分析发现我国铁路运输机车中急需大功率的货运机车，于是组织技术人员研制新型的大功率货运机车。

（2）竞争需求，即公司基于提高自身竞争力而引起的需求。如某企业为提高其产品竞争力，在企业内部启动了成本定额管理项目。

（3）技术需求，即基于技术创新而引起的需求。随着技术的进步，公司技术落后的产品不断被市场所淘汰，为了维持公司的生存就必须开发技术含量更高的新产品。

（4）法律需求，即由一个国家或地区的法律变化而引起的需求。如某地政府部门颁布了一项限制某类产品生产的法律条款，则生产该类产品的公司就不得不转产其他产品。

项目团队为了准确地把握客户需求，必须注意加强与客户的沟通，以便将客户期望的项目产品用途、具体功能逐渐挖掘出来，并将客户较为模糊的需求认识采用清晰的方式进行描述和展现。例如，随着业务的迅速发展，东方公司收购了两家上游企业，但由于经营管理不善，其业务流程中出现了许多弊端和漏洞。东方公司委托蓝天咨询公司为其业务流程进行再造。蓝天咨询公司在承接东方公司的业务流程咨询项目后，着手梳理该公司的业务流程现状，查找存在的问题。经过深入调查后发现，对于该项目，若要进行业务流程再造，必须先明确组织结构问题。由于东方公司是一家扩张速度较快的企业，组织结构极不稳定。虽然业务流程本身有一定的独立性，但组织结构不能稳定下来，则无法确定流程的责任矩阵，也就无法进行业务流程的梳理和改造。因此，为了完成业务流程的梳理工作，不得不解决组织结构的问题，以便为责任矩阵的确立奠定基础。虽然公司组织结构的设置不是合同中约束的项目范围，但却是项目不能回避的工作之一。于是，客户(东方公司)的组织结构现状成为蓝天咨询公司业务流程咨询项目的制约因素。

收集需求主要工作如表5-1所示。

表5-1 收集需求的主要工作

| 依 据 | 工具和方法 | 结 果 |
|---|---|---|
| 项目章程<br>项目干系人登记表 | 个人面谈法<br>焦点小组访谈法<br>促进研讨会<br>团队决策方法<br>群决策系统<br>问卷调查法<br>观察调研法<br>实物模型法 | 项目干系人需求文件<br>需求管理计划<br>需求跟踪矩阵 |

由图5-1可以更加清楚地了解收集需求时的工作信息流向。

### 5.2.1 收集需求的依据

（1）项目章程。项目章程是项目整体管理过程输出的文档，具体请参考项目整体管理。

（2）项目干系人登记表。项目干系人登记表用于标识那些可以提供项目和产品需求信息的项目干系人。项目干系人登记表将在沟通管理中详细阐述。

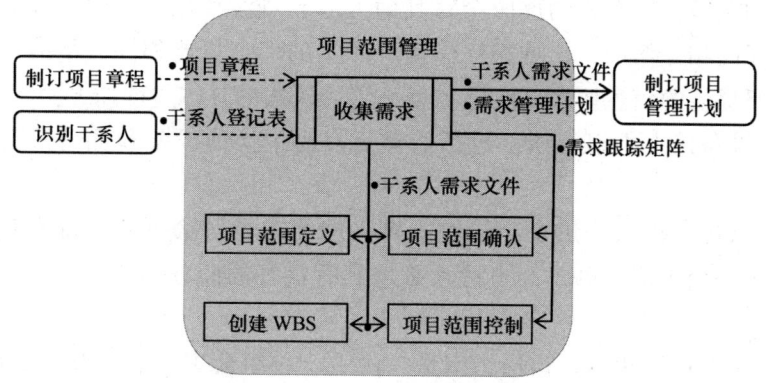

图 5-1 收集需求的信息流向示意图

## 5.2.2 收集需求的工具和方法

（1）个人面谈法。个人面谈法作为一种正式或非正式的方法，通过直接与主要干系人谈话的方式来获取项目的相关信息，它有助于项目团队对所需项目可交付成果的特征、功能的识别和确定。个人面谈法还有利于控制问题的次序，使信息沟通具有直接性、可靠性，并更具针对性。其一般程序主要包括：

1）准备阶段，在访谈前需制订访谈计划，选择访谈时间、地点等。

2）访谈阶段，需要选择适宜的发问方式和技巧，争取受访者的积极配合甚至主动参与，并及时做好记录工作，尽可能做到客观、准确、完整，不曲解受访者的原意。

3）结束阶段，访谈结束后要立即对访谈所记录的资料进行初步整理，并根据研究的目的，对加工处理过的资料进行分析综合。经过深入分析和论证后，得出结论，撰写访谈报告。

（2）焦点小组访谈法。焦点小组访谈法是由 8～12 人组成焦点小组，并在一位主持人的引领下，由焦点小组成员共同对某一主题或观点展开深入讨论。焦点小组访谈法的目的在于了解所有项目参与者对一种产品、观点的想法。

焦点小组访谈法远不止是一问一答式的面谈。互动作用是焦点小组访谈法成功的关键，一个人的反应会对其他人起到刺激作用，从而可以观察到受访者之间的相互作用，这种相互作用所产生的信息将比相同数量的人作单独陈述时所提供的信息要多。实施焦点小组访谈法的具体过程如下：

1）准备焦点小组访谈，包括选择焦点小组访谈设备和征选参与者两部分工作。

2）选择主持人。焦点小组对主持人的要求是：第一，主持人必须能恰当地组织一个小组。第二，主持人必须具有良好的商务沟通技巧，以便有效地与客户进行互动。

3）编制讨论指南。讨论指南是一份关于小组会中所要涉及的话题概要。它是由主持人根据调研课题和所需信息设计的，通常采用团队协作法来编制。

4）编写焦点小组访谈报告。访谈报告既可以是口头报告，也可以是正式的书面报告。

例如，一家制药股份有限公司进行信息系统建设项目。在导入ERP系统之前，公司首先选取12人组成了一个焦点小组，由总经理担任主持人。主持人讲述了目前公司内部信息化建设已经初具规模，硬件条件好，员工在日常办公时对计算机的使用已经十分熟练等状况，提出公司应该引进ERP系统。请大家分别对这一项目提出自己的看法。通过交流，小组成员在了解目前的基本工作流程基础上，进一步明确了公司对ERP系统的需求。

（3）引导式研讨会。引导式研讨会是以项目干系人为基础的、进行项目方案信息收集和决策的一项关键技术。引导式研讨会提供了一个使得项目干系人彼此充分理解和信任的机会。在引导式研讨会上，与会的项目干系人通过各抒己见、互动交流，最终达成共识，提出问题的解决方案。

例如，某所大学的一个二级学院拟成立一个独立的培训机构，委托项目管理咨询公司为其进行组织机构设计。该项目管理咨询公司决定为该项目的需求分析召开一次引导式研讨会。会议邀请了该学院的相关负责人参加。会上，与会人员争相发言、各抒己见，针对学院目前的实际情况以及成立独立培训机构的目的等提出了许多想法，通过与委托方的进一步沟通和协商，最终得出初步的组织结构设计方案。

（4）团队决策方法。团队运作的出色与否取决于团队决策过程集思广益的程度。项目经理应当尽可能地营造一个畅所欲言的氛围，给团队成员提供发表见解的机会，在耐心倾听团队成员的意见后再作决策。虽然运用团队决策方法在项目团队中达成共识时会占用一些时间,但可以提高日后项目的执行效率。在团队决策过程中,项目经理应当扮演的角色是激励者和协调者。常用的团队决策方法主要有头脑风暴法、名义群体法、德尔菲法和心智图法。

1) 头脑风暴法。它是借助于专家的经验,从而获得一份客户需求清单。头脑风暴法一般具有如下过程:

◇ 选择人员。在头脑风暴会议中,主持人发挥着非常重要的作用,因为通过他的引导、启发可以充分发挥每位与会者的经验和激发每位与会者的智慧火花。对主持人的要求比较高,他要具有较高的素质,要反应灵敏,且具有较高的归纳力和较强的综合能力。在会议过程中,主持人不要喧宾夺主,要尊重他人,善于鼓励组员参与,理解力强并能够忠实地记录,善于创造一个和谐开放的会议气氛。

◇ 明确会议要讨论的中心议题,并醒目地标注。与会的各位专家应集中讨论某项议题。在会议中,可以请两位组员复述议题的内容,以确保与会者正确地理解了议题的涵义。

◇ 与会专家轮流发言,并记录发言的内容。参加会议的每位人员都无条件地接纳任何意见,不加以评论。在轮流发言的过程中,任何一位成员都可以先不发表意见而跳过。主持人应尽量记录每条意见的原话,并且应一边记录,一边与发言人核对其表述是否正确。

◇ 终止发言。轮流发言应当是一个可以循环进行的过程,但当所有与会人员都曾在发言中跳过(暂时想不出意见)时,就可停止发言。

◇ 评价提出的所有意见。在停止轮流发言后,与会人员共同评价每一条意见,并由主持人总结出几条重要的结论。这也说明了为什么头脑风暴会议要求主持人有较高的素质和较强的归纳、综合能力。

在发言过程中不进行讨论并且不进行判断性评论,是应用头脑风暴法要遵循的一个重要原则。

例如,美国电信公司接手冬日电线除雪项目(由于美国北方冬天寒冷,电线上积满冰雪,大跨度的电线常被积雪压断,严重影响通信)。公司经理利用头脑风暴法召开座谈会,讨论该项目。会上大家七嘴八舌地议论开来,有人提出设计专用的电线清雪机;有人想到用电热来化解冰雪;还有人提出能否带上扫帚,乘直升机去扫电线上的积雪。对于这种"坐直升机扫雪"的想法,大家心里尽管觉得滑稽可笑,但在会上也无人提出批评。相反,有一位工程师在百思不得其解时,听到用直升机扫雪的想法后,大脑受到冲击,一种简单可行且高效率的清雪方法涌了出来。他想:大雪过后,出动直升机依靠调整螺旋桨即可将电线上的积雪迅速扇落。他马上提出"用干扰机扇雪"的新设想,顿时又引起其他与会者的联想。不到一小时,与会的 10 名技术人员共提出 90 多条新设想。会后,公司组织专家对设想进行分类论证。专家们认为设计专用清雪机,采用电热或电磁振荡等方法清除电线上的积雪,在技术上虽然可行,但研制成本高,周期长,一时难以见效。而那种因"坐直升机扫雪"激发出来的几种设想,经过现场试验,发现用直升机扇雪真能奏效,这一难题终于得到了巧妙的解决。

2)名义群体法。它是由安德烈 P. 德尔贝克(Andre P. Delbecq)和安德鲁 H. 范德文(Andrew H. Van de Ven)提出的。该方法通过一个有组织的群体会议,以实现将个体想法和判断整合为一致意见的目标。与参加传统会议一样,团队成员(以 5~10 人为宜)也需要出席会议,但他们彼此之间并不进行直接交流,而是独立思考。该方法的基本形式如下:

◇ 个体沉默产生想法。即不进行任何讨论,团队成员各自写出其对问题的看法。

◇ 个体轮流反馈并记录想法。团队成员将各自的想法提交给主持者,并逐一说明自己的想法。

◇ 澄清团队成员的想法。团队成员就彼此的想法展开讨论,并作出评价。

◇ 个体表决并分级优化已有想法。

◇ 团队意见汇总。

名义群体法一般是由主持者做记录,从问题的表述开始,期间要求团队成员准备个人备选方案列表,这一阶段被称为"沉默—产生"阶段。此过程结束后,主持者召集每位参与人轮流陈述其方案列表上的想法,并将每个人的阐述记录下来。最后,用投票的方式来决定最优方案,达到了根据投票结果产生团队一致意见的目的。

3)德尔菲法。它是以匿名的方式邀请相关专家就项目某一主题达成一致意见。该方法的特点是:将专家最初达成的意见反馈给专家,以便做进一步的讨论,从而在该主题的主要选项上达成一致的意见。应用德尔菲法的一般步骤为:

◇ 从企业的内部、外部挑选相关专家组成专家小组，但是这些专家们不见面，彼此之间互不了解。
　　◇ 要求所有专家匿名对所研讨的议题进行分析。
　　◇ 将全组专家的意见进行整理得到综合分析答案，并将综合分析答案发给所有专家。专家收到综合分析答案后，要在这次反馈的基础上重新分析。根据相关需要，该程序可重复进行，直至得出最终结果。
　　4）心智图法。它能够将各种想法以及它们之间的关联性以图像视觉的景象呈现。它能够将一些核心概念、事物与另一些概念、事物形象地组织起来，并对这些复杂的概念、信息、数据进一步加工，以更形象、易懂的形式展现出来。它是将中心概念与关联概念连接起来的一种方法，它通过训练运用全脑思考，来刺激人们的想象力和创造力，具有简单易用、可视化、容易记忆、提纲挈领等优点。
　　心智图法的功能主要包括：
　　◇ 形象化人们的信息交换活动。
　　◇ 组织、重组以及过滤所收集的信息。
　　◇ 辨识信息所包含的关键要点之间的联系。
　　◇ 有助于阐释个人的主意、计划，控制复杂信息，提高个人效能。
　　◇ 增进与项目干系人的沟通以及互动合作，使讨论、交流的信息可视化，并使得后续的信息发布、报告更为便利。
　　（5）群决策系统。群决策系统是指一个群体，在对项目活动方案分析、评价、比较的基础上，最终对方案作出选择的一种工具。该系统由决策者（项目经理和项目团队）、决策对象（项目方案）、决策信息（项目信息系统）、决策的理论和方法（项目团队决策方法）以及决策结果（最终选定的方案）等基本要素构成。该系统具体的实施过程如下：
　　◇ 分析客户需求状况及存在的问题。
　　◇ 确定项目团队决策系统的目标。
　　◇ 拟订项目团队的决策方案。
　　◇ 对决策方案进行选择和比较。
　　（6）问卷调查法。问卷调查法是通过问卷形式间接搜集研究材料的一种调查手段。研究者以问卷形式给出一系列与所要研究的目的有关的问题，让被调查者作出回答，通过对问题答案的回收、整理、分析，获取有关信息。

问卷是为了达到调研目的和收集必要数据而设计好的一系列问题所形成的，它可以使问题的用语和提问的程序标准化。问卷必须将调查目的转化为让被调查者所能理解的形式，并从被调查者处获得必要的信息。同时，它还能够将所得的信息重新整理成易于列表的形式，并将其转化为满足调查者要求的调查结果和建议。

问卷一般不要求署名，便于得到真实情况。问卷调查多采用科学的抽样方法，通过选取少量的调查样本，了解样本的总体情况，故能以较少的经费开展较大范围的调查工作。相比之下，它更节省人力、经费和时间。

例如，某高校研二学生小李在学校创业基金政策的鼓励下准备在学校附近开一家二手书店，并兼营回收毕业生旧书业务。为了能使该项目成功启动，小李和同学首先进行前期调研，设计了调查问卷，主要发放给在校学生、即将离校的毕业生、周围小区的居民等。从他们那里获得一手资料，并进行回收、汇总、统计、分析等工作。

（7）观察调研法。观察调研法是在不提出任何问题和不与被观察者交流的情况下，凭借调查人员的直观感觉或借助于某些摄录设备和仪器，分析、记录被观察者的行为模式、调研客体和所发生事件的过程。观察调研法既包括观察人，又包括观察现象。为确保成功，所需信息必须是通过观察得到的，被调查的行为必须是重复性的、经常性的，并且在一定程度上是可预测的。此外，被观察的行为应具有相对短的持续时间。

（8）实物模型法。通过实物模型来揭示项目产品原型的形态、特征和本质的方法称为实物模型法。实物模型法是借助于与项目产品原型相似的物质模型或抽象反映项目产品原型本质的思想模型，间接地研究项目产品原型的性质和规律。也就是说，它是通过引入实物模型（能方便解释那些难以直接观察到的事物的内部构造，事物的变化以及事物之间的关系的符号、公式、表格、实物等）将物理问题实际化。

在收集客户需求的过程中，通过建立一个能反映客户主要需求的实物模型，可以让客户真实地看到项目完成后的可交付成果的概貌，以便判断哪些是符合要求的，哪些是需要改进的，然后将该实物模型反复改进，最终获得能够很好地反映客户产品需求的相关信息。

### 5.2.3 收集需求的结果

(1) 项目干系人需求文件。项目干系人需求文件是描述不同的项目干系人其个体需求与项目产品特性相匹配情况的文档。需求是产生项目最主要的原因和驱动因素。项目干系人需求可能始于一个比较抽象化的概念，其随着项目的深入将逐步细化，并且将会越来越具体。起初的干系人需求文件可以仅列示干系人的各项需求以及需求的优先级别，较为详细的干系人需求文件则补充了对需求细节的描述和一些附件等。然而无论怎样，建立干系人需求文件时必须遵循明确性、可追溯性、完整性和一致性的原则。

干系人需求文件可以包括以下内容：

1）干系人需要解决的问题或可以利用的机会。
2）采用需求列表或模型方式表示的功能化的干系人需求。
3）干系人的一些非功能化需求，例如，服务的水平、成果、保障措施等。
4）干系人的质量需求。
5）干系人需求对项目组织原则及商业规则所产生的影响。
6）干系人需求对组织内部其他领域的一些影响，如呼叫中心、销售部门和技术部门等。
7）干系人需求对项目组织外部其他领域所产生的影响，例如，同行业组织或相关行业组织。
8）干系人的培训需求。
9）其他一些需求假设和限制因素。

(2) 需求管理计划。需求管理计划是一份描述在整个项目中，如何分析、记载和管理客户需求的文档。需求管理计划包括但不限于下述内容：

1）如何计划、跟踪和报告客户需求收集的各项活动。
2）如何进行客户需求收集的配置管理活动。
3）如何确定客户需求收集的优先次序和级别。
4）如何在需求跟踪矩阵中捕获干系人的需求属性。

(3) 需求跟踪矩阵。需求跟踪矩阵是贯穿项目生命期的、动态的、实时跟踪干系人需求的一种方法。该方法的目的是保证干系人需求文件中列示的需求能够在项目结束时得以实现，并保证项目干系人的每项需求都能通过与业务或项目目标的链接产生价值。此外，需求跟踪矩阵也是管理产品范围变化的一种方法。

虽然项目团队在项目启动前已经进行了较为深入和充分的干系人需求收集工作，但随着市场的变化和主要干系人（客户）对产品的深入认识所激发出来的新需求将促使项目需求发生变化。那么，建立相应的需求跟踪矩阵就成为一项重要的工作。

需求跟踪矩阵以表格形式跟踪在整个项目生命期内的客户需求变化，通常纵向列出所有需求，横向表示产品开发的各个阶段。需求跟踪矩阵并没有统一格式的规定，每个项目团队注重的方面不同，所创建的需求跟踪矩阵也可能不同，只要能够保证需求链的一致性和达到状态的跟踪目的即可。

## 5.3 项目范围定义

项目范围定义（Project Scope Definition）是以项目的实施动机为基础，确定项目范围并编写项目范围说明书的过程。项目范围说明书表明了进行该项目的目的、项目的基本内容和结构，规定了项目文件的标准格式，其形成的项目成果核对清单既可作为评价项目各阶段成果的依据，也可作为项目计划的基础。项目范围说明书是项目团队和项目客户之间就项目的工作内容达成共识的结果。

项目范围定义的主要工作如表 5-2 所示。

表 5-2　项目范围定义的主要工作

| 依　据 | 工具和方法 | 结　果 |
| --- | --- | --- |
| 项目章程<br>干系人需求文件<br>组织积累的相关资源 | 产品分析<br>价值工程<br>项目方案识别技术<br>专家判断法<br>促进研讨会 | 项目范围说明书<br>更新的项目文档 |

由图 5-2 可以更加清楚地了解项目范围定义时的工作信息流向。

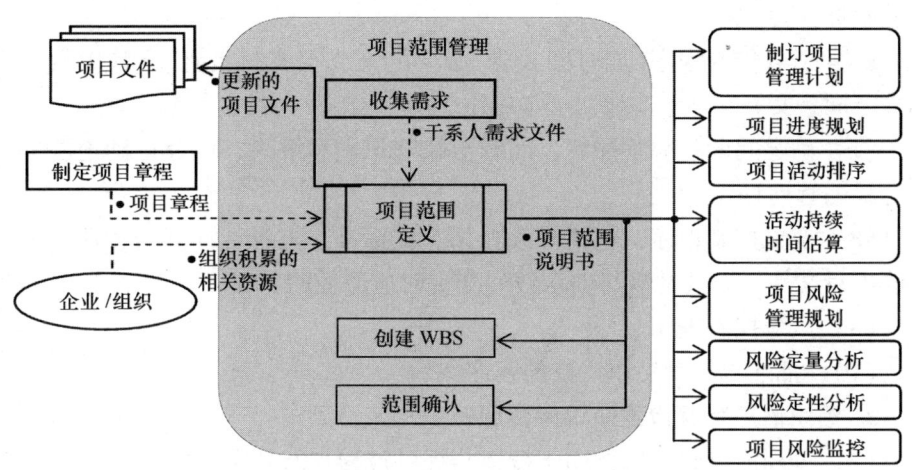

图 5-2　项目范围定义的工作信息流向示意图

## 5.3.1　项目范围定义的依据

项目章程和干系人需求文件分别为项目整体管理和收集客户需求的输出文件，在此仅对组织积累的相关资源进行说明。

在制定项目章程及后续的项目文件时，任何一类用于影响项目成功的资源均可视为组织积累的相关资源。如任何组织都可能有若干正式或非正式的方针、程序、计划和原则。它还包括组织从以前项目中吸取的教训和学到的知识，如完成的进度表、风险数据和实现的价值数据等。因行业、组织和应用领域的类型不同，组织积累的相关资源各异。组织积累的相关资源一般可以归纳为两类：

**1. 组织进行工作的过程与程序资源**

（1）工作指导原则、工作指令、建议评价标准与实施效果评价准则。

（2）模板（如风险模板、工作分解结构模板与项目进度网络图模板）。

（3）根据项目的具体需要修改组织工作过程的指导原则与准则。

（4）组织沟通要求（如可利用的特定沟通技术，允许使用的沟通媒介、记录的保留以及安全要求）。

（5）项目收尾指导原则或要求（如最后项目审计、项目评价、产品确认以及验收标准)。

(6) 财务控制程序(如时间报告、必要的开支与支付审查、会计编码以及标准合同条文)。

(7) 确定问题与缺陷控制、问题与缺陷识别和解决，以及行动追踪的问题与缺陷管理程序。

(8) 变更控制程序，包括修改公司正式标准、方针、计划与程序，或者修改项目文件，以及批准与确认任何变更时应遵循的步骤。

(9) 风险控制程序。

(10) 批准与签发工作授权的程序。

**2. 组织信息存储检索知识库资源**

(1) 过程测量数据库，用于搜集与提供过程与产品实测数据。

(2) 项目档案(如范围、成本、进度，以及质量基准、实施效果测量基准、项目日历、项目进度网络图、风险登记册、计划的应对行动以及确定的风险后果)。

(3) 历史信息与教训知识库(如项目记录与文件,所有项目收尾资料与文件记录,以前项目选择决策结果与绩效信息,以及风险管理的信息)。

(4) 问题与缺陷管理数据库，包括问题与缺陷状态，控制信息，问题与缺陷解决和行动结果。

(5) 配置管理知识库，包括公司所有正式标准、方针、程序和项目文件的各种版本与基准。

(6) 财务数据库，包括如工时、发生的成本、预算以及项目成本超支等信息。

### 5.3.2 项目范围定义的工具和方法

(1) 产品分析。产品分析是项目范围定义常用的工具，目的是使项目团队对项目产品有更好的理解。产品分析可以加深对项目成果的理解，从项目产品的功能和特性着手分析，反向推导项目的工作范围，目的是使项目团队开发出一个更好、更明确的项目产品。对项目成果进行分析时，可以综合运用不同的分析方法，如系统工程等技术。

系统工程是一种方法论，即必须用系统的观点来分析和研究事物，又是一种组织管理技术，即通过对系统的设计、组织与控制，巧妙利用系统要素之间的联系，提高系统的总体水平，以求得系统的最优设计、最优控制与最优管理。

（2）价值工程。价值工程有几种不同的称谓，如价值分析、价值管理等。在实际应用中可以相互替代。价值工程是通过有组织地进行产品功能分析，以求用最低的成本，切实可靠地实现产品或服务的必要功能。产品的必要功能是为了满足客户需求所必须具备的作用或功能。如果项目产品的功能过低，则无法满足客户的需求；但如果项目产品的功能过高，就使得客户在项目产品使用过程中会有一些多余的功能根本用不上，即客户为这些多余的功能付出了不必要的代价。如美国陆军工程公司从 1964 年起，开始在其所负责的工程项目中应用价值工程方法，有数据证明，该公司使用价值工程方法花费 1 美元就可得到 20 美元的回报。

采用价值工程方法开展工作时，必须严格遵守一套组织严密、多阶段的方法流程，即价值工程工作计划。它由准备阶段、信息阶段、功能阶段、构思阶段、评估阶段、开发阶段、演示阶段、实施阶段 8 个阶段组成，具体见表5-3。

表5-3 采用价值工程方法的工作计划[一]

| 阶 段 | 工 作 内 容 | 方 法 |
| --- | --- | --- |
| 准备阶段 | 确定对象；确定干系人；定义目的和需求；组织保障 | 事前会议 |
| 信息阶段 | 收集信息；定义项目；定义成本；定义时间进度 | 简单的成本模型 |
| 功能阶段 | 定义功能；功能分类；确定关系 | 功能分析；功能分析系统图（FAST） |
| 构思阶段 | 产生想法 | 头脑风暴法 |
| 评估阶段 | 评估想法；确定替代方案 | 评估矩阵 |
| 开发阶段 | 开发替代方案；完善陈述；完善草图；开发成本 | 替代方案表格；草图或图表；成本估算 |
| 演示阶段 | 通知干系人；展示替代方案；编档结果 | 详细方案报告 |
| 实施阶段 | 审查替代方案；决定部署；实施替代方案 | 技术审查会议；实施会议；实施计划 |

---

[一] 罗伯特 B. 斯图尔特，邱菀华，价值工程方法基础，机械工业出版社. 2007 年版。

需要说明的是,有些人经常将价值工程同降低成本混为一谈。事实上,降低成本和价值工程显然是不同的。降低成本活动是面向局部的,如运用新型的施工技术、采用廉价的设备系统、降低零件公差等级以及更换原材料的材质等,通常这将产生节约成本而不改变产品的设计思想。而价值工程方法是功能驱动型的,一般会产生新的或者改进的理念,以更简单的方式实现必需的功能,既有更高的品质同时又采用了更为经济的生产工艺或建设技术。

例如,某体育馆装饰工程中需要一批地面砖,选择这些工程材料的供应商,就可运用价值工程方法进行综合分析。首先,选取以下6项指标作为评价基准:耐磨性能、光洁细腻、耐寒抗冻、价格、抗折性能、尺寸规格。其次,将甲、乙、丙三家供应商的产品按照不同的评价项目打分:较好的3分,中等的2分,较差的1分,将每个供应商的合计得分与评价项目的总分相比就可以得出功能系数。再次,根据不同厂家的出厂价、运费等计算现实成本。然后与物资账中该产品的标准价相比,得出成本系数。最后,利用相关公式计算价值系数,根据价值系数确定这批地面砖的供应商。

(3) 项目方案识别技术。项目方案识别技术一般指用于提出项目目标方案的所有技术,如头脑风暴法等,其目的是针对项目的每个问题提出尽可能多的备选方案,在此注重的是方案的数量而不是方案的质量。将所有备选方案都记录下来以后,再运用各种经济评价方法,找出最佳方案,从而根据该方案制订项目的范围计划。

此外,专家判断法和引导式研讨会也经常作为项目范围定义的工具和方法。

### 5.3.3 项目范围定义的结果

(1) 项目范围说明书。项目范围说明书定义了项目组织应该执行和应该剔除的工作,详细说明了项目的可交付成果和为提交这些可交付成果而必须开展的工作。它在项目干系人之间建立了一个对项目范围的共识,并将其作为未来变更控制和项目决策的基准。

项目范围说明书的主要内容包括:

1) 项目目标。它包括可测量的项目成功标准。项目可能有各种各样的运营方式，项目目标包括成本、时间、技术和质量等目标。每一个项目目标都必须有计量属性，如成本目标就以币值为计量单位，如 150 万元人民币。

项目目标的确定应遵循"SMART"原则。SMART 所对应的英文单词分别为：Specific（具体性）、Measurable（可考核性）、Attainable（可达到性）、Result-oriented/Relevant（关注结果、相关性）和 Time-based（时间性）。

2）产品范围说明书。它说明了项目应创造的产品、服务或成果的特征。通常这些特征在早期阶段不够明显，而在以后的阶段，随着产品的特征逐步明确，产品范围说明书也就逐渐详细起来。虽然这些特征的形式与实质彼此之间相差悬殊，但范围说明书应提供足够的细节配合后来的项目范围规划。

3）项目可交付成果。它既包括由项目产品、服务或成果组成的结果，也包括附带结果，如项目管理报告和文件。对可交付成果既可以概括，也可以详细说明，具体视项目范围说明书的情况而定。

4）项目边界。它通常明确哪些事项属于项目的内容。如果某干系人认为，某一具体产品、服务或成果是项目的组成部分，则项目边界清楚地说明了哪些事项不包括在项目之内。

5）项目要求说明书。项目要求说明书说明了项目可交付成果为满足合同、标准、技术规定说明书或其他正式强制性文件的要求，而必须满足的条件或必须具备的能力。对干系人所有的需要、愿望和期望所做的干系人分析结果，要按照轻重缓急和重要性程度反映在项目要求说明书中。

6）产品验收准则。它确定了验收已完成产品的过程和原则。

7）项目的制约因素。它列出并说明同项目范围有关并限制项目团队选择的具体项目制约因素。例如，顾客或实施组织签发的事先确定的预算或任何强加的日期（进度里程碑）。当项目根据合同实施时，合同的条文一般都是制约因素。详细的项目范围说明书列出的制约因素，一般都比项目章程列出的多而详细。

8）项目假设。它列出并说明同项目范围有关的具体项目假设，及其在不成立时可能造成的潜在影响和后果。项目团队经常识别、记载并验证假设，这项工作属于项目团队规划过程中的一部分。详细的项目范围说明书列出的假设一般都比项目章程列出的多而详细。

（2）更新的项目文档。需要根据项目实际情况对干系人需求文件、需求管理计划、需求跟踪矩阵等文档及时进行更新。

## 5.4 创建工作分解结构

工作分解结构(Work Breakdown Structure,WBS)是项目范围管理中最重要的工具,是项目团队制订项目进度计划、项目成本计划等多项计划的基础。

工作分解结构以可交付成果为对象,是将项目团队为实现项目目标创造必要的可交付成果而执行的工作进行分解之后得到的一种层次结构。工作分解结构将项目目标分解为许多可行的、逐步细化的、相对短期的任务,将需要完成的项目按照其内在工作性质或内在结构划分为相对独立、内容单一和易于管理的工作单元。工作分解结构定义和组织了项目的全部范围。工作分解结构的主要作用有以下几点:

1)把项目分解成具体的活动,定义项目的具体工作范围,让主要项目干系人清楚地了解整个项目的概况,对项目所要实现的目标形成共识,以确保不漏掉任何重要的事情。

2)通过项目具体活动的界定,有助于项目团队按照项目活动之间的逻辑顺序来制订项目的进度计划。

3)通过项目具体活动的界定,为制定完成项目所需要的资源估算提供基准。

4)可以作为沟通管理的基础,使项目团队成员清楚自己所承担的责任和享受的权利。

5)工作分解结构还可以作为项目变更控制的基础,并且可以提供描述项目风险管理的框架。

创建工作分解结构的主要工作如表 5-4 所示。

表 5-4 创建工作分解结构的主要工作

| 依 据 | 工具和方法 | 结 果 |
| --- | --- | --- |
| 项目范围说明书<br>干系人需求文件<br>组织积累的相关资源 | 分解技术 | 工作分解结构<br>工作分解结构字典<br>范围基准<br>更新的项目文档 |

由图 5-3 可以更加清楚地了解在创建工作分解结构时的工作信息流向。

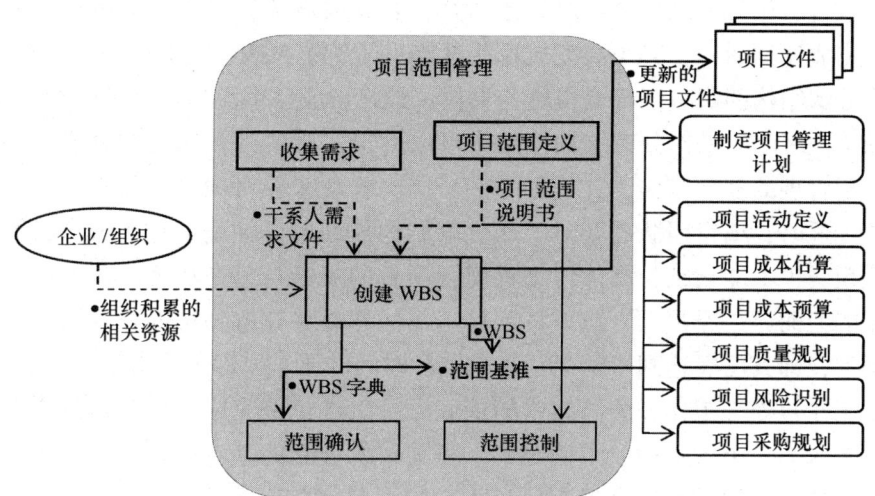

图 5-3 创建工作分解结构的工作信息流向示意图

## 5.4.1 创建工作分解结构的工具和方法

分解技术是创建工作分解结构的工具。采用分解技术可以把项目可交付成果分成较小的、便于管理的组成部分。工作分解结构设计的原则是：①必须有效划分等级，但不必在结构内构建太多的层次，层次太多反而不易于有效管理，一般情况下设计4~6个层次就足够了；②必须保证信息在各层次之间能顺畅、有效地交流；③必须使结构具有足够的灵活性。最为常见的工作分解结构是按照项目各工作任务范围的大小从上到下逐步分解的，其框架如图5-4所示。

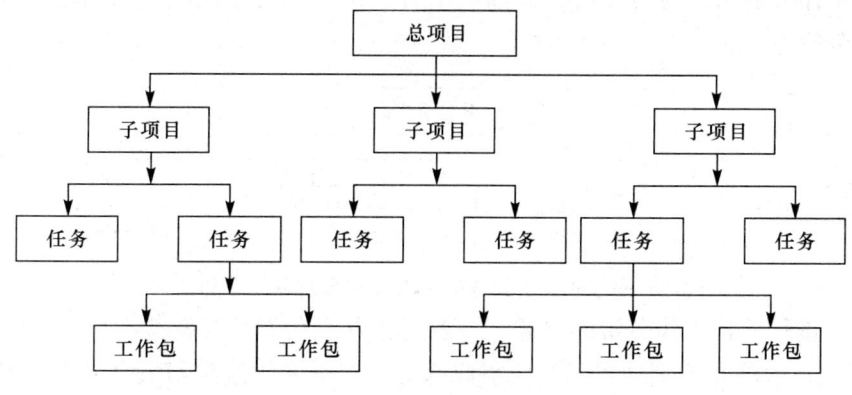

图 5-4 工作分解结构框架

进行工作分解结构分解时必须清楚：要完成该项目必须完成哪些主要活动。完成这项活动，必须要完成哪些具体子任务。在从上到下排列的过程中，工作分解结构的每一层都变得更为具体，最终形成一个类似树状的组织结构。在图5-4所示的工作分解结构框架中可以看出，总项目工作已被分成较小且更便于管理的多项工作，并且每降一个层次就意味着对项目工作作更详尽的说明。这时，项目团队需要对工作分解结构规划的详细程度作出权衡，既不能太粗，也不能太细，具体详细程度因项目的规模与复杂程度、项目团队的控制能力而异。原则上，应该将项目工作任务最终分解到可操作和可计量的水平上，即其已经达到了足以估算成本和时间的要求，即工作包层次。

工作包处于工作分解结构中的最底层。工作包是完成一项具体的工作任务所要求的一个特定的、可确定的、可交付、独立的基本工作单元。工作包不仅为项目控制过程提供了充分和适宜的管理信息，而且代表着项目团队和主要干系人对管理项目所要求的最低控制水平。项目团队必须借助于具体的工作包来估算项目所需要的成本和时间。

此外，需要说明的是，并非工作分解结构中所有的分支都必须分解到同一水平，而且各分支的分解方法也不尽不同。例如，按项目的专业分工分解（图5-5为按专业分工划分的某电子产品研发项目的WBS）；按照项目的可交付成果分解（图5-6为按项目的可交付成果划分的某机场建设项目的WBS）；按项目的子系统分解（图5-7为按项目的子系统划分的信息系统开发项目的WBS）；按项目生命期的不同阶段分解（图5-8为按阶段划分的信息系统开发项目的WBS）等。以上每种分解方法都有其优缺点，一般情况下，在确定项目的工作分解结构时可以将它们加以组合运用，即在不同的层次可以使用不同的分解方法。

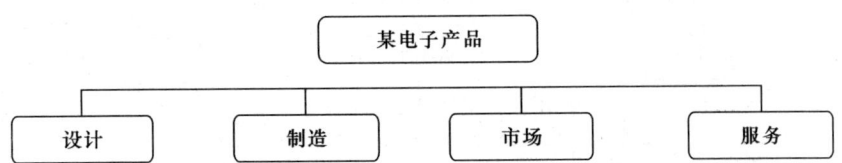

图5-5 按专业分工划分的某电子产品研发项目的WBS

在进行项目工作分解的时候，一般遵从以下几个主要步骤：

（1）明确并识别项目的主要组成部分。明确并识别项目的各主要组成部

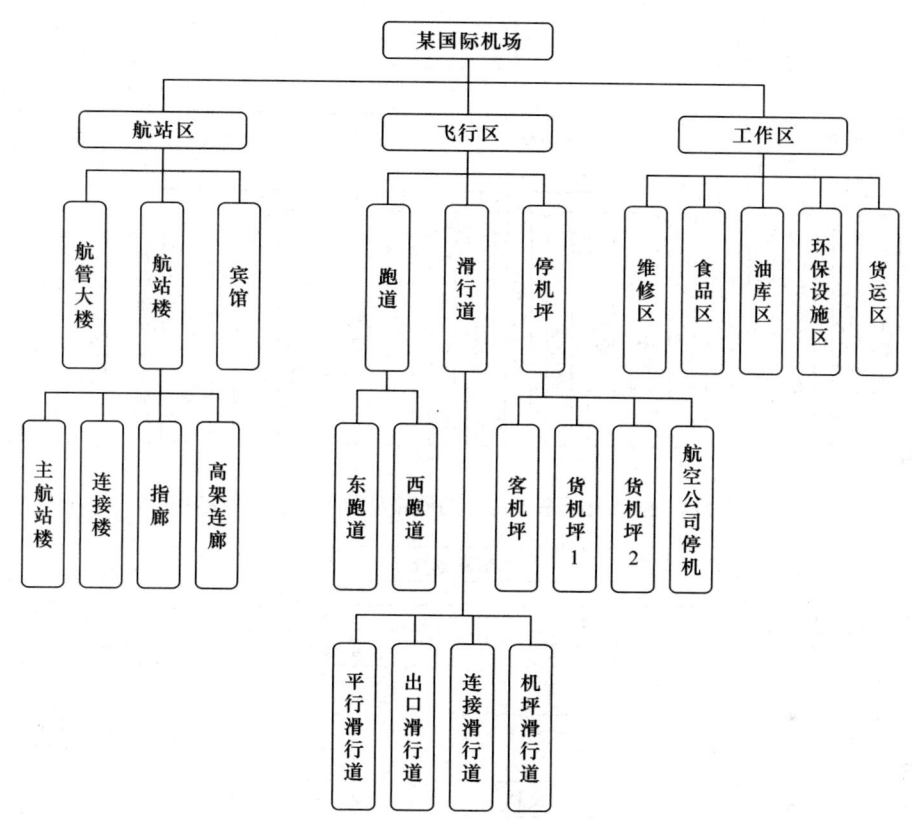

图 5-6 按项目的可交付成果划分的某机场建设项目的 WBS

分即明确项目的主要可交付成果。一般来讲，项目的主要组成部分包括项目的可交付成果和项目管理本身。在进行这一步时需要解答的问题是：要实现项目的目标需要完成哪些主要工作？

（2）确定每个可交付成果的详细程度。核实其是否已经达到编制恰当的成本估算和活动历时估算的要求。若是则可跳跃第三步直接进入到第四步，否则接着进入第三步。

（3）确定可交付成果的组成要素。可交付成果的组成要素应当用切实的、可验证的组件来描述，以便进行绩效测量。这一步骤所要回答的问题是：要完成上述各组件都有哪些更具体工作需要去做。

（4）核对工作分解结构分解的正确性。核对工作分解结构分解的正确与否需要回答下列问题：

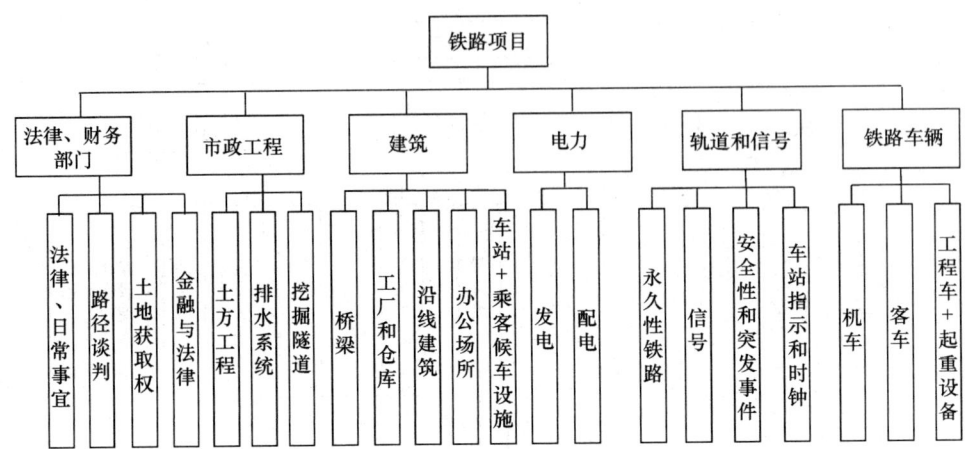

图 5-7　按项目子系统划分的铁路项目的工作分解结构

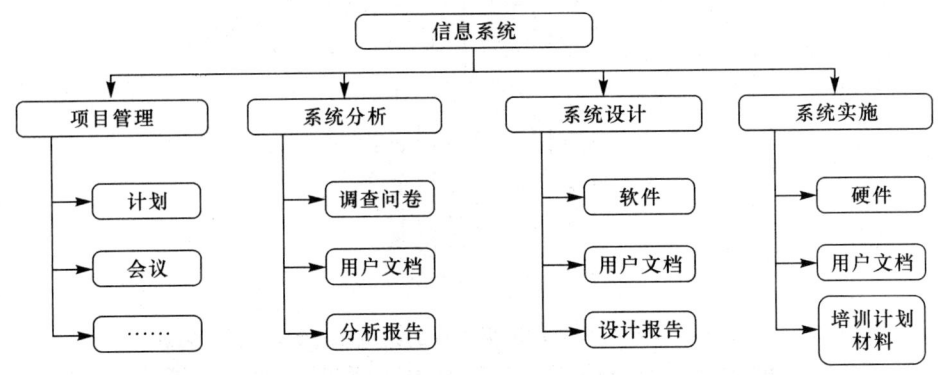

图 5-8　按阶段划分的信息系统开发项目的 WBS

1）各项工作包是否得到清晰的定义。
2）各工作单元之间的工作界面是否清晰。
3）每项工作单元的任务是否都能够恰当地编制进度和成本预算。
4）项目进度是否能得到有效的跟踪和控制。
5）成本是否便于进行预算、跟踪并得到有效控制。
6）质量是否能得到有效的跟踪和控制。
7）是否能够准确地识别出项目的里程碑事件。
8）能否识别出项目风险源，对风险源能否进行有效的跟踪和控制。
9）能否支持项目的采购任务。

10）能否支持项目的分包任务。

11）能否支持项目团队人员明确工作职责。

### 5.4.2 创建工作分解结构的结果

（1）工作分解结构文档。工作分解结构文档是在创建工作分解结构的过程中生成的关键文件。为了方便项目实施过程中的信息交流，一般情况下还需要运用特定的规则对分解结构图中的各个节点进行编码。这样，在制定项目的成本、进度和质量等计划时不但可以利用编码代表任务名称，而且可以根据任务的编码情况推断出该任务在工作分解结构图中的位置，如果某项工作任务执行得不理想，项目经理只要一看编码就可以知道哪出了问题，该问题应该由谁负责。因此，工作分解结构中每个节点的编码必须保持唯一性。

工作分解结构的编码方法有多种，最常见的方法是利用数字进行编码。图 5-9 说明了应如何对一个 4 层的工作分解结构进行编码。

制造机器人项目的工作分解结构图编码如图 5-10 所示（编码在括号里表示）。

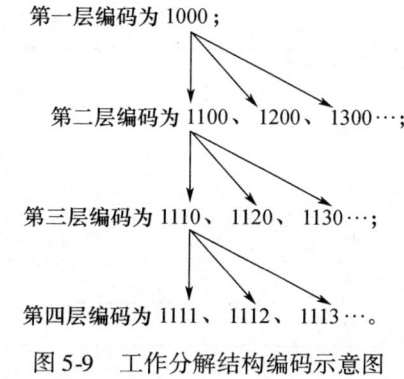

图 5-9 工作分解结构编码示意图

工作分解结构不应与用来表示项目信息的其他"分解"结构混为一谈。在某些应用领域或其他知识领域使用的其他结构包括：

1）组织分解结构（OBS）。按照层次将工作细目与组织单位形象地、有条理地联系起来的一种项目组织安排图形。

2）材料清单（BOM）。将制造产品所需的实体部件、组件和组成部分按照组成关系以表格形式表现出来的正式文件。

3）风险分解结构（RBS）。按照风险类别形象而又有条理地说明已经识别的项目风险的层次结构的一种图形。

4）资源分解结构（RBS）。按照种类和形式而对将用于项目的资源进行划分的层级结构。

（2）工作分解结构字典。对工作分解结构中的每项工作下定义，具体描

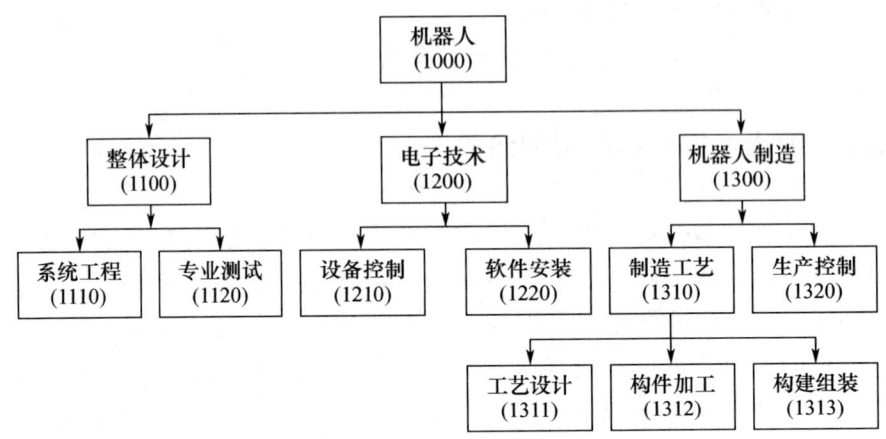

图 5-10　制造机器人项目的工作分解结构编码图

述该工作任务所含的全部工作内容的文件，叫做工作分解结构字典。工作分解结构字典中包含的主要内容有工作任务编码、工作任务名称、工作活动描述、工作任务的负责人以及该工作任务的进度计划、成本预算和质量标准等。

表 5-5 是工作分解结构字典的一个模板。

表 5-5　工作分解结构字典模板

| 项目名称: | | | | 项目负责人: | | | |
|---|---|---|---|---|---|---|---|
| 单位名称: | | | | 制表日期: | | | |
| 工作分解结构 | | | | | | | |
| 任务编码 | 任务名称 | 活动描述 | 负责人 | 进度计划 | 成本预算 | 质量标准 | |
| 1000 | | | | | | | |
| 1100 | | | | | | | |
| 1200 | | | | | | | |
| 1×00 | | | | | | | |
| 1×10 | | | | | | | |
| 1×11 | | | | | | | |
| 1×12 | | | | | | | |
| 项目负责人审核意见: | | | | | 签名: | | 日期: |

此外工作分解结构字典中也可以包括里程碑、合同信息以及有助于实施

工作的技术参考文献等信息,以便在需要时方便查阅。

(3) 范围基准。批准的详细项目范围说明书与对应的工作分解结构以及工作分解结构字典都是项目范围基准的组成部分。

(4) 更新的项目文档。项目团队需要根据项目进展情况对干系人需求文件等进行及时更新。

## 5.5 项目范围确认

项目范围确认(Project Scope Verification)是指项目干系人最终认可和接受项目工作范围的过程。在项目范围确认工作中,需要对项目范围定义的工作结果进行审核,确保项目范围包含了所有的工作任务。项目范围确认所覆盖的内容可宽可窄、较为灵活,既可针对项目的整体范围进行确认,也可针对某个项目阶段的范围进行确认。

项目范围确认的目的是通过审核项目范围所界定的工作内容,确保所有的、必需的工作都包括在项目工作分解结构中,而一切与实现项目目标无关的工作均不包括在项目范围之中,以保证项目范围的准确性。

项目范围确认的主要工作如表 5-6 所示。

表 5-6 项目范围确认的主要工作

| 依 据 | 工具和方法 | 结 果 |
| --- | --- | --- |
| 范围基准<br>干系人需求文件<br>需求跟踪矩阵<br>可交付成果 | 核检表 | 验收的可交付成果<br>范围变更请求 |

由图 5-11 可以更加清楚地了解在项目范围确认时的工作信息流向。

### 5.5.1 项目范围确认的依据

范围基准包括已批准的详细项目范围说明书、工作分解结构和工作分解结构字典等内容。

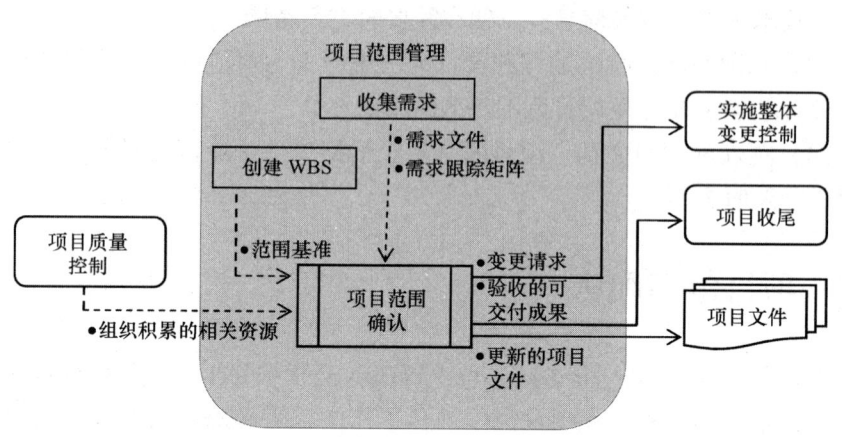

图 5-11　项目范围确认的工作信息流向示意图

## 5.5.2　项目范围确认的工具和方法

项目范围确认的常用工具是以下两张核检表，即项目范围的核检表和项目工作分解结构核检表，实践证明它们在项目范围管理中是十分有效的。

(1) 项目范围的核检表。

1) 项目目标是否完整和准确。

2) 项目目标的衡量标准是否科学、合理和有效。

3) 项目的约束条件、限制条件是否真实并符合实际。

4) 项目的假设前提是否合理，不确定性的程度是否较小。

5) 项目的风险是否可以接受。

6) 项目成功的把握性是否很大。

7) 项目的范围界定是否能够保证上述目标的实现。

8) 项目范围所能产生的收益是否大于成本。

9) 项目范围界定是否需要进一步开展辅助性研究。

(2) 项目工作分解结构核检表。

1) 项目目标描述得是否清楚明确。

2) 项目产出物的各项成果描述得是否清楚明确。

3) 项目产出物的所有成果是否都是为实现项目目标服务的。

4）项目的各项成果是否以工作分解结构为基础。

5）项目工作分解结构中的工作包是否都是为形成项目的某项成果服务的。

6）项目目标层次的描述是否清楚。

7）项目工作分解结构的层次划分是否与项目目标层次的划分和描述相统一。

8）项目工作、项目成果与项目目标之间的关系是否一致和统一。

9）项目工作、项目成果、项目目标和项目总目标之间的逻辑是否正确、合理。

10）项目目标的衡量标准是否有可度量的数量、质量或时间指标。

11）项目工作分解结构中的工作是否有合理的数量、质量和时间度量指标。

12）项目目标的指标值与项目工作绩效的度量标准是否匹配。

13）项目工作分解结构的层次分解得是否合理。

14）项目工作分解结构中各个工作包的工作内容是否合理。

15）项目工作分解结构中各个工作包之间的相互关系是否合理。

16）项目工作分解结构中各项工作所需的资源是否明确合理。

17）项目工作分解结构中的各项工作考核指标是否合理。

18）项目工作分解结构的总体协调是否合理。

项目干系人应用上述两张检查表进行项目范围确认。检查结果可能是接受，也可能是拒绝。如果检查结果符合项目范围规定或在可接受范围内，则结果为"接受"；否则结果为"拒绝"。如果结果为"拒绝"，客户或发起人应说明拒绝的理由，项目团队根据检查结果采取相应的纠偏措施。如果客户或发起人和项目团队未能就检查结果达成一致，则可以委托各方认可的第三方进行独立检查。

另外，还有确认项目或者各个阶段可交付成果的其他方法，如观察法、测量法、测试法和检验法等，在此不再逐一介绍。

### 5.5.3 项目范围确认的结果

（1）验收的可交付成果。验收的可交付成果是指经客户或项目发起人签字确认已认可的可交付成果。在每个项目阶段收尾时,必须进行项目范围确认工作。项目范围确认文档包括收到来自客户或项目发起人的证明文件,以及记载干系人验收项目可交付成果的实际情况。

项目范围确认的最终目标就是客户或项目发起人对项目可交付成果和工作结果的正式接受。项目范围确认强调的是"工作结果的可接受性"。项目范围确认过程不仅记载那些通过验收的已完成可交付成果。未通过验收的已完成可交付成果连同未能通过验收的原因同样也需在该过程中记载下来。

(2)项目范围变更请求。在项目范围确认过程中,项目干系人可能提出一些项目范围变更请求,并提请项目变更控制委员会进行审查与批准。产生于项目范围确认过程中的项目范围变更请求一般包括缺陷补救请求。在项目整体变更控制过程中对这些项目范围变更请求进行审核和处理。

## 5.6 项目范围控制

在项目执行时,进度、成本、质量以及客户需求等各种因素的变化都会导致项目范围的改变,项目干系人也常常因为各种原因要求对项目范围进行修改,即项目范围变更。导致范围变更的主要原因如下:

(1)项目的外部环境发生变化,如政府的有关规定发生变化。
(2)在进行项目范围计划或定义时出现错误或遗漏。
(3)项目团队提出了新的技术、手段或方案。
(4)实施项目的组织本身发生了变化。
(5)客户对项目或项目产品的要求发生变化。

项目范围控制(Project Scope Control)是指当项目范围发生变化时对其采取纠正措施的过程,以及为使项目向着目标方向发展而对某些因素进行调整所引起的项目范围变化的过程。项目范围控制的主要工作如表5-7所示。

由图5-12可以更加清楚地了解在项目范围控制时的工作信息流向。

表 5-7 项目范围控制的主要工作

| 依 据 | 工具和方法 | 结 果 |
|---|---|---|
| 项目管理计划 | 偏差分析技术 | 工作绩效状况 |
| 工作绩效数据 | 范围计划调整 | 范围变更请求 |
| 干系人需求文件 | | 更新的组织积累的相关资源 |
| 需求跟踪矩阵 | | 更新的项目管理计划 |

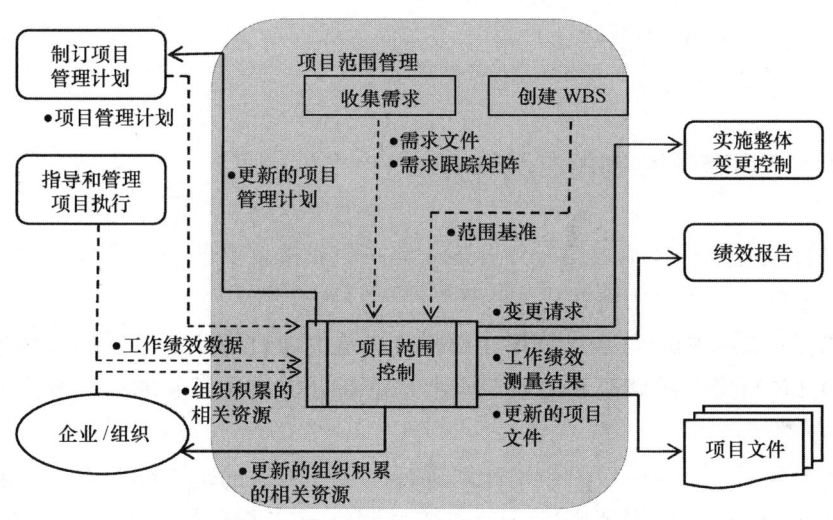

图 5-12 项目范围控制的工作信息流向示意图

## 5.6.1 项目范围控制的依据

干系人需求文件、需求跟踪矩阵前面章节都有说明，这里不再赘述。本节仅对项目管理计划和工作绩效数据进行说明。

(1) 项目管理计划。项目管理计划(通过项目整体管理获得)中所包含的范围基准、变更管理计划和配置管理计划信息均可用于范围控制。

(2) 工作绩效数据。为了完成项目工作，按常规收集项目活动工作状态的相关信息和数据，属于执行项目管理计划的一部分。工作绩效数据包括：

1) 表明进度绩效的状态信息。

2）已经完成与尚未完成的可交付成果。
3）已经开始与已经完成的计划活动。
4）质量标准的满足程度。
5）批准与已经支出的成本。
6）已经开始的计划活动的时间估算。
7）实施过程中计划活动的实际完成情况。
8）已记录并转入经验教训知识库的教训。
9）资源利用的细节。
10）其他。

### 5.6.2　项目范围控制的工具和方法

（1）偏差分析技术。偏差分析技术是一个非常重要的项目管理控制工作过程的工具，具体应用将在成本管理章节中详细介绍。

（2）范围计划调整法。范围计划调整法是由项目团队对原有的项目范围管理文件进行必要的修改和更新，或者是重新分析或制订新的项目范围计划的一种方法。

很少有项目能按项目的初始计划进行运转，项目的范围随时都有可能发生变化，因此就要根据范围的变动来随时调整补充原有的工作分解结构图，并以此为基础，调整、确定新的项目范围计划，并根据新的项目范围计划的要求，对项目范围的变更进行控制。

### 5.6.3　项目范围控制的结果

（1）工作绩效状况。项目团队通过将每项具体工作的执行情况与其相应的计划基准进行对比分析，得出在项目进展过程中该项工作所取得的绩效状况，并依据这些文档信息来判定如何对那些差距较大的工作采取相应的管理措施。

（2）项目范围变更请求。项目范围变更请求可以由客户提出，也可由项目团队提出。它的形式多种多样，可以是直接的或间接的，外部的或内部的，强制性的或选择性的，然而变更请求必须按正式程序履行。

（3）更新组织积累的相关资源。偏差产生的原因，选定纠正措施的理由，以及从项目范围控制中吸取的其他类型的教训，均在组织积累的相关资源历史数据库中记载并更新。

（4）更新的项目管理计划。一旦范围变更被批准，就必须对项目管理计划进行更新。如果批准的变更请求对项目范围有影响，则相应部分的文件与项目管理计划的成本基准和进度基准将在修改之后重新发布，以反映该项批准的变更，并作为未来范围控制的新基准。

## 本 章 小 结

本章首先对项目的范围管理进行概述，主要有项目范围管理的定义、项目范围管理的工作过程和项目范围管理的作用等。在之后的五节中，分别就项目范围管理的五个过程即收集需求、项目范围定义、创建工作分解结构、项目范围确认和项目范围控制展开了讨论，比较详尽地介绍了各个过程的依据、可采用的工具和方法以及各自的结果。本章中最为重要的知识点就是掌握工作分解结构的分解方法。

## 自 测 题

一、判断题

1. 项目范围是指为了成功地实现项目目标所必须完成的最少的工作。
（　　）
2. 收集需求是项目启动的首要工作，它处于项目生命期的最初阶段。
（　　）
3. 项目范围的变化一般不会影响项目的成本、进度、质量或其他项目目标。（　　）
4. 项目范围确认可以针对一个项目整体的范围进行确认，也可以针对某一个项目阶段的范围进行确认。（　　）
5. 项目范围说明书是项目范围定义的工作结果。（　　）
6. 工作分解结构建立的层次越多越好。（　　）
7. 在进行工作结构分解编码时，应保证编码的唯一性。（　　）

8. 对工作分解结构的各个节点进行编码并不能简化工作分解结构的信息交流。（    ）

## 二、单选题

1. 有关项目范围的表述，正确的是(    )。
   A. 确定项目施工地点的范围
   B. 确定项目干系人和施工地点的范围
   C. 确定项目都要做什么工作的范围
   D. 确定项目产品的范围

2. 收集需求时的依据包括(    )。
   A. 可交付成果　　　　　　B. 项目章程
   C. 项目范围说明书　　　　D. 项目管理计划

3. 项目范围确认时经常使用的工具是(    )。
   A. 促进研讨会　　　　　　B. 产品分析
   C. 核检表　　　　　　　　D. 偏差分析技术

4. 项目范围定义的结果是(    )。
   A. 需求跟踪矩阵　　　　　B. 项目范围说明书
   C. 范围基准　　　　　　　D. 项目干系人登记表

5. 工作分解结构(WBS)的工具是(    )。
   A. 专家分析法　　　　　　B. 促进研讨会
   C. 分解技术　　　　　　　D. 头脑风暴法

6. 项目范围确认是指(    )最终认可和接受项目工作范围的过程。
   A. 项目干系人　　　　　　B. 客户
   C. 项目经理　　　　　　　D. 发起人

7. 项目范围变更请求可以是(    )。
   A. 强制的或选择的　　　　B. 直接的或间接的
   C. 外部的或内部的　　　　D. 以上各项皆是

## 三、多选题

1. 客户需求主要源于哪些方面(    )。
   A. 市场需求　　B. 竞争需求　　C. 技术需求　　D. 法律需求

2. 常用的团队决策方法有(    )。
   A. 头脑风暴法　　　　　　B. 名义群体法

C. 德尔菲法 D. 心智图法
3. 项目范围说明书的主要内容包括(   )。
   A. 产品范围说明书 B. 项目可交付成果
   C. 项目基准 D. 项目管理计划
4. 下列选项中属于项目范围控制的工具和方法的是(   )。
   A. 范围控制系统 B. 绩效测量
   C. 偏差分析技术 D. 范围计划调整
5. 项目范围变更的原因有(   )。
   A. 项目范围计划出现了遗漏 B. 项目团队提出了新的技术
   C. 项目外部环境发生了变化 D. 客户需求发生了变化
6. 工作分解结构的设计原则包括(   )。
   A. 必须有效和分等级 B. 保证信息能自然、有效地交流
   C. 使结构具有足够的灵活性 D. 划分的层次越多越好
7. 下面有关工作包的表述正确的是(   )。
   A. 代表着项目团队和主要干系人对管理项目所要求的最低控制水平
   B. 可根据工作包估算项目所需要的成本和时间
   C. 工作包是工作分解结构的最底层
   D. 为项目控制过程提供了充分和适宜的管理信息
8. 对工作分解结构进行编码,如果某任务编码为1210,其表示(   )。
   A. 该任务属于第三层中的一项任务
   B. 该任务属于第四层中的一项任务
   C. 整个工作分解结构共有三层
   D. 整个工作分解结构共有四层

# 练习与思考

1. 项目范围管理的作用有哪些?
2. 简述项目范围管理的工作过程。
3. 创建工作分解结构的依据有哪些?
4. 项目范围确认的结果有哪些?
5. 项目范围控制的结果有哪些?

## 模 拟 练 习

根据本章所学的知识,拟订一个项目,比如,策划一场婚礼或寿宴,列出你的条件假设并对该项目作出范围说明书以及相应工作分解结构。

## 案 例 思 考

### 甲公司的公路大桥建设项目为何延迟

甲公司两年前承建了一个公路大桥项目,合同规定工期为 3 年,工期若有延迟,则每延迟一个月需要支付约为客户付款额 2% 的罚金。该项目的记录表明,目前项目进度计划只完成了 50%,而且存在很多问题。该公司的上级部门对该项目进行了深入调查,调查结果发现:该项目工程设计的变更次数太多;项目专业技术人员严重不足;工作质量不合格的比率非常高。

问题:

1. 作为项目经理,你认为导致该项目延迟的原因是什么?
2. 该项目在范围管理方面存在哪些问题?症结何在?
3. 你认为该项目现在是否还需要作出范围变更?如果需要,应该在哪些方面作出变更?

主要内容
- ➢ 概述
- ➢ 项目活动定义
- ➢ 项目活动排序
- ➢ 项目资源估算
- ➢ 活动持续时间估算
- ➢ 项目进度规划
- ➢ 项目进度控制

**第 6 章**

# 项目时间管理

"认识你的时间",只要你肯,就是一条卓有成效之路。

——管理学大师　彼得·德鲁克(Peter F. Drucker)

时间底线越严格,计划越重要。

——民谚

## 6.1 概述

项目时间管理(Project Time Management)是项目管理的重要组成部分之一,它和项目成本管理、项目质量管理并称为项目管理的"三大管理"。

项目时间管理是指在项目的进展过程中,为了确保项目能够在规定的时间内实现项目的目标,对项目活动进度及日程安排所进行的管理过程。具体说来,对项目开展进度管理就是在规定的时间内,制订出合理、经济的进度计划,然后在该计划的执行过程中,检查实际进度是否与进度计划相符,若出现偏差,便需要及时找出原因,采取必要的补救措施,如果有必要,则还要调整原进度计划,从而保证项目按时完成。

项目时间管理包括项目活动定义、项目活动排序、项目资源估算、项目持续时间估算、项目进度计划制订和项目进度控制工作过程。

需要注意的是,上述工作虽然在理论上界限可以划分明确,但在项目管理的实践中,它们通常是相互影响和相互制约的,甚至有时也无法区分得很清楚。此外,在开始项目时间管理的工作过程之前,项目经理和其团队需要编制项目进度管理计划。在项目进度管理计划中,应确定进度计划编制所用的方法和工具,设定进度计划编制的格式,制定进度计划编制准则和适宜的进度控制的阈值等。项目进度管理计划是项目管理计划的子计划,其可以是正式或非正式的,既可以非常详细也可以高度概括,具体可依据项目的实际情况而定。

## 6.2 项目活动定义

(1)项目活动定义的含义。项目活动定义(Project Activity Definition)是项目时间管理的首要基础工作。项目活动定义是一个过程,它涉及确认和描述一些特定的活动,完成了这些活动便意味着完成了工作分解结构中的工作任务和工作包。通过活动定义这一过程可使项目目标体现出来。

(2)项目活动定义的主要工作。项目活动定义的主要工作如表6-1所示。由图6-1可以更加清楚地了解在项目活动定义时的工作信息流向。

表 6-1 项目活动定义的主要工作

| 依　据 | 工具和方法 | 结　果 |
|---|---|---|
| 范围基准<br>项目的制约因素<br>组织积累的相关资源 | 活动分解技术<br>模板法<br>滚动计划法<br>专家判断法 | 活动清单<br>活动属性<br>里程碑清单 |

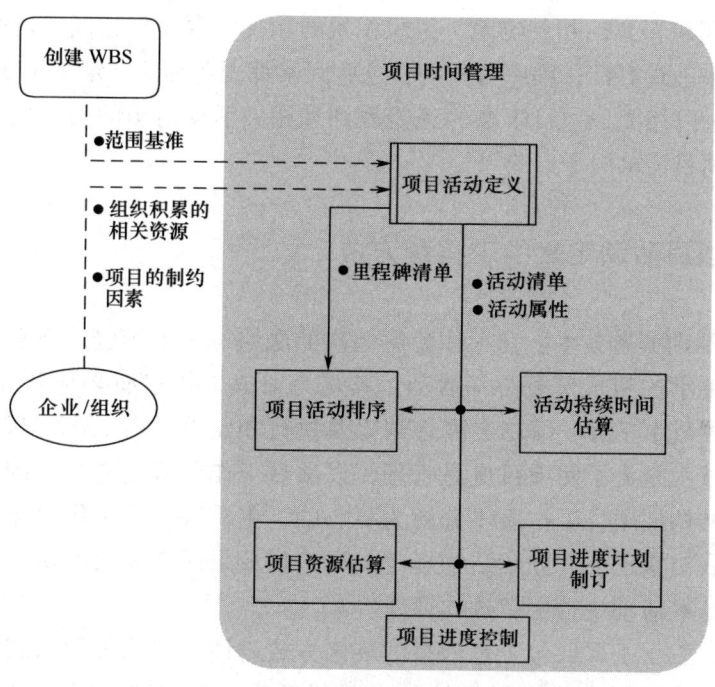

图 6-1 项目活动定义的工作信息流向示意图

## 6.2.1 项目活动定义的依据

（1）范围基准。项目可交付物、限制条件以及范围基准（这里的范围基准包括批准的详细项目范围说明书、与其对应的工作分解结构和工作分解结构字典）都需要在活动定义时加以考虑。

（2）项目制约因素。任何一个项目都会受到各种因素制约，这些因素是定义项目活动时必须考虑的关键因素。影响项目活动定义的制约因素主要包括：项目管理信息系统与进度管理软件工具、组织的人事管理情况（如聘用与解聘政策、员工业绩评价与培训记录）、市场情况、干系人风险承受力和商业数据库（如标准的成本估算数据、行业风险研究信息与风险数据库）等。

例如，一个新药开发项目会受到缺乏相关专业人员的限制，所以在定义项目活动时就要对现有的人力资源因素（如技能、专业与知识、设计、开发、合同等）予以考虑。

（3）组织积累的相关资源。组织积累的相关资源还包括同活动规划有关的正式与非正式方针、程序与原则，这些因素都需要在活动定义中予以考虑。同时，通过以往类似项目吸取的经验教训和相关活动清单的历史信息，都可以在确定项目活动时予以参考。

## 6.2.2 项目活动定义的工具和方法

（1）活动分解技术。在工作分解结构的底层——工作包，通常还应进一步细分为更小的组成部分——活动，其是为完成工作包而必须开展的工作。活动是开展成本估算、编制进度计划以及执行和监控项目工作的基础。项目活动分解技术是为了使项目更易管理，以项目工作分解结构为基础，按照一定的层次结构把项目工作逐步分解为更小的、更易操作的工作单元。这种方法有助于找出实现工作分解结构规定的可交付成果所需完成的所有活动，并且可以对这些活动进行更有效的管理。

例如，王女士采取包工包辅料的装修方式聘请某装修公司为其进行家居装修。该装修公司在确定了具体的家装任务后，首先制定了家居装修项目WBS，如水暖、厨卫、客厅、卧室分别为不同的子项；然后在此基础上再依据WBS中的工作任务进一步细分为更小的活动，如以厨房这一项为例，又细分为选购整体橱柜、测量、设计及确认、改水改电、送货安装、地砖铺设等几项活动，这样会便于项目进度规划。

（2）模板法。模板法是使用已经完成的类似项目的活动清单或部分活动清单，作为一个新活动定义的模板。根据新项目的实际情况，在模板上调整项目活动，从而定义出新项目的所有活动。模板中的信息可能包括资源需求、风险识别、预期的可交付成果以及其他文字说明资料等。此外，模板法还可以用来识别典型的项目进度里程碑。

例如，某公司常年开展管理信息系统开发业务。当其近日又为某客户开发一个管理信息系统时，就会运用模板法进行项目活动定义。该公司在原有方案基础上结合新项目的特点进行了一些局部调整和补充，便完成了新项目的活动定义。

(3) 滚动计划法。根据计划编制的出发点和特征不同，计划编制方法可分为定期计划法和滚动计划法两大类。定期计划法是在编制计划时以不变的会计期间(如日历年度)作为计划期的一种编制计划的方法。

滚动计划法(Rolling Wave Planning)，也称滑动计划法，是计划逐步完善的一种表现形式。它是一种动态的计划编制方法，其将计划期与会计年度脱离开，随着计划的执行不断延伸补充计划，逐期向后滚动，使计划期限总是保持一个恒定的长度。根据项目的实际特点，计划编制的时间长度单位可以灵活变化，如可分为逐月滚动、逐季滚动和混合滚动等。

例如，路桥公司承接了一个立交桥的改扩建项目，历时1年，其任务为拆除旧桥并在原址上建一座三层走向的新立交桥，其在项目时间规划的编制上引入了滚动计划法。因拆除旧桥需在1个季度时间内完成，工作内容比较详细具体，如包括安装围挡、实施爆破、粉尘控制、清理现场、安全管理等，则该工作计划的编制可以细致至每月。其后的立交桥架设修筑(如地基勘测、材料采购、梁柱浇筑、桥体合拢、管道铺设、路面铺设)计划编制可以较为粗略、笼统，但会随着工期进行相应调整，即在每次按照计划的执行情况和环境变化逐步调整、修订未来的计划时，均将后续计划按时间顺序向前推进一个计划期，即向前滚动一次，从而使制订出来的工作计划更加符合实际，极大地提高了工作计划的准确性。

该立交桥改扩建项目的滚动计划法编制过程如图6-2所示。

## 6.2.3 项目活动定义的结果

(1) 活动清单。作为工作分解结构的补充，活动清单包括了项目所要进行的全部计划活动。在活动清单中需对每个活动作出详细的说明，从而保证项目团队明确项目需要进行的所有活动。在项目清单中，每项活动的工作范围一般附有实体数量，如应安装的管道长度、设计图样张数、计算机程序语

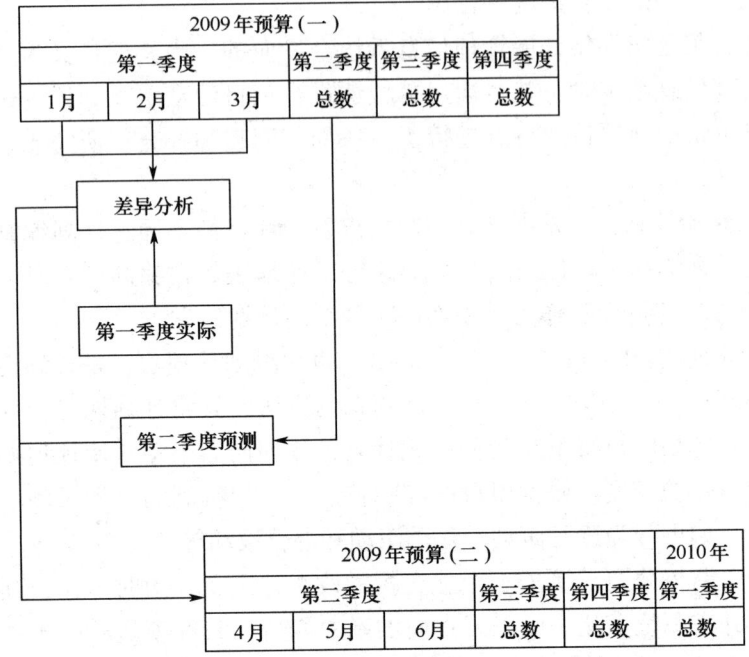

图 6-2 立交桥改扩建项目的滚动计划法编制过程

句行数等。

（2）活动属性。活动属性即一项活动的多方位、多角度特性，是对该活动进行的扩展表述。活动属性除了包括活动标志、活动编号、活动名称、紧前活动、紧后活动、逻辑关系、提前与滞后时间量、资源要求、强制性日期、制约因素和假设条件等，还包括工作执行负责人、实施工作的地区或地点，以及计划活动的类型等。上述这些活动属性可以用于制订项目进度计划，并且依据活动属性的不同，还可以在项目文件中对项目活动进行排序和分类。

（3）里程碑清单。里程碑清单列出了项目中所有的里程碑，并指明了该里程碑是强制性的（如属于合同要求），还是可供选择的（如可以根据项目要求或历史信息来确定）。

## 6.3 项目活动排序

在项目活动定义完成后，项目时间管理的下一步工作就是进行项目活动排序(Project Activity Sequencing)，即决定活动之间的相互制约和依赖关系。它是进一步编制进度计划的基础。项目活动排序工作包括：审查工作分解结构中的活动、产品说明书、假设和约束条件等。在理清活动清单中各项活动的相互关系后，就可以根据这些活动的先后次序进行排序。只有对项目活动进行了正确的排序，才有可能制订出切实可行的进度计划。

项目活动排序的主要工作如表 6-2 所示。

表 6-2 项目活动排序的主要工作

| 依　据 | 工具和方法 | 结　果 |
| --- | --- | --- |
| 活动清单 | 箭线图法 | 项目进度网络图 |
| 活动属性 | 节点图法 | 更新的项目文档 |
| 里程碑清单 | 进度网络模板 | |
| 项目范围说明书 | 确定依赖关系 | |
| 组织积累的相关资源 | 利用时间提前量和滞后量 | |

由图 6-3 可以更加清楚地了解在项目活动排序时的工作信息流向。

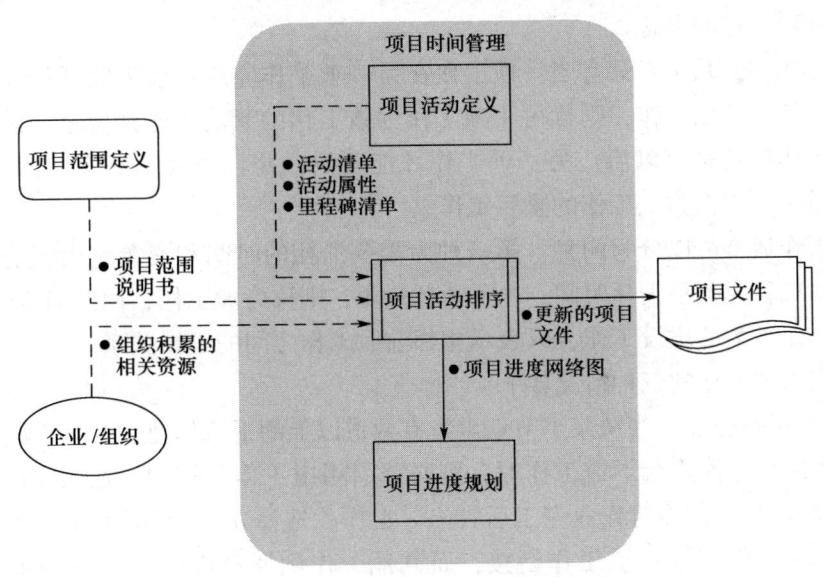

图 6-3 项目活动排序的工作信息流向示意图

### 6.3.1 项目活动排序的依据

项目范围活动排序的依据包括活动清单、活动属性、里程碑清单、说明书及组织积累的相关资源,这些内容在本章前面的小节已经叙述,在此不再重复。

### 6.3.2 项目活动排序的工具和方法

(1) 箭线图法。箭线图法(Arrow Diagramming Method,ADM),又称双代号网络图法,它是用箭线代表活动,用节点表示活动之间的关系。双代号网络图由工作、节点、线路三个基本要素组成:

1) 工作(活动、作业或工序)。在双代号网络图中,工作用一根箭线和两个圆圈来表示。工作的名称写在箭线的上面,完成工作所需要的时间写在箭线的下面,箭尾表示工作的开始,箭头表示工作的结束。圆圈中的两个号码代表这项工作的名称。

在顺序关系中,只有当一项工作在另一项工作完成以后方能开始,并且中间不插入其他工作,则称另一项工作为该工作的紧前工作;反之,只有当一项工作在它完成以后,另一项工作才能开始,并且中间不插入其他工作,则称另一项工作为该工作的紧后工作。

工作通常可以分为两种:第一种为需要消耗的时间和资源,用实箭线表示;第二种为既不消耗时间,也不消耗资源,则称为虚工作,用虚箭线表示。虚工作是人为的虚设工作,只表示相邻前后工作之间的逻辑关系。

引入虚工作的三种情况如下:

◇ 平行作业。当从某个节点出发有两道以上的平行作业,并且它们均要在完工之后才能进行下道工作时,则必须引用虚工作。例如,在图6-4a中,虚工作$a$、$b$工作平行作业完工后转入$c$工作。选择$a$、$b$两项工作中事件较长的一道工作与下一道工作衔接,而其他工作则通过虚工作与下一道工作衔接。

◇ 交叉作业。对需要较长时间完成的相邻几道工作,只要条件允许,可不必等待紧前工作全部完工后再转入下一道工作,而是分批、分期地将紧前工作完成的部分工作转入下一道工作，这种方式称为交叉作业。如图 6-4b 所示。

◇ 工作 $a$、$b$ 平行作业，当工作 $a$ 完工后，工作 $c$ 开始；而当工作 $b$、$c$ 完工后，工作 $d$ 开始。如图 6-4c 所示。

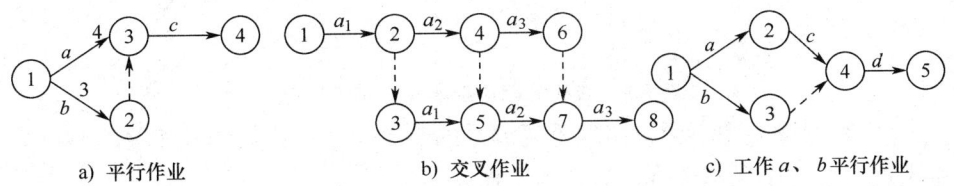

a) 平行作业　　　　b) 交叉作业　　　c) 工作 $a$、$b$ 平行作业

图 6-4　虚工作的三种情况

2）节点（结点或事件）。在网络图中，箭线的出发和交汇处画上圆圈，用以标志该圆圈前面一项或若干项工作的结束和允许后面一项或若干项工作开始的时间点称为节点。在双代号网络图中，节点不同于工作，它不需要消耗时间或资源，它只标志着工作的结束和开始的瞬间，起着连接工作的作用。

起点节点是指网络图的第一个节点，表示执行项目计划的开始，没有内向箭线。终点节点是指达到了项目计划的最终目标，它没有外向箭线。除起点节点和终点节点外，其余称中间节点，它既表示完成一项或几项工作的结果，又表示一项或几项紧后工作开始的条件。

3）线路。在网络图中，从起点节点开始，沿箭线方向连续通过一系列箭线与节点，最后到达终点节点的通路称为线路。

网络图的编制过程其实就是网络模型的建立过程，它是利用网络图编制网络计划，以实现对项目时间及资源合理利用的第一步。

双代号网络图的绘制原则如下：

◇ 必须正确地表达各项工作之间的相互制约和相互依赖关系。

◇ 网络图应只有一个起点节点和一个终点节点（多目标网络计划除外）。除终点和起点节点外，不允许出现没有内向箭线的节点和没有外向箭线的节点。如图 6-5a 所示就为错误的情况。

◇ 在网络图上，除了始点和终点外，其他所有事件前后都要用箭线连接起来，不可中断，在图中不可有缺口。图 6-5b 就为错误的情况。

◇ 网络图中不允许出现从一个节点出发顺箭线方向又回到原出发点的循

环回路。图 6-5c 就为错误的情况。

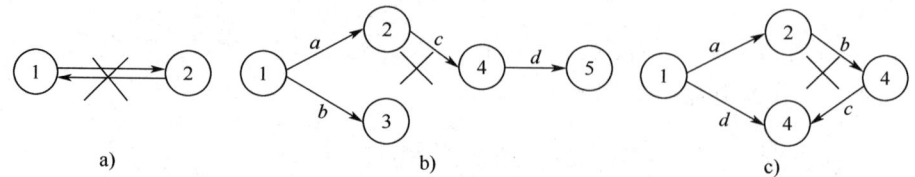

图 6-5 双代号网络图的几种错误情况

◇ 在网络图中不允许出现重复编号的节点。一条箭线和其相关的节点只能代表一项工作，不允许代表多项工作。

◇ 网络图中的箭线应保持自左向右的方向，不应出现箭头向左或偏向左方的箭线。

◇ 网络图中不允许出现没有箭尾节点的箭线和没有箭头节点的箭线。

◇ 网络图中所有节点都必须编号，并应使箭尾节点的代号小于箭头节点的代号。

双代号网络图的绘制步骤如下：

◇ 根据已知的紧前工作确定出紧后工作。

◇ 从左到右确定出各工作的始节点位置号和终节点位置号。

◇ 根据节点位置号和逻辑关系绘出初步网络图。

◇ 检查逻辑关系有无错误，如果与已知条件不符，则可加虚工作加以改正。

现举例说明双代号网络图的画法，某项目的活动关系如表 6-3 所示。

表 6-3 某项目的活动关系表

| 活动名称 | 紧前活动 | 紧后活动 |
| --- | --- | --- |
| A | — | B、E |
| B | A | C |
| C | B | D |
| D | C | F |
| E | A | F |
| F | D、E | — |

根据上表资料，用节点表示出活动之间的关系，如图 6-6 所示。

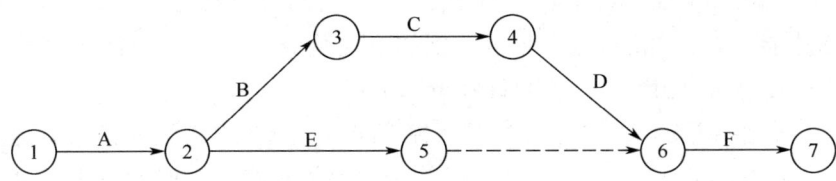

图 6-6 某项目的箭线图

在箭线图中，活动由两个节点中间的箭线来表示，所以项目的活动可以由两个节点的数字来表示，如活动 B 可以表示为活动(2,3)，活动 C 可以表示为活动(3,4)。由于活动 D 和 E 分别完成于节点 6 和 5，所以用一个虚工作（表示不存在的活动,有助于表示其他活动的关系）把它们连接起来，表示活动 F 要在活动 D 和 E 完成之后才能进行。

（2）节点图法。节点图法（Precedence Diagramming Method, PDM）又称为顺序图法或单代号网络图法。

单代号网络图用节点表示活动，用箭线表示事件，其中箭线仅表示各个活动之间的先后顺序，所以称为单代号网络图，见图 6-7。单代号网络又可分为普通单代号网络和搭接网络。

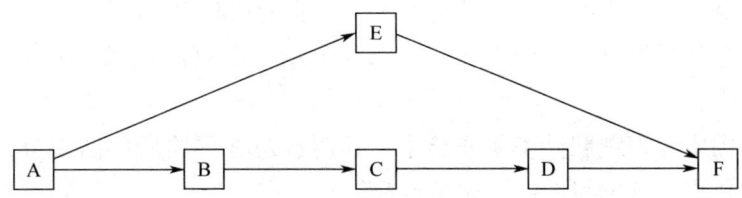

图 6-7 单代号网络图

在使用单代号网络图的过程中，当有多个活动不存在前导活动时，通常就是把它们表示成从一个叫做"开始"的节点引出。类似地，当多个活动没有后续活动时，通常把它们表示成从一个叫做"终止"的节点上。

相邻两项工作同时开始即为平行关系。如相邻两项工作先后进行即为顺序关系。如果前一工作结束，后一工作马上开始则为紧连顺序关系。如果后一工作在前一工作结束后隔一段时间才开始则为间隔顺序关系。

单代号网络中，活动之间的依赖关系包括四种类型：

1）结束—开始：A 活动必须结束（或 A 活动结束延迟一定时间），然后 B 活动才能开始，如图 6-8a 所示。例如，在装修项目中，地面水泥施工后（延迟 1~2 天水泥干透），才允许铺设木地板。

2）开始—开始：B 活动开始前 A 活动必须开始（或 A 活动开始延迟一定时间），如图 6-8b 所示。例如，对于某一项目管理活动，时间管理活动开始时，成本管理必须开始，至少要同时开始。

3）结束—结束：A 活动结束前（或 A 活动需提前 B 活动结束一定时间），B 活动必须结束，如图 6-8c 所示。例如，厨房装修时，热水器输水管的安装必须在厨房粉刷完毕之前结束，否则，还得打洞弄坏墙壁。

4）开始—结束：B 活动在 A 活动开始之前（或 A 活动开始延迟一定时间）不能结束，如图 6-8d 所示。

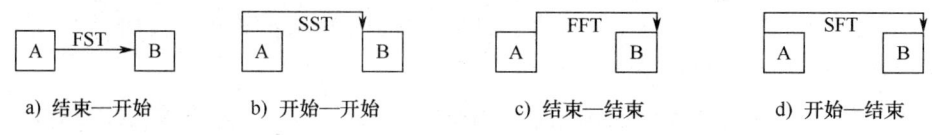

a）结束—开始　　b）开始—开始　　c）结束—结束　　d）开始—结束

图 6-8　四种依赖关系图

在节点图中，结束—开始型最常用，开始—开始型和结束—结束型是最自然的，开始—结束型完全是理论上的，现实中比较少见。

利用单代号网络建立网络图，比双代号网络图更加直观。单代号网络绘制原则如下：

网络图中有多项起始工作或结束工作时，应在网络图的两端分别设置一项虚拟工作作为该网络图的起始节点和终点节点。

其他绘制原则与双代号网络图的绘制原则相同。其绘制步骤如下：

1）列出工作清单，包括工作之间的逻辑关系，找出每一项工作的紧前工作有哪些。

2）根据工作清单，先绘制没有紧前工作的工作节点。

3）逐一检查工作清单中的每项工作，如该工作的紧前工作节点已全部绘制在图上，则绘该工作节点，并用箭线和紧前工作连接起来。

4）重复上述步骤，直至绘制出整个计划的所有工作节点。

5）绘制没有紧后工作的工作节点。

6）绘制开始节点和结束节点。

现举例说明节点图的绘制方法。某项目的活动关系如表6-4所示。

表6-4 某项目的活动关系表

| 活 动 名 称 | 紧 前 活 动 | 紧 后 活 动 | 搭 接 关 系 |
|---|---|---|---|
| A | — | B<br>E | |
| B | A | C | SS2 |
| C | B | D | |
| D | C | F | FF3 |
| E | A | F | |
| F | D、E | — | |

根据上表资料，用节点图表示出活动之间的关系，如图6-9所示。

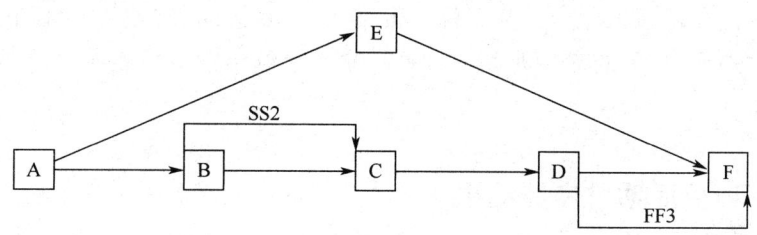

图6-9 某项目的节点图

（3）进度网络模板。项目团队可以用一些标准的网络图或者过去完成的项目网络图作为新项目网络图的模板，根据新项目的实际情况来调整这些模板，可以高效、准确地画出新项目的网络图。网络图模板可能包括整个项目的网络或者子网络。子网络对于整个项目网络图的编制是非常有用的，一个项目可能包括若干个相同的或者相近的部分，它们就可以用类似的子网络加以描述。

（4）活动依赖关系。项目活动之间的关系包括必然的依存关系、组织关系和外部的制约关系。

1）必然的依存关系。必然的依存关系是活动相互关系确定的基础，它是活动之间所存在的内在关系，通常是不可调整的，所以必然的依存关系的确定相对比较明确、容易，通过技术和管理人员的交流就可完成。比如，建造一座楼，需要先打好地基，然后才能进行上部结构的施工。

2）组织关系。活动的组织关系是指那些无逻辑关系，由于其活动先后关系具有随意性、人为性，活动组织关系的确定一般比较难，它通常取决于项目管理人员的知识和经验，因此，项目管理人员必须科学、合理地确定项目活动的组织关系。

3）外部制约关系。项目活动的外部制约关系是指项目活动和非项目活动之间的关系，比如，项目的某些活动需要政府的同意才能动工，因此，在项目活动计划的安排过程中也需要考虑到外部活动对项目活动的一些制约及影响因素。

（5）利用时间提前量与滞后量。项目管理团队要确定可能要求加入时间提前量与滞后量的依赖关系，以便准确地确定逻辑关系。时间提前量与滞后量，以及有关的假设都应形成文件。利用时间提前量可以提前开始紧后活动，而利用时间滞后量可以推迟后续活动。

例如，在建筑工程中，为了保证混凝土有 10 天的养护期，可以在结束开始关系中加入 10 天的滞后时间，这样一来，后续活动就只能在紧前活动完成之后开始。

### 6.3.3 项目活动排序的结果

确定活动相互关系的最终结果是要得到一张描述项目各活动相互关系的项目网络图以及活动的详细关系列表。

（1）项目进度网络图。项目进度网络图是表示项目活动的顺序以及这些活动相互之间的逻辑关系（或依赖关系）的图形，如节点图或箭线图。它们可由计算机或手工绘制。图中既可以包括整个项目的全部细节，也可以仅包括项目的主要活动。同时，项目进度网络图还应附有相关说明，对一些重要的排序应作详细的说明。

（2）更新的项目文档。项目活动排序结束时需要根据情况对活动清单、活动属性等文档进行更新。

## 6.4 项目资源估算

项目资源估算（Estimate Activity Resources）就是要确定完成项目活动所需

资源(人力、设备、材料等)的种类,以及每种资源的需要量,从而为项目成本的估算提供信息。也就是说,项目资源估算就是回答项目的活动在特定的时间,需要投入何种资源以及每种资源的需要数量。在进行项目资源估算之前,首先要对项目中所需的资源进行分类,对资源分类的方法很多,本书仅按照项目中所需的资源的特点将其分为两类:

1)可以无限使用的资源。这类资源供给充足,而且价格很低,在项目的执行过程中,对成本来说没有数量限制,可以根据项目的需要任意使用。比如,简单的劳动力、普通的设备等。

2)只能有限使用的资源。这类资源是指价格比较昂贵,在项目的实施过程中,不可能完全得到的资源或者使用数量有明确标准的资源,如大型的进口设备。

在进行项目资源估算时,对不同种类的资源必须进行不同的管理。对于可以无限使用的资源,不必专门进行严格、全面的跟踪管理,以免导致过高的管理成本;对于只能有限使用的资源,要进行全面的跟踪管理。

项目资源估算的主要工作如表6-5所示。

表6-5 项目资源估算的主要工作

| 依 据 | 工具和方法 | 结 果 |
|---|---|---|
| 活动清单 | 专家判断法 | 活动资源需求 |
| 活动属性 | 多方案选择 | 资源分解结构 |
| 资源日历 | 定额法 | 更新的项目文档 |
| 项目的制约因素 | 自下而上估算法 | |
| 组织积累的相关资源 | 项目管理软件 | |
| | 资源计划矩阵 | |
| | 资源数据表 | |
| | 资源需求甘特图 | |

由图6-10可以更加清楚地了解在项目资源估算时的工作信息流向。

## 6.4.1 项目资源估算的依据

(1)项目资源估算依据的主要内容。项目资源估算依据中的活动清单、活动属性、项目的制约因素,以及组织积累的相关资源在前面相关章节均有

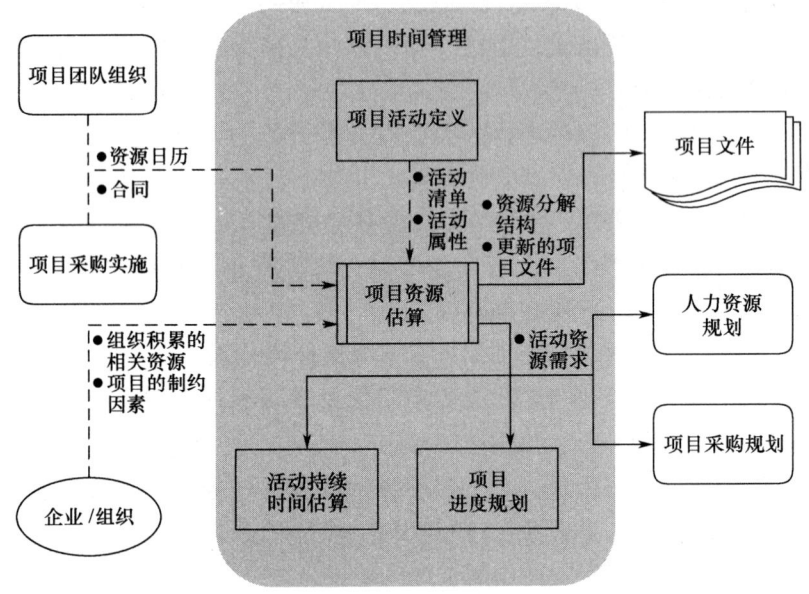

图 6-10　项目资源估算的工作信息流向示意图

详细说明，在此不再重复。下面主要介绍项目资源日历。

（2）项目资源日历。项目资源日历类似于资源的可利用情况，它记录了确定使用某种具体资源（如人力资源、设备和材料等）的信息，这些信息包括具体资源的属性（资源的来源或技术水平）、可利用的时间，以及每一资源可供使用的数量等。项目资源日历一般根据资源的种类标识及各自可以使用的时间，它可以针对某个活动或整个项目。

例如，前面"活动分解技术"中所提及的王女士的家居装修项目，根据其具体特点，装饰公司（装修队）分析了在工程设计项目的早期阶段，可供使用的资源可能包括大量的初级与高级工程师，而在同一项目的后期阶段，可供使用的资源可能仅限于因为参与过项目早期阶段而熟悉该项目的个人。

### 6.4.2　项目资源估算的工具和方法

（1）专家判断法。专家判断法前面章节已作详细介绍，在此不再重复。

（2）多方案选择。通常，每项计划活动都可利用多种方式来完成。例如，项目活动可以利用各种类型的资源、不同水平的技术人员或不同类型的机器设备，操作工具可以是手工操作或自动化工具，有关资源可以自制或直接购买等。项目团队可以通过制订多种资源计划，由有经验的专家或技术团队成员进行选择，来得到最优的资源计划方案。

（3）定额法。定额法是根据定额进行项目资源估算的一种方法。定额是在合理的劳动组织和合理地使用材料和机械的条件下，预先规定完成单位合格产品的消耗的资源数量标准。具体说来，定额的测算思路是，首先根据每个项目的工料用量，制定出该项目的工料合价；其次再按照不同类别（管理层次、用途、物质内容、成本性质）将它们汇总成册。

采用定额法进行项目资源估算时，首先需要测算每个项目所需的用工量，包括基本工作量和其他需用工作量。然后再加上这个项目所需的材料，包括基本用料和其他材料。用工的单价是根据项目所在地当时不同工种的劳动力价值规定的，材料的价值是根据前期的市场价格制定出来的预算价格。工料单价乘以工料单价系数加人工费单价乘以人工费系数便可得出综合单价。综合单价乘以数量即为合价。

例如，对于前述王女士家装项目的某装修公司来说，其可以把"地板铺设工程"看成一个子项目，采用定额法估算的步骤是：首先根据地板生产厂家的介绍得知，每名铺装工人每天可以铺装 $8\sim10\text{m}^2$，铺设面积为 $72\text{m}^2$，地板单价为 $200$ 元$/\text{m}^2$，工人成本为 $50$ 元$/$天·人，这样就可以估算出"地板铺设工程"这个子项的成本总和约为 1.5 万元。

（4）项目管理软件。项目管理软件能够协助项目团队规划、组织与管理项目的备用资源，并作出资源估算。因项目管理软件的复杂程度相差悬殊，有的仅用来确定资源日历，但有的还可以实现确定资源分解结构，资源的有无与多寡，以及资源单价等工作。

例如，某高速路工程项目中涉及的项目干系人很多，工程工期长、复杂，资金数目巨大而且来源复杂，这时就可以使用项目管理软件来完成项目资源估算工作，以提高工作效率。

（5）自下而上估算法。当估算项目计划的活动无足够把握时，则将项目范围内的工作进一步分解。然后估算下层每项更具体的工作资源需要，接着将这些估算按照计划活动需要的每一种资源汇集出总量。这些项目活动之间可能存在也可能不存在影响资源利用的依赖关系。如果它们之间存在依赖关系,资源的这种利用方式就要反映在活动的估算中,并形成文件。

(6) 资源计划矩阵。资源计划矩阵是在项目工作分解结构的基础上,结合每项工作所需的资源需求量绘制得出的。资源计划矩阵的样式如表 6-6 所示,该表的缺陷是无法囊括信息类资源。

表 6-6  资源计划矩阵

| 工 作 | 资源需求量 | | | | | 相 关 说 明 |
|---|---|---|---|---|---|---|
| | 资源 1 | 资源 2 | … | 资源 $m-1$ | 资源 $m$ | |
| 工作 1 | | | | | | |
| 工作 2 | | | | | | |
| ⋮ | | | | | | |
| 工作 $n-1$ | | | | | | |
| 工作 $n$ | | | | | | |

(7) 资源数据表。资源数据表与资源计划矩阵的区别在于:前者表示的是在项目进展各个阶段的资源使用和安排情况,后者表示的则是对项目各项工作所需资源的统计汇总说明。资源数据表的样式如表 6-7 所示。

表 6-7  资源数据表

| 资源需求种类 | 资源需求总量 | 时间安排(不同时间资源需求量) | | | | | 相 关 说 明 |
|---|---|---|---|---|---|---|---|
| | | 1 | 2 | … | $T-1$ | $T$ | |
| 资源 1 | | | | | | | |
| ⋮ | | | | | | | |
| 资源 $m-1$ | | | | | | | |
| 资源 $m$ | | | | | | | |

(8) 资源需求甘特图。资源需求甘特图直观地显示了资源在各个阶段的需求情况,它比资源数据表更为直观、简洁,该图的缺憾是无法显示资源配置效率方面的信息。图 6-11 是资源需求甘特图的示例。

### 6.4.3  项目资源估算的结果

(1) 活动资源需求。项目资源估算的结果就是识别并说明工作细目中每一活动所需要使用的资源种类与数量。具体来说,活动资源需求就是表明项

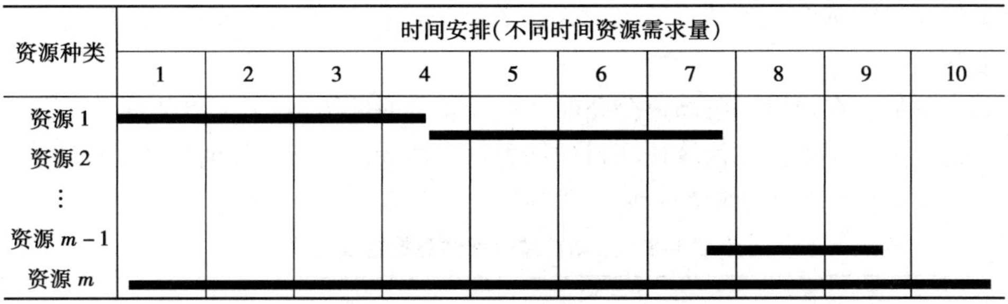

图 6-11 两种以上资源需求甘特图

目的各项活动在何时需要何种资源以及当项目的几项活动共用一种资源时，如何进行合理的资源平衡的文档。

项目活动的时间取决于资源的数量和质量。大多数项目活动的时间将受到分配给该工作的资源数量的影响，一般来说，当人力资源减少一半时，工作的延续时间将会增加一倍。另外，大多数项目活动的时间也受到项目所能够得到的资源质量的影响，如对于同一个活动，高级工人花费的时间肯定比普通工人花费的时间少。

（2）资源分解结构。资源分解结构是按照资源种类和形式而划分的资源层级结构。

（3）更新的项目文档。完成项目资源估算后，活动清单、活动属性和资源日历等相关项目文档都需要更新。

## 6.5 活动持续时间估算

活动持续时间估算（Estimate Activity Durations），也称为活动工期估计，是依据项目范围、资源和相关信息，对完成项目的各种活动所需要的时间作出估算。

在对项目时间进行估算时，首先应分别估算项目中的各项活动所需的时间，然后根据项目活动排序来确定整个项目所需的时间。在进行活动持续时间估算时，需要考虑活动工作范围、所需资源类型及数量、资源日历等因素。在此应遵循的一项重要原则是进行活动持续时间估算工作应由项目团队中那些熟悉项目活动特征的人员来承担。同时，活动持续时间估算既要考虑活动所消耗的实际工作时间，也要考虑间歇时间。若项目活动时间估算过短，则会使项目团队处于被动、紧张状态；若项目活动时间估算过长，则项目会延迟完成。

例如，在建设一条高速公路时，铺沥青的时间为 10 天，等待沥青干的时间是 2 天，所以，在估算该项目铺沥青这一活动的实际估算时间为 12 天。

活动持续时间估算的主要工作如表 6-8 所示。

表 6-8 活动持续时间估算的主要工作

| 依　据 | 工具和方法 | 结　果 |
| --- | --- | --- |
| 活动清单 | 专家判断法 | 估算出的活动持续时间 |
| 活动属性 | 类推估算法 | 更新的项目文档 |
| 活动资源需求 | 参数估算法 | |
| 资源日历 | 三点估计法 | |
| 项目范围说明书 | 储备分析 | |
| 项目的制约因素 | | |
| 组织积累的相关资源 | | |

由图 6-12 可以更加清楚地了解在项目活动持续时间估算时的工作信息流向。

## 6.5.1　活动持续时间估算的依据

活动持续时间估算的依据包括活动清单、活动属性、活动资源需求、资源日历、项目范围说明书、项目的制约因素、组织积累的相关资源等。其中，活动清单、活动属性、活动资源需求、资源日历在本章前面的小节有相关说明，在此不再重复。这里仅对组织积累的相关资源和项目范围说明书作些补充说明。

(1) 组织积累的相关资源。参与项目的组织可能保留有以往项目结果的记录，而许多已经完成的类似项目对估算现有项目的持续时间的确很有帮助。现有的项目组织积累的相关资源也可以用来估算活动持续时间，如项目日历（编排开展计划活动的工作日或轮流班次，以及不开展计划活动的非工作日的日历）。

(2) 项目范围说明书。在估算活动持续时间时，应考虑项目范围说明书提供的制约因素与假设条件。这些制约因素与假设条件包括合同的条款和要

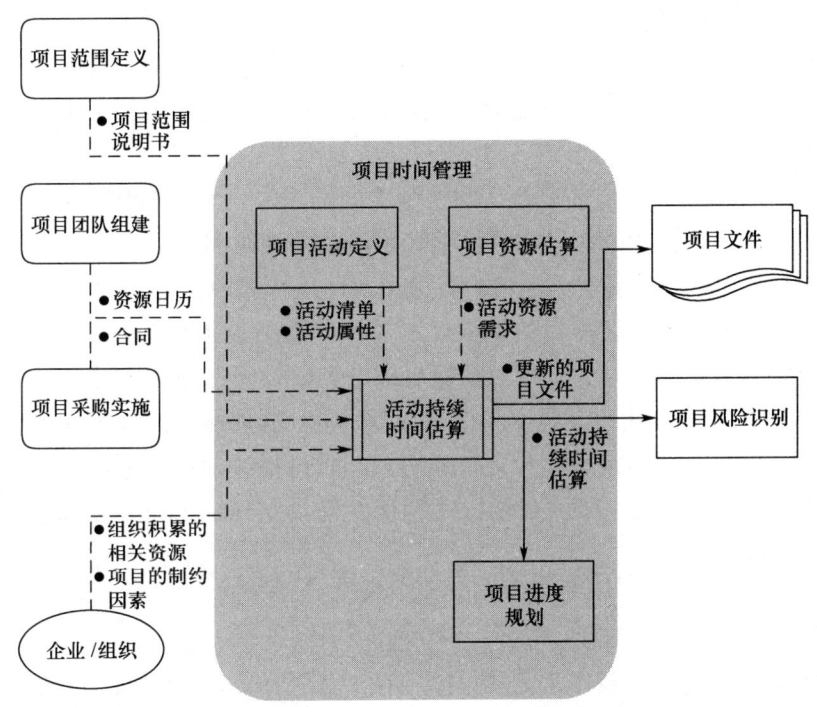

图 6-12 项目活动持续时间估算的工作信息流向示意图

求、项目报告时间的长短、信息的可获取性等。

### 6.5.2 活动持续时间估算的工具和方法

活动持续时间估算的工具和方法包括专家判断法、类推估算法、参数估算法、三点估计法、储备分析等。

（1）类推估算法。在进行活动持续时间估算时，类推估算是将过去类似项目活动的实际时间作为估算未来活动时间的基础，通过类比来推测和估算当前项目活动所需的时间。通常在项目的资料和信息有限的情况下使用。在下列两种情况下，类推估算的结果是比较可信的：

1）以前的活动和现在的活动不仅仅是表面上相似，而且是在本质上类似。

2）类推专家具有丰富的经验。

151

例如，某市建设城市外环路，西外环前一年已经建成通车，东外环与西外环的里程、架桥数量都较为相似，而且外环项目都由本市的市政公司来承担。西外环全部工程进行了 17 个月，可以推算东外环建设所需时间约为一年半。

(2) 参数估算法。在进行活动持续时间估算时，采用参数估算法将应当完成的工作量乘以生产率，就可以估算出活动持续时间。

例如，对于一个蓝图设计项目，可将图样的张数乘以每张图样所用的设计工时得出该蓝图设计项目的总工时；对于电缆敷设项目，将电缆的长度乘以敷设每米需要的工时，就可以估算出该电缆敷设项目的总工时。

(3) 三点估计法。三点估计法(Three-point Estimates)经常作为计划评审技术的一部分，它涉及最可能持续时间 $t_m$、乐观持续时间 $t_0$ 和悲观持续时间 $t_p$（详细解释见 6.6.2 节），利用这三种估算活动持续时间的平均值，常用公式 $t_e = \frac{t_0 + 4t_m + t_p}{4}$ 就可以算出该项活动的持续时间。这个平均值通常比单点估算的最可能持续时间准确。

例如，前述家居装修工程中，对"客厅异型吊顶"这项任务进行估算，采用三点估计法，通过对施工人员进行调查，完成这项任务最快需要 3 天(乐观时间为 3 天)，正常情况下需要 4 天(最可能的时间为 4 天)，最慢需要 5 天(悲观时间为 5 天)。经该法计算，该任务期望平均工期为 4 天。

(4) 储备分析。在进行时间风险管理时，项目团队可在总的项目进度表中以"应急时间"、"时间储备"或"缓冲时间"的形式来应对时间风险。所增设的应急时间可以是活动持续时间估算值的一定比例，也可是某一固定时间，或根据定量风险分析的结果来确定。应急时间的长短与项目的进展程度密切相关。在项目的进展过程中，其可能全部耗用，也可能只消耗其中一部分，还可能随着项目所积累信息的准确程度而增加、减少或取消。应急时间应当同其他相关数据和假设条件等一起形成项目文档。

### 6.5.3 活动持续时间估算的结果

(1) 估算出的活动持续时间。项目活动时间估算是对完成某项活动所需要的工作时间进行定量估计，并且标示项目活动时间的变动范围。例如，3

周±2 天(每周 5 个工作日)表示该活动至少需要 13 天，至多需要 17 天。超过 3 周的概率为 10%表示该活动在 3 周内完成的概率为 90%。

（2）更新的项目文档。项目团队在估算时间后，活动属性及用以估算活动持续时间的假设条件等可能需要更新。

## 6.6 项目进度规划

项目进度规划(Develop Schedule)是根据项目的活动定义、活动排序及活动持续时间估算的结果和所需的资源所进行的进度计划编制工作。项目进度规划的主要任务是确定各项活动的起始日期和完成日期。在制订进度计划时，项目经理应邀请有关职能部门的人员参加。另外，在编制项目进度计划时还应考虑各方面因素的影响，尤其要综合考虑活动持续时间估算和成本估算。项目进度计划是随着持续时间估算和成本估算过程的修正而不断调整的。项目进度规划通常是借助于网络计划技术来实现的。

项目进度规划的主要工作如表 6-9 所示。

表 6-9 项目进度规划的主要工作

| 依 据 | 工具和方法 | 结 果 |
|---|---|---|
| 活动清单 | 进度网络分析 | 项目进度计划 |
| 活动属性 | 关键路径法 | 进度基准 |
| 项目进度网络图 | 关键链法 | 进度数据 |
| 活动资源需求 | 资源均衡分析 | 更新的项目文档 |
| 资源日历 | 假设场景分析 | |
| 项目范围说明书 | 时间提前量和滞后量利用 | |
| 活动持续时间估算 | 进度压缩 | |
| 项目的制约因素 | 计划评审技术 | |
| 组织积累的相关资源 | 图表评审技术 | |

由图 6-13 可以更加清楚地了解在项目进度规划时的工作信息流向。

### 6.6.1 项目进度规划的依据

项目进度规划的依据包括活动清单、活动属性、项目进度网络图、活动资源需求、资源日历、项目范围说明书、活动持续时间估算、项目的制约因

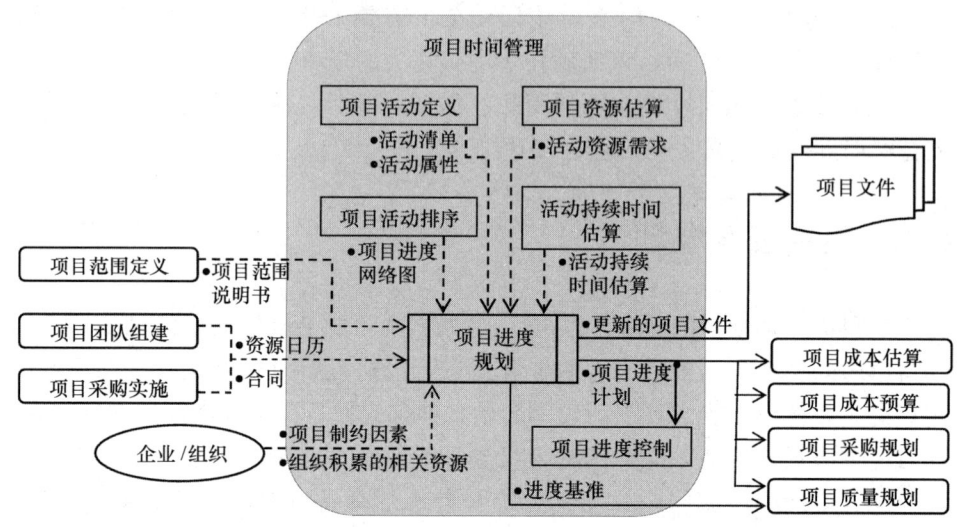

图6-13 项目进度规划的工作信息流向示意图

素和组织积累的相关资源等。

## 6.6.2 项目进度规划的工具和方法

项目进度规划常用的进度网络分析工具和方法主要有：关键路径法、关键链法、资源均衡分析、假设场景分析、时间提前量和滞后量利用、进度压缩、计划评审技术和图表评审技术等。

(1) 关键路径法。关键路径法（Critical Path Method，CPM）是一种运用特定的、有顺序的网络逻辑来预测总体项目历时的项目网络分析技术，它可以确定项目每项活动最早开始时间、最早完成时间、最迟开始时间和最迟完成时间四个参数。

1) 项目活动的开始时间和完成时间。它们可分为以下两种：

最早开始时间（Early Start Date，ES）：某项活动开始的最早时间。

最早完成时间（Early Finish Date，EF）：某项活动能够完成的最早时间。

计算网络图中各项活动的最早开始和完成时间的具体原则如下：

◇ 对于一开始就进行的活动，其最早开始时间为0。

◇ 某项活动的最早开始时间必须等于或晚于直接指向这项活动的所有活

动的最早完成时间中的最晚时间。

◇ 计算每项活动的最早开始时间和最早完成时间以项目预计开始时间为参照点进行正向推算，对中间活动，该活动的最早开始时间就是其前置活动的最早完成时间中的最晚时间。

◇ 根据项目的最早开始时间来确定项目的最早完成时间。最早完成时间可在这项活动最早开始时间的基础上加上这项活动的工期估计进行计算，活动期望工期以 DU（duration）即：EF = ES + DU，如图 6-14 所示：

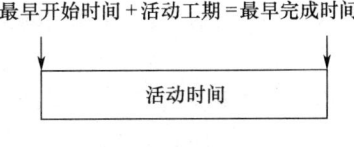

图 6-14　最早开始、完成时间关系图

2）项目活动的最迟完成时间和最迟开始时间。它们可分为以下两种：

最迟完成时间（Late Finish Date，LF）：在完工时间内为完成活动必须完成的最迟时间。

最迟开始时间（Late Start Date，LS）：在完工时间内为完成活动必须开始的最迟时间。

计算网络图中各项活动的最迟开始和完成时间的具体原则如下：

◇ 对于最后完成的活动，其最迟完成时间就是项目规定的完工期。

◇ 某项活动的最迟完成时间必须等于或早于该活动直接指向的所有活动最迟开始时间的最早时间。

◇ 计算每项活动的最迟开始时间和最迟完成时间以项目预计完成时间为参照点进行逆向计算，对中间活动，该活动的最迟完成时间就是其后置活动的最迟开始时间的最早时间。

◇ 最迟开始时间可在该活动最迟完成时间的基础上减去该活动的工期得出。

即：LS = LF - DU，如图 6-15 所示：

计算出项目各项活动的最早开始时间、最早完成时间、最迟开始时间和最迟完成时间后，若采用节点法绘制网络图时，每项节点规定的格式如图 6-16 所示。

注意：此处的节点序号只起编号作用，并不代表活动完成的先后次序。

3）时差。时差也称"浮动时间"或"宽裕时间"，它表明项目活动或整个项目的机动时间。时差分为两种类型：活动总时差和单时差。活动总时差

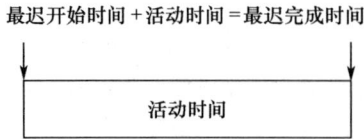

图 6-15　最迟开始、完成时间关系图　　图 6-16　节点格式图

$N$—节点序号　　$T$—任务工期

是指在不影响项目在规定时间范围内完成的情况下，项目活动最迟开工时间和最早开工时间的间隔；活动的单时差则是在不影响下一个活动最早开工的前提下，该活动的完成所拥有的机动时间，可见总时差是单时差的综合，而不是单时差的简单加总。在实际项目中，对这两个时差没有特意的区分，统称为时差。时差越大，则表示项目的时间潜力也越大。时差可以通过下式来表示：

$$时差(F) = LF - ES - DU$$
$$或者 = LF - EF \tag{6-1}$$

若项目某条路径的总时差为正值，这一正的总时差可以由该路径上所有的活动共用，当该路径上的某项活动不能按期完成时，则可以利用该路径的总时差，而不必担心影响项目的进度；如果项目某条路径的总时差为负值，则表明该路径上的各项活动要加快进度，减少在该路径上花费的时间总量，否则项目就不能在规定的时间范围内顺利完成；如果项目某条路径的总时差为零，则表明该路径上的各项活动不用加速完成但是也不能拖延时间。

4）项目的关键路径。若将项目网络图中每条路径所有活动的历时分别相加，最长的路径就是关键路径。关键路径上的活动称为关键活动，关键路径的节点称为关键节点，关键活动的总时差为零。因此，关键路径就是网络图中由一系列活动构成的活动工期最长的那条路径，如果关键路径上的某项活动未如期完成，所有处于其后的工作活动都要往后拖延，最终的结果是项目不能按计划完成。反之，如果关键路径上的某项活动能够提前完成，那么整个项目也有可能提前完成。由此可知，在编制项目进度计划时，关键路径上的活动是关注的重点。

除找出所有活动的历时相加最长的路径外，还有一种常用的方法是找出那些具有最小时差的活动，即用每项活动的最迟完成时间减去最早完成时间，然后找出时差值最小的各项活动，所有这些活动都是关键路径上的活动。

5）确定关键路径的举例说明。某项目的网络图如图6-17所示，如果该项目的计划完工时间为42天，要求分别采用"时差最小值"和"活动的时间相加最长的路径"两种方法确定该项目的关键路径。

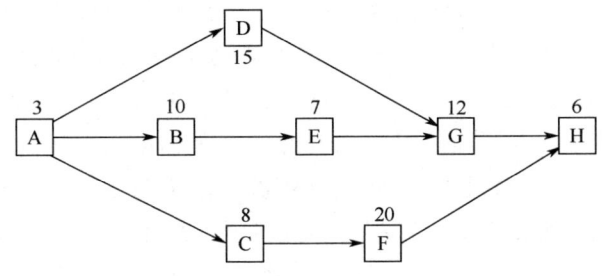

图6-17 某项目的网络图

首先，运用"时差最小值"来确定该项目的关键路径：由图6-17的分析计算得出各项活动的总时差见表6-10。

表6-10 项目活动情况表

| 活 动 | 活动工期 | 最 早 | | 最 迟 | | 总 时 差 |
|---|---|---|---|---|---|---|
| | | 开始时间 | 完成时间 | 开始时间 | 完成时间 | |
| A | 3 | 1 | 3 | 5 | 7 | 4 |
| B | 10 | 4 | 13 | 8 | 17 | 4 |
| C | 8 | 4 | 11 | 9 | 16 | 5 |
| D | 15 | 4 | 18 | 10 | 24 | 6 |
| E | 7 | 14 | 20 | 18 | 24 | 4 |
| F | 20 | 12 | 31 | 17 | 36 | 5 |
| G | 12 | 21 | 32 | 25 | 36 | 4 |
| H | 6 | 33 | 38 | 37 | 42 | 4 |

从表6-10中的总时差值可看出，活动A、B、E、G和H具有正的最小时差，因此，活动A、B、E、G和H构成了网络图的关键路径。

其次，运用"活动的时间相加最长的路径"来确定项目的关键路径：

157

由图6-12可以看出,该项目共有三条路径A—D—G—H、A—B—E—G—H和A—C—F—H,这三条路径的活动时间相加依次为36天、38天和37天,其中路径A—B—E—G—H活动时间相加是最多的,所以其为关键路径。

(2)关键链法。关键链法(Critical Chain Method,CCM)是一项根据项目拥有的有限资源来调整项目进度计划的网络分析技术。

在项目进度规划的工具方法中,应用最为广泛的是前面所述的关键路径法和计划评审技术。但是,它们仅考虑了活动执行时间和活动之间的紧前、紧后约束关系,并将项目拥有的资源优先配置于关键路径上的那些活动。而关键链法则考虑了活动所需的时间和资源的双重约束,其认为在一个项目中不能忽视资源的制约,特别是一些关键资源。因为对于一个项目而言,资源能否如期到位、是否超负荷运行都会制约该项目的如期完成。

决定关键链的依赖关系有两种,一种是活动本身的逻辑依赖关系;另一种是活动资源依赖关系(一项活动的开始必须等待另外一项活动释放资源)。关键链的确认使用了活动网络,而活动网络本身是基于资源估算安排,这种估算安排首先就需要考虑资源的约束,而并非像关键路径那样在后期才进行资源均衡。形象地说,关键链的结构类似于考虑了资源约束的关键路径。关键链法将项目视为一个链条,链条的强度取决于链条最弱的环节。环链中的制约因素即瓶颈,就是关键链。项目中的各种计划和方法都应围绕瓶颈来展开,并时刻注意新瓶颈的出现,关注非关键路径变成关键链的可能性。

约束理论中的"鼓—缓冲—绳"法(Drum-Buffer-Rope,DBR)是关键链的技术基础。"鼓"反映了项目对瓶颈资源的利用程度;"缓冲"是在非瓶颈活动与瓶颈活动之间插入的时间缓冲,防止不确定性因素造成的影响传递给后续活动;"绳"相当于信息传递工具,类似于JIT(Just In Time)中的"看板",以确保非瓶颈活动的进度从属于瓶颈活动的进度。

关键链法将约束理论的管理逻辑应用于项目进度管理中,即在有限资源约束条件下,运用消除不良工作行为的理念来编制项目进度计划,并利用集中管理缓冲时间的思路来保证整个项目的执行,使项目能顺利或提前完工。关键链法的实施步骤为:首先,根据持续时间估算、给定的依赖关系和制约因素,绘制项目进度网络图;其次,计算关键路径。在确定了关键路径之后,再考虑资源的可用性,制订出资源约束型进度计划——该进度计划中的关键路径通常与原来的路径不同。

（3）资源均衡分析。在制订项目进度计划时，常常通过资源均衡分析（Resource Leveling Analysis）达到资源和进度之间的平衡。资源均衡分析是指通过确定出项目所需资源的确切投入时间，并尽可能均衡使用各种资源来满足项目进度计划的一种方法。该方法也是均衡各种资源在项目各阶段投入的一种常用方法。

在前面的分析中，假设资源可在需要的时候随处获得，但是在实际中，几乎任何项目都不可能达到前面假设的条件，因此在项目进展中需要考虑资源的可获得性、资源的功能以及它们与项目进度之间的关系等问题。也就是说，项目团队不得不考虑成本、时间和员工的熟练程度等相关因素对项目的制约，即资源的约束问题。因此，资源均衡分析的首要工作就是进行资源约束分析。

1）活动之间的技术限制分析。可以通过网络图表示出各个活动之间的逻辑关系，从而来配置资源。从技术的角度看，这些活动应该是按照顺序进行的。图6-18 表示的必须按顺序进行的制造设备的三种活动——购买材料、加工零件和组装设备。在技术上，这三个活动必须按先后的顺序进行，组装设备不可能在购买材料和加工零件之前进行。

图6-18　制造设备的技术顺序图

2）资源限制分析。项目网络图除了表明活动之间的技术限制以外，还必须考虑资源限制问题。例如，图6-19 表示了在无资源约束的情况下可以同时进行的三种活动——装修房间、装修厨房、装修花园，即这些活动的开始阶段是不依赖其他活动而完成的。但是如果该装修项目只由一个施工队来装修，并假设这个施工队不可能同时进行三种装修活动，那么这三种装修活动就不能同时开始，必须有先后次序（图6-20 表示出其中一种可能性），因而就出现了资源约束问题。

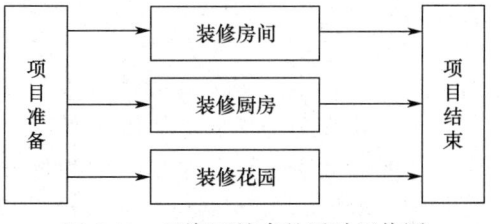

图6-19　无资源约束的活动网络图

图 6-20 有资源约束的活动网络图

上述讨论的用于资源约束分析的思路,对于仅需几种资源的小型项目来说十分奏效,但对于需要很多种类的资源的复杂的大中型项目而言就不宜采用了。

在资源约束分析完成之后,就可以进行资源均衡分析的第二步工作,即绘制资源需求甘特图。资源需求甘特图是揭示某个特定项目所需的人工、材料等各种资源在项目生命周期的每个时间段的需求或占用情况的一种图形,此图上表示的每类的资源都可以表示为时间(项目进度)的函数。

资源需求甘特图的表现形式有两种,一种形式如图 6-11 所示,它是可以用一张图同时表示两种以上的资源随着时间推进的需求情况。另一种形式如图 6-21 所示,在该种表示方式的图中,对应着每一种类型的资源,均需要绘制出一幅独立的资源需求甘特图,虽然这种形式的图比较容易理解,但绘图的工作量较大,它不适用于资源需求种类很多的项目。

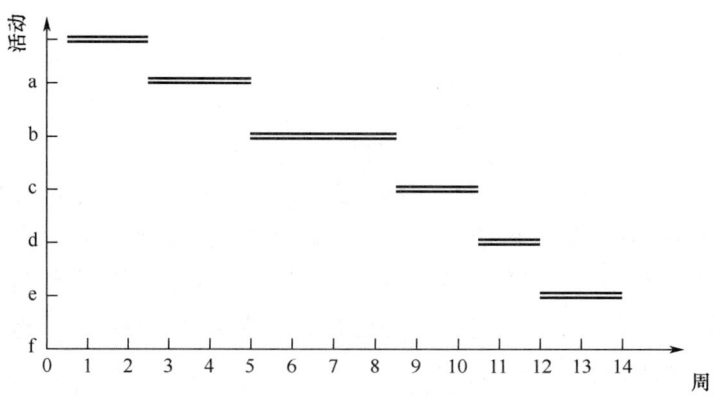

图 6-21 装修某豪华别墅项目的甘特图

以一个装修某豪华别墅项目为例,讨论如何在网络图的基础上绘制资源需求甘特图的方法。假设图 6-21 是根据装修某豪华别墅项目的进度计划绘制的甘特图,根据图 6-22 所揭示的信息,可以进一步编制出装修豪华别墅项目

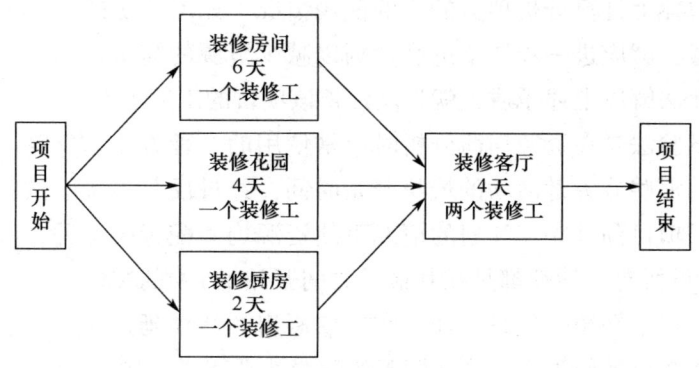

图 6-22 装修某豪华别墅项目资源需求的网络图

的资源需求甘特图，如图 6-23 所示。

| 装修工 日 | | | | | | | | | | |
|---|---|---|---|---|---|---|---|---|---|---|
| 4 | | | | | | | 装修客厅 2 人 | | | |
| 6 | 装修房间 1 人 | | | | | | | | | |
| 4 | 装修花园 1 人 | | | | | | | | | |
| 2 | 装修厨房 1 人 | | | | | | | | | |
| 天 | 1 | 2 | 3 | 4 | 5 | 6 | 7 | 8 | 9 | 10 |
| 装修工数 | 3 | 3 | 2 | 2 | 1 | 1 | 2 | 2 | 2 | 2 |

图 6-23 装修豪华别墅项目的资源需求甘特图

从图 6-23 看出，在该项目四个活动(从开始到结束)时间段内，每天需要的装修工人数依次为：第 1~2 天需要 3 个装修工人，第 2~4 天需要 2 个装修工人，第 4~6 天需要 1 个装修工人，第 6~10 天需要 2 个装修工人，累计需要 3×2+2×2+1×2+2×4=20 个工作日。同时也可以发现该项目的装修工人这一人力资源的配置很不均衡，如何优化配置这些装修工人就是资源平衡法所要解决的根本问题之一。

资源均衡分析是指在某种特定资源的需求频繁波动时，在不延长项目工期的条件下，如何使资源配置得尽可能均衡，即使资源需求的波动最小化的一项工作。

如果项目所有活动的资源需求都是已知的，那么一旦项目已经计划好了，就可以从总体上计算分析项目的资源使用情况。如果资源的需求量超过了资源的供应量，就应进一步调整进度计划以减少资源的需求。如果通过资源均衡工作还无法解决上述矛盾，就只能延长该项目的工期了。

反复试验法是在资源均衡分析时经常使用的一种方法。反复试验法主要是通过推迟那些非关键活动的最早开始时间，经过反复多次的试验，从而实现在不延长项目预计完工计划的情况下使资源均衡配置的一种方法。如上例（该例是假设所有的活动都是在其最早时间开始的）中的装修工人这一人力资源的配置就很不平衡。但是，如果将装修厨房的活动延迟4天，于是该项目每天都需要2个装修工人，这样资源的配置就平衡了，如图6-24所示。

| 装修工日 | | | | | | | | | | |
|---|---|---|---|---|---|---|---|---|---|---|
| 4 | | | | | | | | 装修客厅2人 | | |
| 6 | | 装修房间1人 | | | | | | | | |
| 4 | | 装修花园1人 | | | | | | | | |
| 2 | | | | | | 装修厨房1人 | | | | |
| 天 | 1 | 2 | 3 | 4 | 5 | 6 | 7 | 8 | 9 | 10 |
| 装修工数 | 2 | 2 | 2 | 2 | 2 | 2 | 2 | 2 | 2 | 2 |

图 6-24　装修豪华别墅项目调整后的资源需求甘特图

在进行资源均衡分析时，如果项目网络图不是很复杂，并且仅有几种类型的资源时，资源均衡分析过程可以通过手工来完成；但如果项目网络图很大且资源需求种类很多时，资源均衡分析工作就变得十分复杂，手工平衡则非常困难，此刻只能借助于项目管理软件来辅助资源均衡分析的工作。资源均衡分析的最后步骤是进行资源约束进度安排，它是在各种资源有限而且又不准超过该资源约束的情况下所制定的最短进度的一种方法。由于资源约束进度安排必须遵守资源约束条件，所以应用这种方法时就会导致项目的完工时间延长，即这也是一种在最小时差原则下反复地将资源分配给各种活动的方法。

假设上例中装修厨房的时间需要3天，同时该项目只有两个装修工，因而装修房间、装修花园和装修厨房就不可能同时进行，这将会导致项目的完工时间延长 1 天，即项目的完工时间从 10 天延长到 11 天。

综上，资源均衡分析可通过为特定工作包、进度里程碑或工作分解结构等规定时间限制条件来实现。进度计划的重新调整将影响资源的分配。如果在进度计划制订过程中以资金作为限制性资源，则可根据新规定的日期限制条件重新进行该过程。

（4）假设场景分析。假设场景分析就是对"某一情景出现时应当如何处理"这样的问题进行分析，即基于已有的项目进度计划考虑各种不同的情景，如某项设计的延期，某产品交付日期的拖延等。假设情景分析的结果可用于评估项目进度计划在不利条件下的可行性，以便编制相应的应急计划。在假设场景分析时也会运用模拟技术，即对项目活动作出多种假设，并计算项目在各种假设前提下的各种持续时间。最常用的模拟技术是蒙特卡洛分析，这种方法为每一计划活动确定一种活动持续时间的概率分布，然后利用这些分布来计算整个项目持续时间的概率分布，以判断项目在规定时间完成的可能性。

（5）时间提前量和滞后量利用。在进度网络分析过程中通过调整提前与滞后时间量，作出合理、可行的项目进度表。但是，提前与滞后时间量使用不当也会导致项目进度不合理的后果。

（6）进度压缩。进度压缩（Schedule Compression）是指在不改变项目范围，满足进度制约条件或其他进度目标的前提下，缩短项目的持续时间。进度压缩的技术有：

1）赶进度。对成本和进度进行权衡，确定如何在尽量少地增加成本的前提下最大限度地缩短项目所需时间。赶进度并非总是可行的方案，反而因此常常增加成本。

2）快速跟进。它是指同时进行原来按先后顺序安排的活动，如某液化气储罐在设计图样完成之前就开始了基础施工。然而，快速跟进要求在取得完整、详细的信息之前就开始进行，往往会造成返工，从而增加风险。

（7）计划评审技术。计划评审技术（Program Evaluation and Review Technique，PERT）是项目时间管理的另一项技术，当项目的某些或者全部活动历时估算存在很大的不确定性时，综合运用关键路径法和加权平均历时估算法，用来估计项目历时的网络分析技术。这种网络分析技术适用于不可预知因素较多、从未做过的新项目和复杂项目。

计划评审技术网络图的画法与前面介绍的网络图画法相同，其区别主要在于活动的时间估计和分析。PERT 经常基于三点估算法估计时间。

三点估算法是以一定的假设条件为前提，计算出多种活动时间的估算方法。其步骤是首先确定项目各个活动所需的时间分布，进而利用各个活动时间分布的结果来确定各个活动可能的时间分布。三点法首先估计出项目各个活动的三种可能时间：

1）最乐观时间 Ta：它是指在任何事情都进行得很顺利，在没有遇到任何困难的情况下，完成某项工作所需的时间。

2）正常时间 Tb：它是指在正常情况下完成某工作经常出现的时间。如果某项工作已经做过很多遍，最经常发生的实际工期可以用做最可能时间估计。

3）最悲观时间 Tc：它指某工作在最不利的情况下能够完成的时间。

在 PERT 中，对每项工作都用三种时间估计时，是假设这三种时间服从 $\beta$ 分布，(beta probability distribution )。$\beta$ 分布函数、数学期望和方差表达式如下：

$$p(x) = \begin{cases} \dfrac{\gamma(p+q)}{\gamma(p)\gamma(q)} \gamma^{p-1}(1-x)^{q-1} & 0 < x < 1 \\ 0 & x \leqslant \text{或} \; x \geqslant 1 \end{cases}$$

数学期望为：$\dfrac{p}{p+q}$ \hfill (6-2)

方差为：$\dfrac{pq}{(p+q)^2(p+q+1)}$

在这一假设的基础上，运用概率方法得出各项活动时间的平均值，则有：

活动时间的期望值 $t = \dfrac{a + 4b + c}{6}$ \hfill (6-3)

活动时间的标准方差 $\sigma = \dfrac{c - a}{6}$ \hfill (6-4)

活动的期望值表示项目活动耗费时间的多少，活动的标准方差表示该活动在期望时间内完成的概率，标准方差越小表明在期望时间内完成的概率越大，标准方差越大则表明在期望时间内完成的概率越小。

例如：某一简单项目有三个活动 A、B、C 组成，其项目网络结构图如图 6-25 所示。活动 A、B、C 在正常情况下的工作时间分别 20、18、24 天，在最有利的情况下工作时间分别是 15、16、20 天，在最不利的情况下，其工作时间分别是 28、30、36 天，那么该项目各活动和整个项目的最可能完成时间是多少天？

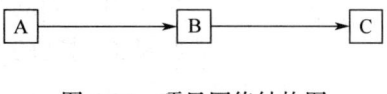

图 6-25　项目网络结构图

解析：

根据公式有：活动 A 最可能完成时间 = (15 + 4 × 20 + 28)/6 = 20.5 天

活动 B 最可能完成时间 = (16 + 4 × 18 + 30)/6 = 19.7 天

活动 C 最可能完成时间 = (20 + 4 × 24 + 36)/6 = 25.3 天

所以，整个项目最可能完成时间为 20.5 + 19.7 + 25.3 = 65.5 天

网络图中关键路径上各项活动的总概率服从正态分布，其平均值等于各项活动时间期望值之和，方差等于各项活动时间方差之和。所以，可以利用这些关系估算出项目完成时间的平均值，以及项目在规定时间完成的概率。

在计算项目在规定时间内完成的概率时，可依据下列公式：

$$z = \frac{r - e}{\sigma} \quad (6\text{-}5)$$

式中　$r$——项目要求的完工时间（最迟完工时间）；

$e$——项目关键路径所有活动时间的平均值（正态分布的均值）；

$\sigma$——项目关键路径所有活动时间的标准方差（正态分布的标准方差）。

通过查正态分布表就可以得到在平均值和要求完工的时间之内完成的概率，然后把这一概率加上在项目完工期望值内完成的概率 50%，就得到项目在规定时间内完成的概率。

现将活动持续时间估算的例子稍加修改来说明如何确定项目在规定时间内完成的概率。假设某项目的关键路径由三项活动 A、B、C 组成，活动 A、B、C 在正常情况下的工作时间分别为 20、18、24 天，在最有利情况下的工作时间分别为 15、16、20 天，在最不利情况下的工作时间分别为 28、30、36 天，试分析该项目在 68 天内完成的概率？

解析：

根据公式有：活动 A 时间的期望值 = (15 + 4 × 20 + 28)/6 = 20.5 天

活动 B 时间的期望值 = (16 + 4 × 18 + 30)/6 = 19.7 天

活动 C 时间的期望值 = (20 + 4 × 24 + 36)/6 = 25.3 天

整个项目完成时间的平均值 = 20.5 + 19.7 + 25.3 = 65.5 天

活动 A 时间的平均方差 = (28 − 15)/6 = 2.17 天

活动 B 时间的平均方差 = $(30-16)/6 = 2.33$ 天

活动 C 时间的均方差 = $(36-20)/6 = 2.67$ 天

整个项目完成时间的标准差 = $\sqrt{2.17^2 + 2.33^2 + 2.67^2} = 4.16$

于是有 $z = \dfrac{68 - 65.5}{4.16} = 0.6$

查表得到 $p_{(z)} = 22.6\%$

所以在规定的 68 天内完成的概率为 $22.6\% + 50\% = 72.6\%$。

(8) 图表评审技术。图表评审技术(Graphical Evaluation and Review Technique, GERT)，也称随机网络技术，它可以对网络逻辑关系和时间估算进行概率处理，对项目活动的处理有很大的随机性：有的活动可能根本无需实施，有的活动可能实施好几次，而也有一些活动只实施一部分。它主要由节点和箭线组成。

1) 节点。图表评审技术的节点由输出和输入组成，它表示一定的逻辑关系，从而可以处理活动的复杂关系。节点的类型如表 6-11 所示。

表 6-11　GERT 节点表

| 输出 \ 输入 | "互或斥"关系 | "可兼或"关系 | "与"关系 |
|---|---|---|---|
| 肯定型 | | | |
| 概率型 | | | |

注：输入表示三种内向活动与节点的关系。

◇ "互斥或"关系表示几个内向活动中只有一个能够实现，当该活动完成后，节点才能实现。

◇ "可兼或"关系表示任何内向活动完成后，就可使节点实现，因此完成的内向活动的结束时间就是该节点的实现时间，但该节点的其他内向活动仍在进行。

◇ "与"关系表示所有内向活动结束时，节点才能实现。因此，最后完成的内向活动的结束时刻是该节点的实现时刻。此时，该节点的外向(输出)才能开始进行。CPM 和 PERT 的节点输入都表示"与"关系。

节点输出与外向活动的关系包括：

◇ 肯定型指节点的实现使所有的外部活动都能开始进行，CPM 和 PERT 的节点输出是肯定型的，每个外向活动的实现概率都是 1。

◇ 概率型指节点外向活动中只有一个能进行，且有一定的实现概率。这种节点所有外向活动的概率之和为 1。

2）箭线。箭线表示活动情况的变化，主要标注活动发生的概率、持续时间和成本等因素。

图表评审技术与节点图、箭线图很相似，不同点是图表评审技术允许出现回路，这在节点图、箭线图中是不允许的。图表评审技术估算活动的时间非常复杂，难以借助数学方法加以分析，一般要借助计算机来完成，在此不再介绍。

GERT 法的优点在于，它试图将风险与历时的估计联系起来。GERT 法的缺点在于，由于它需要几个历时估计值，所以工作量较大。

CPM、PERT 和 GERT 三种项目进度规划方法的比较如表 6-12 所示。

表 6-12  CPM、PERT 和 GERT 三种项目进度规划方法比较表

| 网络计划方法 | 类 型 | 活动的流向 | 活动的时间 | 逻 辑 关 系 |
|---|---|---|---|---|
| 甘特图 | 肯定型 | 活动之间的流向不明确 | 确定 | 所有的活动都必须实现 |
| 网络计划方法 | 类 型 | 活动的流向 | 活动的时间 | 逻辑关系 |
| 关键路径法 | 肯定型 | 所有活动均由始点流向终点，无回路 | 确定 | 所有的活动都必须实现 |
| 计划评审技术 | 概率型 | 所有活动均由始点流向终点，无回路 | 服从概率分布，用平均值来表示 | 一般的活动必须实现，但条件变化时可预测概率 |
| 图表评审技术 | 随机型 | 活动的流向不受限制，允许存在回路 | 服从概率分布，按照随机变量分析 | 节点与活动有不同的逻辑关系，不一定都实现 |

## 6.6.3  项目进度规划的结果

项目进度规划的结果就是关于项目进度计划的系列文档，主要包括：

（1）项目进度计划。项目进度计划至少包括每项活动的计划开始日期与计划完成日期。如果早期阶段进行了资源规划，在资源分配未确认、计划开始与计划完成日期未确定之前，项目进度计划属于初步进度计划。

在项目目标进度计划中，明确了每项活动的目标开始日期与完成日期。项目进度计划既可简要概括，也可详细具体。虽然可用表格形式，但更常见的做法是用甘特图、里程碑图和项目进度网络图等图形表示。

1）甘特图。甘特图(Gantt Chart,GC)又称横道图、条形图，它通过日历形式列出项目活动工期及其相应的开始和结束日期，为反映项目进度信息提供了一种标准格式。

在甘特图中，项目活动在左侧列出，时间在表的顶部列出，可以依据计划的详细程度，以年、月、周、天或小时作为度量项目进度的时间单位。下面以表6-3所表示的活动关系为例，画出该项目活动的甘特图，如图6-26所示，来说明甘特图的作用。

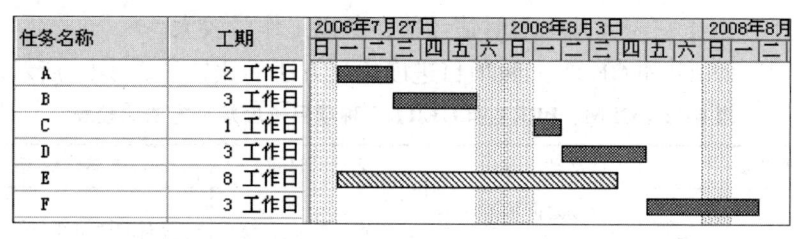

图6-26　某项目的甘特图

甘特图可以明显地表示出各种活动所持续的时间，横道线显示了每项活动的开始时间和完成时间，横道线的长短代表活动持续时间的长短。其优点是简单、明了、直观，易于编制。但是，甘特图不能系统地把项目各项活动之间的复杂关系表示出来，难以进行定量分析和计算，同时也没有指出影响项目进度的关键所在。因此，甘特图一般适用于比较简单的小型项目，对于复杂的项目就显得难以应对。

2）里程碑图。与横道图类似，但仅标示出主要可交付成果以及关键的外部接口的规定开始与完成日期，见图6-27。

（2）进度基准。进度基准是根据进度网络分析得出的一种特有的项目进度计划。该进度计划在获得项目管理团队的认可与批准之后，可以作为进度基准使用，并标明基准开始日期和基准完成日期。

（3）进度数据。项目进度计划的辅助数据至少应包括进度里程碑、活动清单、活动属性以及所有已识别的制约因素与假设条件的文字性记录等。这

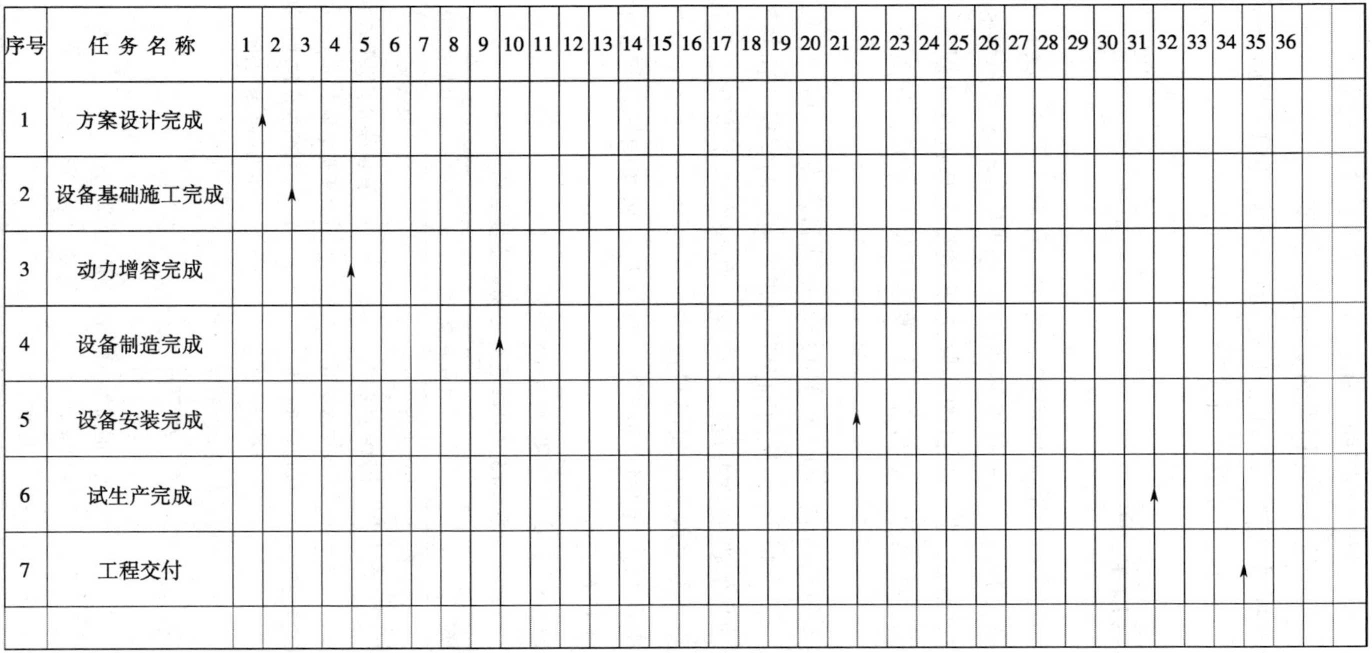

| 序号 | 任务名称 | 1 | 2 | 3 | 4 | 5 | 6 | 7 | 8 | 9 | 10 | 11 | 12 | 13 | 14 | 15 | 16 | 17 | 18 | 19 | 20 | 21 | 22 | 23 | 24 | 25 | 26 | 27 | 28 | 29 | 30 | 31 | 32 | 33 | 34 | 35 | 36 |
|---|---|---|---|---|---|---|---|---|---|---|---|---|---|---|---|---|---|---|---|---|---|---|---|---|---|---|---|---|---|---|---|---|---|---|---|---|---|
| 1 | 方案设计完成 | ◄ | | | | | | | | | | | | | | | | | | | | | | | | | | | | | | | | | | | |
| 2 | 设备基础施工完成 | | | | ◄ | | | | | | | | | | | | | | | | | | | | | | | | | | | | | | | | |
| 3 | 动力增容完成 | | | | | | | | | ◄ | | | | | | | | | | | | | | | | | | | | | | | | | | | |
| 4 | 设备制造完成 | | | | | | | | | | | | | | | | | | | | | | ◄ | | | | | | | | | | | | | | |
| 5 | 设备安装完成 | | | | | | | | | | | | | | | | | | | | | | | | | | | | | | | ◄ | | | | | |
| 6 | 试生产完成 | | | | | | | | | | | | | | | | | | | | | | | | | | | | | | | | | | ◄ | | |
| 7 | 工程交付 | | | | | | | | | | | | | | | | | | | | | | | | | | | | | | | | | | | | ◄ |

图 6-27 某项目的里程碑图

些数据均可视为进度数据。例如,在软件开发项目中,进度数据可能包括人力资源直方图、现金流量预测以及订货与交货进度表等。

(4) 更新的项目文档。项目进度规划结束时,需要根据情况对活动属性、资源需求、项目日历和风险日志等文档进行更新。

## 6.7 项目进度控制

项目进度计划为项目的实施提供了科学、合理的依据,其目的是确保项目可以如期完成。但是,由于外部环境的变化以及一些出乎预料的事情发生,在进度计划的实施过程中,项目的实际进度经常会与进度计划发生偏离,如果不能及时纠正这些偏差,就可能会导致项目延期完成,甚至影响到项目目标的实现。

项目进度控制(Control Schedule)就是根据项目进度计划对项目的实际进展情况进行对比、分析和调整,从而确保项目进度目标的实现。其主要内容包括:

(1) 确定项目的进度是否发生了变化,如果发生了变化,找出变化的原因,如果有必要就需采取措施加以纠正。

(2) 对影响项目进度变化的因素进行控制,从而确保这种变化向着有利于项目目标实现的方向发展。

项目进度控制的主要工作如表 6-13 所示。

表 6-13 项目进度控制的主要工作

| 依据 | 工具和方法 | 结果 |
| --- | --- | --- |
| 项目管理计划 | 进度报告 | 工作绩效状况 |
| 项目进度计划 | 绩效衡量技术 | 更新的组织积累的相关资源 |
| 工作绩效数据 | 进度比较横道图 | 变更的请求 |
| 组织积累的相关资源 | 偏差分析技术 | 更新的项目管理计划 |
| | 变更控制系统 | 更新的项目文档 |
| | 项目管理软件 | |
| | 资源均衡分析 | |
| | 假设场景分析 | |
| | 利用时间提前量和滞后量 | |
| | 进度压缩 | |
| | 进度计划工具 | |

由图 6-28 可以更加清楚地了解在项目进度控制时的工作信息流向。

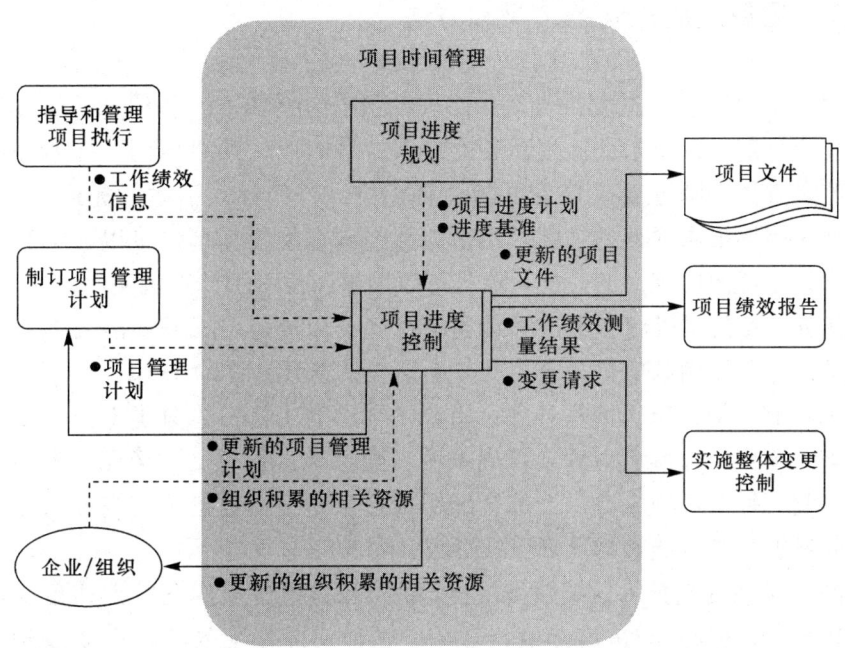

图 6-28　项目进度控制的工作信息流向示意图

## 6.7.1　项目进度控制的依据

（1）项目管理计划。项目管理计划的进度基准信息可用于实施进度控制，进度基准是进度控制的主要依据，为衡量进度的执行情况提供了基准尺度。

（2）工作绩效数据。工作绩效数据提供了有关进度绩效的信息，如哪些计划日期已按期完成，哪些还未按期完成。绩效数据还可以提醒项目团队注意将来可能在进度实施方面出现的问题。

（3）组织积累的相关资源。组织积累的相关资源详细解释见项目范围管理的相关内容。在此，组织积累的相关资源包括现有的与成本控制相关的正式或非正式的准则、程序，同进度管理、进度控制工具及监控和报告方法等相关的内容。

### 6.7.2 项目进度控制的工具和方法

（1）进度报告。进度报告及当前进度状态包括如下一些信息，如实际开始与完成日期，以及未完计划活动的剩余持续时间。如果使用了挣值分析等绩效测量方法，则进度报告也可能含有正在进行的计划活动的完成百分比。为了便于定期报告项目的进度，组织内参与项目的各个单位可以在项目生命期内自始至终使用统一的模板。模板可以用纸，也可用计算机文件。

例如，A公司研制和生产移动通信设备，现进行一项新产品开发。为了有效地跟踪和控制该项目，公司的产品研发团队形成了"日填、周报、月总结"的机制，他们每天填写日志；周末把自己的工作日志分类汇总，交给项目经理，项目经理再汇总到项目周报中；到月末进行总结，形成报告。通过这一机制，每个项目成员每天都会参照项目计划关注自己进度完成情况，所以实际进展与进度能够与计划保持一致。

（2）绩效衡量技术。绩效衡量技术的结果是进度偏差(SV)与进度绩效指数(SPI)。进度偏差与进度绩效指数用于估计实际发生的项目进度偏差的大小。进度控制的一个重要作用是判断已发生的进度偏差是否需要采取纠正措施。

例如，非关键路径活动的重大延误对项目总体进度影响甚微，而关键路径或接近关键路径上的一个微小的延误，则有可能要求立即采取行动。

（3）进度比较横道图。为了节省分析项目进度的时间，使用比较横道图很方便。图中每一项计划活动都画两条横道。一条表示当前实际状态，另一条表示经过批准的项目进度基准状态。这种方法直观地显示出何处绩效符合计划，何处已经延误。

（4）偏差分析技术。在进度监视过程中，进行偏差分析是进度控制的一个关键职能。偏差分析技术就是将项目的实际进度和计划进度进行对比，它可以在进度滞后的情况下，为如何纠正偏差提供有用的信息。

例如，上述A公司开发新产品时，通过"日填、周报、月总结"机制，及时发现进度偏离，然后及时处理该偏离，公司规定，项目经理根据实际项目进展情况计算：偏离度＝(实际完成总时间－计划完成总时间)/计划完成总时间。偏离度一旦超过15%，项目经理就必须上报公司领导，进行及时处理。

（5）变更控制系统。进度变更控制系统规定了改变项目进度计划应该遵循的程序，它应该作为项目整体变更控制系统的一部分，与其有机地结合起来。

（6）项目管理软件。对进度控制来说，项目管理软件也是一种有效的工具，特别是对一些复杂的项目而言。项目管理软件可以绘制网络图、确定项目关键路径、创建甘特图、PERT视图等，并可用来报告、浏览和筛选具体的项目时间管理信息。

（7）资源均衡。资源均衡用来分配日常工作中用到的资源，详见项目进度计划制订。

（8）利用时间提前量和滞后量。利用进度提前量可以提前开始紧后活动，利用进度滞后量可以推迟紧后活动，从而合理控制项目的进度。

此外，有些编制项目进度计划的工具和方法同样可以用来实施项目进度控制，如假设场景分析、进度压缩方法，前面已作介绍，在此不再重复。

### 6.7.3 项目进度控制的结果

（1）工作绩效状况。工作绩效状况的解释详见项目范围管理的相关章节。这里的工作绩效状况主要是指根据项目进度计划对项目进度进行控制的绩效状况。

（2）变更请求。进度偏差分析技术、对进度绩效报告的审查、绩效测量结果，以及对项目进度模型的修正都会对项目进度基准提出变更请求。请求的变更是通过整体变更控制过程来审查和处理的。

（3）更新的组织积累的相关资源。偏差的原因、选取纠正措施时的思考过程，以及从进度控制中汲取的其他经验教训均应形成相关文件，纳入到组织积累的相关资源之中，使其成为本项目和项目组织实施其他项目时参考数据库的组成部分。

（4）更新的项目管理计划。项目管理计划中的进度管理计划更新后，应该能够反映进度控制过程批准的所有变更，以及项目进度管理的过程。

（5）更新的项目文档。需要根据项目的实际情况对涉及进度数据和项目其他数据的文档进行更新。

# 本 章 小 结

项目时间管理、项目成本管理、项目质量管理并称为项目管理的"三大管理"。本章首先介绍了项目时间管理的含义和时间管理的工作过程,之后分节较为详尽地阐述了项目活动定义、项目活动排序、项目资源估算、活动持续时间估算、项目进度规划和进度控制各个过程的依据、采用的工具和方法以及得到的结果。本章重点应掌握的方法是节点法、箭线图、甘特图、关键路径法、计划评审技术和关键链等方法的绘制与应用。

# 自 测 题

一、判断题

1. 在节点图中,箭线代表活动。　　　　　　　　　　　　　　　(　　)
2. 在箭线图中,虚活动不占用时间和资源。　　　　　　　　　　(　　)
3. 活动持续时间估算仅考虑活动所消耗的实际工作时间。　　　　(　　)
4. 计划评审技术的活动工期不是固定的,而是用期望值表示的。　(　　)
5. 计划评审技术的活动工期估算比关键路径法更符合实际。　　　(　　)
6. 图形评审法是随机型的,不是肯定型的。　　　　　　　　　　(　　)
7. CPM 和 PERT 在时间的估计和分析上是相同的。　　　　　　(　　)

二、单选题

1. 下列表述正确的是(　　)。

A. 活动排序就是把要完成的活动按工作量大小排好,以便一项一项地完成

B. 活动排序就是确定各活动之间完成的先后顺序

C. 活动排序就是按照各种计划一项一项地完成

D. 活动排序是按照活动的必然依存关系进行排序的

2. 某项任务工期的最乐观时间为 3 天,正常时间为 6 天,最悲观时间为 9 天,此任务的预期工期为(　　)。

A. 3 天　　　　　B. 6 天　　　　　C. 9 天　　　　　D. 8.5 天

3. 应用进度变更控制系统的一个好处是它包含(　　)。

A. 进度变更所必须遵循的程序　　B. 对于报告进度执行情况的需要

C. 评估进度变更偏差的方法　　　D. 对于测量进度执行情况的需要

4. 在 CPM 网络中，A 为 B 的紧前活动，则表示(　　)。

A. 活动 A 完工后 B 马上就要开始

B. 活动 A 完成是 B 开始的充分条件

C. 活动 B 在活动 A 完成后才能开始

D. 活动 A 和 B 同为关键路径或非关键路径

5. 项目进度计划控制过程将集中于哪些活动上(　　)。

A. 比计划开始早的

B. 比计划开始晚的

C. 与项目计划有偏离而无论早或晚的

D. 只是关键路径上的

6. 网络图(　　)。

A. 说明了项目小组成员的沟通情况

B. 提供了管理流程信息

C. 提供了有关进度的信息

D. 是制定甘特图的一种工具

7. 活动逻辑关系中的"结束(A)—开始(B)"关系是指：(　　)。

A. 活动 A 不结束，活动 B 不能开始

B. 活动 A 结束时，活动 B 必须已经开始

C. 只有活动 B 开始后，活动 A 才能结束

D. 活动 A 结束与活动 B 开始必须同时进行

8. 有关关键路径的正确描述是：(　　)。

A. 关键路径是指在项目开始到完成的多条路径中耗时最长的那条路径

B. 关键路径是指在项目开始到完成的多条路径中耗时最短的那条路径

C. 网络图中最多存在一条关键路径

D. 关键路径上的某活动延误一天，不影响整个项目的完工时间

9. 某项活动 T 的工期为 5 天，其前置活动有 A，B，C 三个活动。如果活动 A、B、C 的最早完成时间分别为第 4，6，5 天，则下面正确的描述是(　　)。

A. 活动 T 的最早完成时间是第 6 天

B. 活动 T 的最早完成时间是第 11 天

C. 活动 T 的最迟开始时间是第 4 天

D. 活动 T 的最迟完成时间是第 11 天

10. 你正在改造你的厨房并决定为此项目准备一个网络图，你必须购买好用具并于橱柜建成时准备安装，这种情况下，购买用具与建橱柜的关系是（　　）。

A. 开始—结束　　B. 开始—开始　　C. 结束—开始　　D. 结束—结束

### 三、多选题

1. 活动时间估算的主要工具和方法有（　　）。

A. 专家判断　　　　　　　B. 类推估算

C. 时间序列法预测　　　　D. 回归分析法

2. 下列表述正确的是（　　）。

A. 最早完成时间可在这项活动最早开始时间的基础上加上这项活动的工期估计

B. 活动的最迟完成时间以项目预计完成时间为参照点进行逆向计算

C. 最迟完成时间可在后置活动的最迟开始时间基础上计算出来

D. 最迟开始时间可在该活动最迟完成时间的基础上加上该活动的工期得出

3. 在项目进度规划中，常用的工具是（　　）。

A. WBS　　　　　　　　B. 计划评审技术

C. 甘特图　　　　　　　D. 关键路径法

4. PERT 计划适用下列哪些项目（　　）。

A. 不可预知因素较多的项目　　B. 过去未做过的新项目

C. 复杂的项目　　　　　　　　D. 研制新产品的项目

5. （　　）是属于网络计划。

A. WBS　　　B. CPM　　　C. PERT　　　D. 甘特图

6. 下列表述正确的是（　　）。

A. 关键路径法主要应用于以往在类似项目中已取得一定经验的项目

B. 计划评审法更多地应用于研究与开发项目

C. 如果任务工期无法正确估计，一般采用计划评审法

D. 关键路径法属于非肯定型，计划评审法属于肯定型方法

7. 下列表述错误的是（　　）。

A. 如果进度计划进行了修改，关键路径不会发生变化
B. 如果时差为负，表示将在预定时间内提前完成项目
C. 如果时差为正，表示将在预定时间内提前完成项目
D. 如果时差为正，表示在预定时间内无法完成项目

8. 下列选择关键路径的表述中，错误的是(　　)。
A. 在所有时差中，如果时差都是正的，则选择数值最大的活动
B. 在所有时差中，如果时差都是正的，则选择数值最小的活动
C. 在所有时差中，如果有时差是负的，则选择绝对值数值最小的活动
D. 在所有时差中，如果有时差是负的，则选择绝对值数值最大的活动

## 练习与思考

1. 讨论项目时间管理中涉及的主要问题。
2. 何谓关键路径？项目经理为什么非常关注它？
3. 关键路径法与计划评审技术的主要区别是什么？
4. 关键路径法与关键链法的主要区别是什么？
5. 确定一个活动的最早开始或完成时间时，应该遵循的规则是什么？
6. 确定一个活动的最迟开始或完成时间时，应该遵循的规则是什么？
7. 假设一个项目有这样的活动排序：B、C 只有在 A 完成后才能进行，D 在 B、C 完成后可以立即开始，E 在 D 完成后才能开始。试分别用节点图和箭线图来表示该项目的网络图。
8. 根据表 6-14 的资料，画出该项目的节点图，并找出关键路径。

表 6-14　各项活动的相关资料

| 活　动 | 紧前工作 | 紧后工作 | 持续时间 |
| --- | --- | --- | --- |
| A | — | B、C、D | 5 |
| B | A | E | 8 |
| C | A | E、F | 9 |
| D | A | F | 10 |
| E | B、C | G | 7 |
| F | C、D | G | 8 |
| G | E、F | — | 6 |

## 模 拟 练 习

请你在前面所定义的项目基础上,对你的项目进行活动定义、活动排序、估算、项目所需资源和活动持续时间,绘制出网络图,在此基础上制订合理的项目进度计划,绘制出甘特图,并对项目进度进行控制。

## 案 例 思 考

### A 公司丽水家园项目工期的拖延

A 公司承接了某房地产开发项目——丽水家园一期,由小周担任项目经理。通常,同类项目的正常工期是 24 个月,但该项目的客户对完工时间要求很苛刻,合同工期仅为 18 个月,而且该项目所附加的特殊功能又很多。对此,小周有点"挠头":"怎么办好呢?又不能因缩短工期而影响项目的建筑质量啊!"经过一番思量后,他认为只有在合理工期的基础上运用项目时间管理的知识,尽量压缩工期才能满足客户的要求。

在项目的计划阶段,小周经理虽然意识到了项目时间的重要性和紧迫性,但是由于经验性色彩占主导因素,使得作出来的进度计划表(甘特图)非常粗糙,在项目实施过程中遇到了许多问题。临近合同规定的项目交付期时,小周才意识到是项目进度计划方面存在问题。然而,亡羊补牢为时已晚,因为他未在项目初期制订一个适宜的项目进度计划,在实施过程中也没有对进度计划及时进行完善,从而导致未能在规定的合同期内交付项目可交付成果。正是应了这句民间俗语:"完成一个有粗略计划的项目需要的时间是预期的三倍,而完成一个有详细计划的项目需要的时间仅仅是预期的两倍。"更为可悲和无奈的是,A 公司为此还不得不赔偿客户一笔数目庞大的项目违约金。

阅读该资料后,结合本课程所学的知识,回答如下问题:

1. 该项目的主要干系人都有哪些?
2. 该项目的项目时间管理如何进行的,效果怎么样?
3. 该项目在启动、规划、执行、控制等阶段都有哪些值得借鉴的地方?

主要内容
- ➢ 概述
- ➢ 项目成本估算
- ➢ 项目成本预算
- ➢ 项目成本控制

第 7 章

# 项目成本管理

当满足了更多的用户需求和减少了资源的耗费时,价值会增加。

——罗伯特·塔辛纳里(Robert Stashinery)

不同估算者或同一估算者在不同时间对相同条件下的相同工作的估算是不同的。

——民谚

## 7.1 概述

### 7.1.1 项目成本的含义

项目成本(Project Cost),也称项目费用或项目造价,是指为实现项目目标而开展各项活动所消耗资源的货币总和。

根据划分标准的不同,项目成本的构成也不同:

(1) 按与项目的形成关系划分,包括:

1) 项目直接成本。项目直接成本是指与项目的形成有直接关系的那部分成本,成本的发生与项目是直接对应的,主要包括以下两方面:直接人工成本,如项目工作包的工人的工资、职工福利费、劳动保护费等;直接材料成本,如在项目实施过程中直接从事工程所消耗的、构成工程实体或有助于工程形成的各种材料、结构件的实际成本,以及周转材料的摊销及租赁成本。

2) 期间成本。期间成本是指与项目的完成没有直接关系,成本的发生基本不受项目业务量变化影响的成本,主要包括筹资成本、税金及项目管理成本,如人工费、固定资产使用费、办公费、差旅费和保险费等。

(2) 按项目生命期阶段划分,包括:

1) 项目决策和界定成本。它是指在项目启动过程中,用于信息收集、可行性研究、项目选择以及项目目标确定等一系列的决策分析活动所消耗的成本。

2) 项目设计成本。它是指用于项目设计工作所花费的成本,如项目施工图设计成本、新产品设计成本等。

3) 项目资源获取成本。它是指为了获取项目的各种资源需花费的成本,如对于项目所需物资设备的询价、供应商选择、合同谈判与合同履约等的管理所发生的成本(人力、财力、物力),但不包括所获资源的价格成本。

4) 项目实施成本。它是指为完成项目的目标而耗用的各种资源所发生的成本,是项目总成本的主要构成部分。项目实施成本具体包括人力资源成本、物料成本、设备成本、顾问成本、其他成本及不可预见成本等。

项目成本构成如图 7-1 所示。

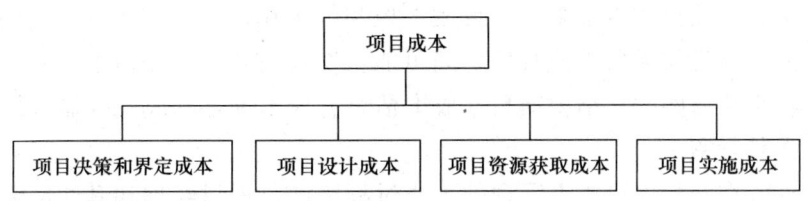

图 7-1　项目成本构成图

由于项目的实施成本在项目成本构成中所占份额最大，在以下讨论中，主要考虑项目实施成本的管理，其他阶段的成本管理方法与之类似。

### 7.1.2　项目成本管理的含义

项目成本管理（Project Cost Management）是指为保证项目实际发生的成本不超过项目预算成本所进行成本估算、成本预算和成本控制等方面的管理过程和活动。换句话来说，项目成本管理就是为了确保完成项目目标，在批准的预算内，对项目实施所进行的按时、保质、高效的管理过程和活动。

影响项目成本管理的因素有很多，主要包括如下四个方面：

（1）项目工期。项目成本与项目工期直接相关，随着工期的变化而相应地发生变化。一般来说，当项目工期缩短时，项目成本会随之增加；但是，当项目工期被拖延时，项目成本也会增加。

（2）项目质量。它表示项目能够满足客户需求的特征和性能。显然，项目成本与项目质量成正比例关系。项目质量要求越高，项目成本也就越多；项目质量要求越低，项目成本也就越低。

（3）项目范围。它是影响项目成本的最根本因素。一般来讲，项目需要完成的活动越多，项目成本就越高；项目需要完成的活动越复杂，则项目成本也越高。

（4）项目耗用资源的数量与单价。项目成本与项目所耗资源的数量和单价成正比例关系。在这两个要素中，项目所耗资源的数量对项目成本的影响较大，对项目来说，资源的数量是内部因素，是相对可控的；而资源的单价则是外部因素，是相对不可控的。

通过项目成本管理可以使项目团队及时发现和处理项目执行中出现的成本方面的问题，以达到有效节约项目成本的目的。项目成本管理主要包括项目成本估算、项目成本预算、项目成本控制等工作过程。上述过程之间是相互作用的，并且与项目其他管理之间可能会交叉重叠、互相影响。对于某些项目，特别是一些中、小型项目，成本估算、成本预算和成本控制彼此之间联系得尤其紧密。

此外，在开始项目成本管理的工作过程之前，项目经理和其团队需要编制项目成本管理计划，以便为项目成本的规划、组织、估算、预算和控制提供统一的格式。在项目成本管理计划中，应确定成本估算的精确程度、计量单位、控制账户与组织的会计系统的衔接、控制阈值、挣值分析规则、报告格式以及成本管理过程的书面描述等。项目成本管理计划是项目管理计划的子计划，其可以是正式或非正式的，既可以非常详细也可以高度概括，具体可依据项目的实际情况来定。

## 7.2 项目成本估算

项目成本估算（Estimate Project Cost）是指为了实现项目的目标，根据项目活动资源估算所确定的资源需求，以及市场上各项资源的价格信息，对项目所需资源的全部成本而进行的估算。

项目成本估算是在不确定性程度很大的情况下进行的。项目成本估算工作通常比较复杂，特别是对持续时间比较长的项目，虽然项目成本估算工作在项目开始前就已完成，但是随着项目的进行可能会出现新的可用资源，而且原来资源的价格也可能发生变化，所以项目成本估算应随着项目的进展而进行适当调整，以确保项目的实施能以项目成本估算为依据。项目成本估算既是项目执行的约束，也是项目执行的动力。

项目成本估算还要考虑各种不同的成本替代方案对项目所产生的影响。例如，在设计阶段增加额外工作量会增加项目的设计成本，但是高质量的设计可能会减少项目的实施成本。所以在成本估算过程中必须考虑在设计阶段多增加的设计成本能否与实施阶段所节约的成本相抵，仔细分析这两种成本的此消彼长关系对项目总成本的影响程度，在不影响项目质量和时间等因素的前提下，尽量使项目的总成本最小化。

此外，还需要注意项目成本估算和项目报价这两个术语的异同。项目成本估算和项目报价是两个既有区别又有联系的概念。项目成本估算所涉及的是对项目目标成本所进行的量化评估,是项目组织对外提供产品或服务所产生的成本总和;而项目报价则是一项经营决策,即项目组织就其所提供的产品或服务,向客户收取的、应得的收入总和。项目报价中不仅包括项目成本,还包括从事项目的组织应获取的报酬。项目成本估算是项目组织进行项目报价时所需考虑的重要因素之一,即项目成本估算是项目报价的基础。

项目成本估算是项目成本管理的核心内容,一般编制项目成本估算的三个步骤如下:

(1) 识别和分析项目成本的构成要素,即项目成本由哪些资源项目组成。

(2) 估算每项项目成本构成要素的单价和数量。

(3) 分析成本估算的结果,识别各种可以相互代替的成本,协调各种成本的比例关系。

项目成本估算主要工作如表 7-1 所示。

表 7-1 项目成本估算的主要工作

| 依 据 | 工具和方法 | 结 果 |
|---|---|---|
| 范围基准 | 自上而下估算 | 项目活动成本估算 |
| 项目进度计划 | 参数模型估算法 | 项目成本估算依据 |
| 项目人力资源计划 | 自下而上估算 | 更新的项目文档 |
| 风险登记册 | 应急储备金分析 | |
| 项目的制约因素 | 项目成本管理估算软件 | |
| 组织积累的相关资源 | 供应商投标分析 | |

由图 7-2 可以更加清楚地了解在项目成本估算时的工作信息流向。

## 7.2.1 项目成本估算的依据

(1) 范围基准。如前所述,范围基准包括已批准的详细项目范围说明书、工作分解结构和工作分解结构字典等内容,其具体内容已经在第 5 章中详细介绍,在此不再赘述。

(2) 项目进度计划。决定项目成本估算的主要因素是资源的类型和数

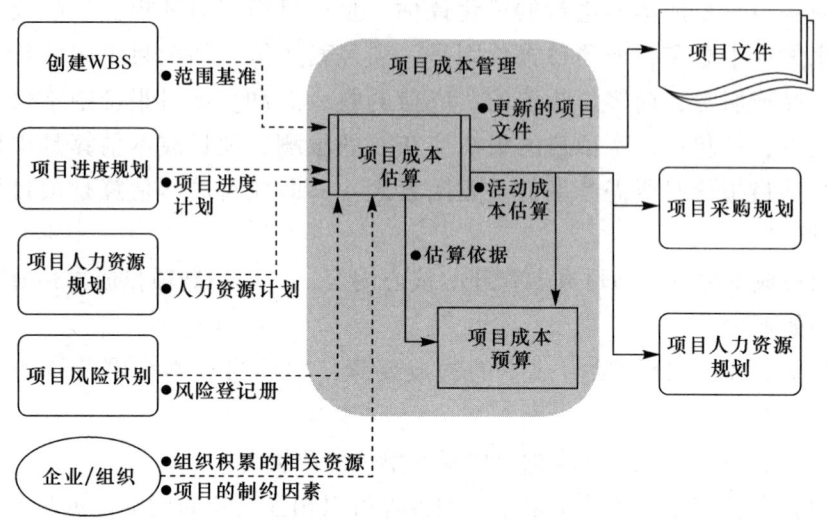

图7-2 项目成本估算的工作信息流向图

量,以及这些资源用于项目工作的持续时间。活动资源估算涉及确定完成计划活动所需人员、设备、材料的数量及其可用性。因此,计划活动资源及其各自的持续时间是项目成本估算过程的主要依据。它和成本估算紧密联系。如果项目估算考虑了包括利息等的融资成本和在计划活动持续时间内按时间使用资源,则活动持续时间估算将影响项目成本估算。计划活动持续时间也能影响对时间敏感的活动成本估算。

(3) 项目人力资源计划。项目人力资源计划中的项目人员的属性和人工费率等信息都将是编制项目成本估算的必要组成部分。

(4) 风险登记册。在编制项目成本估算时,项目团队应考虑项目风险应对方面的信息。风险对计划活动和项目成本都会产生很大的影响。作为一般规律,当项目遭遇不利风险时,项目成本几乎总是增加,而项目进度也将会延误。

(5) 项目的制约因素。

1) 市场条件。在市场中从何处、在何种条件和条款下能够得到何种产品、服务和结果等。

2) 商业数据库。商业数据库可跟踪反映技能和人力资源成本,提供材料和设备的标准成本。从商业数据库经常可获得资源成本率信息。公布的卖方价格清单是另外一种数据来源。

（6）组织积累的相关资源。在编制项目成本管理计划时，将考虑现存的正式和非正式的计划、方针、程序和指导原则，考虑选择使用的成本估算工具、监测和报告方法。

1）成本估算方针。一些项目组织已预先定义了项目成本估算的方针，所以项目成本估算应在其已有的项目成本估算方针所确定的边界范围内操作。

2）成本估算模板。有些组织已建立了可供项目团队使用的模板（或格式标准）。同时，根据这些模板的应用领域和以前项目的使用情况，项目组织还将对这些模板进行持续改进，以便更好地服务于后续的项目成本估算工作。

3）历史信息。从组织内部的不同部门所获得的与项目产品和服务有关的信息将影响项目成本估算工作。

4）项目文档。组织以前项目实施过程和活动的相关记录将对编制项目成本估算提供帮助。

5）项目团队知识。项目团队成员在项目成本估算方面积累的知识和技能将对编制项目成本估算提供帮助。

6）吸取的教训。项目团队在项目成本估算工作积累的经验教训将对编制项目估算提供帮助。

### 7.2.2 项目成本估算的工具和方法

项目成本估算的常用工具和方法有：自上而下估算、参数模型估算法、自下而上估算、应急储备金分析、质量成本分析、项目成本管理估算软件、供应商投标分析。因质量成本分析与项目质量管理的关系更加密切，将在 8.2 节中详细介绍。

（1）自上而下估算法。自上而下估算法（Top-down Estimating），也可称为类比估算法，其过程是由上到下一层层地进行的，它是一种最简单的成本估算方法，通常采用专家评定法。常常在项目的初期或信息不足时采用此种方法。它是将以前类似项目的实际成本的历史数据作为估算依据，并以此来估算项目成本的一种方法。采用类比估算法所需的成本通常低于其他方法，但其精确度通常也较差。

例如,某办公楼装修工程估算所需成本为500万元,此工程大致分为两项,即内装修(活动1)和外装修(活动2),内装修又分为墙体地面装修(活动3)和水电管网改造(活动4)见图7-3。该方法的主要步骤为:

1)由项目的中上层管理人员收集类似项目成本的相关历史数据。

2)项目的中上层管理人员通过有关成本专家的帮助对项目总成本进行估算。

3)按照工作分解结构图的层次把项目总成本的估算结果自上而下传递给下一层的管理人员,在此基础上,基层管理人员对自己所负责的子项目的成本进行估算。

4)继续向下逐层传递上层的估算,一直传递到工作分解结构图的最底层为止。

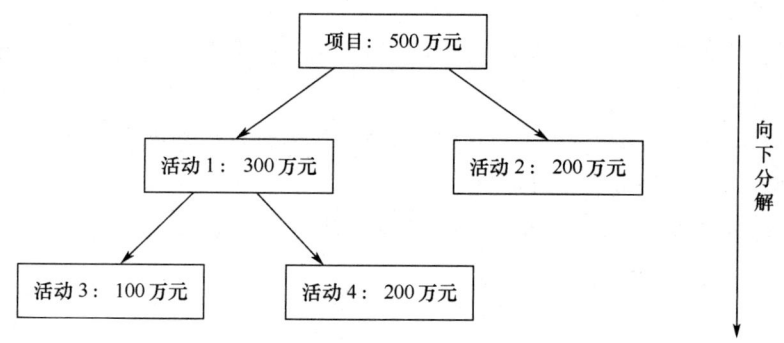

图7-3 自上而下估算法示意图

自上而下估算法的优点主要包括:

1)简单易行、花费少,尤其适合在项目的详细资料难以获取时使用。

2)在总成本估算上具有较强的准确性。

3)对各种活动的重要程度有清楚的认识,从而可以避免过分重视某些不重要的活动或忽视某些重要的活动。

但自上而下估算方法也存在一些局限性,当项目总成本按照工作分解结构图的路径逐级向下分配时,可能会出现基层人员认为一些下层活动分到的成本不足,难以完成相应任务的情况,然而碍于权力的威严,基层人员未必会立即表达自己对此估算的不同看法,也不可能就合理的估算分配方案与上一级管理人员进行沟通,只能等待上一级管理人员自己发现其中的问题才能进行纠正,这样就会使项目的进度拖延,造成资源浪费,甚至导致项目失败。

(2) 参数模型估算法。参数模型估算法(Parametric Modeling)是一种比较科学的、传统的估算方法。它是把项目的一些特征作为参数,通过建立一个数学模型来估算项目成本的方法。在估算成本时,参数模型估算法只考虑对成本影响较大的因素,对成本影响较小的因素则忽略不计,因而用此法估算的成本精确度不高。

采用参数模型估算法时,如何建立一个合适的模型,对于保证成本估算结果的准确性非常重要,为了保证参数模型估算法的实用性和可靠性,在建立模型时,必须注意如下几点:

1) 用来建模所参考的历史数据的精确性。
2) 用来建模的参数是否容易量化。
3) 模型是否具有通用性。

**例7-1**:某安装项目的工艺设备已经选定,其他活动还未设计,所以采用参数模型估算法来估算该安装项目成本。通过分析,设计该安装项目的成本估算模型如下:

$$Y = EW \tag{7-1}$$

式中　$Y$——新项目所需要的投资额;

　　　$E$——参数(通过以前的历史数据分析得到);

　　　$W$——已知项目的投资额。

假设已知与被估算设备相类似 G 设备的投资额为 $W$;又已知 G 设备及其安装费与设备投资额的关系式为 $B = 1.22W$;还已知 G 设备总建设费与设备及其安装费的关系式为 $Y = 1.54B$。

则总建设费 $Y = 1.54B = 1.54 \times 1.22W = 1.88W$

此时的参数 $E$ 为 1.88,当获知了 G 设备的投资额 $W$ 后,就可以估算出新项目的总建设费。

(3) 自下而上估算法。自下而上估算法(Bottom-up Estimating),也称工料清单估算法,首先估算其各项活动的独立成本,然后将各项活动的估算成本自下而上汇总,从而估算出项目的总成本。

采用自下而上估算法估算项目成本时,由于参加估算的部门和需估算的活动较多,有必要将各项活动资源的度量单位量纲加以统一。

自下而上估算法的优点在于它是一种参与管理型的估算方法,与那些没有亲身参与工作的上级管理人员相比，基层管理人员往往对资源的成本估算有着更为准确的认识。另外，由于基层管理人员直接参与具体的成本估算工作，还可促使他们更乐于接受项目成本估算的最终结果，从而提高了项目成本估算工作的效率。

实际工作中，自下而上估算法应用得却非常少，上层的管理人员一般都不会相信基层管理人员所收集汇报的成本估算信息，认为他们会夸大自己所负责活动的资源需求，片面强调自己工作的重要性。另外，有些高层管理人员认为项目成本估算是组织控制项目的最重要工具，从而不信任自己下属的工作能力和经验。自下而上估算法的最大缺陷还在于，该方法存在着一个独特的管理博弈过程。基层管理人员可能会过分夸大自己所负责活动的成本估算，因为他们担心因日后的实际成本高于估算成本而受到责罚，同时也期望因实际成本低于估算成本而获得奖励。而高层管理人员则会按照一定的比例削减基层人员所作的成本估算，从而使得所有参与者陷入博弈怪圈。

（4）应急储备金分析。很多项目团队将在项目的成本估算过程中预留一些应急储备金（Contingency Reserve Allowances），但这或许会夸大项目计划活动的估算成本。应急储备金是由项目经理或项目团队自由支配的成本，可用来处理项目不确定的事件，它也是项目范围和成本基准的一部分。应急储备金一般分为实施应急储备金和价格保护应急储备金两类。实施应急储备金用于补偿估算和实施过程中的不确定事件；价格保护应急储备金用于预防通货膨胀和价格波动所造成的不确定事件。应急储备金分类示意如图 7-4 所示。

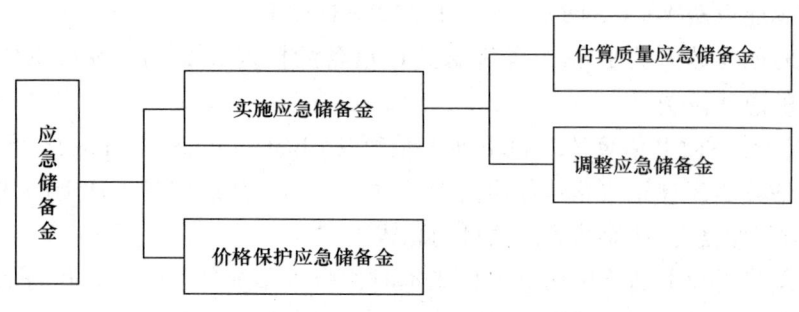

图 7-4　应急储备金分类示意图

1)实施应急储备金。它包括估算质量应急储备金和调整应急储备金。

估算质量应急储备金主要用于弥补由于预算过程本身的不完善所造成的不确定性。如预算时间过短,预算人员缺乏经验,计算出现误差等。可以通过对以往项目的历史资料来估算这部分应急储备金提取的数量,或者估算出应急储备金占直接材料、直接人工、其他直接费和间接费等之和的百分比。

一般情况下,一个项目需要多次试运行、调整才能达到设计的要求。调整应急储备金主要用于支付试运行、调整期间的各项成本。如系统调试成本、某零部件的返工成本、重新组装成本等。

2)价格保护应急储备金。价格保护应急储备金用于补偿询价和实际订货期间隐含的通货膨胀因素。在项目报价有效期届满之后、实际订货之前,供应单位有可能会因为通货膨胀而提高价格。成本估算人员应该预测价格上涨的幅度,把有可能增加的部分列入为价格保护应急储备金。

**例7-2**:某项目需要购买一批原材料,向若干厂家询价,报价最低者为60万元,有效期为30天。项目从收到报价、编制出项目成本估算到预期购买这批原材料有4个月时间。届时,厂家报价失效,价格可能上涨,尤其是在通货膨胀时期。假设这段时间的年通货膨胀率为10%(每月为0.83%),试估计这批原材料价格保护应急储备金。

**解** 该原材料的价格保护应急储备金为:

$$0.83\% \times \left(4 - \frac{30}{30}\right) \times 60 = 1.49(万元)$$

(5)项目成本管理估算软件。项目成本管理估算软件可以简化一些成本估算工作,便于进行各种成本估算方案的快速计算。

(6)供应商投标分析。如果项目需要采用竞价方式对外招标,则项目团队需要根据合格供应商的投标文件进行成本估算工作,审查每项可交付成果的价格,以便得出该子项目的最终成本数额。

## 7.2.3 项目成本估算的结果

项目成本估算的结果主要包括项目活动成本估算、项目成本估算依据和更新的项目文件三个文档。

（1）项目活动成本估算。项目活动成本估算是对完成项目的各项工作所需的成本进行量化，既可以是对成本总额的估算，也可以是分项的估算。成本估算应涵盖项目各活动所需的全部资源（包括人力、财力、物力，并考虑通货膨胀或意外事项等）。

成本计量通常以货币单位（如元、欧元、美元等）表示，但有时为了方便也可用人／天或人／小时等单位表示。

（2）项目成本估算依据。因应用领域差异，项目成本估算时所采用的数量计量尺度和所依据的信息类型会有所不同。项目成本估算所依据的信息应是清晰的、专业的、完整的，具体包括：

1）活动工作范围的描述。
2）项目成本估算编制的依据。
3）所作假设的文字记载。
4）制约条件的文字记载。
5）关于估算范围的文字记载。

（3）更新的项目文件。在进行项目成本估算时可能还需要根据情况对风险登记册等文档进行更新。

## 7.3 项目成本预算

项目成本预算（Project Cost Budget）是一项确定项目各项活动的成本定额，并确定项目应急准备金的标准和使用规则，从而为测量项目实际绩效提供标准和依据的管理工作。项目成本预算是进行项目成本控制的基础，也是项目成功的关键因素，其中心任务是将项目成本估算的结果分配到项目的各项活动中，估计项目各项活动的资源需要量。

项目成本预算一般包括直接人工成本预算、咨询服务成本预算、资源采购成本预算和应急储备金预算。其中，需要关注的预算项目是应急储备金的预算。应急储备金是指为应对项目在实施过程中发生意外情况而准备的保证金，提高应急储备金估计的准确性可以减轻项目中意外事件的影响程度。在项目进展的实际过程中，应急储备金的储备是非常必要的，特别是大中型项目必须要准备充足的应急储备金。

人们经常将因项目成本预算中的不确定性所产生的风险作为确定应急储

备金水平的基础，所以应急储备金也经常充当项目成本预算的底线，如果在每个项目条款中都能清楚地确定应急储备金的水平，那么确定项目实际应急储备金的水平将会变得比较容易，其最终的结果是将所有条款中应急储备金的数量加以汇总，从而确定其占整个成本预算的比重。

项目成本预算的主要工作如表 7-2 所示。

表 7-2 项目成本预算的主要工作

| 依 据 | 工具和方法 | 结 果 |
| --- | --- | --- |
| 项目成本需求 | 项目成本累积汇总 | 成本基准 |
| 成本估算依据 | 应急储备金分析 | 项目资金需求 |
| 范围基准 | 专家判断法 | 更新的项目文档 |
| 项目进度计划 | 资源均衡分析 | |
| 资源日历 | | |
| 合同 | | |
| 组织积累的相关资源 | | |

由图 7-5 可以更加清楚地了解在项目成本预算时的工作信息流向。同时也可以看出，项目成本预算时不仅要完成项目成本估算工作，创建 WBS、项目进度规划、项目团队组建、项目采购实施等工作也要先于完成。

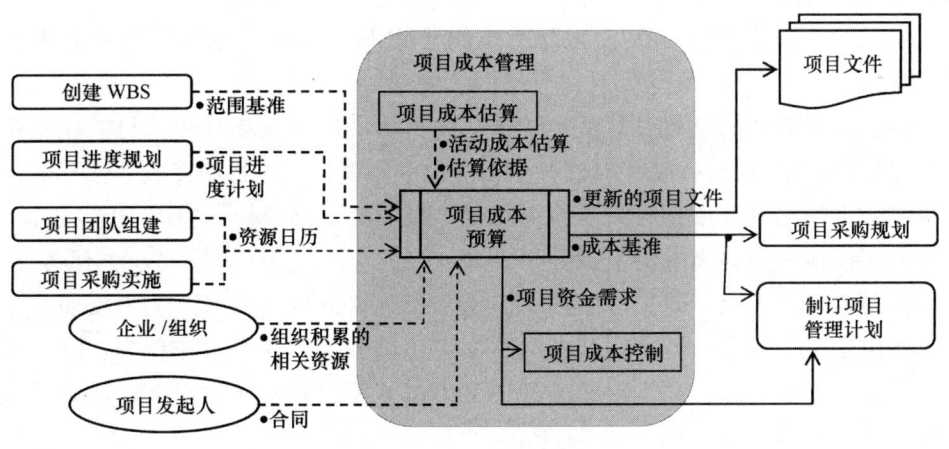

图 7-5 项目成本预算的工作信息流向示意图

### 7.3.1 项目成本预算的依据

项目成本预算的依据包括项目成本需求、成本估算的基础、范围基准、项目进度计划、资源日历、合同、组织积累的相关资源等。

项目成本需求、成本估算的基础、范围基准、项目进度计划、组织积累的相关资源等与上节所述一致。项目进度和资源日历在项目进度管理的相关章节也有详细叙述,在此不再重复。

另外,还可以通过审查和参考已购产品、服务或成果的成本,以及相关合同信息等来编制项目成本预算。

### 7.3.2 项目成本预算的工具和方法

项目成本预算的工具和方法主要有:项目成本累积汇总、应急储备金分析、专家判断法和资源均衡分析等。

应急储备金分析在项目成本估算一节中已经详细叙述,专家判断法在第4章中叙述较多,资源均衡分析详见第6章。以下仅对项目成本累积汇总这一方法进行详细介绍。

进行项目成本累积汇总的目的是用于编制项目成本基准,通常其流程如下:

(1) 分摊项目活动估算成本。进行项目活动估算成本分摊的目的就是将成本估算结果分配到WBS中的各个工作包中。首先,可将项目成本估算的结果按一定的比例分配到各大类成本要素(如人工、原材料、设备等)中;然后,再分别按每大类的成本要素细分至WBS中的工作包。具体分配方法有两种:一种是自上而下法,即在总项目成本(即人工、原材料、设备等)之内按照每个工作包的工作范围,以总项目成本的一定比例分摊到各个工作包中;另一种方法是自下而上法,它是依据与每一工作包有关的具体活动而进行成本估计的方法。

例如,某广场安装音乐喷泉,该项目成本估算约为1100万元,其中人工费占35%,材料费占25%,设备费占40%。按此估算总额采用自上而下的估算方法进行项目成本预算时,首先提取100万元的应急储备金;然后分别将人工费 350 万元、材料费 250 万元、设备费 400 万元，按设计施工(活动1)、设备采购(活动2)、安装调试(活动3)进行分配。在设备采购(活动2)中又按喷水(工作包1)和音响(工作包2)继续细化，预算的具体数额见图7-6。

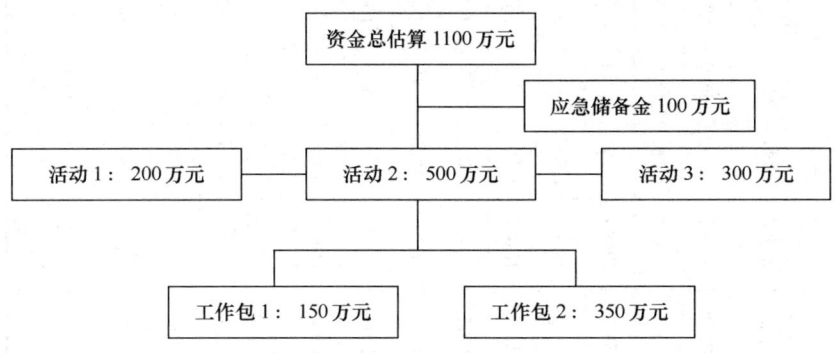

图 7-6　项目成本预算分摊示意图

为防止遗漏，也可以编制成本分摊结构表进行项目成本预算。表 7-3 是一个堤坝建设工程的成本分摊结构示例。

（2）制定累积成本预算基准。在整个项目的实施期间，需对每个工作包的成本预算进行分配，即确定各项成本预算支出的时间以及每一个时点所发生的累积成本支出额度。通过将每一阶段的总预算成本分摊到项目实施的各期间，就能确定这一期间内应该支出的成本预算额度。若用截至某期的每期预算成本总和表示这一合计数，也称累积预算成本基准，它也是分析项目成本绩效的基准。

制定累积成本预算的核心工作是建立成本基准。成本基准按时间分段预算，通常以 S 曲线的形式表示。成本基准是项目管理计划的一个组成部分。成本基准的建立步骤如下：

1）选定恰当的成本累积区间。

2）将每项任务的成本或每个工作包的总预算成本(TBC, Total Budget Cost)分摊到成本累积区间。

3）对截至某一期间的预算成本加总，得到某期为止的工程预算值，也称累积预算成本(Cumulative Budgeted Cost)。由累积预算成本形成的一条 S 形曲线，即成本基准。如图 7-7 所示。

表 7-3 堤坝建设工程的成本分摊结构表

(单位:元)

单位：人民币元

| 编码 | 项目名称 | 人工费 | 材料费 | 机械使用费 一类 | 机械使用费 二类 | 其他费 | 其他直接费 | 现场经费 | 间接费 | 利润 | 税金 | 临时工程摊销 | 合计 |
|---|---|---|---|---|---|---|---|---|---|---|---|---|---|
| 3.1 | 堤身填筑 | 99826 | | 371668 | 405113 | 36700 | 36535 | 47500 | 37994 | 72472 | 35669 | 22867 | 1166344 |
| 3.1.1 | 1+300~1+800 | 51216 | | 286925 | 263526 | 19200 | 24835 | 32285 | 25829 | 49267 | 24249 | 15547 | 792879 |
| 3.1.1.1 | 挖、装、运、汽运2km | 11381 | | 253765 | 186433 | 9600 | 18446 | 23981 | 19186 | 36595 | 18014 | 11549 | 588950 |
| 3.1.1.2 | 拖拉机压实 d=1.65 | 39835 | | 33160 | 77096 | 9600 | 6389 | 8304 | 6643 | 12672 | 6235 | 3998 | 203932 |
| 3.1.2 | 1+800~2+300 | 48610 | | 84743 | 141587 | 17500 | 11700 | 15215 | 12165 | 23205 | 11420 | 7320 | 373465 |
| 3.1.2.1 | 推运60m | 7115 | | 50201 | 61279 | 7500 | 5045 | 6565 | 5245 | 10005 | 4925 | 3155 | 161035 |
| 3.1.2.2 | 拖拉机压实 d=1.65 | 41495 | | 34542 | 80308 | 10000 | 6655 | 8650 | 6920 | 13200 | 6495 | 4165 | 302430 |
| 3.2 | 堤基处理 | 2205 | | 16662 | 20340 | 3120 | 1693 | 2200 | 1761 | 3358 | 1654 | 1042 | 54035 |
| 3.2.1 | 1+300~1+800 | 1043 | | 8053 | 9830 | 1650 | 823 | 1069 | 856 | 1632 | 804 | 515 | 26275 |
| 3.2.1.1 | 推运40m | 1043 | | 8053 | 9830 | 1650 | 823 | 1069 | 856 | 1632 | 804 | 515 | 26275 |
| 3.2.2 | 1+800~2+300 | 1162 | | 8609 | 10510 | 1470 | 870 | 1131 | 905 | 1726 | 850 | 527 | 27760 |
| 3.2.2.1 | 推运50m | 1162 | | 8609 | 10510 | 1470 | 870 | 1131 | 905 | 1726 | 850 | 527 | 27760 |
| 3.3 | 填塘固基 | 2939 | | 22695 | 27702 | 4650 | 2319 | 3013 | 2412 | 4601 | 2266 | 1476 | 74073 |
| 3.3.1 | 1+300~1+800 | 1327 | | 10249 | 12511 | 2100 | 1047 | 1361 | 1089 | 2078 | 1023 | 680 | 33465 |
| … | | … | … | … | … | … | … | … | … | … | … | … | … |

在编制成本预算时应填写预算单。预算单上需要包括劳动力、分包商和顾问、专用设备和工具、原材料等内容。

**例 7-3**：某公司生产并安装一台大型机床，成本估算的结果是 130 万元，要求：编制该项目的成本预算。

分析：成本预算编制时首先需要对成本估算进一步细化，并按项目分解结构分配直至各工作包，其次还要将预算成本按项目进度计划分摊到项目的各个阶段，建立每一时段的项目预算成本，以便在项目实施阶段利用其进行成本控制。故项目成本预算的编制包括两个步骤：一是确定并分摊预算总成本；二是制定累积预算成本。具体操作如下：

首先，分摊预算总成本。上述大型机床预算总成本分摊示意图如图 7-8 所示。

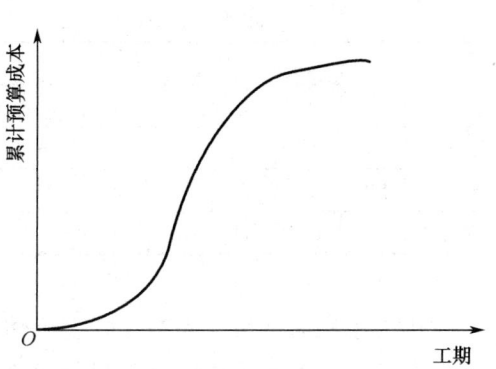

图 7-7　累积预算成本 S 线图

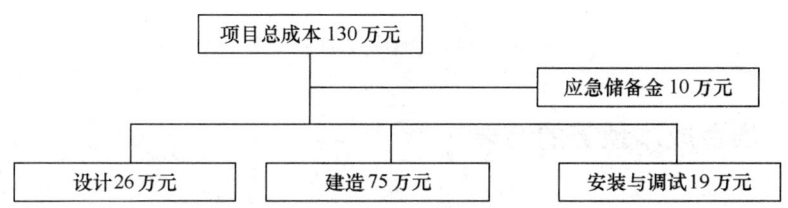

图 7-8　预算总成本分摊示意图

其次，制定累积预算成本。在制定累积预算成本时，要编制大型机床项目每期预算成本表，如表 7-4 所示。

表 7-4　机床项目每期预算成本表　　　　　　　　（单位：万元）

|  | 合计 | 周 | | | | | | | | | | | |
|---|---|---|---|---|---|---|---|---|---|---|---|---|---|
|  |  | 1 | 2 | 3 | 4 | 5 | 6 | 7 | 8 | 9 | 10 | 11 | 12 |
| 设计 | 26 | 5 | 5 | 8 | 8 |  |  |  |  |  |  |  |  |
| 建造 | 75 |  |  |  |  | 9 | 9 | 15 | 15 | 14 | 13 |  |  |

(续)

| | 合计 | 周 | | | | | | | | | | |
|---|---|---|---|---|---|---|---|---|---|---|---|---|
| | | 1 | 2 | 3 | 4 | 5 | 6 | 7 | 8 | 9 | 10 | 11 | 12 |
| 安装调试 | 19 | | | | | | | | | | | 10 | 9 |
| 合计 | 120 | 5 | 5 | 8 | 8 | 9 | 9 | 15 | 15 | 14 | 13 | 10 | 9 |
| 累计 | | 5 | 10 | 18 | 26 | 35 | 44 | 59 | 74 | 88 | 101 | 111 | 120 |

对于大型机床项目，表7-4既表示估计工期如何分摊每一阶段的预算总成本到各工期，也表示了整个项目的每期预算成本及其累积预算成本。根据表7-4的数据，可以给出累积预算成本S线图，如图7-9所示。

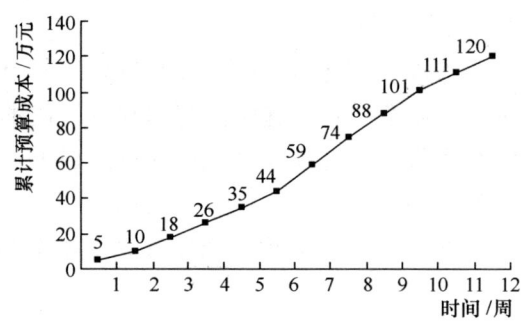

图7-9　累积预算成本S线图

### 7.3.3　项目成本预算的结果

项目成本预算的结果包括成本基准、项目资金需求和项目文档更新，成本基准在上一节已经作出详述，下面仅说明项目资金需求和项目文档更新。

（1）项目资金需求。无论是总体需求还是阶段性需求（如每年或每季度），项目资金需求都是根据成本基准确定的，可以设定一定量的应急准备金，以应对赶工或成本超支等问题。由于项目的出资一般不是连续性的，而是渐增性的，因此，在图7-10中呈现阶梯结构。所需的资金总额等于成本基准和应急准备金两者之和。一般来说，应急准备金可在每个阶段末加入，或在需要时才动用，这取决于项目组织的政策。

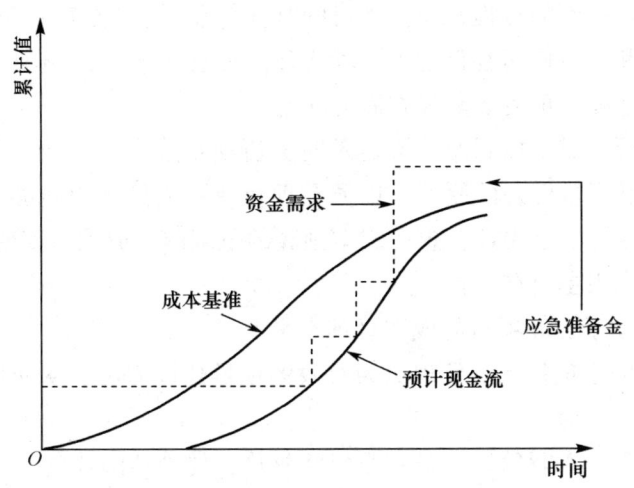

图 7-10　成本基准和资金需求关系图

（2）项目文档更新。项目团队需要根据情况对风险登记册、成本估算和项目进度等文档进行更新。

## 7.4　项目成本控制

项目成本控制（Control Project Cost）是按照事先确定的项目成本基准，通过运用各种方法，对项目实施过程中所耗费资源的使用情况进行管理控制，以确保项目的实际成本限定在成本预算范围内的过程。

项目成本控制的主要目的是对造成实际成本与成本基准计划发生偏差的因素施加影响，保证其向有利的方向发展，同时对与成本基准计划已经发生偏差和正在发生偏差的各项成本进行管理，以保证项目的顺利进行。项目成本控制的主要内容如下：

（1）检查成本实际执行情况。

（2）发现实际成本与计划成本的偏差。

（3）确保所有正确的、合理的、已核准的变更都包括在项目成本基准计划中，并把变更后的项目成本基准计划通知相关的项目干系人。

（4）分析成本绩效从而确定需要采取纠正措施的活动，并且决定要采取哪些有效的纠正措施。

项目成本控制的过程必须和项目的其他控制过程(如项目范围的变更、进度计划变更和项目质量控制等)紧密结合,防止因单纯控制项目成本而出现项目范围、进度、项目质量等方面的问题。

有效的项目成本控制的关键是及时分析项目成本的绩效,尽早发现成本管理的无效和出现偏差的原因,以便在项目成本失控之前能够及时采取纠正措施。项目成本一旦失控,想在成本预算的范围内完成项目就变得非常困难。成本控制的作用主要在于:

(1) 有助于提高项目的成本管理水平。

(2) 有助于项目团队发现更为有效的项目建设方法,从而可以降低项目的成本。

(3) 有助于项目管理人员加强经济核算,提高经济效益。

成本控制的主要工作如表7-5所示。

表7-5 成本控制的主要工作

| 依 据 | 工具和方法 | 结 果 |
| --- | --- | --- |
| 成本基准 | 偏差分析技术 | 工作绩效测量 |
| 项目成本需求 | 预测技术 | 完工预测 |
| 工作绩效信息 | 项目绩效审核 | 更新的组织积累的相关资源 |
| 组织积累的相关资源 | 差异管理 | 变更请求 |
| | 项目管理软件 | 更新的项目管理计划 |
| | 关键比值法 | 更新的项目文档 |

由图7-11可以更加清楚地了解在项目成本控制时的工作信息流向。同时,可以看出,指导和管理项目执行是项目成本控制工作的基础。

## 7.4.1 项目成本控制的依据

成本控制的依据主要有项目成本基准计划、项目成本需求、工作绩效信息和组织积累的相关资源等。

成本控制主要收集正在执行的项目活动的相关信息(包括状态和成本信息)。这些信息包括:

(1) 已完成和还未完成的可交付成果。

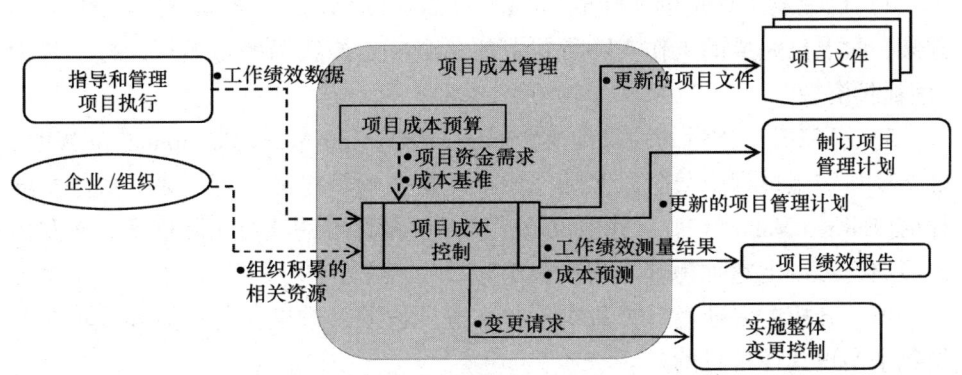

图 7-11　项目成本控制的工作信息流向示意图

（2）授权和发生的成本。
（3）未完成的计划活动所需成本估算。
（4）计划活动的完工百分比。
（5）其他。

### 7.4.2　项目成本控制的工具和方法

（1）偏差分析技术。偏差分析技术，也称挣值分析（Earned Value Analysis, EVA），是评价项目成本实际开销和预算进度情况的一种方法，该方法可以通过测量和计算计划工作预算成本、已完成工作的实际成本和已完成工作的预算成本，得到有关计划实施的进度和成本偏差，从而达到衡量项目成本执行情况的目的。

偏差分析技术的核心思想是通过引入一个关键性的中间变量——挣值（已完成工作的预算成本），来帮助项目管理团队分析项目成本和进度的实际执行情况同计划的偏差程度。运用偏差分析技术要求计算每个活动的关键值。

首先，要确定偏差分析的三个基本参数。

1）计划工作量的预算成本（Budgeted Cost for Work Scheduled, BCWS），即根据批准认可的进度计划和预算，到某一时点应当完成的工作所需投入资金的累积值。按我国的习惯可以把它称为"计划投资额"。

2）已完成工作量的实际成本（Actual Cost for Work Performed，ACWP），即到某一时点已完成的工作实际所花费的总金额。按我国的习惯可以把它称为"消耗投资额"。

3）已完成工作量的预算成本（Budgeted Cost for Work Performed，BCWP），是指项目实施过程中某阶段实际完成工作量按预算定额计算出来的成本，即挣值（Earned Value，EV），挣值反映了满足质量标准的项目实际进度。按我国的习惯，可以把它称为"实现投资额"。

偏差分析主要通过计算成本偏差、进度偏差、进度执行指数和成本执行指数来实现其评价目的。

1）成本偏差（CV）：CV = BCWP – ACWP，当 CV 为负数，表明项目成本处于超支状态；反之，项目成本处于节约状态。

2）进度偏差（SV）：SV = BCWP – BCWS，当 SV 为负数，表明项目实施落后于进度状态；反之，项目进度超前。

3）进度执行指数（SPI）：SPI = BCWP/BCWS，当 SPI 大于 1，表明项目实际完成的工作量超过计划工作量；反之，项目实际完成的工作量少于计划工作量。

4）成本执行指数（CPI）：CPI = BCWP/ACWP，当 CPI 大于 1，表明项目实际成本少于计划成本；反之，项目实际成本超过计划成本。

偏差分析技术不仅可用来衡量项目的成本执行情况，而且用来衡量项目的进度。在项目实施过程中，可根据项目进度在项目成本曲线 BCWS 图中画出 BCWP 曲线和 ACWP 曲线，在每个检查日均可比较三个参数值，进而求出评价指标，如图 7-12 所示。

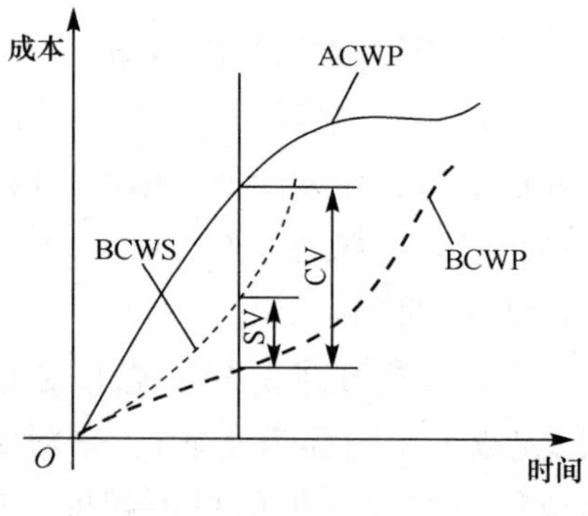

图 7-12 偏差分析技术的评价图

**例 7-4**：某项目由四项活动组成，各项活动的时间和成本如表 7-6：总工时 4 周，项目最初估算的完成项目所需要的总成本（Budget at Completion，BAC）为 10000 元，以下是第三周末的状态。

表 7-6  各项活动的时间和成本表

| 活　动 | 预计时间和成本 | 第一周 | 第二周 | 第三周 | 第四周 | 第三周末的状态 |
| --- | --- | --- | --- | --- | --- | --- |
| 计划 | 1 周，2000 元 | | | | | 活动已完成，实际支付成本 2000 元 |
| 设计 | 1 周，2000 元 | | | | | 活动已完成，实际支付成本 2500 元 |
| 编程 | 1 周，3000 元 | | | | | 活动仅完成 50%，实际支付成本 2200 元 |
| 测试与实施 | 1 周，3000 元 | | | | | 没开始 |

要求回答以下问题：

1）成本偏差（$CV$）是多少？

2）进度偏差（$SV$）是多少？

3）进度执行指数（$SPI$）是多少？

4）成本执行指数（$CPI$）是多少？

5）进度执行指数（$SPI$）和成本执行指数（$CPI$）说明了什么？

**解**

1）BCWS = 第一周（2000）+ 第二周（2000）+ 第三周（3000）= 7000（元）

BCWP = 第一周全部完成（2000）+ 第二周全部完成（2000）+ 第三周完成 50%（1500）= 5500（元）

ACWP = 第一周（2000）+ 第二周（2500）+ 第三周（2200）= 6700（元）

CV = BCWP − ACWP = 5500 − 6700 = −1200（元）

2）SV = BCWP − BCWS = 5500 − 7000 = −1500（元）

项目成本处于超支状态，项目实施落后于进度状态。

3）SPI = BCWP/BCWS = 5500/7000 = 0.79

4）CPI = BCWP/ACWP = 5500/6700 = 0.82

项目进度落后而且成本超支，但进度比成本落后更多。

（2）预测技术。预测技术是根据已知的项目执行和绩效过程中获得的工作绩效信息，对项目未来状况的产生、更新、重新发布进行估算和预测的一种方法。

预测技术所涉及的参数主要有：

完成时预算(Budgeted At Completion,BAC)，完成某个项目的全部预算额之和。

实际已发生成本(Actual Cost of Work Performed,ACWP)。

挣值(Budgeted Cost of Work Performed,BCWP)。

成本执行指数(Cost Performance Index,CPI)。

完工估算(Estimate At Complete,EAC)是指完成某项工程或者某个工作包的预计总成本，是截止到某一个时刻直接成本和间接成本的总和再加上所有确认的剩余工作的估算成本。

因此，预测 EAC 的通用公式可以表达为：

$$EAC = ACWP + 到完成时的估算$$

有很多方法可以用来预测 EAC，下面介绍常用的三种方法：

1) 由数学推算的 EAC。该方法预测 EAC 的思路是，无论过去已有的项目或工作包的效率如何，其余剩下的工作都将以预定的绩效水准(BAC)来完成，即以 CPI 值为"1"的状态完成。计算公式可以表示如下：

完工估算 = 完成时预算 – 已完工作的预算成本 + 已完工作的实际成本

即： $$EAC = BAC - BCWP + ACWP \tag{7-2}$$

用(式7-2)对例7-4进行完工估算，结果如下：

$$EAC = 6700 + (10000 - 5500) = 11200(元)$$

2) 由 CPI 推算 EAC。这种预算 EAC 的想法是，假设剩余工程量将按照到截至目前已完工工程的效率进行。这种推算方法通常为多数人所接受。计算公式如下：

$$完工估算 = 实际已发生成本 + \frac{完成时预算 - 挣值}{成本执行指数}$$

即： $$EAC = ACWP + \frac{BAC - BCWP}{CPI} \tag{7-3}$$

用式(7-3)对例7-4进行完工估算，结果如下：

$$EAC = 6700 + \frac{10000 - 5500}{0.82} \approx 12188(元)$$

3) 剩余成本重估 EAC。这种估算方法将对剩余的工程量的成本进行重新估算。然后再把重新估算的值与已完工作的实际成本相加。其计算公式如下：

　　EAC = 已完工作的实际成本（ACWP）+ 重新估算的剩余工程成本　　（7-4）

　　若项目经理重新估算的剩余工程成本为 6000 元，则用式（7-4）对例 7-4 进行完工估算，结果如下：

$$EAC = 6700 + 6000 = 12700（元）$$

　　这种估算方法通常在以下两种情况下使用：一种是当认为项目实际与计划有较为严重的背离的时候；另一种是为了达到一定的项目指标有必要调整当前工作效率的时候。然而采用这种方法的缺点也是很明显的，它需要额外投入较多的人力资源来重新估算剩余工程的成本数额。

　　在前面的偏差分析中，提到了 CPI 这一指数，它可以看成是对已完成工作的绩效评价，然而当我们关注于将来的工作的绩效时就需要引入一个新的指数来进行评价。待完成绩效指数（To-Complete Index, TCPI），TCPI 所揭示的信息是：为了能实现未来的财务目标，项目应该达到一个怎样的绩效指数，它的计算方法是用"剩余工作价值"（通常是用 BAC 减去 BCWS）除以"剩余资金"。

　　在这里用了笼统的"资金"概念，因为根据不同的财务目标，"资金"会有不同的意义。下面提供两个计算 TCPI 的计算公式。

　　1）用公司高管的完工预算（BAC）计算 TCPI：

$$TCPI = \frac{BAC - BCWP}{BAC - ACWP} \qquad (7\text{-}5)$$

　　2）用项目经理的完工估算（EAC）计算 TCPI：

$$TCPI = \frac{BAC - BCWP}{EAC - ACWP} \qquad (7\text{-}6)$$

　　第一种方法相对应的财务目标是：完工时的总成本保持在公司高管批准的预算额（BAC）之内。第二种方法是在项目执行过程中项目经理认为 BAC 的目标不能实现，项目经理会根据项目的实际情况制定出项目新的 EAC，一旦新的 EAC 获得批准，财务目标即被更新了，项目组开始转而追求完工时的总成本不超过 EAC 的目标。

　　继续沿用例 7-4 来计算这两种情况的 TCPI：

　　1）TCPI =（10000 - 5500）/（10000 - 6700）= 1.36

　　2）这里用上面计算 EAC 时，第二种情况下的 EAC（CPI 推算的 EAC）来

计算 TCPI

$$TCPI = \frac{10000 - 5500}{12188 - 6700} = 0.82$$

（3）项目绩效审核。项目绩效审查指比较一定时间阶段的成本绩效、计划活动或工作包超支和低于预算（计划价值）的情况、应完成里程碑、已完成里程碑等。

项目绩效审查是通过举行会议来评估计划活动、工作包或成本账目状态和绩效。它一般和下列一种或多种绩效汇报技术结合使用。

1）偏差分析。偏差分析指将项目实际绩效与计划或期望绩效进行比较。成本和进度偏差是最常见的分析领域，但项目范围、资源、质量和风险与计划的偏差也具有相同或更大的重要性。

2）趋势分析。趋势分析指检查一定时间阶段的项目绩效，以决定绩效是否改进或恶化。

3）实现价值分析。实现价值技术是将计划绩效和实际绩效进行比较。

（4）差异管理。从前面的偏差分析计算可知项目现在的绩效情况，反映出项目目前的状态，但是它并不能反映出造成偏差的更深层次原因，因此为了更有效地控制项目成本还需要运用差异管理的方法来对成本的具体差异进行分析。

以采购为例，对其进行差异管理，在采购预算的过程中我们运用了"预算 = 预计单价 × 计划采购量"这个公式，所以可以分别对价格偏差和采购量偏差进行分析。

假设某次采购活动的预算为 140 元，但最后却花掉了 216 元，超支 76 元。造成成本超支的原因是什么呢？

这时就需要运用差异管理的方法来进行分析具体是什么原因导致了成本超支。最开始预算的时候预计的单价为 14 元，计划采购量为 10 件。首先要确定实际单价是否超过了预算单价，然后要确定实际采购量是否超过了预算采购量，很多时候是两种情况同时发生，哪个因素是导致超支的主要原因呢？

最后的实际单价为 18 元，实际采购量为 12 件。

价格偏差分析：

价格偏差 =（预计价格 − 实际价格）× 实际采购量 =（14 − 18）× 12 = −48

采购量偏差分析：
采购量偏差 =（计划采购量 – 实际采购量）× 预计价格 =（10 – 12）× 14 = –28

可以看出，虽然实际购买价格的上升和实际采购量的增加都是造成成本超支的原因，但是采购单价的上升才是导致超支 76 元的主要原因。

（5）项目管理软件。项目管理软件经常用来监测 PV 与 AC 的关系，预测变更或偏差的影响。

（6）关键比值法。在大项目控制中，常常通过计算一组关键比值分析。关键比值技术是指通过计算一组指标比值的乘积（即关键比值），并以此进行项目状态控制的一种分析方法。

我们选取成本比值和进度比值作为项目控制的指标比值来说明关键比值技术的应用。

我们可以把"预算成本/实际成本"称为成本比值；把"实际进度/计划进度"称为进度比值，这里的关键比值就是成本比值与进度比值两者的乘积。

在此需要注意的是：

1）关键比值计算中的指标比值可以根据项目执行工作过程中所需控制的指标设定。

2）指标比值中分子与分母排列应按"越大越好"的原则排列。如成本比值中的"预算成本/实际成本"，就是按"越大越好"（预算成本应大于实际成本）的原则进行排列的。

关键比值的计算公式如下：

$$\text{关键比值} = \frac{\text{预算成本}}{\text{实际成本}} \times \frac{\text{实际进度}}{\text{计划进度}} \tag{7-7}$$

在项目的实施过程中，无论是成本比值还是进度比值，大于 1 都表示它们的实际状况好于计划指标，小于 1 则表示它们的实际状况没有达到计划指标的要求。对单一指标比值而言，据此我们很容易判断出项目实施状态的好坏，但在项目实施过程中，影响项目成败的因素不止一个，如果有若干个指标比值，而且它们的指标比值有的大于 1，有的小于 1，这时对项目实施的状态又如何分析呢？在此以表 7-7 为例进行讨论。

表 7-7 关键比值计算表

| 任 务 | 预算成本 | 实际成本 | 实际进度 | 计划进度 | 关键比值 |
|---|---|---|---|---|---|
| 1 | 4 | 4 | 8 | 8 | 1.0 |
| 2 | 8 | 6 | 4 | 5 | 1.07 |
| 3 | 6 | 6 | 4 | 3 | 1.33 |
| 4 | 6 | 8 | 4 | 4 | 0.75 |
| 5 | 6 | 8 | 3 | 4 | 0.56 |
| 6 | 8 | 6 | 4 | 3 | 1.78 |

分析上述关键比值数据，可以得出如下分析结论：

1）任务 1，成本和进度都与计划指标相符。这说明此时项目的执行情况良好。

2）任务 2，成本比值大于 1，进度比值小于 1。这说明此时，尽管项目成本节约了，但项目进度延迟，最终的成本仍有可能超出计划指标。

3）任务 3，成本比值等于 1，进度比值大于 1。这说明尽管进度提前，但是并没有因此而增加成本，此时，项目执行情况仍然良好。

4）任务 4，成本比值小于 1，进度比值等于 1。这说明项目进度与计划指标相符，但是成本已经超支，此时项目的执行情况比较差。

5）任务 5，成本比值小于 1，进度比值小于 1。这说明项目成本超支，进度又延迟，此时，项目执行情况非常不好。

6）任务 6，成本比值大于 1，进度比值大于 1。这说明既节约了成本，又提前进度，此时，项目执行情况非常好。

一般来说，关键比值在 1 附近，不需要采取任何控制活动。例如，任务 1 和任务 2 的关键比值等于 1 或者在 1 附近，就不需要采取控制行动；任务 3 和任务 6 的关键比值远大于 1，也不需采取控制行动，但是在项目团队有余力的情况下需要调查其原因；任务 4 和任务 5 的关键比值都小于 1，不但要调查原因而且应采取控制措施。另外，任务 5 和任务 6 的实际执行情况与计划差距很大，也有可能是计划制订得不合理所致。

关键比值的控制范围可视具体项目而定。例如，某个项目的关键比值的控制范围是这样设定的：当关键比值在 0.9～1.1 范围之内可以忽略；在

0.7~0.9 范围之内让项目的技术人员仔细关注，对关键比值小于 0.7 的情况应立即进行调查，找出执行情况与计划差距大的原因，并及时通知公司管理人员。在 1.1~1.3 范围之内可在项目团队有余力的情况下进行调查，当大于 1.3 时则应立即进行调查，可着重分析计划指标制订得是否合理等原因。关键比值控制的重点应是关键比值小于 1 时的情况。

### 7.4.3 项目成本控制的结果

（1）工作绩效测量。对 WBS 构成的工作单元，特别是为工作包和控制账目计算的 CV、SV、SPI 和 CPI 值应进行记录并通知干系人。

（2）完工预测。完工预测指书面记录计算的 EAC 数值或实施组织报告的 EAC 数值，运用前面提到的预测方法可以计算不同情况下的 EAC，并将这个数值通知干系人。

（3）更新的组织积累的相关资源。应记录产生偏差的原因、采取纠正措施的理由和成本控制方面类似的教训，这样，记录的教训可以成为项目组织其他项目历史数据库的一部分。

（4）变更请求。变更请求是通过整体变更控制过程处理和审查的。确定的变更可能需要增加或减少预算。

（5）项目管理计划更新。计划活动、工作包或计划工作包的成本估算和成本基准、成本管理计划、项目预算文件都是项目管理计划的组成部分。应根据审定的所有影响这些文件的变更请求来更新这些文件。

（6）项目文档更新。需要根据情况对成本估算、成本估算基准和项目进度等文档进行更新。

# 本 章 小 结

本章首先介绍了项目成本管理的含义、理念、需要考虑的因素和过程，之后分节详尽地阐述了成本估算、成本预算、成本控制三个工作过程的依据、工具、方法及结果。本章应掌握的重点内容是偏差分析技术的运用。

# 自 测 题

## 一、判断题

1. 一般情况下，成本估算和成本预算可以采用同样的方法。（　）
2. 可以无限使用的资源对项目成本的影响不是很大，所以对这类资源不用进行严格的跟踪管理。（　）
3. 在项目成本决策时，既要考虑制定更加精细计划所增加的成本，也要考虑这样会减少以后的实施成本。（　）
4. 应急储备金不可以充当成本预算的底线。（　）
5. 成本估算是成本预算的基础。（　）
6. 在由下至上进行成本估算时，相关具体人员考虑到个人或本部门的利益，他们往往会降低估计量。（　）
7. 项目成本文件中标明了潜在的应急储备金。（　）
8. 当一个项目按合同进行时，成本估算和报价的意思是一样的。（　）

## 二、单项选择题

1. （　）通过估算最小任务的成本，再把所有任务的成本向上逐渐加总，从而计算出整个项目的总成本。
   A. 总分预算估算法　　　　B. 自下而上估算法
   C. 参数模型估算法　　　　D. 自上而下估算法

2. 下列表述错误的是（　）。
   A. 应急储备金有实施应急储备金和经济应急储备金两类
   B. 一般大、中型项目没有必要准备充足的应急储备金
   C. 实施应急储备金用于补偿估算和实施过程中的不确定事件
   D. 价格保护应急储备金用于预防通货膨胀和价格波动所造成的不确定事件

3. 大部分项目成本累计曲线呈（　）形。
   A. S　　　　B. L　　　　C. T　　　　D. Y

4. 在一个项目中，需要把成本分配到各阶段，应该（　）。
   A. 准备成本绩效计划
   B. 准备详细和精确的成本估计

C. 把项目进度作为成本预算的依据

D. 确定要分配成本的项目组成部分

5. 若已知 BCWS = 220 元，BCWP = 200 元，ACWP = 250 元，BAC = 1000 元。如果根据偏差分析法，则此项目的 SV 和项目状态是（　　）。

　　A. 20 元，项目提前完成　　　　B. -20 元，项目比原计划滞后

　　C. -30 元，项目提前完成　　　　D. 800 元，项目按时完成

6. 若已知 BCWS = 220 元，BCWP = 200 元，ACWP = 250 元，BAC = 1000 元。则此项目的 CPI 和项目的成本绩效是（　　）。

　　A. 0.2，实际成本与计划一致　　　B. 0.8，实际成本与计划成本低

　　C. 0.8，实际成本超过计划成本　　D. 1.2，实际成本比计划成本低

7. 若已知 BCWS = 220 元，BCWP = 200 元，ACWS = 250 元，BAC = 1000 元。则此项目的 CV 是（　　）。

　　A. 30　　　　B. 50　　　　C. -30　　　　D. -50

8. 若已知 BCWS = 220 元，BCWP = 200 元，ACWS = 250 元，BAC = 1000 元。则此项目的 EAC 及其含义是（　　）。

　　A. 1250，项目的原始预算

　　B. 1000，项目的原始预算

　　C. 1250，对项目成本修正过的估计值

　　D. 1000，对项目成本修正过的估计值

9. 如果一个工作包原计划花费 1500 元于今天完成，但是，到今天花费了 1350 元却只完成了 2/3，则成本偏差是（　　）。

　　A. 150 元　　　B. -350 元　　　C. -150 元　　　D. -500 元

10. 通过观察累积成本曲线，项目经理能监控（　　）。

　　A. BCWP　　　B. CV　　　C. BCWS　　　D. CPI

11. 如果某项目进度的 BCWS 为 100，BCWP 为 110，这表明该项目目前状态为（　　）。

　　A. 落后于进度计划　　　　B. 超前于进度计划

　　C. 超出预算　　　　　　　D. 在预算之内

12. 下列选项（　　）表明你的项目超过预算 20%。

　　A. BCWS = 100，BCWP = 120　　　B. ACWP = 120，BCWP = 100

　　C. BCWS = 100，ACWP = 120　　　D. ACWP = 100，BCWP = 120

13. 挣值是( )。

A. 已完成工作量的预算成本　　B. 计划工作量的预算成本

C. 完成工作量的实际成本　　　D. 工作完成时的成本

### 三、多项选择题

1. 如果进度偏差与成本偏差是一样的，两者都大于0，那么下列表述错误的是( )。

A. 项目实际成本比计划低　　　B. 项目成本超支

C. 项目进度滞后　　　　　　　D. 项目进度比计划提前

2. 当采用自下而上估算法来估算项目成本时，下列表述正确的是( )。

A. 下层人员会夸大自己负责活动的预算

B. 自下而上估算法估算出来的成本通常在具体任务方面更为精确一些

C. 高层管理人员会按照一定的比例削减下层人员所作的预算

D. 自下而上估算法是一种参与管理型的估算方法

3. 下列关于参数模型估算法的表述正确的是( )。

A. 参数模型估算法考虑了所有对成本影响的因素

B. 用来建模的所参考的历史数据应该是很准确的

C. 用来建模的参数容易进行定量化处理

D. 模型对大型项目适用，经过略微调整后对小型项目也适用

4. 下列表述正确的是( )。

A. 资源平衡的目的就是使资源需求波动最小化

B. 在资源平衡的情况下，可以使用"零库存"策略

C. 如果资源平衡，就不需要大量的资源传送管理工作

D. 在资源不能平衡的情况下，就应该考虑延长项目的工期

5. 如果项目制定更加详细的决策，就会导致增加项目的决策成本，但是也会减少项目的实施成本，在下列情况下制定更加详细的决策是可行的是( )。

A. 增加的决策成本是1000元，但是减少项目的实施成本为1200元

B. 增加的决策成本是900元，但是减少项目的实施成本为800元

C. 增加的决策成本是500元，但是减少项目的实施成本为600元

D. 增加的决策成本是2000元，但是减少项目的实施成本为1800元

6. 在影响项目成本的因素中，下列表述正确是（　　）。

A. 延长项目的工期会减少项目的成本

B. 项目质量的要求越高，项目的成本就会越大

C. 项目完成的活动越复杂，项目的成本就会越大

D. 在项目所耗资源的数量和单价两个要素中，资源的数量对项目成本的影响较大

### 四、计算题

1. 某公路修建项目，预算单价为 400 元/m。计划用 30 天完成，每天 120m。开工后 5 天测量，已完成 500m，实际付给承包商 35 万元。计算：

（1）成本偏差（CV）和进度偏差（SV）是多少？这都说明了什么？

（2）进度执行指数（SPI）和成本执行指数（CPI）是多少？这都说明了什么？

2. 下面是一个大型设备的每期成本预算见表 7-8。

表 7-8　某大型设备的每期成本预算　　　　　（单位：万元）

| 成本 | 1周 | 2周 | 3周 | 4周 | 5周 | 7周 | 8周 | 9周 | 10周 |
|---|---|---|---|---|---|---|---|---|---|
| 设计 | 4 | 3 | | | | | | | |
| 建造 | | | 2 | 3 | 1 | | | | |
| 安装 | | | | | | 2 | 2 | | |
| 调试 | | | | | | | | 1 | 2 |
| 合计 | 4 | 3 | 2 | 3 | 1 | 2 | 2 | 1 | 2 |

试计算该项目的累积预算成本。

## 练习与思考

1. 什么是应急储备金？应急储备金有几种类型？

2. 为什么要利用应急储备金？如何确定应急储备金的水平？

3. 项目成本管理所要考虑的因素有哪些？

4. 什么是资源负载？它与资源平衡有什么区别？

5. 简述项目成本的估算的步骤和依据？

6. 简述各种成本估算方法（自上而下估算法、参数模型估算法、自下而上估算法）的适用情况。

7. 成本预算有什么作用？

8. 成本控制的作用是什么？

9. 根据表7-9，计算如下活动的关键比值，并分析确定各项活动完成的情况（成本、进度是否与计划相符，如进度提前或落后于计划，成本节约或超支等）。

10. 分析表7-10的数据，确定各项活动的实际成本是与计划成本相符、超支，还是节约？

表7-9 计算关键比值的相关数据

| 活动 | 预算成本 | 实际成本 | 实际进度 | 计划进度 |
| --- | --- | --- | --- | --- |
| 1 | 4 | 3 | 6 | 7 |
| 2 | 3 | 4 | 2 | 3 |
| 3 | 2 | 4 | 6 | 5 |
| 4 | 5 | 4 | 7 | 6 |

表7-10 计算实际成本的相关数据

| 任务 | 实际进度 | 计划进度 | 关键比值 |
| --- | --- | --- | --- |
| 1 | 6 | 4 | 1.0 |
| 2 | 5 | 10 | 0.5 |
| 3 | 6 | 6 | 1.5 |
| 4 | 4 | 2 | 0.75 |

11. 项目预算总成本为400万元，计划工期为2年。在项目的实施过程中，通过成本记录的信息可知：开工后第一年年末的实际发生成本为100万元，所完成工作的计划预算成本额为50万元。与项目预算成本比较项目的计划发生成本额应该为200万元。试分析该项目的成本执行情况和计划完工情况。

## 模 拟 练 习

根据本章所学的内容，选取你熟悉的一个项目，运用成本估算的工具和方法进行成本估算制定更加精细计划所增加的成本，也要考虑这样做会减少以后的实施成本。

# 案例思考

## 新建数码产品制造流程成本估算方法选择

小陈被任命为 W 公司一个新建数码产品制造流程的项目经理。该数码产品具有很高的价格敏感性。W 公司已经在计量方面做了很多工作，而且建立了自己的敏感度模型，所以公司能够根据定价方式的变化精确地预测销售数量的变化。

W 公司的决策层认为所有在项目中影响该数码产品的各项成本都应该按照敏感度模型的分析运作，由此分析产品的收益并快速作出项目取舍的决策。W 公司的做法使得小陈为提交成本预算必须承受很大的压力，而且公司已经撤换了 4 位在可行性研究阶段表现不佳的项目经理，而且他们都是小陈熟识的同事。

小陈现在面临的问题是：怎样才能编制出一个准确反映该项目全新制造过程的成本估算。该数码产品制造流程只对原流程 5 个阶段中的一个作了改动，因此小陈能对其他 4 个没有改动的流程阶段获得详细的成本信息，但是改动的阶段很多工作不是很清晰，而且这一阶段还会对其他四个阶段产生一些影响，影响的程度也没有得到明确界定。最重要的是，改动的流程阶段几乎占整个制造成本的 40%。

问题：

1. 目前该项目的成本管理中存在的问题是什么？
2. 你认为小李应该采用哪种成本估算方法才可能得出较准确的估算结果？
3. 你认为公司决策层的做法合理吗？

## 游泳池建造项目能获利吗

小王在大学期间主修项目管理，毕业后回到家乡加入了他父亲的公司——宏伟公司工作，老王请儿子帮助进行"游泳池建造"项目的成本估算工作。

宏伟公司虽然 20% 的销售收入来自于游泳池设备的销售，但该公司并不承接建造游泳池的业务，老王想让小王来决定宏伟公司是否可以进入"建造游泳池"这个领域。

小王决定首先估算宏伟公司建造游泳池的成本，然后再调查一下竞争对手的报价，这样就能算出进入建造游泳池领域是否可以获利。

小王首先采用了在学校所学的 WBS 方法对游泳池的建造工时进行估算，具体数据如下表所示。

表 7-11  游泳池建造的工作分解结构

| 工 作 任 务 | 工时(估计值)/小时 | 工 作 任 务 | 工时(估计值)/小时 |
| --- | --- | --- | --- |
| 地面准备 | 260 | 顶部框架 | 120 |
| 清理 | 100 | 安装塑料衬里 | 50 |
| 耙平 | 30 | 游泳池组装 | 160 |
| 平整 | 100 | 安装木支架 | 300 |
| 垫沙底 | 30 | 平面图 | 100 |
| 安放游泳池框架 | 240 | 组装 | 200 |
| 底部框架 | 80 | 充水实验 | 190 |
| 侧板 | 40 | 总计 | 1200 |

由表 7-11 的可以完工估算结果为 1200 个工时，且每工时 50 元人民币，小王计算出游泳池建造总成本为 60000 元。经过调查还发现，竞争对手类似的游泳池建造报价 72000 元，鉴于小王从未亲自建造过游泳池，他决定为了万无一失而把预算提高 10%，但尽管如此，该项目仍有获利空间。于是，他给父亲打电话，说明了建造游泳池项目能够获利。

问题：（1）小王所做的方案合理吗？为什么？

（2）老王将会考虑这个方案的哪些方面？

主要内容
- 概述
- 项目质量规划
- 项目质量保证
- 项目质量控制

第 8 章

# 项目质量管理

20 世纪是生产率的世纪，21 世纪是质量的世纪，质量是和平占领市场最有效的武器。

——美国著名质量管理学家　约瑟夫·朱兰(Joseph M. Juran)

产品的质量是生产出来的，不是检验出来的。

——美国质量管理大师　威廉·戴明(W. Edwards. Seming)

## 8.1 概述

### 8.1.1 质量管理含义

(1) 质量的含义。根据《项目管理知识体系指南(PMBOK 指南)》,质量是一个固有的、体现满足规定要求或者满足潜在需求的能力的总体特性。

美国质量管理学家朱兰(J. M. Juran)博士认为,质量就是产品的适用性,即产品在使用时能够满足用户需要的程度。这一定义说明了两方面内容:一方面是产品只要适用,满足目的,就是达到了质量要求;另一方面是产品质量的高低取决于其能够满足用户需求的程度,好质量并不等于高质量,此处强调的是满足用户需求。由此可以看出,产品的质量是由客户定义的,而不是由生产者定义的。

国际标准化组织(International Standard Organization,ISO)在其《质量管理与质量保障术语》中认为,质量是反映实体(产品、过程或活动等)满足明确的和隐含需要的能力特性的总和。

根据上述定义,可以进一步理解质量的含义:

1) 所谓"实体"是指承载质量属性的具体事物。质量的实体包括产品、过程和活动三个方面。产品是为人们提供一定功能的有形实体;过程是指满足人们需求的某种服务;活动是指人们在生产产品和提供服务的过程中所进行的工作。

2) 质量是一个相对的概念,质量的高低并不取决于实体的能力特性的优劣,只要其能力特性能够满足用户的需要即可。这里的需要包括"明确的和隐含的"两类:"明确的需要"一般是指在标准、规范、图样、技术要求或其他相关的文件(如合同)中明确标示的需要;"隐含的需要"一般是指被人们公认的、不言而喻的、不必明确的需要,如空调必须具备制冷和低噪声的基本功能。这类需要通常是通过市场调查或用户调查来加以识别和确定的,在项目范围内,质量管理的重要方面是通过项目管理把隐含需要转变成明确需要。

3) 对于不同的实体来说,质量的实质内容是不尽相同的。对于产品来说，质量是指产品能够满足用户使用要求所具备的功能和特征，一般包括：产品的性能、寿命、安全性、经济性、外观等特性；对于服务过程而言，质量主要是指服务能够满足用户期望的程度，服务质量取决于客户对服务的期望与客户对于服务的实际体验这两者的匹配程度；对于活动来说，质量一般是由工作结果来衡量的，工作结果既可以是产品，也可以是服务。因此，工作质量可以用产品或服务质量来度量。

（2）质量管理的含义。项目质量管理的概念与质量管理的概念既有相同之处，也有不同之处，为了更好地阐述项目质量管理，本节在此首先介绍质量管理的概念。

关于质量管理（Quality Management）有许多不同的定义，较为典型的有日本的质量管理学家谷津进和国际标准化组织对于质量管理的定义，他们从不同的角度诠释了质量管理。

谷津进认为："质量管理就是向消费者或顾客提供高质量产品与服务的一项活动。这种产品和服务必须保证满足需求、价格便宜和供应及时。"这一定义明确了质量管理的根本目的是向客户和消费者提供高质量的产品与服务，质量管理的目标和作用是使产品和服务符合"满足需求、价格便宜和供应及时"这三项要求。

国际标准化组织认为："质量管理是确定质量方针、目标和职责，并在质量体系中通过诸如质量规划、质量控制和质量改进，使质量得以实现的全部活动。"从这个定义可以看出，质量管理是一项具有广泛含义的企业管理活动。

## 8.1.2 项目质量管理含义

根据《项目管理知识体系（PMBOK）指南》，项目质量管理是指包括实施项目的组织为了满足开展项目所应当满足的要求而确定质量方针、目标和责任的所有活动。

（1）项目质量管理的内容。

1）项目质量管理贯穿从企业质量方针政策的制定到用户对项目产品质量的最终检验的全过程，它是专门针对保障和提高项目质量而进行的管理活动。

2）项目质量管理需要所有项目干系人的共同努力，它包括：

◇ 项目客户、项目所属的公司和项目经理等关于质量目标、方针和职责的制定。

◇ 项目管理人员根据上面所制定的质量目标、方针，制订项目的质量计划。

◇ 项目团队关于项目质量计划的具体实施方案。

3）项目质量管理不仅包括项目产品的质量管理，而且还包括制造项目产品过程中工作质量的管理，因为项目最终产品的质量是通过产品的生产过程来保证的，只有保证高质量水平的生产过程，才能生产出高质量的产品。

项目质量管理的主要目的是确保项目的可交付成果满足客户的需求。项目团队必须与客户建立良好的关系，理解他们明确的需求以及隐含的需求，因为客户是项目质量是否达到要求的最终裁判者。

（2）项目质量管理与质量管理的关系。一方面，项目质量管理需要兼顾项目管理与项目产品两方面。它应用于所有项目，无论项目产品具有何种特性。另一方面，项目质量管理与质量管理最大的不同之处是由项目的一次性所决定的。质量管理是针对日常运作所进行的活动，日常运作是重复做某件事情，一旦过程设计好了，只需以保守的态度采用诸如统计过程控制等方法进行监控即可，其质量管理的重点在监控上。

在日常运作管理中，通常可采用破坏性测试，测试之后产品就会报废，例如，每100件产品可能会抽取一件进行测试。但在项目管理中，只有一次机会去完成项目，无法进行上述破坏性测试，因此必须在项目的早期强调质量保证和质量控制。

（3）项目质量管理的理念。

1）以客户满意为中心。客户的满意程度是衡量项目质量优劣的基本尺度，项目质量管理工作必须面向客户，充分了解客户的需求，把满足客户需求放在项目质量管理工作的首位。

2）质量不是靠检验获得的。项目的质量是通过项目团队的工作和项目经理的管理而形成的结果，而不是仅仅通过质量检验得出的。通过质量检验可以找出不合格产品，从而对错误采取纠正措施，但是纠正错误的成本要比避免错误的成本高许多。因此，在项目质量管理中，要把重点放在日常的生产和经营管理上，而不能单纯依靠质量检验。

3）质量管理必须坚持"二全管理"。"二全管理"是指全员管理和全过程管理。项目的质量管理不仅需要项目经理的正确领导，而且还依赖全体成员的参与，每个团队成员的工作都会在一定程度上影响项目可交付成果的质量，所以项目经理要提高项目团队成员的质量意识；全过程管理是指必须对质量形成的全过程中的各项工作进行全面的管理，把影响质量的因素和可能造成不合格产品的因素消灭在质量形成的过程中。

4）持续改进。为了提高竞争力，向客户提供价值更高或者效益更多的产品，项目组织必须不断地对质量进行改进，从而使质量达到更高水平。因此，项目质量管理必须坚持"戴明循环"PDCA循环(由戴明博士提出)。P(Plan)代表计划，即通过市场调研来确定质量管理的目标以及为实现此目标所需的各种方法和对策；D(Do)代表执行，即将制定的方法和对策付诸实施；C(Check)代表检查，即对实施的结果进行检查；A(Action)代表处理，即对检查出来的问题进行控制，并总结经验。此外，项目组织采取的其他质量改进措施，诸如全面质量管理和六西格玛($6\sigma$)质量管理方法，不仅会改善项目管理的质量，而且也会改进项目产品的质量。

项目质量管理包括三个主要工作过程：项目质量规划、项目质量保证和项目质量控制。项目质量管理通过制定质量方针、建立质量目标和标准，并在项目生命周期内持续反复使用质量规划、质量控制、质量保证和质量改进等措施来落实质量方针的执行，确保质量目标的实现，最大限度地使客户满意。

上述过程不仅彼此相互作用，而且还与其他知识领域的总过程相互作用。基于项目的具体要求，每个过程都可能需要一人或多人的努力，或者一个或多个小组的努力。每个过程在每个项目中至少进行一次，并可在项目的一个或多个阶段中进行。

## 8.2 项目质量规划

项目质量管理的基本宗旨是"质量出自计划，而非出自检查"，只有作出精确的质量计划，才能指导项目的实施，做好质量控制。项目质量规划(Project Quality Planning)是指为实现项目的目标，而对项目质量管理进行规划，它包括制定项目质量的目标、确定拟采用质量体系的目标及其所要求的活动。

在开始项目质量管理的工作过程之前,项目经理和其团队需要编制项目质量计划。在项目质量计划的编制中,重要的是确定每个独特项目活动的相关质量标准,把质量规划纳入项目的产品和管理过程。编制项目的质量计划,首先必须确定项目的范围、中间产品和最终产品,然后明确关于中间产品和最终产品的有关规定、标准,确定可能影响产品质量的技术要点,并找出能够确保高效满足相关规定、标准的过程及方法。同时,应确定进度计划编制所用的方法和工具,设定质量计划编制的格式,制订质量计划编制准则和适宜的质量控制的阈值等。项目质量管理计划是项目管理计划的子计划,其可以是正式或非正式的,既可以非常详细也可以高度概括,具体可依据项目的实际情况来定。

项目质量规划的主要工作如表8-1所示。

表8-1 项目质量规划的主要工作

| 依 据 | 工具和方法 | 结 果 |
| --- | --- | --- |
| 范围基准 | 成本收益分析 | 质量管理计划 |
| 项目干系人登记表 | 质量成本 | 质量测量指标 |
| 成本基准 | 控制图 | 质量核对表 |
| 进度基准 | 质量标杆法 | 过程改进计划 |
| 风险登记册 | 实验设计 | 更新的项目文档 |
| 项目的制约因素 | 统计抽样 | |
| 组织积累的相关资源 | 流程图 | |
| | 质量管理专门方法 | |
| | 其他质量规划工具 | |

由图8-1可以更加清楚地了解在项目质量规划时的工作信息流向。

### 8.2.1 项目质量规划的依据

(1)范围基准。范围基准包括项目范围说明书、WBS和工作分解结构字典等,详见项目范围管理章节。

(2)项目干系人登记表。项目干系人是指积极参与项目,或其利益会受到项目执行或完成情况影响的个人或组织,他们还会对项目的目标和结果施

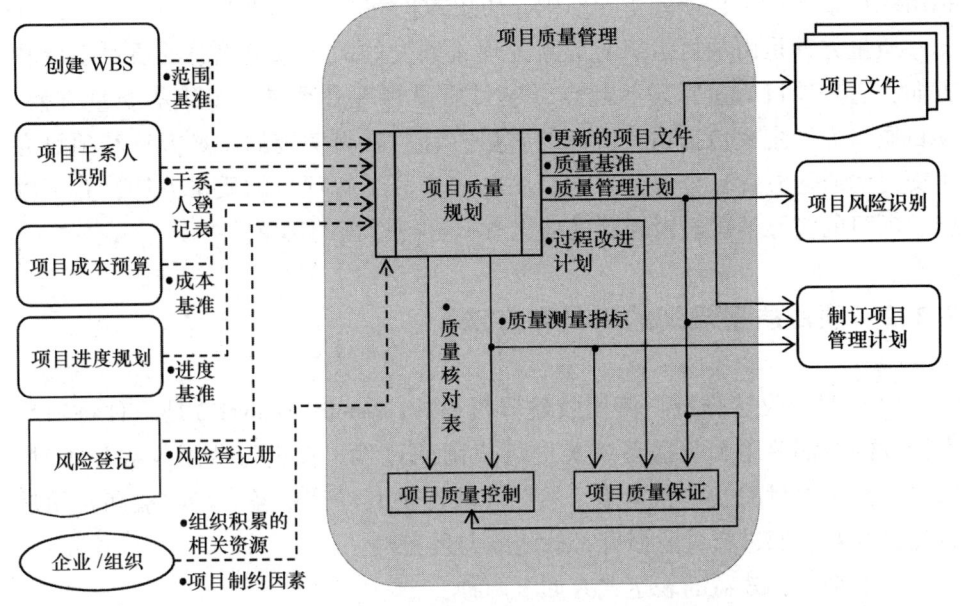

图 8-1 项目质量规划的工作信息流向示意图

加影响。干系人登记表识别对质量有特别兴趣或影响力的干系人,可以明确利益关系者在质量方面的特定利益和目标。

(3)成本基准。成本基准按时间分段,用来度量项目的整体费用。成本基准是项目管理计划的一个组成部分。

(4)进度基准。用于实施控制的项目进度表是得到批准的项目进度表,即进度基准。进度基准是后期进行进度绩效测量和进度跟踪的重要依据。

(5)风险登记表。风险登记表包括可能影响质量要求的机会和威胁,主要有已识别的风险清单、潜在应对措施清单、风险根本原因和风险类别更新。

(6)项目制约因素。影响项目质量规划的制约因素包括政府部门规章、规则、指导原则中有关质量的规定以及项目的工作条件等。

编制项目质量计划时,要考虑工作标准、工艺标准、管理标准以及各种规范,这些标准和规范将会直接或间接地影响项目质量计划的编制。一般来说,编制质量计划的标准为目前国际通用的 ISO 9000 系列标准。

(7)组织积累的相关资源。影响项目质量规划的组织积累的相关资源包括组织质量方针、程序和指导原则、历史数据和经验教训等。

质量方针是由项目组织的最高管理者颁发的关于该组织总的质量宗旨和方向，它是项目质量管理的起点，项目质量管理必须贯彻组织的质量方针。项目质量方针主要包括项目设计的质量方针、项目实施的质量方针和项目完工交付的质量方针三个部分。项目团队应充分了解项目的质量方针，并可以根据项目的实际情况，对项目的质量方针进行适当的调整。

### 8.2.2 项目质量规划的工具和方法

（1）费用收益分析。费用收益分析（Cost-benefit Analysis）是一种将项目所涉及的全部费用和收益系统地进行权衡的过程。在进行费用收益分析时，首先要衡量项目的收益和费用，然后才能评估其经济效益。将收益和费用进行比较并对它们进行关联研究都属于效益的范畴。

一般来说，效益的表达式有如下两种：

$$经济效益 = 收益 - 费用 \qquad (8\text{-}1)$$

$$经济效率 = \frac{收益}{费用} \qquad (8\text{-}2)$$

由式(8-1)、式(8-2)可知，经济效益是投资的总体效果，经济效率是投资的单位效果。只有方案的经济效益 >0 或经济效率 >1，即收益 > 费用时，该方案才具有可行性。

编制项目质量计划时，必须考虑项目费用与项目收益的平衡。

（2）质量费用分析。项目质量费用（Cost of Quality）是指实施项目质量管理活动所需支出的有关费用，如一切防止质量缺陷的支出、评估及确保产品达到质量标准要求的支出，以及出现质量问题后善后工作的各项支出等。

项目质量费用一般包括以下内容：

1）预防费用。预防费用是为减少质量损失和检验费用而发生的各种费用，如质量管理活动费和行政费、质量改进措施费、质量教育培训费、新产品评审费、质量情报费及工序控制费。

2）鉴定费用。鉴定费用是按照质量标准对产品质量进行测试、评定和检验所发生的各项费用，如部门行政费、材料工序成品检验费、检测设备维修费和折旧等。

3）内部故障费用。内部故障费用是交货前因产品未能满足质量要求而造成的损失，如废次品损失、返修费用、停工损失和复检费等。

4）外部故障费用。外部故障费用是在产品出售后由于质量问题而造成的各种损失，如产品的维护、担保、退货、责任赔偿、违约损失等。

上述概念也可用公式表示如下：

质量费用 = 预防费用 + 鉴定费用 + 内部损失费用 + 外部损失费用 (8-3)

通常情况下，预防费用与鉴定费用、内部损失费用、外部损失费用之间是此消彼长的关系，质量费用分析的目的在于寻求一种平衡，使得这四种费用相加的总和最小，也就是质量费用最小。

项目的质量管理需要实施两方面的工作：一是质量保证工作；二是质量检验和质量纠正工作。这两方面的工作涉及两类费用，即质量保证费用（由预防费用和鉴定费用组成）和质量纠正费用（由内部故障费用和外部故障费用组成）。这两类费用呈反方向变动：质量保证费用越高，质量纠正费用就越低；质量保证费用越低，质量纠正费用也就越高。图 8-2 是一个典型的质量费用模式图。

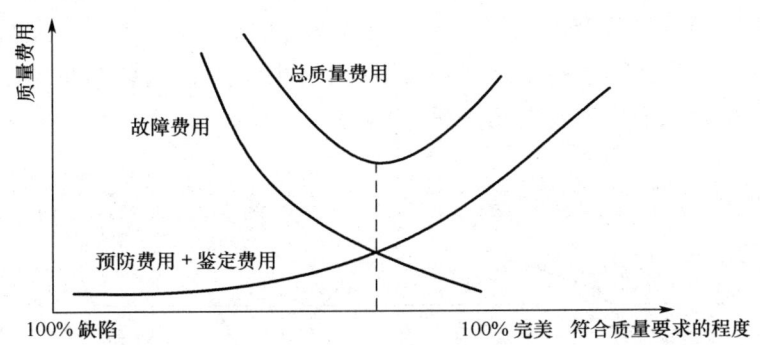

图 8-2　质量费用模式图

例如，M 房地产公司分析其正在进行的某房地产开发项目时，发现由于该项目存在质量管理问题而使整个项目的经济效益面临损失的风险，为了可进一步查明原因，项目负责人对该项目的质量费用进行了调查。调查小组对项目质量的各种成本和费用进行收集、归类和统计，编制了项目质量费用统计表，如表 8-2 所示。

表 8-2  某房地产项目质量费用统计表

| 费用科目 | 金额/元 | 占质量总费用的比例 |
|---|---|---|
| 预防费用 | 420000 | 6.60% |
| 鉴定费用 | 648000 | 10.18% |
| 内部故障费用 | 2530000 | 39.74% |
| 外部故障费用 | 2768000 | 43.48% |
| 质量总费用 | 6366000 | 100.00% |

根据以上数据，该房地产项目的负责人发现，在质量总费用中，预防费用和鉴定费用所占的比例偏小，分别为6.60%和10.18%，而内部故障费用和外部故障费用所占的比例偏大，分别为39.74%和43.48%。因此，该项目应加大在预防费用和鉴定费用上的投入以减少由于故障费用而带来的质量损失。

（3）控制图。控制图（Control Chart）法是通过描叙各样本的质量特征所在的区域来进行质量控制的方法，其用途是判断项目的质量是否处于控制中，如图8-3所示。当项目质量特征落在上控制界限和下控制界限范围内时（上控制界限和下控制界限范围是根据项目质量规定的标准制定的），说明它处于受控状态；如果落在上控制界限和下限控制界限之外，说明质量已经处于失控状态，应该采取措施使它恢复到受控状态。

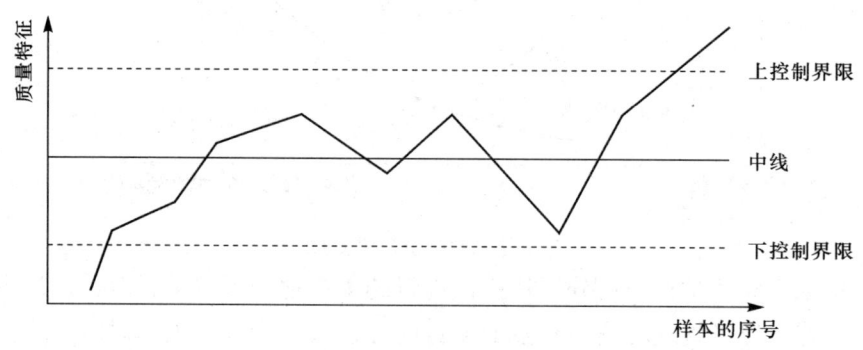

图 8-3  控制图

（4）质量标杆法。质量标杆法，也称基准比较（Benchmarking），是以其他项目的质量计划和质量管理的结果为基准，从而制订出本项目质量计划的一种方法,其他项目可以是项目团队以前完成的类似的项目,也可以是其他项目组织已经完成或正在进行的项目。在参照标杆项目的质量方针、质量标准、质量管理计划、质量工作说明文件等文件时,必须结合本项目的实际情况来编制项目质量计划。在使用这一方法时,要特别注意基准项目实际发生的质量问题,在制订本项目质量计划时,要采取一些防范措施和应急计划,以避免类似问题再次发生。

(5)实验设计。实验设计(Design of Experiments,DOE)是一种统计分析方法,它有助于鉴定哪些因素对项目的质量产生的影响大,从而找出影响项目质量的关键因素,为编制项目质量计划提供方便。

(6)统计抽样。统计抽样(Statistic Sampling)指选择一定数量的样本进行检验,从中推测整体的情况。例如,从一份包括500张设计图样的清单中随机抽取50张,来推断这500张图样的质量。样本若抽取的合适,可以在一定程度上降低项目质量控制费用。统计抽样包括:简单随机抽样、系统抽样、分层抽样和整群抽样等。

(7)流程图。流程图(Flow charting)提供了项目的工作流程以及各活动之间的相互关系。借助于流程图,项目团队可以发现项目的工作流程及各活动之间可能产生质量问题的工作环节,有助于明确项目质量管理的责任,以便项目经理估计未来将在何时、何地发生质量问题,从而及时制定应对策略,提出解决质量问题的方法和措施。图8-4是一个设计复查程序的流程图。

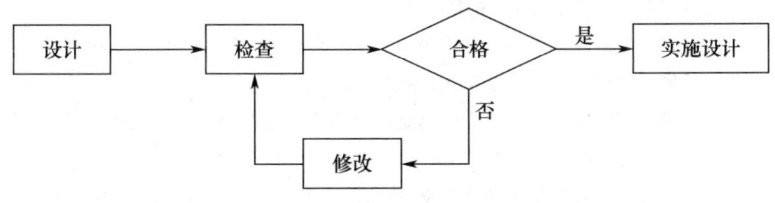

图8-4 设计复查程序流程图

(8)质量管理专门方法。质量管理专门方法包括六西格玛管理法、质量功能展开和能力成熟度模型等。

1)六西格玛管理法是一种统计评估法,其核心是追求零缺陷生产,防范产品责任风险,降低成本,提高生产率和市场占有率,提高顾客满意度和忠诚度。六西格玛管理既着眼于产品、服务的质量，又关注过程的改进。

2）质量功能展开（Quality Function Deployment，QFD）是把顾客对产品的需求进行多层次的演绎分析，转化为产品的设计要求、零部件特性、工艺要求、生产要求的质量工程工具，用来指导产品的全面设计和质量保证。其基本原理就是用"质量屋"图示化的形式，来分析项目的需求与产品性能参数的关系。图 8-5 是质量屋的典型形式。

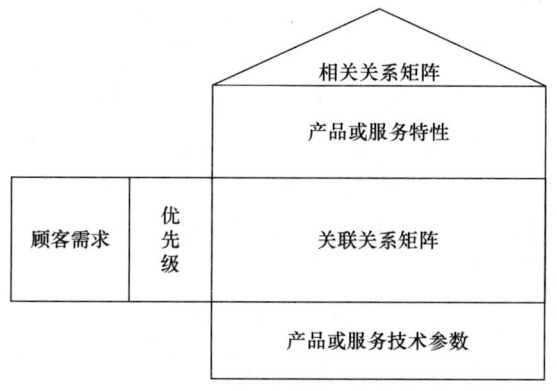

图 8-5 质量屋

"顾客需求"是指顾客意见或顾客的期望，往往涉及顾客希望得到的产品或服务是什么。

"优先级"是顾客对各项要求的重视程度，通常由顾客来定义，但是顾客的优先考虑一般也是项目的优先考虑。

"相关关系矩阵"是指产品或服务的多种特性之间的相互关系，根据他们之间的相互影响关系，通常用正相关或负相关来表示。

"产品或服务特性"是指为了满足顾客需求，在产品设计或服务提供等方面必须具备的特性，这些特性是由项目组织来确定的。

"关联关系矩阵"是指顾客需求和产品或服务特性之间的关联关系，通常用强、中等、弱三种定性关系来确定。

"产品或服务技术参数"是指产品或服务的质量性能参数，用可以测量的客观标准来衡量。依照这些技术参数来设计产品和提供服务，才能准确无误地满足顾客的需求。

3）能力成熟度模型（Capability Maturity Model，CMM），是对于软件组织在定义、实施、度量、控制和改善其软件过程的实践中各个发展阶段的描述。

它是一种用于评价软件承包能力并帮助其改善软件质量的方法,侧重于软件开发过程的管理及工程能力的提高与评估。

CMM明确地定义了5个不同的"成熟度"等级,即初始级、可重复级、已定义级、已管理级和优化级。

(9)其他质量规划工具。通常,使用其他质量规划工具有助于更好地界定情况并有助于更有效地规划质量管理活动。这些工具包括头脑风暴法、关系图、力场分析、名义团体技术、模块图和优先排序矩阵等。

例如,力场分析可以帮助项目组织分析那些赞成和反对意见的来源,评估这些意见对项目质量规划影响力的大小,以便有针对性地制定相应的措施来增加和扩大赞成意见的积极作用,排除和削弱反对意见的消极影响,或者将反对意见转化成中立甚至赞成意见,从而项目组织成员达成共识,确保项目的顺利进行。

某软件公司决定开发出一种新软件,自主开发及寻找合作伙伴联合开发对项目和公司的影响不同,经过调查,其进行合作开发的力场分析如图8-6所示。

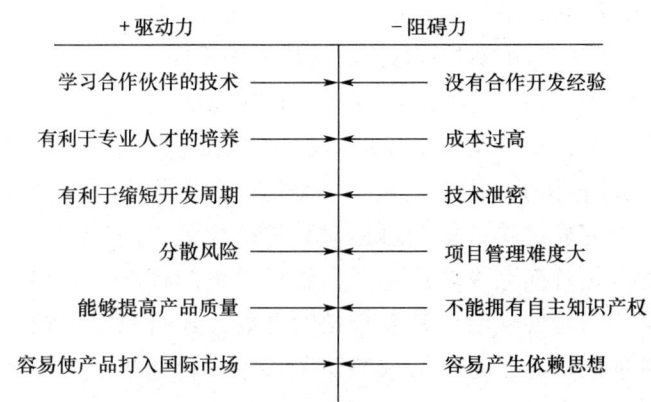

图8-6 软件合作开发力场分析

通过以上分析,项目团队可以找到赞成和反对软件合作开发的各种力量,然后进行分析和讨论,制定出解决各种阻力的措施,进而达成独立开发或合作开发的共识,使得在确保新软件质量的同时,整个项目和公司都从中受益。

### 8.2.3 项目质量规划的结果

(1) 质量管理计划。质量管理计划(Quality Management Plan)是对特定的项目、产品、过程或合同,规定由谁、何时、使用哪些程序和相关资源的文件。它是针对具体项目的要求,以及按重点控制环节所编制的对设计、采购、实施、检验等质量环节的质量控制方案。质量管理计划提供了整个项目进行质量控制、质量保证及质量改进的基础。

质量管理计划应明确指出所开展的质量活动,并直接或间接地(通过相应程序或其他文件)指出如何实施所要求的活动。其内容包括:

1) 需达到的质量目标(质量基准),包括项目总质量目标和具体目标。
2) 质量管理流程,可以用流程图等形式展示过程的各项活动。
3) 在项目的各个不同阶段,职责、权限和资源的具体分配。
4) 项目实施中需采用的具体的书面程序和指导书。
5) 有关阶段适用的试验、检查、检验和评审大纲。
6) 达到质量目标的测量方法。
7) 随项目的进展而修改和完善质量计划的程序。
8) 为了达到项目质量目标必须采取的其他措施,如更新检验技术、研究新的工艺方法和设备、用户的监督、验证等。

(2) 质量测量指标。质量测量指标是指一项工作定义,具体描述一件东西是什么以及如何通过质量控制过程对其进行度量。测量值是指实际值。只按计划进度的规定日期完成来衡量项目管理质量的标准是不够的。项目管理团队还必须交代清楚各项活动是要求按时开始,还是只要求按时完成;是要求测量每个单项活动,还是只要求测量某些可交付成果;如果是后者,是哪些可交付成果等。

(3) 质量核对表。质量核对表(Quality Checklists)是一种结构性工具。它用来核实项目质量计划的执行和控制是否得到实施。该表以工作分解结构为基础,由详细的条目组成,常采用询问式或命令式短语。许多组织都有标准的核对表,以保证经常性任务格式保持一致。

例如,房地产地板采购项目的质量管理中,在每个关键工序结束时必须进行检查,其中实木地板干燥工序的质量检查表如表 8-3 所示:

**表 8-3　实木地板质量检查表——干燥工序**[一]

品名：

规格：

批号及该批数量：

检验方法和抽样原则：按照实木地板　检验和试验方法 GB/T 15036.2—2001 执行

具体干燥标准及板面材质参照 Q/CH.1—2003 外观质量标准执行

| 检验项目 | 检 验 规 范 | 检 验 情 况 | | |
|---|---|---|---|---|
| | | 抽样数 | 合格数 | 不合格数 |
| 含水率 | 8%≤地板出厂含水率≤10% | | | |
| 湿材码料<br>气干、窑干 | 目测、含水率测试仪 | | | |
| 其他 | 开裂、死节、虫眼、腐朽、受潮、扭曲、变形不允许有 | | | |
| 检验结论 | | 检查人：<br>日期： | | |

注：为减少木材含水率与当地平衡含水率之间的差异造成的板材吸湿变形，建议生产厂家尽量缩短批次产品的生产时间，且各道工序之间流转的产品须用聚乙烯膜进行包裹封闭。

（4）过程改进计划。过程改进计划是项目管理计划的从属内容。它将详细说明过程分析的具体步骤，以便确定浪费和非增值活动，进而提高客户价值，例如：

1）过程边界。描述过程的目的、起始和终结，其依据和成果、所需信息（如需要），以及本过程的负责人和利害关系方。

2）过程配置。过程流程图，以便接口和界面分析。

3）过程测量指标。对过程状态进行控制。

4）绩效改进目标。指导过程改进活动。

过程持续改进的目标是实现过程质量改进和项目质量改进，因此，在进行质量规划时需要非常重视过程改进计划的制订。

（5）更新的项目文档。项目文档是与实施项目有关的各种存档文件。进行项目质量规划时需要更新的项目文件包括项目干系人登记表、风险登记表及其他相关质量管理文件等。

---

[一] 张立友，汪晓，金林. 项目管理实战剖析与 PMP 攻略[M]. 北京：机械工业出版社，2007.

## 8.3 项目质量保证

项目质量保证(Project Quality Assurance)是为了保证项目质量计划的顺利实施,对项目质量计划的执行情况进行经常性的评估、核查和改进的过程,使项目质量能够满足客户的要求。

项目质量保证相当于疾病预防,其目的是为了防止缺陷的发生,以确保项目一次性成功。

项目质量保证包括项目内部质量保证和外部质量保证。内部质量保证是向项目团队提供的质量保证;外部质量保证是向客户和其他项目干系人提供的质量保证。项目质量保证主要包括以下内容:

(1) 制定科学、合理、可行的质量标准。在评估项目质量计划的执行情况时,制定科学合理的质量标准是非常必要的。项目质量标准可以根据以前的项目经验、国家或地区的质量标准来制定。

(2) 建立项目质量保证体系。项目质量保证体系是指实施项目质量管理所需的组织结构和质量管理程序。为了使项目顺利实施,保证各项质量要求达到预期的目标,项目要建立完善的质量保证体系。

(3) 开展有计划的质量改进活动。质量改进是为了提交符合客户质量要求的项目可交付成果,在项目组织内部开展的旨在提高项目质量的各项活动。实际上,质量改进活动是一种持续的、不断完善的项目活动,它包括对项目产品、项目活动、项目作业、项目管理等各方面质量的不断完善。

项目质量保证的主要工作如表 8-4 所示。

表 8-4 项目质量保证的主要工作

| 依 据 | 工具和方法 | 结 果 |
| --- | --- | --- |
| 质量管理计划 | 质量规划工具与方法 | 更新的组织积累的相关资源 |
| 质量测量指标 | 质量控制工具与方法 | 变更请求 |
| 过程改进计划 | 质量审计 | 更新的项目管理计划 |
| 工作绩效数据 | 过程分析 | 更新的项目文档 |
| 质量控制状况 | | |

由图 8-7 可以更加清楚地了解在项目质量保证时的工作信息流向。

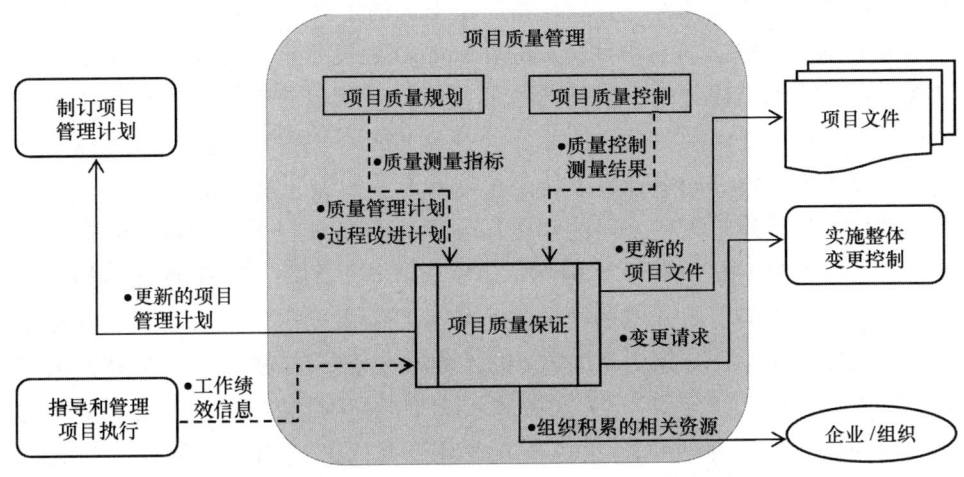

图 8-7　项目质量保证的工作信息流向示意图

## 8.3.1　项目质量保证的依据

（1）质量管理计划。项目质量管理计划说明在项目中将如何实施质量保证。它是质量保证最根本的依据。

（2）质量测量指标。质量测量指标是项目质量规划的成果之一，同时它也是实施项目质量保证的依据。

（3）过程改进计划。过程改进计划需要对过程分析的具体步骤进行详细分析，包括对过程测量标准、过程改进目标等的分析。该计划通过质量保证直接为项目过程改进提供指导，并通过经验和教训间接为组织过程改进提供指导。

（4）工作绩效数据。工作绩效数据包括技术性能值、项目可交付成果状态、需要的纠正措施和绩效报告。工作绩效数据是质量保证的重要依据，可用于质量审计、质量审查和过程分析等。

（5）质量控制状况。质量控制状况是质量控制活动的结果，用以分析并评估实施组织的质量标准和过程。

## 8.3.2　项目质量保证的工具和方法

项目质量规划及质量控制的工具与方法同样可以用来实施项目质量保证，

在此不再赘述。除此之外，实施项目质量保证的工具和方法还有：

（1）质量审计。质量审计(Quality Audits)是按照审计程序对特定的质量管理活动进行的结构化的审查。通过质量审计，可以获得质量管理过程中的经验教训，从而提高项目的实施水平。质量审计可以是定期的，也可以是随时的，可由公司内部的审计员或特定领域有专业知识的第三方执行。

例如，在某建筑工程公司的年度质量费用分析项目中，调查小组对公司2008年质量费用构成进行了结构化审查，首先按照预防费用、评估费用、内部缺陷和外部缺陷费用分门别类地进行统计。结果发现，预防费用和评估费用所占的比例偏小，分别为7.34%和11.69%，而内部缺陷费用和外部缺陷费用所占比例偏大，分别为40.26%和45.15%。因此得出结论：公司应通过加大在预防费用和评估费用上的投入来减少因内部缺陷和外部缺陷带来的损失。

（2）过程分析。过程分析是指按照过程改进计划中所列明的步骤，从组织和技术角度识别所需的改进。其中，也包括对遇到的问题、约束条件和无价值活动进行检查。过程分析包括根源分析，即分析问题和情况，确定促成该问题或情况产生的根本原因，并为类似问题制定纠正措施。

进行过程分析时，可以首先进行质量活动分解，即对与质量有关的活动进行逐层分解，直到分解成最基本的和比较容易控制的质量活动，从而对项目质量进行有效的保证。

例如，某建筑工程公司在应用质量审计的同时，还采用过程分析方法。即调查小组对遇到的问题和约束条件等逐级检查，并把质量费用构成细分为预防费用、评估费用、内部缺陷和外部缺陷费用，然后再对这几部分再次细分，深入分析，从而找出项目质量管理中的主要问题。

### 8.3.3 项目质量保证的结果

（1）更新的组织积累的相关资源。更新的组织积累的相关资源包括更新质量标准等。更新后的质量标准为项目实施组织的质量过程和相关要求及其实施效率进行验证，在实施质量控制过程中也将用到质量标准。

（2）变更请求。关于质量请求的变更将使质量得到改进。质量改进包括采取措施以提高项目实施组织的质量政策、过程和程序的效率和效力，可以为所有项目干系人带来增值。这项请求的变更也包括在整体变更控制过程中。变更请求可以是采取正确的行动或进行缺点补救。

（3）更新的项目管理计划。项目管理计划将根据实施质量保证过程产生的质量管理计划变更进行更新，包括质量管理计划、进度管理计划及费用管理计划等的更新。这些更新包括纳入已经完成过程持续改进循环须从头开始的过程，以及已识别、确定并准备就绪有待实施的过程改进。申请的项目管理计划及其从属计划的变更通过前述的整体变更控制过程进行审查和处理。

（4）更新的项目文档。上述各项质量保证结果的更新将使相关的项目文件随之更新，包括质量审计报告、培训计划以及过程文件等。

## 8.4 项目质量控制

项目质量控制（Project Quality Control）是为了使项目的产品质量符合要求，在项目的实施过程中，对项目质量的实际情况进行监督，判断其是否符合相关的质量标准，并分析产生质量问题的原因，从而制定出相应的措施，确保项目质量得以持续不断地改进。

项目质量控制的目的是采取一定的措施消除质量偏差，弥补项目质量保证遗留下来的缺憾，追求质量零缺陷。项目质量控制应贯穿于项目质量管理的全过程。项目质量控制主要包括以下内容：

（1）度量项目质量的实际情况。
（2）将项目质量的实际情况与质量标准进行比较。
（3）识别项目存在的质量问题和偏差。
（4）分析项目质量问题产生的原因。
（5）如有必要，采取纠偏措施消除项目存在的质量问题。

项目质量控制与项目质量保证既有联系又有区别。两者的目标都是使项目质量达到规定的要求，因此，在项目质量管理过程中，它们是互相交叉、相互重叠的。但是，项目质量控制是一种纠偏性和把关性的过程，它直接对项目质量进行监控，并对项目存在的质量问题进行纠正；而项目质量保证是一种预防性的、保障性的过程，它只是从项目质量管理组织、程序、方法等方面做一些辅助性的工作。

项目质量控制的主要工作如表 8-5 所示。

表 8-5 项目质量控制的主要工作

| 依　据 | 工具和方法 | 结　果 |
|---|---|---|
| 质量管理计划 | 因果分析图 | 质量控制状况 |
| 质量测量指标 | 控制图 | 确认的变更 |
| 质量核对表 | 流程图 | 确认的可交付成果 |
| 工作绩效状况 | 直方图 | 更新的组织积累的相关资源 |
| 批准的变更请求 | 帕累托图 | 变更请求 |
| 可交付成果 | 趋势图 | 更新的项目管理计划 |
| 组织积累的相关资源 | 散点图 | 更新的项目文档 |
|  | 统计抽样 |  |
|  | 现场检查 |  |

由图 8-8 可以更加清楚地了解在项目质量控制时的工作信息流向。

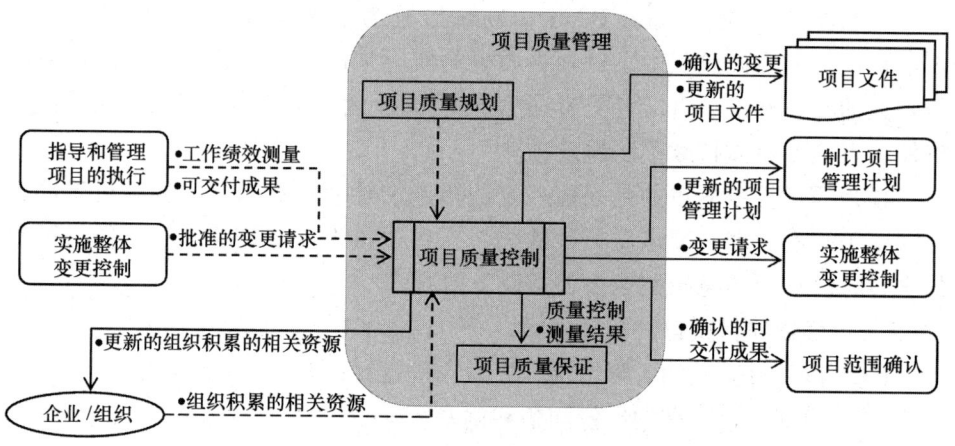

图 8-8 项目质量控制的工作信息流向示意图

## 8.4.1 项目质量控制的依据

（1）质量管理计划。质量管理计划明确了项目质量的最终要求。通过项目质量工作说明可以把项目质量的最终要求转变为项目质量控制的具体标准和参数。

（2）质量测量指标。质量衡量指标规定了进行质量活动的具体要求，为质量控制过程提供了重要依据。

（3）质量核对表。质量核对表是针对具体活动编写的，其目的是核实某些具体的质量工作环节是否已经实施及其实施情况。

（4）工作绩效状况。工作绩效状况可用于生成项目活动测量指标，用以将实际过程与计划过程进行对比。这些测量指标包括计划与实际的技术绩效、计划与实际的进度绩效以及计划与实际的费用绩效等的对比。

（5）批准的变更请求。批准的变更请求包括诸如工作方法、产品要求、质量要求和进度计划等的修订。需要对批准的变更请求进行分析，以确定其对质量管理计划、质量测量指标和质量核对表等的影响。审定的变更是实施质量控制的重要依据。

（6）可交付成果。可交付成果是项目活动的结果，是进行质量控制的目的和依据。

（7）组织积累的相关资源。影响实施质量控制的组织积累的相关资源包括质量标准和质量方针、标准工作指导原则、历史经验教训等。

## 8.4.2 项目质量控制的工具和方法

项目质量控制的工具和方法主要有因果分析图、控制图、流程图、直方图、帕累托图、趋势图、散点图、统计抽样和现场检查等。流程图和统计抽样已经在项目质量规划的工具和方法进行介绍，此处不再赘述。

（1）因果分析图。因果分析图，也称鱼骨图(Fish Bone)，它从不同的侧面找出影响项目质量问题的各种原因，并通过对这些原因进行分类而为制定项目质量问题对策和编制质量计划提供依据。在绘制鱼骨图时，要注意收集各种必要的信息，要将所有的项目活动都包括在内，从而确定影响项目质量的所有原因。图8-9是一种常用的因果分析图示例。

例如，A航空公司为了提高它们的服务质量，对1000多位经常搭乘A公司班机的顾客进行了一项调查。调查显示，顾客认为航班延误的原因主要包括：天气状况不佳、飞机迟到、缺少登记口管理员、机器故障、行李未及时运上飞机、起飞通知错误、检票延迟、检查行李、空中交通延误、座位选择混乱、乘务人员迟到或缺勤、燃料供应不及时、照顾迟到的顾客及机组人员

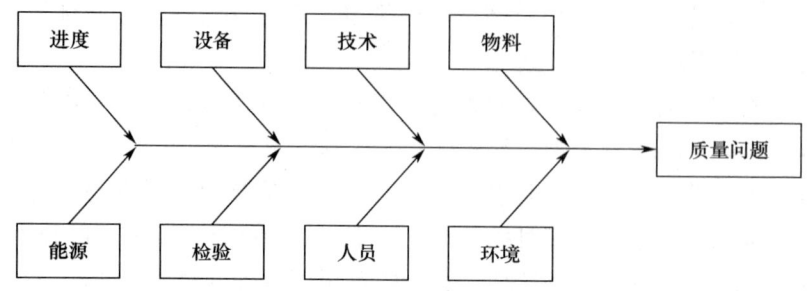

图 8-9　因果分析图

迟到或缺勤，如表 8-6 所示。

表 8-6　航空公司调查结果表

| 原　因 | 反馈人数 | 原　因 | 反馈人数 |
| --- | --- | --- | --- |
| 天气状况不佳 | 260 | 空中交通延误 | 170 |
| 飞机迟到 | 72 | 座位选择混乱 | 73 |
| 缺少登记口管理员 | 210 | 乘务人员迟到或缺勤 | 26 |
| 机器故障 | 30 | 燃料供应不及时 | 40 |
| 行李未及时运上飞机 | 320 | 照顾迟到的顾客 | 62 |
| 起飞通知错误 | 15 | 机组人员迟到或缺勤 | 23 |
| 检票延迟 | 24 | 总计 | 1347 |
| 检查行李 | 22 | | |

根据以上的信息，可以绘制出因果分析图，如图 8-10 所示。

（2）控制图。控制图（见图 8-4）不仅可用于项目质量规划，同时也是实施项目质量保证的一个重要工具。控制图可用于监测任何类型的结果变量。虽然控制图经常用于追踪重复性活动，但也可用于监测费用与进度偏差、范围变更的大小和频度、项目文档中的错误以及其他管理结果，以帮助确定项目管理过程是否处于正常的可控范围之内。

当项目进展的结果未达到质量标准时，就要查明原因，并运用其他相应的项目管理过程来消除产生项目质量缺陷的因素。例如，如果未能满足质量标准是由于项目团队成员技术不熟练，项目经理或其他利益相关者缺乏保证质量的积极性，就应当动用人力资源管理的有关过程，以提高他们在这方面的技能或积极性。质量不合格若是由于购入的材料或设备不合格造成的，应

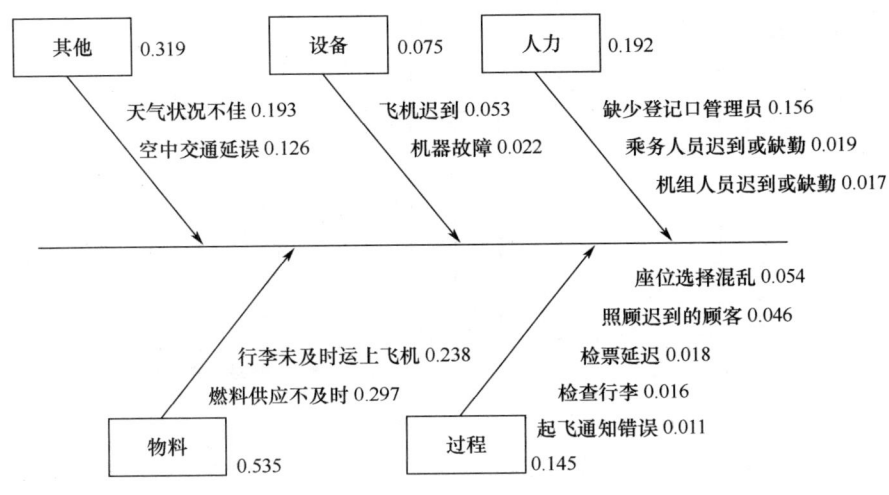

图 8-10 航班延误的因果分析图

通过项目采购管理的有关过程来加以解决,如合同管理。若项目结果符合质量标准要求,但客户或项目发起人不满意,则应通过范围变更控制制度,修改成果说明书或者工作说明书,重新编制项目计划(如成本和进度计划)等。

(3)直方图。直方图(Histogram)是频数直方图的简称,反映各变量的分布,可预测并监控产品质量状况以及对质量波动进行分析。直方图的每一栏都代表一个问题或情况的一个特征或属性,每个栏的高度代表该种特征或属性出现的相对频率。这种工具通过各栏的形状和宽度来确定质量问题的根源。

例如,A 食品厂为加强质量管理,对某月生产的罐头抽查了 100 个进行检验,发现 100 个罐头样品的净重都在 332~356g 之间。经过整理后的直方图绘制如图 8-11 所示。从中可以看出,抽查结果近视服从正态分布,说明该种罐头的生产过程处于统计控制状态,即稳定状态。

(4)帕累托图。帕累托图(Pareto Charts)是由意大利经济学家帕累托在分析社会财富的分布状况时提出的,他发现,在人类社会的进展历程中,少数人占有大量的财富,大多数人仅占有少量财富,而且那些少数人对财富起着决定性的支配作用,因此,它提出了"关键的少数和次要的多数"观点,而且这一观点也适用于社会、经济生活的很多方面。后来朱兰博士把这一观

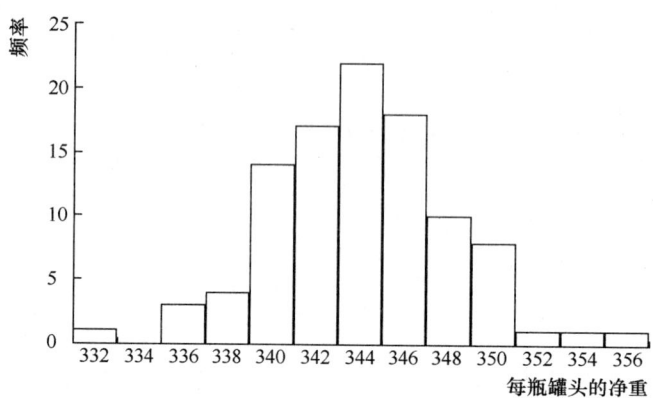

图 8-11　食品厂罐头检验直方图

点运用到质量管理中，将其作为寻求影响质量因素的一种方法。

图 8-12 是帕累托图的一个示例，图中的曲线即为 Pareto 曲线，通常把影响质量的因素分为三类：A 类为关键的少数，是主要因素，其影响程度的累计百分数在 70%~80% 范围内；B 类是一般因素，其影响程度的累计百分数在 20%~30% 范围内；C 类为次要因素，其影响程度的累计百分数仅在 0~10% 范围内。B 和 C 构成了次要的多数。因此，帕累托图法又称为 ABC 分析图法，在对这些因素进行 ABC 分类管理时，应对 A 类实行严格的质量控制，对 C 类实行相对宽松的质量控制。

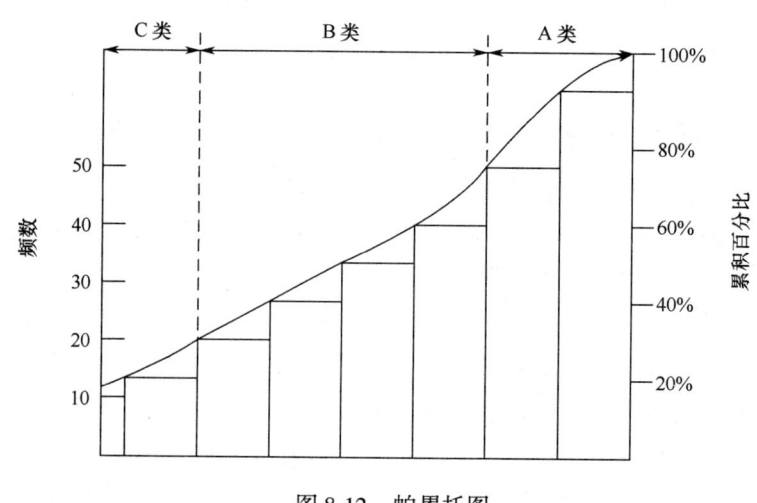

图 8-12　帕累托图

（5）趋势图。趋势图（Run Chart）是指根据过去的结果利用数学方法预测未来结果的一种方法。趋势分析常用于监控质量的实际情况，并预测质量的未来情况。它可以针对项目的实际执行情况，鉴定出有哪些工作存在质量问题，以及还有多少质量问题没有纠正。

（6）散点图。散点图（Scatter Diagram）表示因变量随自变量的变化而变化的大致趋势。它将序列显示为一组点，其值由点在图表中的位置表示，类别由图表中的不同标记表示。通过该工具，质量控制部门可以研究并确定两个变量的变更之间可能存在的潜在关系，将因变量和自变量对应地以圆点表示在图表中，由圆点形成的图形越接近对角线，两者的关系就越紧密。

（7）现场检查。现场检查是一个较为笼统的称谓，如审查、审计、巡检等，其工作内容包括测量、察看和检测等活动，目的是判断项目的可交付成果是否符合质量标准。

现场检查可以在任何层次上实施，既可以是对单项活动的工作结果进行检查，也可以是对项目的最终产品进行检查。现场检查的领域既可宽泛，也可具体，如缺陷补救审查就是质量控制部门或类似部门所采取的措施，目的在于确保产品缺陷得以补救，并使之与要求或规范相符。

### 8.4.3　项目质量控制的结果

项目质量控制的结果应体现在质量改进、过程调整、验收决定、返工决定等方面，具体如下：

（1）质量控制状况。质量控制状况是质量控制活动的结果，是按照质量规划中的格式，对质量控制活动结果的书面记录。

（2）确认的变更。任何变更或补救措施都必须进行检验，并在作出决策通知之前决定接受或拒绝这些变更措施。而被拒绝的变更措施可能还需要进一步修改。

（3）确认的可交付成果。质量控制的目标就是要确保可交付成果的正确性。实施质量控制过程的结果是可交付成果得以验证。

（4）更新的组织积累的相关资源。需要更新的组织积累的相关资源包括完成的核对表和经验教训等。首先，如果质量控制活动采用核对表，则完成的核对表应成为项目记录的一部分。其次，质量控制过程中掌握的偏差成因、采取纠正措施的理由和依据，以及其他各种经验教训都应以文档形式保存下来，使之成为项目和项目组织历史数据库的一部分内容。

（5）变更请求。根据推荐的纠正措施或预防措施，需要对项目进行变更，则应按照既定的整体变更控制过程启动变更请求。

（6）更新的项目管理计划。对项目管理计划进行更新，有助于反映实施质量控制过程产生的质量管理计划变更。申请的项目管理计划及其从属计划的变更需要通过整体变更控制过程进行审查和处理。

（7）更新的项目文档。需要更新的项目文档包括组织积累的相关资源的有关文档、变更请求、项目管理计划等。

## 本 章 小 结

本章首先介绍了质量、质量管理和项目质量管理的含义、理念以及项目质量管理的过程，包括项目质量规划、项目质量保证和项目质量控制。其后，较为详尽地阐述了项目质量管理各个过程的依据、采用的工具和方法以及各个过程产生的结果。本章应重点掌握费用收益分析、控制图、质量标杆法、因果图及帕累托图的具体应用。

## 自 测 题

**一、判断题**

1. 项目的质量方针是不可以调整的。　　　　　　　　　　　　　　　（　　）
2. 项目质量政策应该由每个项目的顾客制定。　　　　　　　　　　　（　　）
3. 质量管理规划描述了质量政策是如何贯彻的。　　　　　　　　　　（　　）
4. 内部故障费用属于质量纠正费用。　　　　　　　　　　　　　　　（　　）
5. 项目质量保证的结果包括更新后的项目管理计划等。　　　　　　　（　　）
6. 因果分析图能描述由不同的原因相互作用所产生的潜在问题。　　　（　　）
7. 实施项目质量控制的依据不包括质量管理计划。　　　　　　　　　（　　）
8. 质量审计所使用的工具之一就是质量核对表。　　　　　　　　　　（　　）
9. 质量标杆法用于依据标准测量质量水平。　　　　　　　　　　　　（　　）

10. 质量好并不代表质量高。                               (    )

二、单选题

1. 戴明环的四个过程是(        )。

   A. 计划—处理—执行—检查        B. 计划—执行—处理—检查

   C. 计划—检查—执行—处理        D. 计划—执行—检查—处理

2. 项目质量控制与项目质量保证的关系是(        )。

   A. 截然分开的                B. 有不同的目标

   C. 互相交叉、相互重叠的         D. 采用相同的方法

3. 项目质量保证包括(        )。

   A. 项目内部外部质量保证         B. 项目内部质量保证

   C. 外部质量保证               D. 项目各项质量保证

4. 下列方法中，能找出发生次数少，但对项目质量影响程度大的方法是(        )。

   A. 趋势分析     B. 质量检查表     C. 控制图     D. 帕累托图

5. 下列方法中，能确定影响项目质量的因素是由随机事件还是由突发事件引起的方法是(        )。

   A. 流程图法     B. 实验设计     C. 控制图     D. 帕累托图

6. 项目质量审计发生在项目质量管理的(        )阶段。

   A. 质量规划     B. 质量保证     C. 质量控制     D. 质量改进

7. 当检查质量成本时，培训成本属于(        )。

   A. 质量保证成本               B. 质量纠正成本

   C. 内部故障成本               D. 外部故障成本

8. 范围确认和质量控制之间的区别是(        )。

   A. 没有区别

   B. 范围确认关注工作结果的正确性，质量控制关注工作结果的可接受性

   C. 范围确认关注确保变更是有益的，质量控制关注所有工作结果是正确的

   D. 范围确认关注工作结果的可接受性，质量控制关注工作结果的正确性

9. 避免质量问题而不是检查质量问题的行为是(        )。

   A. 质量控制                 B. 质量系统工作

   C. 质量保证                   D. 质量管理

10. 质量控制在( )实施。

A. 项目开始时 B. 识别出缺陷时

C. 贯穿项目始终 D. 项目获得通过时

### 三、多选题

1. 下列表述正确的是( )。

A. 项目保证成本越大,项目纠正成本就越小

B. 项目保证成本越大,项目纠正成本也就越大

C. 项目纠正成本越大,项目保证成本就越小

D. 项目纠正成本越大,项目保证成本也就越大

2. 质量计划编制的方法包括( )。

A. 帕累托分析 B. 因果分析

C. 流程图法 D. 成本收益分析

3. 质量控制中常用的工具有( )。

A. 因果分析图 B. 控制图 C. 质量检查表 D. 帕累托图

4. 质量计划编制的依据包括( )。

A. 范围说明书 B. 干系人登记表

C. 标准和规范 D. 采购时的物料标准

5. 下列有关流程图的表述正确的是( )。

A. 流程图描述项目各活动之间的相互关系

B. 流程图有助于发现可能产生质量问题的工作环节

C. 流程图有助于明确项目质量管理的责任

D. 流程图有助于找出解决质量问题的方法

6. 下列表述正确的是( )。

A. 质量核对表可以核实项目质量计划的执行是否得到实施

B. 质量核对表通常以工作分解结构为基础

C. 质量核对表由详细的条目组成

D. 质量核对表可以包括某项工作是否已经完成的信息

7. 下列表述正确的是( )。

A. 控制图法通过描叙各样本的质量特征所在的区域来进行质量控制的方法

B. 上控制界限和下控制界限范围是根据项目质量规定的标准制定的

C. 项目质量特征在上控制界限和下控制界限范围外时说明它处于受控状态

D. 项目质量特征在上控制界限和下控制界限范围内时说明它处于失控状态

8. 质量管理规划描述了(　　)。

A. 实施质量政策的方法

B. 项目质量系统

C. 项目质量控制、质量保证、质量改进计划

D. 用来进行成本、进度和质量之间权衡平衡分析的程序

# 练习与思考

1. 一个项目团队如何判断他们是否成功地完成项目——交付一个质量合格的产品？
2. 项目质量管理的理念有哪些？
3. 项目质量保证主要包括哪些内容？
4. 项目质量控制主要包括哪些内容？
5. 列举通过项目质量的成本收益分析而改进项目质量的例子。

# 案 例 点 评

### M 公司项目质量管理的方法

M 公司是一家国际知名的计算机软件公司，该公司利用项目过程质量管理方法解决了许多公司经理都曾经遇到过的问题，即如何使一个项目经理工作组就目标达成共识并有效地完成一个复杂项目。在企业内部团队活动日益增多的情况下，这种方法无疑可以帮助项目小组确定工作目标，统一意见并制订具体的行动计划，而且可以使项目小组所有成员统一目标，将精力集中于对公司或项目小组有重要意义的工作上。当然，这种方法也可以为面临困难任务、缺乏共识或在主次工作确定及方向上有分歧的项目工作组提供解决疑难的方法和动力。

M 公司的过程质量管理的基础是一个为期两天的会议，所有项目小组成

员都在会议上参与确定项目任务及主次分配。具体的步骤如下。

(1) 建立一个工作小组。项目小组应至少由与项目有关的 12 人组成。该组成员可包括副总裁、部门经理及其手下高层经理,也可包括与项目有关的其他人员。工作小组的组长负责挑选组员,并确定一个讨论会主持人。主持人应该保持中立,他的立场不受讨论结果的影响。

(2) 召集会议。每一个组员以及会议主持人必须到会,但非核心成员或旁听者不允许参加。最好避免在办公室开会,以免被他人打扰。

(3) 编写任务说明书。写一份清楚、简洁且能够征得每个人同意的任务说明。如果工作小组仅有"为欧洲市场制定经营战略计划"这样的开放性指示,写任务说明就比较困难。如果指示具体一些,如"在所有车间引进 JIT 存货控制",那么写任务说明就较简单,但仍需小组事先讨论;而在会议中,应由会议主持人而不是由组长来掌握进程。

(4) 采用头脑风暴法进行讨论。组员将所有可能影响工作小组完成任务的因素列出来。主持人将所提到的因素分别用一个重点词记录下来。每个人都要贡献自己的想法,在讨论过程中不允许批评和争论。

(5) 找出重要成功因素。这些因素是小组要完成的具体任务。主持人将每一项记录下来列重要因素表。列表时有四个要求:每一项都得到所有组员的赞同;每一项确实是完成项目工作小组任务所需的;所有因素集中起来,足以完成该项任务;表中每一项因素都是独立的。

(6) 为每一个重要因素确定业务活动过程。针对每一个重要成功因素,列出实现它所需的业务活动过程并求出总数。然后用下列标准评估现阶段执行每一业务活动过程的情况:a = 优秀; b = 好; c = 一般; d = 差; e = 尚未执行。

(7) 填写优先工作图。先将业务活动过程按重要性排序,再按其目前在本企业的执行情况排列。以执行情况(质量)为横轴,以优先程度(以每一业务活动相关的重要成功因素的数目为标准,涉及的数目越多,越优先)为纵轴,在优先工作图上标出各业务活动过程。然后在图上划出第一、二、三位优先区域。

(8) 后续工作。工作小组会议制定了业务过程,并列出了要优先进行的工作,组长则应做好后续工作,检查组员是否改进了分配给他的业务过程,看企业或其工作环境中的变化是否要求再召开项目过程质量管理会议来修改任务、重要成功因素或业务活动过程表的内容。

事实上，M公司的项目过程质量管理可以应用于项目管理的很多方面，尤其是近年来，项目过程管理成为许多优秀企业改进绩效、不断进步的重要改革举措，它使项目管理更具有系统性和全局性。在这样的环境变化驱使下，M公司的项目过程质量管理的确具有重要的指导意义和实用价值。

问题：

1. 分析M公司的项目质量管理方法中包含哪些现代项目质量管理的核心思想？

2. 指出M公司的项目质量管理方法中运用了项目质量管理中的哪些工具，并具体说明？

# 案 例 思 考

## A球拍制造公司如何改善产品质量

A球拍制造公司成立于20世纪80年代，其产品主要是生产标准的或者定制的乒乓球拍。公司所有者一直希望打入竞争激烈但更有利可图的尖端产品市场，但是由于不仅缺乏资本，而且其产品的性能与质量尚不足以在该市场进行竞争而未果。

A公司的营业收入在整个20世纪80年代和90年代一直保持了平稳增长，但是在进入21世纪后，该公司却未能跟上市场规模的增长，其市场份额开始萎缩。

该公司从内部评估中认识到设计、制造、客户服务质量中的一些问题其实在过去的3~4年里就一直存在。调查表明这些问题在过去几年正在严重蚕食公司的销售额和利润额。根据质量调查的结果，该公司管理层正在计划一种他们需要的全新的、大力度的管理措施来改进该公司的产品质量。

问题：

1. 如果你是这家公司的总经理，你认为应该如何进行产品质量管理？

2. A球拍制造公司产品滞销的原因何在？你能否采用因果图分析影响乒乓球拍质量的主要因素？

主要内容
- ➤ 概述
- ➤ 项目人力资源规划
- ➤ 项目团队组建
- ➤ 项目团队建设
- ➤ 项目团队管理

第 9 章

# 项目人力资源管理

用人不在于如何减少人的短处，而在于如何发挥人的长处。

——著名管理学家　彼得·德鲁克(Peter F. Drucker)

造人先于造物。

——日本经营之神　松下幸之助

## 9.1 概述

### 9.1.1 项目人力资源管理的含义

项目人力资源管理(Project Human Resource Management)是指项目经理对该项目团队进行的一系列科学的计划、适当的培训、合理的配置、准确的评估和有效的激励等管理工作。

项目人力资源管理的目的在于充分发挥项目团队成员的主观能动性,使他们各尽所能,从而保证项目目标的顺利完成。

项目人力资源管理具有以下特点:

(1)团队性。由于项目工作是以团队作业的方式开展的,只有项目团队成员团结合作、协调一致,才能保证在规定的时间、以较低的成本、高效地完成项目目标。因此,建立一支团结、高效的团队是非常必要的。

(2)临时性。项目的临时性决定了项目团队的临时性,一旦项目完成后,项目团队就要解散,因此,应针对临时性,研究如何管理好这支临时的团队。

(3)阶段性。项目所处的生命期不同,其需要的人力资源数量和类别都会有所不同。一般来说,项目团队可由核心团队和辅助团队两部分构成。核心团队由少量成员组成,参与项目管理的全过程。辅助团队则由某些专业领域的人员构成,服务于某一专项工作。因此,团队人员数量是随着生命期的推进而不断变化的。

### 9.1.2 项目经理的权力与职责、素质与能力

项目经理即项目负责人,也称项目管理者或项目领导者,其负责整个项目的组织、计划、实施全过程。作为项目的最高责任者、组织者和管理者,项目经理在项目团队中具有举足轻重的地位。

(1)项目经理的权力。项目经理权力的大小取决于公司所采用的组织结构类型以及项目对该公司的重要性。如果该公司采用项目型组织结构,那么

项目经理的权力就相对较大，一般会在职能部门经理之上；如果公司采用职能型组织结构，那么项目经理的权力就相对较小，项目经理的权力很可能在职能部门经理之下。另外，如果某项目对公司而言比较重要，则项目经理的权力也会相对大些。项目经理的权力具体表现在：

1）项目团队成员选择的最终决定权。

2）项目执行过程中的决策权。

3）对项目资源具体使用和分配的权力。

(2) 项目经理的职责。

1）计划。项目经理的首要任务是制订计划。计划可以分为战略计划与作业计划，在项目组织成立之初，战略计划是必不可少的，因为它确定了项目团队的总体目标。为了实现项目的战略计划，项目经理还必须制订一系列作业计划，但这并不意味着他须亲自制订各项作业计划。在项目执行过程中，项目经理需要根据项目的实际进展情况随时对项目计划进行调整，一般对战略性计划调整的相对较少，而越细致的作业计划需要调整的可能性越大。

2）组织。项目经理需要决定哪些工作由组织内部完成，哪些工作由组织外部的协作者来完成。项目经理的组织工作主要包括：对项目所要完成的每项具体工作进行描述，并安排相应的人员，把工作任务落实到项目团队中的每个人。同时，具体承担工作任务的人员应对项目经理作出承诺。

3）协调。项目经理还需要协调外部协作者完成工作，项目经理应对其工作范围作出明确划分，与每位协作者协商达成一致意见并签订合同。此外，项目经理还要对合同的执行过程进行监督，对所发现的问题及时协调处理，若不在自己的职责管辖范围内应及时向上级报告。

4）控制。为了保证项目的进展与项目的目标相一致，项目经理必须对项目进行监控，跟踪实际工作的进展情况，并将其与计划进行对比，有时甚至还需进行项目变更。因此，项目经理需要设计一套有效的项目管理信息系统以及项目变更程序，以便更好地对项目进行控制。借助于项目管理信息系统，项目经理能够掌握项目的实际进展情况，分析研究各种已经出现的问题和潜在的风险，在必要的时候根据项目变更程序对项目的计划作业进行调整。

(3) 项目经理的素质。

1）善于决策和勇于承担责任。项目经理在很多情况下必须独自承担决策和管理的责任，由于项目本身所处环境的不确定性，以及项目要求与实施条件不断变化等原因，项目经理在项目管理过程中经常需要随时作出决策。

2）积极和大胆的创新精神。因项目具有一次性、独特性和不确定性等特点，所以项目和项目管理几乎没有现成的经验和方法可以借鉴。项目经理作为项目的主要负责人，如果在项目管理的执行过程中具备积极、大胆的创新精神，不仅能够带动整个组织不断开拓挖掘新思路和方法、营造积极创新的氛围，而且可以鼓励项目团队成员充分发挥创新意识、提高创新的积极性。

3）实事求是的工作作风。影响项目正常进展的因素很多，而且在项目实施过程中难免会出现实际情况与预期计划的偏差。此时项目经理就应该带领团队成员，运用各种工具和方法找出偏差的来源，并分析偏差可能带来的不利影响，如果必要，应及时采取相应的措施。

4）很强的自信心。任何一个项目在实施初期通常都具有较大的不确定性，其成功与否将受多种主、客观因素的影响。项目经理作为项目组织的领头人应该具有能够圆满完成项目的信心，这样才能坚定其他团队成员的信念，相信自己的付出会有丰厚的回报。

（4）项目经理的能力。

1）领导能力。项目经理是项目的管理者而不是项目的具体执行者。项目经理要指挥整个项目团队去实现项目目标，其领导能力决定了项目的成败。目前，大多数项目经理都采用民主参与式的领导方式。项目经理不只是简单地下达命令，而是引导团队成员发挥主动性来完成自己的工作；并且项目经理通过授权，也可从项目管理的繁琐细节中解脱出来，以更好地应对项目中的重大事项。

2）人际交往能力。良好的人际交往能力是项目经理必备的技能，这种技能需要良好的口头表达能力和书面沟通能力。项目经理的人际交往能力主要包括：处理好与上级主管的委托代理关系的能力；处理好与项目干系人的利益关系的能力；处理好项目涉及的公共关系方面的能力，如各种媒体、社会公众等；处理好项目团队内部关系的能力。

3）人员开发能力。项目经理在领导项目团队实现项目目标的同时，也应将该过程视为提高团队成员自身价值的良好机会。项目经理要营造一种学习氛围，使团队成员能够通过各自的工作来不断提高自身的专业技能，鼓励项目团队中经验丰富的成员向阅历不足的成员传授专业技能，同时，可让团队成员参加培训，进一步提高他们的能力，更好地为项目服务。

4）处理问题的能力。首先，项目经理要及时发现项目执行过程中存在的问题甚至是潜在的问题，只有尽早发现问题，才有充足的时间制订出合理的解决方案，从而避免事态的扩大，减少对项目的负面影响。其次，项目经理要具有分析问题的能力，一旦发现问题，就要对问题进行深入剖析。最后，项目经理还要根据问题的性质及其产生的原因，带领和指挥项目团队来解决问题。

5）建设项目团队的能力。项目团队是项目的具体实施者，项目经理的决策也是通过项目团队体现出来的，所以，项目经理必须组建一支高效、协调的项目团队。项目经理要充分了解项目的目标，对项目的工作任务进行分解，初步确定实施项目需要的人员，然后再从公司外部或内部选取合适的人员。

项目人力资源管理的工作过程主要包括项目人力资源规划、项目团队组建、项目团队建设和项目团队管理4个方面。

## 9.2 项目人力资源规划

项目人力资源规划（Develop Human Resource Plan）是指通过对未来人力资源需求预测，确定完成项目所需人力资源的数量和类别、各自的工作任务，以及团队成员之间相互关系的过程。它确保了在适当的时候，为适当的职位配备合适数量和类型的工作人员，使得他们能够有效地达到总体预定目标。在编制人力资源管理计划时，项目经理需要确定项目所需的人力资源数量和类别、项目团队成员的具体职位及相应的权力、责任等。

项目人力资源规划通常有三个步骤：

（1）调查研究现有人力资源状况，并对其进行评价。

（2）根据项目的具体情况预测项目未来所需的人力资源数量和类别构成。

（3）制订项目人力资源管理的总计划，并据此制定出各项具体的人员管理政策。

项目人力资源规划的主要工作如表9-1所示。

表 9-1 项目人力资源规划的主要工作

| 依 据 | 工具和方法 | 结 果 |
| --- | --- | --- |
| 活动资源需求<br>项目的制约因素<br>组织积累的相关资源 | 层级结构图<br>责任分配矩阵<br>角色分析<br>人际网络构建<br>组织理论应用 | 角色和职责分配计划<br>人员配备计划<br>补充说明 |

由图 9-1 可以更加清楚地了解在项目人力资源规划时的工作信息流向。

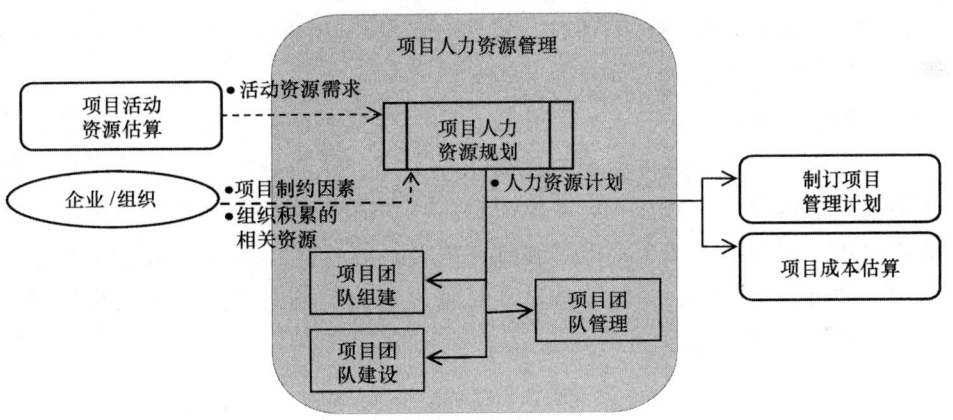

图 9-1 项目人力资源规划的工作信息流向示意图

## 9.2.1 项目人力资源规划的依据

（1）活动资源需求。在进行人力资源规划时，要根据活动资源需求来确定所需的人力资源。对项目团队成员及其能力的需求分析应该渐进明细，活动资源需求也是人力资源规划过程的一部分。

（2）项目的制约因素。项目所处的环境无时无刻不在发生着变化，这些变化也不断对人力资源规划提出新的要求。影响项目人力资源规划的外部因素主要包括政治与法律因素、经济因素、社会文化因素及科技因素。同时，还要考虑一些项目内部制约因素，如项目的组织结构。例如，由于职能型组织结构中的项目经理权力有限，他可能无法及时获取项目所需的人力资源。

(3) 组织积累的相关资源。项目人力资源规划编制时可以借鉴以往类似项目的成功经验,在制定过程中,可对项目团队产生影响的组织积累的相关资源有:组织的标准流程和政策、组织结构图和职位描述、以往项目的组织结构资料等。

### 9.2.2 项目人力资源规划的工具和方法

(1) 层级结构图。层级结构图是由自上而下划分为若干层次的等级链构成,可以用于描述权利和职位间的关系。典型的层级结构图包括工作分解结构(WBS)、组织分解结构(OBS)、资源分解结构(RBS)。借助上述层级结构图,可以预测项目的人力资源需求状况。

例如,天塑公司是一家大型企业,从事塑料制品生产和销售的业务,总部设在上海,在上海、天津和大连有3个工厂,全国各地都有销售网络。公司为提高整体经营水平,决定实施一套ERP系统,主要包括销售、财务、物流等模块。该项目涉及3个工厂和所有销售网络。项目组织分解结构如图9-2所示。通过该结构图,担任该项目项目经理的公司副总裁王勇可以预测项目的人力资源需求状况。

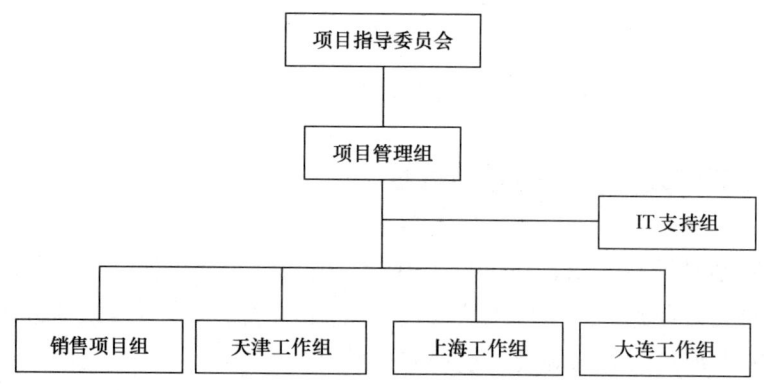

图9-2　ERP系统项目组织分解结构

(2) 责任分配矩阵。责任分配矩阵(Responsibility Assignment Matrix,RAM)是一种将已分解的工作任务落实到项目中有关部门或个人,并明确表示出他们在组织工作中的关系、责任和地位的一种方法和工具。它是在工作分解结构的基础上建立的,以表格形式表示完成工作分解结构中每项工作活动。

责任分配矩阵明确表示出每项工作由谁负责,具体由谁来执行,并且明确了每个人在整个项目中的地位。责任分配矩阵还系统地阐明了成员之间的相互关系,它能使项目团队中的每个人认识到自己在项目组织中的基本职责,充分认识到在与他人配合中应承担的责任,从而能够充分、全面和主动地承担自己的全部责任。

在项目实施过程中,如果某项活动出现了错误,项目经理可以很容易地从责任分配矩阵中找出该项活动的负责人和具体执行人;当沟通中出现困难或者工作责任不明确时,也可运用责任分配矩阵,还可针对某个子项目或某个活动分别制定不同规模的责任分配矩阵。

例如,某软件公司承接了上述天塑公司实施的 ERP 系统项目,他们把项目分为定义、设计、开发、测试、维护 5 个阶段,分别由专人负责,其责任分配矩阵见表 9-2。

表 9-2 项目责任分配矩阵

| 阶　段 | 人　员　安　排 | | | | |
|---|---|---|---|---|---|
| | 王平 | 张明 | 李刚 | 刘军 | 赵东 |
| 定义 | 负责 | 执行 | 知情 | 知情 | 知情 |
| 设计 | 知情 | 负责 | 执行 | 咨询 | 咨询 |
| 开发 | 知情 | 负责 | 执行 | 咨询 | 咨询 |
| 测试 | 负责 | 知情 | 知情 | 执行 | 知情 |
| 维护 | 知情 | 知情 | 咨询 | 负责 | 执行 |

(3) 角色分析。角色分析是一项系统的项目人力资源管理活动,也是项目人力资源管理的基础平台。角色分析是以角色本身为对象,收集每个角色特征信息的过程,其主要目的是为了清楚地了解每个角色的工作内容和完成该项工作所需要的能力。通过对角色的 5 个构成要素,即工作、职责与职权、环境、角色需求的任职者、激励与约束机制进行深入细致的分析,为项目人员甄选标准的确定、培训课程的设定以及工作流程的优化奠定基础。

角色分析的主要方法包括问卷调查法、访谈法、文献资料分析法、观察法和关键事件法等。

问卷调查法是角色分析中最常用的一种方法，采用问卷或调查表的形式获取角色分析中的信息，实现角色分析的目的。问卷调查法通常分为标准工作分析调查和指定工作分析调查两部分（见表9-3和表9-4）。标准工作分析调查表问卷内容具有普遍性，适合于各种角色。指定工作分析调查表问卷具有特定性，每张调查表只适用于指定的某个角色。

表9-3　标准工作分析调查表

```
(1) 工作名称：_____
(2) 适合此项工作的年龄：_____
A. 20岁以下       B. 21~30岁       C. 31~50岁       D. 51岁以上
(3) 适合此项工作的性别：_____
A. 男女均可       B. 男性          C. 女性
(4) 担任此项工作所需学历：_____
A. 高中           B. 专科          C. 本科          D. 研究生
(5) 胜任该项工作所需的工作经验：_____
A. 2年            B. 3年           C. 5年           D. 无具体要求
```

表9-4　指定工作分析调查表（以软件研发人员为例）

```
姓名：_____       工作名称：_____
请准确回答下列问题
1. 主要职责
从事该项工作，每天需要完成哪些任务，承担什么责任
2. 教育
从事该项工作，应受过何种程度的教育
3. 经验
从事该项工作，应具备哪些工作经验才能胜任
4. 培训
从事该项工作，应对他进行哪些方面的培训，才能有助于工作
5. 能力
从事该项工作，以下哪些能力必不可少
A. 口头表达能力   B. 明晰的思维    C. 良好的体魄    D. 创造力
```

（4）人际网络构建。人际网络是指为达到特定目的，人与人之间进行信

息交流的关系网。它基本上是由结点和联系两部分构成。结点是项目组织中的人或部门，联系则是交流的方式和内容。

人际关系对每个人的情绪、生活、工作有很大的影响，甚至对组织气氛、组织沟通、组织运作、组织效率及个人与组织的关系均有极大的影响。建立人际网络既是一种技能，也是一种艺术。通过人际网络的构建，可以提高项目成员与他人进行有效沟通的能力，如了解沟通的障碍并且尽可能对其加以改善；以对方的立场和观点去设想问题；用心灵去倾听对方的想法与感受；善解人意；加强自我了解；善于处理自己的情绪。

人际关系网络的构建方式有正式和非正式两种。正式的方式主要有组织之间的公函来往、组织内部的文件传达、召开会议、组织规定的汇报制度等。非正式的方式主要有午餐会、私下交流、小道消息等。

（5）组织理论应用。项目人力资源规划应以各种组织理论为基础，如马斯洛的需求层次理论、麦戈理格的 X 理论与 Y 理论、郝兹伯格的双因素理论、公平理论和期望理论等。

## 9.2.3 项目人力资源规划的结果

项目人力资源规划的结果就是由项目团队所编制的项目人力资源计划。它的主要内容包括：

（1）角色和职责分配计划。在项目所需的角色和职责分配计划中，应包括下述各项内容：

1）角色，即某人负责项目的某部分工作的标识。例如，建筑工程师、法院联络人、商务分析师和测试协调人。

2）职权，即拥有使用项目资源及作出决策和批准的权力。

3）职责，为完成项目，要求项目团队成员实施的具体工作。

责任分配矩阵就是角色和职责分配计划的一种表示方式。通过责任分配矩阵可以反映工作与项目团队成员之间的联系。例如，表9-5 显示了一个小型项目的责任分配情况。

（2）人员配备计划。在人员配备计划中描述了何时及以何种方式来满足项目人力资源需求，其中包括人员培训策略及项目团队的建设计划。随着团队绩效评估的进行，可在其中加入奖励、反馈、额外培训及惩戒措施。

表 9-5　某项目的责任分配矩阵图

| 任务＼成员 | 张文 | 费强 | 李琼 | 赵娜 | 欧贤 |
|---|---|---|---|---|---|
| 需求分析 | P | S | | | |
| 设计产品 | S | | P | | |
| 制造产品 | | P | | S | |
| 调试产品 | | | S | | P |

注：P(President)——主要负责人，S(Service)——次要负责人。

根据项目的需要，人员配备计划可以是正式的或非正式的、详尽的或宽泛的。在项目进行过程中，项目经理将不断地对其进行更新，以便指导团队成员的招募和团队建设活动。人员配备计划信息因应用领域和项目规模的不同而异。

在编制人员配备计划时需要特别注意的是，当项目团队某个成员的工作已经完成而没有其他新任务时，应该把他撤出项目团队，这样可以降低项目的成本。人员配备计划一般通过人力资源直方图来表示，例如，图 9-3 表示某项目在一个月内所需的人力资源状况。

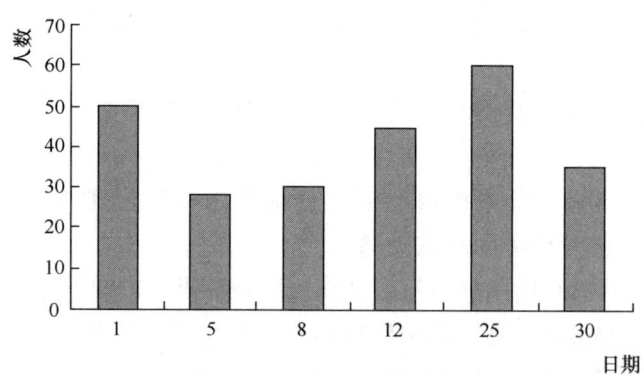

图 9-3　人力资源分布图

（3）补充说明。它包括各项活动对人力资源在知识、能力、技能、经验等方面的要求以及当这些方面不能满足项目要求时，如何对人力资源进行培训。

## 9.3 项目团队组建

项目团队(Project Team),它是指根据项目人力资源计划的要求,从项目组织内部或项目组织外部获取所需的人力资源,并组建完成项目所需的团队的过程。即为实现项目的目标共同合作的若干成员组成的正式组织,一般包括项目经理、项目管理办公室人员以及专业人员等。项目团队具有下列特征:

(1) 项目团队具有特定的目的。项目团队在组建的同时就被赋予了明确的目标。项目团队的任务是完成项目的任务,实现项目的目标。

(2) 项目团队是临时组织。项目团队是基于完成项目任务和项目目标的目的而组建的,一旦项目任务完成,团队的使命也将告终,项目团队即可解散。

(3) 项目团队的领导是项目经理。在一个项目团队中,项目经理是最高的决策者和管理者。一般来说,项目的成败与项目经理的能力有着密切的关系。

(4) 项目团队强调合作精神。项目团队是一个整体,它按照团队作业模式来实施项目,这就要求团队成员具有高度的合作精神,相互信任,相互协调。团队合作精神是项目成功的有力保障。

(5) 项目团队成员的增减具有灵活性。项目团队在组建的初期,其团队成员人数可能较少,随着项目进展的需要,项目团队成员人数会逐渐增加,而且团队成员的人选也会随着项目的发展而进行相应调整。

(6) 项目团队建设和管理是项目成功的保障。项目团队建设和管理包括对项目团队成员进行技能培训、绩效考核以及绩效跟踪和人员激励等。

项目团队组建(Acquire Project Team)是指确认可以使用的人员并获取和配置项目团队人员的过程,即根据项目人力资源计划的要求,从项目组织内部或外部获取所需人力资源,并根据这些人员的能力、知识和经验对他们进行合理安排的过程。项目团队组建是人力资源规划的具体实施过程,是提高项目团队绩效、充分利用项目人力资源的有效手段。

项目团队组建的主要工作如表9-6所示。

由图9-4可以更加清楚地了解项目团队组建时的工作信息流向。

表 9-6　项目团队组建的主要工作

| 依　据 | 工具和方法 | 结　果 |
|---|---|---|
| 人力资源计划<br>组织积累的相关资源<br>项目的制约因素 | 协商<br>预分派<br>招聘<br>虚拟团队 | 项目人员配置<br>项目人力资源可利用情况<br>更新的项目管理计划 |

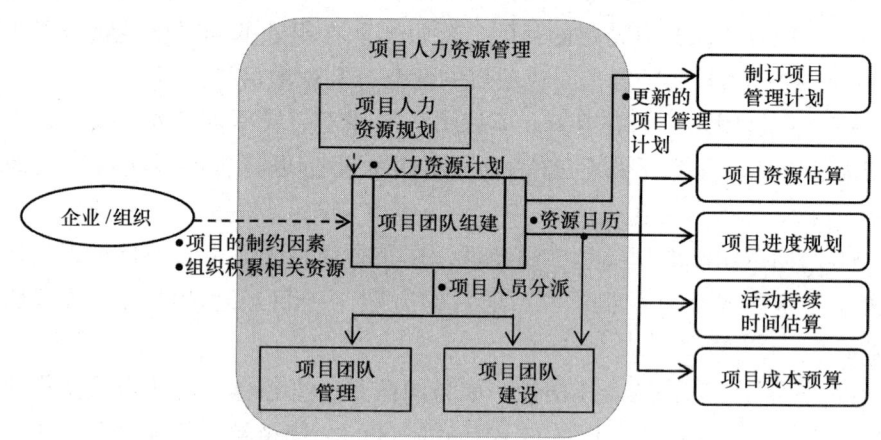

图 9-4　项目团队组建的工作信息流向示意图

### 9.3.1　项目团队组建的依据

（1）人力资源计划。项目管理计划中包括人力资源计划，而人力资源计划中又包括用于指导人力资源识别、配备、管理和控制的信息，如角色与职责、项目组织结构图及人员配备管理计划等。

（2）组织积累的相关资源。对组建项目团队过程可能产生影响的组织积累的相关资源包括：组织的标准、政策、流程和程序等。

（3）项目制约因素。对组建项目团队过程可能产生影响的项目制约因素包括：现有的人力资源状况、可用的人员及其能力、以往的经验；人事管理政策，如影响外包的政策；组织结构；一个或多个工作地点等。

## 9.3.2 项目团队组建的工具和方法

（1）协商。在采用矩阵型组织结构的项目中，项目经理与职能部门经理之间需要就项目团队人员的配置情况进行商议，以确保在项目进程中随时能够从职能部门获取适当的人力资源。

（2）预分派。在某些特定的情况下，项目的人员可能是预先指定的。如在需求建议书中已经注明了需要安排特定的人员参加项目，或项目章程已经规定了项目配备的某类项目人力资源。

（3）招聘。主要有招聘分类和招聘程序两个方面。

1）招聘分类。分为内部招聘和外部招聘。内部招聘是指在项目组织内部或项目所在公司的人力资源中，通过提升、工作调配和内部人员的重新聘用等方式选出项目组织所需人员的一种方法。从内部招聘的人员对项目比较了解，可以节约大量的人员培训成本，此外，还能为项目组织的内部人员提供职业发展机会，可以提高他们工作的积极性和创造性。但是内部招聘会受到项目组织现有人力资源的限制，可供选择的范围有限。外部招聘是从项目所在公司的范围之外获取项目所需人力资源的一种方法。与内部招聘相比，外部招聘的选择范围较为广泛，而且从外部招聘的人员能为项目组织带来创新思想。但是，外部招聘要花费很多的时间和成本，还要对新进人员进行适当的培训。

2）招聘程序。其程序主要有以下几个步骤：

◇ 资格审查。在资格审查中，要对应聘者提交的材料进行核实，还要对他们进行体检。

◇ 笔试。笔试通常包括智商、心理、情商等方面的测试。通过笔试可以了解应聘者的潜力和能力，有利于项目管理人员做出正确的录用决策。

◇ 绩效模拟测试。绩效模拟测试有两种方法，即工作抽样法和测评中心法。工作抽样法的具体做法是：让应聘者参与一个与其所应聘职务相关的活动，让其完成其中的一些任务，然后根据他所完成的情况得出测评结果。这种方法对于一般性的职务是有效的，但成本较高。测评中心法是由被选职位的直接上层管理者、监督者和心理学家组成测评中心，模拟出实际工作中可能出现的问题，对应聘者进行测试，然后根据应聘者表现得出其是否称职的结论。

◇ 面试。资格审查和笔试都无法提供有关应聘者的全面信息，因此还需要通过面试对应聘者作进一步的评价。

◇ 综合选择。项目管理人员要根据笔试、绩效测评、面试的成绩，对应聘者进行综合评价和横向比较，从而选出合适的人员。

(4) 虚拟团队。虚拟团队是指虽然分散于不同的时间、空间和组织边界，却具有共同理想、共同目标或共同利益，为完成项目任务所组成的人员群体。

虚拟团队作为一种新型的组织形态，具有许多优于传统团队的特征，如采用虚拟团队拓宽了组织的人才来源渠道，为吸引通常很难获得的专业人才创造了条件；拓展了信息资源渠道，为保持产品的先进性奠定基础；通过资源共享实现优势互补和有效合作，使众多不同渠道的零散知识整合为系统的集体智慧，转化为竞争优势；项目成员之间可以利用最新技术实现及时沟通，确保及时作出正确的决策；可以优化组织结构促使组织结构扁平化，通过团队柔性的工作模式降低管理成本。

虚拟团队可以通过电话、网络、传真或可视图文等方式来沟通和协调，如每天查收两次电子邮件；每天定时通一次电话等，便可以分工完成一份事先拟订好的工作。

例如，在上述关于天塑公司 ERP 项目团队的案例中，公司项目团队成员的获取采取了以下几种方式：

1) 项目经理路某与其他各个职能部门经理之间就项目团队人员的配置情况进行了商议，从公司内部选取适合于项目不同需求的专业技术人员、管理人员等。

2) 副总裁王某认为，信息管理部总监路某既有业务知识背景，又有 IT 知识背景，而且有较强的组织协调能力，因此，王某向公司管理层推荐路某任该项目的项目经理，公司管理层表示赞同。也就是说项目经理路某就是由王某指派到项目中的。

3) 因具体需要，公司还通过人才市场、网上招聘、推荐等方式招聘了新员工，充实项目团队。如项目团队中 IT 支持组组长刘某和项目法律顾问阎某就是通过招聘而进入公司的。

### 9.3.3 项目团队组建的结果

（1）项目人员配置。项目团队成员清单明确表示了每项工作的负责人和执行者。项目人员配置是根据项目团队成员的实际情况列出清单，通过对最佳人力资源投向的调控来实现的。在进行项目人员配置的时候，应遵循合理使用原则和提高效率原则。

（2）项目人力资源可利用情况。根据项目团队成员清单及项目人员配置表，测算每个项目人员最大限度可用于某一具体项目上的工作时间。

（3）更新的项目管理计划。更新的项目管理计划包括人力资源计划和其他方面，如承担项目角色与职责的具体人员等。

## 9.4 项目团队建设

项目团队建设（Develop Project Team）是指通过对人力资源进行培训、绩效考核和激励等方式，来提高项目团队成员个人的能力以及整个项目团队绩效的工作过程，即通过不断对项目团队成员的培训，建立一套科学、合理、可行的工作业绩考核体系，以便激励所有团队成员努力完成任务的工作过程。

项目团队建设的主要工作如表 9-7 所示。

表 9-7 项目团队建设的主要工作

| 依 据 | 工具和方法 | 结 果 |
| --- | --- | --- |
| 项目人员配置<br>人力资源计划<br>项目人力资源可利用情况 | 人际沟通技能<br>项目人员培训<br>团队建设活动<br>团队行为规范<br>集中办公<br>人员激励 | 团队绩效评估报告<br>更新的项目制约因素 |

由图 9-5 可以更加清楚地了解在项目团队建设时的工作信息流向。

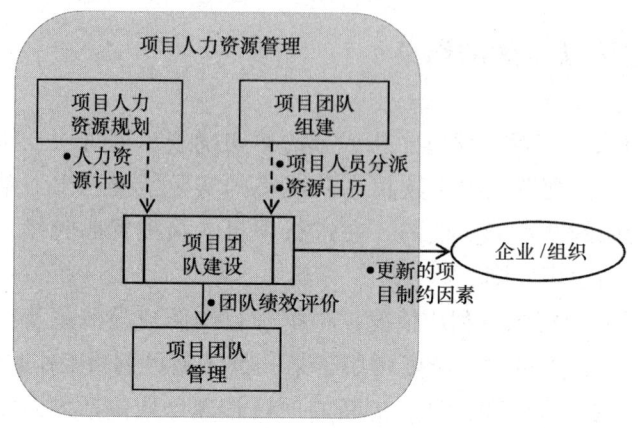

图 9-5　项目团队建设的工作信息流向示意图

## 9.4.1　项目团队建设的依据

（1）项目人员配置。项目团队建设从获得团队成员的名单开始，项目人员配置文件中列出了项目团队成员名单。

（2）人力资源计划。项目管理计划中包含人力资源计划，而人力资源计划中又包含员工培训和团队建设计划。通过团队绩效评价和其他形式的团队管理活动，可以把奖励、反馈、额外培训及违纪惩罚等事项加入人力资源计划之中。

（3）资源日历。资源日历识别项目团队成员参与团队建设活动的时间。

## 9.4.2　项目团队建设的工具和方法

（1）人际沟通技能。人际沟通技能，如倾听、解读肢体语言、提问、给予反馈、开展有效双向的沟通等。通过人际沟通能建立沟通双方之间的信任，并使绩效问题更容易解决。有一些"软技能"对项目的成功非常重要。理解每个项目团队成员的想法，积极参与他们的活动，了解他们的需求等，均可减少项目进行中可能遇到的问题，并促进团队成员之间融洽合作。

良好、有效的沟通始于倾听，倾听有利于消除团队成员之间的隔阂，从而减少误会。沟通成功的前提条件是和谐的气氛，以便搭建相互信任的桥梁。选择沟通时机、寻找沟通的"切入点"也很重要。人一般在心情愉快时比较乐于和他人交流，也相对容易接受外界信息。即便在沟通中遇到矛盾和问题，也应以宽容大度的胸怀赢得对方的理解和支持，使项目成员间的感情在有效的沟通中得以巩固和加强。

（2）项目人员培训。培训是使人获得工作能力的过程。项目人员培训是指为使项目团队成员具备完成各自任务所需的知识、技能和能力等而进行的培训活动。虽然对人员进行培训可能增加项目的成本，但是这远比由于人员缺乏技能或效率低下导致项目失败所造成的损失要小的多。适当的人员培训不仅可以提高项目团队的工作效率，而且还能鼓舞团队成员士气、留住人才。

项目人员培训一般包括如下过程：

1）培训需求分析。这种分析通过考虑员工和组织的绩效来决定培训是否有益，需求分析是测评公司、团队或个人的能力与战略计划所要求的能力的契合度。

2）培训目标的确立。必须根据设定的目标来衡量培训是否成功。

3）选择适当的培训方式。培训方式的选择必须能反映预估的具体要求，有效的培训方式的选择需要包括学习理念、各种培训方法和法律问题。

4）评价培训的效果。评价培训效果是培训实施的最后一个环节，通过评价可以了解培训的内容是否合适、学员对知识的掌握程度以及培训的投入产出，并确定今后培训需改进的方向。柯氏模型是美国学者唐纳德 L．柯克帕特里克（Donald L. Kirkpatrick）在 1959 年提出的培训效果评价模型。唐纳德 L．柯克帕特里克从评价的深度和难度将培训效果分为 4 个递进的层次——反应层次、学习层次、行为层次和效果层次。柯氏模型 4 个层次的评价内容和评价方法见表 9-8。

表 9-8　柯氏模型 4 个层次的评价内容和常见评价方法

| 评价层次 | 评价内容 | 常用评价方法 |
| --- | --- | --- |
| 反应层次 | 学员对培训项目在哪些方面满意，包括对课程内容、材料、讲师、技巧及场地设备和服务的衡量 | 培训实施评价问卷<br>口头询问 |

(续)

| 评价层次 | 评价内容 | 常用评价方法 |
| --- | --- | --- |
| 学习层次 | 学员从培训项目中学到了什么,包括对理论、业务知识、技术的掌握情况 | 笔试<br>实操演练、工作模拟<br>角色扮演<br>观察考评 |
| 行为层次 | 培训学员的行为是否发生了变化 | 上级与下属的反馈<br>现场评估<br>行动计划跟进 |
| 效果层次 | 行为的变化是否对组织产生了积极影响及其意义 | 针对一些特殊项目设计评估模型 |

(3) 团队建设活动。项目团队从成立到解散,是一个不断成长和变化的过程,这个过程包括如下 5 个阶段:

1) 形成阶段。这是项目团队发展过程的最初阶段,它将一些独立的个体转变成项目团队成员。这一阶段的特征是项目团队成员具有一种积极向上的精神,急于开始工作和表现自己,项目团队也在努力建立自己的形象,并试图对将要开始的工作进行分工和制订计划。

形成阶段项目团队成员的情绪表现为希望、激动、怀疑、焦急等,他们往往不知道要干什么、和谁一起干以及要从事的工作是否与自己的兴趣相适应等问题。此时,项目经理要重视项目团队建设工作,说明项目的目标,并且公布项目的进度计划、质量标准、团队结构和每个成员在项目中的职位。

2) 磨合阶段。项目团队成员在明确了自己的目标后,便开始运用自身技能来执行被分配的工作。这一阶段的特征是项目团队成员可能会发现现实与自己的期望不一致,越来越不满意项目经理的指导和命令,对项目所采用的设备和技术不熟悉,时常发生错误。

磨合阶段的项目团队成员的情绪多表现为挫折、不满、愤怒甚至对立等,如对自己的角色不太满意,觉得项目经理制订并安排的计划不合理。此时,项目经理要对他们进行适当指导,并且要引导每个成员对自己的角色及责任进行调整。另外,项目经理还要明确项目团队成员相互之间的关系和行为规范，使每个成员都清楚地了解自己的责任。

3）规范阶段。项目团队经过了一段时间的磨合后，就进入了正常发展的规范阶段。这一阶段的特征是，项目团队的矛盾程度降低，同时，随着项目成员的期望和实际情况的统一，他们的不满情绪也逐步降低。项目的规章制度得到改进和规范，项目具体的控制和决策权也逐步从项目经理转移到项目团队成员手中。

规范阶段的项目团队成员之间开始建立相互信任、相互帮助的关系，开始互相交流看法，合作意识明显加强。所以，项目经理要逐步减少指导性工作，对团队成员的工作要给予支持，并且对他们取得的成绩进行表扬。

4）表现阶段。项目团队成员有很强的集体感和荣誉感，信心十足，急于实现项目目标，工作效率很高。项目团队根据实际需要，以个人或临时小组的方式进行工作，相互依赖度高。在表现阶段，项目经理的工作就是协助项目团队制订、修正并执行项目计划。

5）解散阶段。项目团队完成任务，准备解散，此时项目团队成员面对离别会倍感失落。项目经理最好采取措施，稳定人心，明确责任，同时，也要考虑团队成员以后如何安排的问题，把项目的收尾工作做好。

团队建设活动旨在改善人际关系，如定期举行的情况汇报会上的 5 分钟议程、该项目以外专业人士筹办的活动等。有些团队活动，如制定工作分解结构，虽然其初衷并不是为了团队建设，但是如果计划活动能安排得当，也会提高团队的凝聚力。

（4）团队行为规范。团队行为规范是指为了实现项目的目标，使项目团队成员在项目管理活动过程中履行岗位职责、严守职业道德、从思想认识到日常行为应遵守的职业纪律。即以项目目标为指导，约束团队成员行为的一系列原则和规范的集合。

借助于团队行为规范可以不断提升团队成员的自身素质，减少团队成员之间的误解，同时提高工作效率。规范团队行为是项目团队建设的切入点。

通过项目团队会议行为规范，可以使团队成员明确在项目会议期间哪些行为是允许发生的，如某个项目团队会议行为规范的形式如表9-9所示。

表 9-9　某个项目团队会议行为规范[一]

| 团队会议 |
| --- |
| 小组质量管理 |
| 行为准则 |
| 围绕所讨论的主题 |
| 按时到会并有所体会 |
| 每次只让一个人讲 |
| 做好准备 |
| 坦率、诚实、诚恳 |
| 限制使用挖苦和嘲讽的言辞 |
| 会议的气氛是积极向上的 |
| 消除消极性 |
| 提出建设性的批评 |
| 集中注意力。先理解，然后被理解 |
| 不要闲聊 |
| 主意是属于大家的，而不属于个人 |
| 作出决定后，团队步调要一致，要团结 |
| 加强积极行为 |
| 保持冷静 |

（5）集中办公。当项目需要的团队规模较大且项目工期较长时，采用集中办公的方式是最合适的。集中办公是指把项目的核心团队成员安排在临近的位置，一般可能是在同一地点工作，这样可以辅助沟通，以增强他们整体的工作能力。集中办公既可以是临时性的，如仅在项目中的关键时期，也可以是贯穿整个项目的全过程。但如果来自一个主要职能部门的人员仍需要参与该职能部门工作，或某些职能部门工作地点比较分散，则不适宜使用集中办公。

（6）人员激励。激励就是激发和鼓励，是指项目团队通过某种方式来调动人员的积极性和创造性。激励可以提高项目团队成员的工作效率，提高成员的素质，从而提高整个团队的绩效，有利于项目目标的实现。在对项目团队成员进行激励时，还要注意选择适当的激励方式。常见的激励方式如下：

1）物质激励。物质激励是项目团队采用最多的一种方式。物质激励一

---

[一] 杰克·吉多，詹姆斯 P. 克莱门斯. 成功的项目管理[M]. 陈金成，译. 3 版. 北京：电子工业出版社，2007.

般包括工资和奖金等，它适合于一些基层的项目团队成员。

2）荣誉激励。通过荣誉激励可以满足项目团队成员获得尊重和荣誉的需求，它适合于知识丰富和层次较高的人员。

3）参与激励。参与激励是指让项目团队成员了解项目团队的运作情况，使他们以不同的方式参与到项目的管理中来，从而激发他们的主人翁意识。

4）挫折激励。当项目团队成员遇到挫折时，项目团队要对他们实加足够的影响，使他们勇于面对挫折，走出困境。

5）榜样激励。榜样激励就是使项目团队成员成为整个团队学习的榜样，使他们有很大的满足感，从而达到激励目的。

6）环境激励。环境激励就是为项目团队成员创造一个良好的工作和生活环境，从而推动团队成员更加努力地投入工作。

例如，B建设集团是两年前由同属于建筑行业的3家公司合并重组而成，原来的3家公司在业务范围、人事制度、管理经营等方面都很相似，但在营运模式上却存在较大差距。B集团成立后，为优化资源，提高经营水平，B集团重新整合4家新公司，但也出现了新的问题。为此，集团决定实施一个业务流程再造项目。集团副总裁李某授权项目经理王某组建项目团队。经过与各个部门经理沟通协商和分析，王某从新组建的4家公司共抽调12名业务骨干参与这个项目，此外，又招聘了4名专业技术人员，加上4家公司的总经理共20人。从项目建设一开始，项目团队就于每月中旬进行定期或不定期的相关知识培训，并考核成绩，以提高团队的绩效水平。在团队行为规范上，团队制定了严格的纪律，营造了良好的工作秩序。该项目历时较长，约为八九个月，而且内容也比较繁琐。考虑到大家长久下去会出现士气不高、懒散应付等现象，项目经理王某认为，只有在执行过程中采取一些有效的激励措施，才能调动成员的主动性、积极性、创造性。经过考虑，他决定采用道格拉斯·麦格雷戈（Douglas McGregor）的X理论和Y理论：即运用X理论，通过建立有效的绩效考核办法进行激励；运用Y理论，通过组织团队活动给大家创造良好的氛围，如每周五下午还安排大家一起爬山或打羽毛球等，在特殊的日子举行一些庆祝活动，如给团队成员举办生日晚会。

### 9.4.3 项目团队建设的结果

项目团队建设的结果包括团队绩效评估报告和更新的项目制约因素。

（1）团队绩效评估报告。团队绩效评估是项目经理按照一定的标准，采用科学、合理的方法对团队成员履行其职责的程度进行审查和评定，从而确定其工作业绩的过程。

通过绩效评估报告，项目经理可以了解团队成员在哪些方面还有所欠缺，是否需要接受培训；可以确定对团队成员实行奖励或惩罚；可以完善甄选应聘者的手段；还可以为管理层决策提供依据。

团队绩效评估的步骤主要有：

1）制订绩效评估计划。绩效评估计划确定了考核的对象、内容和时间等。

2）确定绩效评估标准。进行考核之前，先要确定考核标准，以作为衡量绩效的尺度。考核的标准包括绝对标准和相对标准。绝对标准是以数据为基础的，如项目产品的废品率、人员的出勤率等；相对标准是根据每个成员的实际情况确定的考核标准，对不同级别的员工采用不同的标准。

3）收集数据资料。进行业绩考核时，要通过综合使用工作记录、定期抽查、考勤记录和工作评定等方法实时跟踪并随时收集有关团队成员绩效的信息。

4）选择绩效评估的方法。

◇ 书面鉴定法。书面鉴定法是由绩效评估者根据团队成员的实际工作情况编写一份简单的评价材料，来描述团队成员在工作中的功过得失，并提出改进建议。这是一种比较模糊的评价方法，受考核者主观判断的影响较大。

◇ 关键事件法。关键事件法就是把团队成员在工作过程中表现出来的关键行为记录下来，如工作态度、投诉率、违纪行为、次品率、缺勤率、加班率等，并将其与绩效评估的相应指标进行对比，从而对团队成员的绩效进行评价。这种方法可以让考核者将注意力放在能够区分工作绩效的关键行为上。

◇ 评分表法。评分表法是指针对一些常规的绩效评估指标进行打分，然后根据总分对团队成员绩效作出粗略评估。选择这种方法成本较小，但受考核者主观判断的影响也比较大。

◇ 排序法。排序法根据某项绩效评估指标对团队成员在项目团队中的表现进行排序，然后进行综合排序。这种方法只是将团队成员的绩效与总体水平进行对比，得出相对绩效，但并不能显示团队成员的绝对绩效情况。

◇ 目标管理法。目标管理法是根据团队成员对具体目标的完成情况来进行绩效评估，具体目标制订得越精确、科学，该方法也就越有效。

5）绩效分析评价。根据绩效评估的标准，采用适当的方法对收集的信息和数据资料进行分析、整理并综合评价。

6）绩效评估结果运用。绩效评估的结果应该运用到项目的各项管理活动中，如根据考核的结果对团队成员进行培训、奖励或惩罚，考核的结果还能帮助团队成员找出工作中存在的问题，有利于团队成员改进工作、提高绩效。

（2）更新的项目限制因素。作为项目团队建设过程的结果，可能需要更新的项目限制因素包括：人员管理政策，如对项目团队成员的培训记录或技能评估的更新。

## 9.5 项目团队管理

项目团队管理（Manage Project Team）是指跟踪团队成员绩效、提供反馈信息、解决存在的问题并协调各种变更的一系列过程，其目的是提高项目绩效。

项目团队管理的主要工作如表 9-10 所示。

表 9-10 项目团队管理的主要工作

| 依　据 | 工具和方法 | 结　果 |
|---|---|---|
| 项目人员配置<br>人力资源计划<br>团队绩效评估报告<br>组织积累的相关资源 | 观察与访谈<br>项目绩效考核<br>冲突管理<br>问题登记簿<br>人际沟通技能 | 请求变更<br>更新的项目管理计划<br>更新的项目制约因素<br>更新的组织积累的相关资源 |

由图 9-6 可以更加清楚地了解在项目团队管理时的工作信息流向。

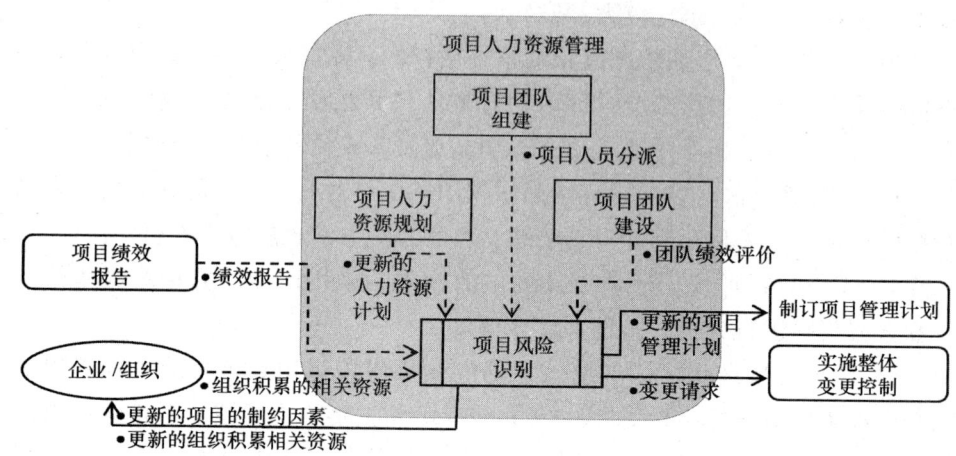

图 9-6 项目团队管理的工作信息流向示意图

### 9.5.1 项目团队管理的依据

（1）项目人员配置。项目团队建设从获得团队成员的名单开始，项目人员配置文件中包含所有项目成员的名单。

（2）人力资源计划。项目管理计划中包括人力资源计划，而人力资源计划中又包括员工培训和团队建设计划。

（3）团队绩效评估报告。团队绩效评估报告是把当前项目状态与预期项目状态进行比较的文件，从时间控制、成本控制、质量控制和范围核实中得到结果，从而有助于项目团队管理。

（4）组织积累的相关资源。对项目团队管理过程可能产生影响的组织积累的相关资源包括：嘉奖证书、媒体报道、奖金数量、工作服装、组织中的其他额外待遇等。

### 9.5.2 项目团队管理的工具和方法

（1）观察与访谈。项目经理通过观察与交流的方式，随时了解项目团队成员的工作情况和态度，并监测一些相关指标，如项目可交付成果的完成情况、团队成员引以为傲的事件以及人际关系问题。

（2）项目绩效考核。项目绩效考核不仅能够为企业确定对团队及其成员的奖励方案提供客观依据，而且绩效考核内容本身也为团队指明了努力的方向，发现未知的或还没有解决的问题，使团队工作与项目目标保持高度的一致性。项目绩效考核应做好以下6方面的工作：

1）将个体考核和团队考核相结合。

2）明确项目绩效考核的依据。

3）确定项目绩效考核维度和权重，为突出重点目标达到整体最优或满意水平，应考虑各考核维度的权重。

4）确定项目绩效考核时间跨度，原则上是以项目生命周期的基础，根据项目的生命周期将考核时间和项目阶段对应，即每完成一个项目阶段就进行一次考核。

5）选择项目绩效考核方法，具体考核方法的选择应视企业和项目的具体情况而定。

6）建立项目绩效考核指标体系。

（3）冲突管理。项目冲突是组织、团队或队员为了限制或阻止另一部分组织、团队或队员达到其预期目的而采取的行为和措施。项目冲突管理是管理分析冲突、解决冲突和防范冲突的过程。项目冲突管理的作用是引导项目冲突的结果向积极的、合作的而非破坏性的方向发展。

项目通常处于冲突的环境中，如在项目执行阶段对人力资源的需求达到了最高峰，如果此时其他项目组织也要求职能部门提供人员，而职能部门又不能增加人员数量时，必定会产生冲突。常用的冲突管理方式有：

1）回避。回避是指卷入冲突的项目团队成员从这种状态中撤出，从而避免发生实际的或潜在的争端。但这种方式并不是一种积极的解决方法，它可能会使冲突积累起来，并逐步升级。

2）竞争。这种方法的实质是"非赢即输"，它认为在冲突中取得胜利要比勉强保持人际关系更为重要。这是一种解决冲突的积极方式。但是，这种方法也存在一些弊端，可能会导致团队队员之间产生怨恨，甚至对工作环境产生影响。

3）缓和。这种方法的实质是"求同存异"，即在冲突中找出相同方面，忽视两者之间的矛盾。这种方式认为，维持人际关系比解决问题更为重要，强行解决问题可能会伤害团队成员之间的感情，降低团队的凝聚力。

4）妥协。这是一种通过协商使冲突双方在一定程度上都获得满意的折中方法。尤其是在冲突双方势均力敌、难分胜负时，妥协也许是较为恰当的解决方式，但是这种方法并非永远可行。

5）正视。正视就是直接面对冲突，这是一种解决冲突的有效方式。它既要求有效地解决问题，也要求维持良好的人际关系。

6）防范。防范是对可能产生的冲突进行处理的最佳方法。项目经理必须确保所有项目团队成员都清楚地理解项目的目标和项目计划，在团队建设中强调成员间的信任和成员的自信，形成一个融洽的工作氛围等，这样就可以在某种程度上防范冲突。

（4）问题登记簿。在项目团队管理过程中，如果出现问题，可在问题登记簿上通过书面登记的方式来记录负责解决特定问题的人员，以及问题解决的方式和截止日期。

（5）人际沟通技能。在进行项目团队管理时，项目经理应能够综合运用技术、人际和抽象技能来分析形势，与团队成员进行有效的沟通。恰当地运用沟通技能，有助于项目经理充分发挥团队成员的优势。

例如，上节 B 建设集团业务流程再造项目团队管理过程中也出现了上述问题。由于是合并后又重新组合的公司，有些项目团队成员有时做事情还是不自觉地按照原有的操作模式，这样就会产生许多矛盾。为了解决问题，项目经理王某时时观察团队成员的反应，并与他们耐心交流，并且创造机会让有冲突的成员相互沟通理解，从而化解了不少矛盾。同时，还进行绩效考核，制定了具体的绩效考核标准和奖励办法，而且每次都公布个人的评分及相应评分标准，这样一来大大加强了团队管理。技术组组长张某还提议制作一个小册子，随时把发现的问题以及解决办法等记录在册，得到了大家的好评。由于使用一系列方法加强团队管理，使得团队内部团结、士气高涨，效率提高了，也使团队获得了集团的认可，该团队年终被评为"最佳团队"。

## 9.5.3 项目团队管理的结果

（1）变更请求。如果人员配备问题影响了项目管理计划的实施，如造成进度拖延或预算超支，就需要实施整体变更控制来处理变更的请求。人员配备变更包括人员转派其他任务、部分工作外包等。

（2）更新的项目管理计划。项目管理计划中可能需要更新的内容包括人员配备管理计划和其他方面。

（3）更新的项目制约因素。需要更新的项目制约因素包括：对组织绩效评价的输入、个人技能更新等。

（4）更新的组织积累的相关资源。需要更新的组织积累的相关资源包括：历史信息、经验教训、组织的标准和流程等。

## 本 章 小 结

本章首先，介绍了项目人力资源管理的含义、特征及过程。项目人力资源管理是指项目组织对该项目的人力资源所进行的科学规划、适当的培训、合理的配置、准确的评估和有效的激励等方面的一系列管理工作；项目人力资源管理的特点有团队性、临时性、阶段性；项目人力资源管理的四个过程是人力资源规划、项目团队组建、项目团队建设和项目团队管理。其次，对项目经理的权力与职责、素质与能力进行了描述。最后，介绍了项目团队的6个特征和5个发展阶段。在项目团队发展的每个阶段，团队成员都表现出不同的情绪特征，项目经理需要根据不同阶段的情绪特征采取相应的管理方法，以确保项目按时保质地完成。

## 自 测 题

**一、判断题**

1. 项目经理是项目管理的核心人物。　　　　　　　　　　　　　（　　）
2. 选择项目经理时，不能仅仅考虑项目经理候选人的素质和能力。

（　　）
3. 项目人力资源不具有消耗性。　　　　　　　　　　　　　　　（　　）
4. 项目人力资源管理的特点主要是由项目的特点来决定的。　　　（　　）
5. 项目人力资源管理要随着生命期的不同而进行相应的调整。　　（　　）
6. 层级结构图是由自上而下划分为若干层次的等级链构成，可以用于描述权利和职位间的关系。　　　　　　　　　　　　　　　　　　　（　　）
7. 如果项目团队成员配备合理，就会减少项目的成本。　　　　　（　　）

8. 项目的人员是不能预先指定的。（　　）

## 二、单选题

1. 在项目人力资源管理的过程中，首先要做的是(　　)。
   A. 人力资源规划　　　　　　　　B. 项目团队组建
   C. 项目团队建设　　　　　　　　D. 项目团队管理

2. 项目经理在(　　)中权力最大。
   A. 职能型组织　　　　　　　　　B. 矩阵型组织
   C. 项目型组织　　　　　　　　　D. 协调型组织

3. 在项目团队的发展过程中，在团队的(　　)冲突最大。
   A. 形成阶段　　　　　　　　　　B. 磨合阶段
   C. 规范阶段　　　　　　　　　　D. 表现阶段

4. 下列对责任分配矩阵的表述中错误的是(　　)。
   A. 责任分配矩阵明确了每个人在整个项目中的地位
   B. 项目经理可以从责任分配矩阵中找出该活动的负责人和具体执行人
   C. 责任分配矩阵是建立在组织结构图基础上的
   D. 可以针对某个子项目或某个活动分别制定不同规模的责任分配矩阵

5. (　　)是项目团队采用最多的一种激励方式。
   A. 物质激励　　　　　　　　　　B. 人员激励
   C. 挫折激励　　　　　　　　　　D. 荣誉激励

6. 控制实验法是对(　　)进行比较。
   A. 培训组和控制组培训前、后的绩效
   B. 控制组和被比较组培训前、后的绩效
   C. 控制组培训前、后的绩效
   D. 培训组培训前、后的绩效

7. 下列表述错误的是(　　)。
   A. 项目产品的废品率可以是绝对标准
   B. 人员的出勤率可以是绝对标准
   C. 人员的出勤率可以是相对标准
   D. 对不同级别的员工的相对标准是不一样的

8. 对可能产生的冲突进行处理的最佳方法是(　　)。
   A. 竞争　　　B. 回避　　　　　C. 妥协　　　D. 防范

### 三、多选题

1. 项目团队的特点主要体现在( )。
   A. 项目团队具有一定的目的　　B. 项目团队是临时组织
   C. 单独解决问题　　　　　　　D. 项目团队成员的增减具有灵活性

2. 项目经理具有( )的权力。
   A. 挑选项目团队成员　　　　　B. 制定项目有关的决策
   C. 对项目团队的资源进行分配　D. 决定项目的预算

3. 项目经理权力的大小取决于( )。
   A. 公司采用的组织结构　　　　B. 项目的工期
   C. 项目对公司的重要性　　　　D. 项目的规模

4. 下列表述正确的是( )。
   A. 培训可能增加项目的成本比人员缺乏技能给项目造成的损失要小
   B. 培训可能增加项目的成本比效率低下给项目造成的损失要大
   C. 适当的人员培训可以提高项目团队的工作效率
   D. 适当的人员培训可以鼓舞员工士气

5. 角色分析的主要方法包括( )。
   A. 问卷调查法　　　　　　　　B. 面谈法
   C. 文献资料分析法　　　　　　D. 关键事件法

6. 下列表述正确的是( )。
   A. 内部招聘要花费大量的人员培训成本
   B. 内部招聘可供选择的范围有限
   C. 外部招聘要花费很多的时间和成本
   D. 内部招聘的人员能为项目组织带来创新思想

7. 下列表述正确的是( )。
   A. 工作抽样法对于一般性的职务是有效的
   B. 工作抽样法的成本比测评中心法的成本高
   C. 测评中心法较为复杂,适用于选择管理者职位
   D. 工作抽样法和测评中心法都是绩效考核的方法

## 练习与思考

1. 项目人力资源有哪些特点？
2. 项目人力资源规划的步骤是怎样的？
3. 绘制一个小型新药开发项目的责任分配矩阵。

## 模 拟 练 习

请你在前面所定义的项目基础上，任命项目经理，并对你的项目分别进行项目人力资源规划、项目团队组建、项目团队建设和项目团队管理。

## 案 例 思 考

### 伦敦急救服务中心的急救项目团队管理

世界上最大的伦敦急救服务中心每年大约处理100万次呼叫，进行50万次出诊，拥有3000名员工和800多辆急救车，分布在640平方英里⊖的范围内，承担着为大约750万居民和250万旅游者服务的任务。

然而，这个急救服务中心正面临着许多挑战因素。在1978年和1992年，该中心两次试图创建急救派送系统项目，但最终都以彻底的失败而告终。由此导致中心员工的士气非常低落，甚至到了返回手工作业的地步——紧急呼叫产生的大量单据稳压在救护车派送员的手中。

为了帮助解决这个问题，该中心聘请兰泰作为急救派送项目的经理，尤其组建项目团队。

为了改变现状，兰泰采取了一系列措施，设定了清楚的项目管理目标，制订了完整的项目计划，并且将其分解成易于管理的细目，兰泰和他的团队在项目各种资源和预算的基础上，开发了一个细节时间表，并且鼓励团队成员进行沟通，改变"不要告诉我，我不感兴趣"的态度，使大家能够开放和

---

⊖ 1 mile = 1609.344 m。

坦诚地对话。

急救派送项目完成后，完全达到了预先设定的目标：在接到电话后，救护车在 3 分钟内出发的比例提高了一倍，超过了 80%，在接到电话后 14 分钟内，救护车到达的比例超过了 90%，而这一比例以前只有 75%；40% 的病例处理时间不超过 8 分钟，而以前这个比例只有 13%。该项目为公共健康护理做出了巨大的贡献。

在讨论下一步项目完善计划时，兰泰提出了以下建议：

（1）在项目团队和组织中鼓励进行开放、坦诚的沟通。

（2）使团队参与计划和决策的制定。

（3）把项目分解成为能管理的细目。

（4）激发团队精神。

（5）建立坚固的项目基础。如计划、时间表、预算和控制范围。

问题：

1. 你认为兰泰提出的建议合适吗？有无不足之处？
2. 怎样鼓励团队成员积极关心团队的工作和发展？
3. 什么是团队精神？如何建立团队精神？

主要内容
- ➢ 概述
- ➢ 项目干系人识别
- ➢ 项目沟通规划
- ➢ 项目信息发布
- ➢ 项目干系人期望管理
- ➢ 项目绩效报告

第 10 章

# 项目沟通管理

沟通是管理的浓缩。
　　　　　　——沃尔玛公司总裁　萨姆·沃尔顿(Sam Walton)

## 10.1 概述

### 10.1.1 项目沟通的含义

沟通(Communication)即信息的交流。具体来说,沟通是信息的发出者将信息传递给接收者,并期望接收者作出响应的过程。

管理学家西蒙认为:"沟通可视为一种程序,组织中的每一成员可以借此程序将其所决定的意见传递给其他有关成员。"

组织行为学家斯蒂芬 P 罗宾斯认为:"沟通是信息的传递和理解。"

项目沟通(Project Communication)就是项目团队成员之间、项目干系人之间所进行的项目信息的发出和接受的双向、互动的反馈和理解过程。

项目信息是指数据、计划、记录、报告、演示文件和会议文件等与项目实施直接或间接联系的各种信息。项目信息在项目实施过程中起着重要作用,收集的项目信息是否正确,能否及时传递给项目干系人,将决定项目的成败与否。项目信息具有信息量大、传递障碍多、信息反馈滞后等特点。

### 10.1.2 项目沟通管理的含义

项目沟通管理(Project Communication Management)是指为了确保项目信息的合理收集和传递,对项目信息的内容、传递方式、传递过程等所进行的全面管理活动。

在项目管理中,沟通管理是其他各方面管理的纽带。项目沟通管理是项目管理的一个重要组成部分,也是影响项目成败的重要因素。在项目的生命期中,项目团队与客户的沟通,保证了项目团队能够得到最大程度的支持;项目团队与供应商之间的沟通,使得项目团队和供应商之间保持着良好的关系;项目团队内部的有效沟通,使得项目团队成员保持高昂的士气;所有这些沟通将贯穿着项目生命期的始终。

项目沟通管理的工作过程包括项目干系人识别、项目沟通规划、项目信息发布、项目干系人期望管理和项目绩效报告五个方面。

## 10.2 项目干系人识别

项目干系人对项目的目标和可交付成果具有举足轻重的影响，对项目干系人进行识别是项目沟通管理的关键过程。项目干系人识别（Project Stakeholder Identifying）是指对受项目影响的所有个人或组织进行辨识，并且将其相关利益情况、参与项目情况及对项目成功程度的影响等相关信息整理归档的过程。

项目干系人识别的主要工作如表 10-1 所示。

表 10-1　项目干系人识别的主要工作

| 依　据 | 工具和方法 | 结　果 |
| --- | --- | --- |
| 项目章程<br>采购文件<br>项目的制约因素<br>组织积累的相关资源 | 项目干系人分析<br>专家判断法 | 项目干系人登记表<br>项目干系人管理策略 |

由图 10-1 可以更加清楚地了解在项目干系人识别时的工作信息流向。同时，也可以看出，项目干系人识别工作的基础是制定项目章程和项目采购规划工作。

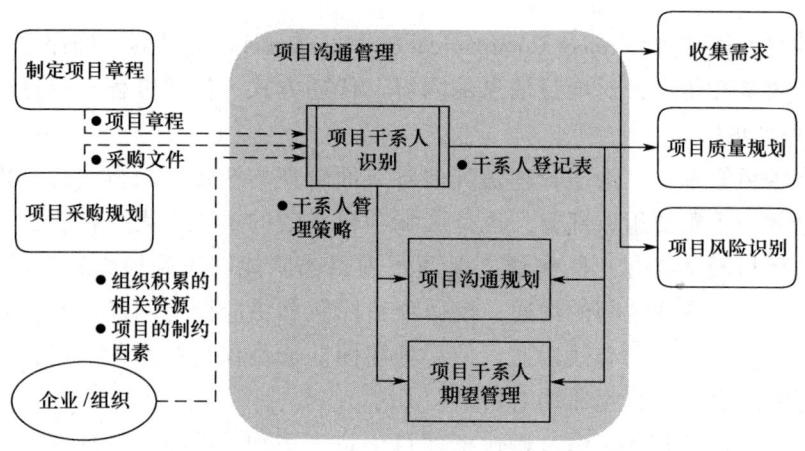

图 10-1　项目干系人识别的工作信息流向示意图

### 10.2.1 项目干系人识别的依据

（1）项目章程。项目章程能够提供有关参与或影响项目内部或外部干系人的相关信息，这些干系人包括项目赞助人、用户或顾客、团队成员、参与到项目中的组织或部门以及受项目影响的其他组织或个人。

（2）采购文件。采购文件中的合同明确规定了采购双方或多方的法律责任，这些具有法律责任的相关组织就是关键项目干系人。除了关键项目干系人之外，还有诸如供应商等其他相关方也应视为项目干系人。

（3）项目的制约因素。组织或公司的文化结构、政府或行业标准等都可能影响项目干系人识别的过程。

（4）组织积累的相关资源。组织积累的相关资源，如先前项目中总结出的经验教训、先前的项目干系人登记表，将影响目前项目干系人的识别过程，如目前项目干系人登记表编制。

### 10.2.2 项目干系人识别的工具和方法

（1）项目干系人分析。项目干系人分析目的是通过系统地收集和分析有关的定性、定量信息，确定在整个项目过程中应该考虑哪些组织或个人的利益。在进行项目干系人分析时，应将干系人与项目目标相联系，识别干系人的利益、干系人的期望和干系人对项目的影响。同时，还需要识别干系人之间的关系，通过识别其中的相互关系来建立相应的合作关系，使得项目获得更多的成功机会。项目干系人分析应该在项目概念阶段开始进行，并且在项目生命期中需对项目干系人分析结果及时更新，有助于项目经理及其团队更好地服务于项目干系人。

项目干系人分析通常按照以下步骤来进行：

1）编写项目干系人列表，识别所有潜在的项目干系人及其相关信息，建立项目干系人信息库。

项目干系人信息库一般包括下列参数：干系人所属的机构、组织或所代表的利益团体；干系人所属的类别（内部或外部干系人）；干系人在项目中的利益关系；干系人所拥有资源的数量以及调用资源的能力等。如他们在项目中的角色、所在部门、利益、知识水平、期望、对项目的影响程度等。

这里需要说明的是，项目干系人的识别是一个动态过程。随着项目的进展，可能会不断出现新的项目干系人。在项目整个生命期中，项目经理及其团队应该时刻考虑"我们是否列出了所有项目干系人"，直到所有潜在的干系人都被列入清单中，识别干系人的过程才得以结束。

关键干系人通常比较容易被识别，主要包括受项目结果影响的组织或个人，他们一般能够制定决策或处于管理角色，如客户、项目发起人、项目经理等。除关键干系人之外，其他干系人的识别经常是通过分析其与已识别干系人之间的关系来进行的，他们也应列入干系人清单中。

2）依据干系人对项目的影响力和利益相关程度进行分类，确定应采取的方法和策略。

通过对项目干系人信息参数的比较分析，得出干系人影响力和利益相关度矩阵，如表10-2所示。

表10-2 影响力和利益相关度矩阵

| 影响力<br>利益相关度 | 低影响力 | 高影响力 |
| --- | --- | --- |
| 低利益相关度 | 可以忽略的项目干系人 | 在决策形成和协调中有参考价值的项目干系人 |
| 高利益相关度 | 很重要的项目干系人，需要通过咨询等方式来提高其参与度，或通过专门的手段来保护其利益 | 最关键的项目干系人 |

在表10-2中，影响力是指某一项目干系人影响（推动或阻碍）项目进行的能力。一个项目干系人所具有的影响力是其所拥有资源的数量以及调用资源的能力大小的综合体现。利益相关度是指项目干系人的需求和利益受项目影响的程度。影响力和利益相关度的区别在于，有一些项目的利益相关者可能受项目的影响很大，而他们参与项目的能力却很弱，对关键决策的影响力有限。

例如，某集团是一家综合性企业，主要经营涉及进出口贸易、物流、零售等多个行业。为加强集团公司管理，提高经营效益，集团决定实施信息系统建设项目。整个项目计划时间6个月，分为项目启动、计划准备、系统设计、运行维护和项目收尾等几个阶段，费用预算为 400 万元人民币。该集团首先成立项目指导委员会，并从各部门抽调 18 名人员组成项目团队，选择 A 咨询公司作为项目咨询顾问。项目开展不久，项目团队就着手进行干系人分析，根据组织结构和项目的工作范围、可交付成果可以看出，项目主要干系人包括项目指导委员会、项目经理、项目团队成员、该集团员工、A 咨询公司、相关部门和法人单位等。之后进行干系人列表，通过影响力和利益相关度矩阵分析，认为项目指导委员会、项目经理具有高影响力、高相关度，项目团队成员具有高影响力，而 A 咨询公司具有较高的利益相关度，相关部门和法人单位以及该集团员工只具有低影响力和低相关度。

3）分析关键干系人在不同情形下的可能反应，以便计划如何才能获得和增强关键干系人的支持，并减少其潜在的负面影响。

通过表 10-2 可以将项目干系人分为不同的影响力和利益相关度类别，找出最关键的项目干系人，同时，也能够据此对不同项目干系人进行优先排序，从而得到项目干系人分析表，见表 10-3。

表 10-3 项目干系人分析表

| 项目干系人名称 | 与项目相关的利益 | 对项目的潜在影响 | 相对的优先考虑程度 |
| --- | --- | --- | --- |
|  |  |  |  |
|  |  |  |  |

（2）专家判断法。为了确保将项目干系人尽可能地被全部列入清单中，需要经过具备这方面知识的个人或组织进行相应的判断。专家判断法能够通过一对一的面谈或者调查表获得。

## 10.2.3 项目干系人识别的结果

（1）项目干系人登记表。项目干系人识别过程最主要的结果就是项目干系人登记表。项目干系人登记表包括了被识别的干系人的所有相关信息。这些相关信息具体包括：

1）识别信息：名称、地址、角色、合同信息等。
2）评估信息：主要需求、期望、在项目中的潜在作用等。
3）项目干系人分类：内部或外部，支持者、中立者或阻碍者等。

(2) 项目干系人管理策略。项目干系人管理策略是指在整个项目生命期中,依据关键干系人在不同情形下可能作出的反应,所应采取的、能够最大限度地增加干系人的支持力度和减少其负面影响的若干措施。

## 10.3 项目沟通规划

项目沟通规划(Project Communication Planning)是针对项目干系人的沟通需求进行分析,从而确定谁需要什么信息、什么时候需要这些信息以及采取何种方式将信息提供给他们等问题。虽然所有的项目都需要信息沟通,但是信息需求和信息传递方式的差别可能很大。因此,确定项目干系人的信息需求并在此基础上决定满足信息需求的方式,才是项目成功的关键。项目沟通需求信息一般包括:

(1) 项目组织和项目干系人的责任关系。
(2) 项目涉及的技术领域、部门和行业。
(3) 项目所需人员的配备。
(4) 项目组织与外部的关系。
(5) 外部信息需求(如媒体)。

不合理的项目沟通规划有可能导致诸如沟通对象错误、提交信息延迟等错误的情况发生。项目沟通规划为项目经理提供了与干系人进行有效且高效沟通的依据。有效的沟通意味着在合适的时间,以合适的形式提供有正面影响的信息;高效的沟通意味着仅提供必要的信息。项目沟通规划需尽早制订,一般和项目计划制订时间相一致。

项目沟通规划的主要工作如表 10-4 所示。

表 10-4 项目沟通规划的主要工作

| 依 据 | 工具和方法 | 结 果 |
| --- | --- | --- |
| 项目干系人登记表 | 沟通需求分析 | 沟通管理计划 |
| 项目干系人管理策略 | 项目沟通模型 | 更新的项目文档 |
| 项目的制约因素 | 项目沟通方式 | |
| 组织积累的相关资源 | | |

由图 10-2 可以更加清楚地了解在项目沟通规划时的工作信息流向。

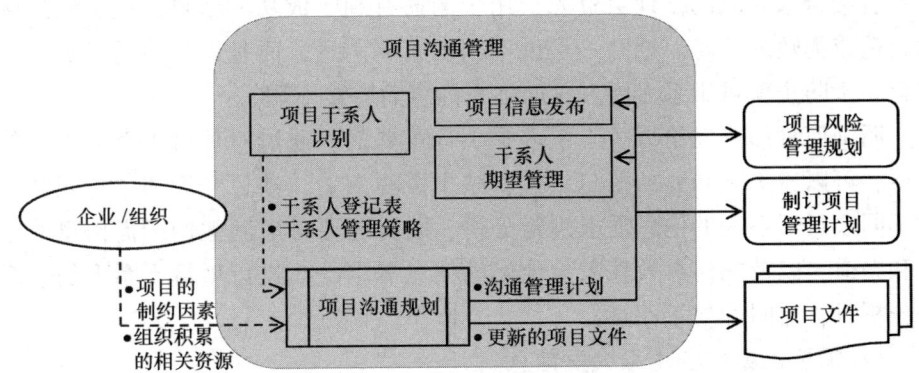

图 10-2 项目沟通规划的工作信息流向示意图

### 10.3.1 项目沟通规划的依据

(1) 项目干系人登记表。项目干系人登记表包括关于已经识别干系人的所有详细信息,如基本信息、评估信息和干系人分类等。它是项目沟通规划过程的主要依据。

(2) 项目干系人管理策略。项目干系人管理策略规定了在整个项目生命周期中如何提高干系人的支持力度,降低其负面影响。通常使用干系人分析矩阵来显示干系人管理策略。

(3) 项目的制约因素。因为沟通必须适用于所有特定的项目环境,因此,项目所面临的环境因素都会对项目沟通规划过程有一定的制约和限制。

(4) 组织积累的相关资源。组织积累的相关资源通常都是项目沟通规划过程的依据。经验教训和历史信息尤为重要,这是因为这些资源能够提供先前类似项目中面对沟通问题时采取的策略,以及决策的结果等信息。这些资源可以作为指导信息来对当前项目进行沟通规划。

### 10.3.2 项目沟通规划的工具和方法

(1) 沟通需求分析。通过沟通需求分析可得出项目各干系人信息需求的总和。信息需求的界定是通过所需信息的类型与格式以及该信息价值的分析这两者结合来完成的。项目资源只用于沟通有利于成功的信息，或者缺乏沟通会造成失败的信息。这并不是说不用发布坏消息，而是说沟通需求分析的本旨在于防止项目干系人因过多的细节内容而应接不暇。

明确何种信息发给哪个干系人是十分重要的。通过对项目干系人需求的分析，可以避免不必要的信息传递，减少资源浪费。项目经理和项目团队应对不同项目干系人的信息需求进行分析，同时还要考虑到他们所需信息的来源和渠道，以及如何有效地满足他们的信息需求。在进行项目干系人信息需求分析时，需明确如下四点：

1）需要给哪些的干系人发信息。
2）谁需要什么样的信息。
3）谁什么时候需要何种信息。
4）如何将信息发送给不同的干系人。

例如，M公司现在需要对其公司的流程再造项目进行干系人沟通需求分析。该项目团队根据该项目的工作范围、可交付成果等编制了该项目的项目干系人沟通需求表，如表10-5所示。

表10-5　M公司流程再造项目干系人的沟通需求分析

| 干　系　人 | 职　　责 | 沟　通　需　求 |
| --- | --- | --- |
| 项目经理 | 全面负责该流程再造项目的推进工作 | 项目需求、项目目标及制约因素<br>项目所需资源的落实情况<br>项目经理的职责和权限<br>项目实施过程中各方面的信息 |
| 业务流程小组<br>业务部门人员 | 分析现有业务流程<br>制订未来业务流程 | 与业务流程相关的项目管理方面的信息<br>业务流程的现状分析、改进原则和方向、工作成果 |
| 管理流程小组<br>管理部门人员 | 分析现有管理模式<br>制订未来管理模式 | 与管理流程相关的项目管理方面信息<br>业务流程的现状分析、改进原则和方向、工作成果 |
| 数据建模小组<br>信息部技术人员 | 前期参与业务和管理流程小组的工作<br>完成现有信息系统的评估<br>进行数据整理 | 与数据建模相关的项目管理方面信息<br>信息系统的现状分析、最佳实践、改进原则和方向、工作成果 |

(续)

| 干系人 | 职责 | 沟通需求 |
|---|---|---|
| 相关部门 | 参与和了解 | 项目基本情况(意义、目标、范围)<br>项目计划、项目成果确认 |
| 企业员工 | 参与和了解 | 项目基本情况(意义、目标、范围)<br>与自己相关的未来流程 |

项目经理也应考虑到潜在沟通渠道或沟通路径的数量可反映项目沟通的复杂程度。沟通渠道总量为 $n(n-1)/2$，其中，$n$ = 干系人人数。因此，如果项目的干系人为 10 人，则项目具有 45 条潜在沟通渠道。在项目沟通规划中，极为关键的内容是：确定并限制谁与谁沟通以及谁是信息接收人。确定项目沟通要求通常需要的信息包括：

1) 组织机构图。
2) 项目组织和干系人职责关系。
3) 项目中涉及的学科、部门和专业。
4) 多少人参与项目、在何地参与项目等后勤物流因素。
5) 内部信息需求(如跨组织的沟通)。
6) 外部信息需求(如与媒体或承包商的沟通)。
7) 干系人信息。

(2) 项目沟通模型。项目沟通是一个动态的过程，完整的项目沟通过程如图 10-3 所示。

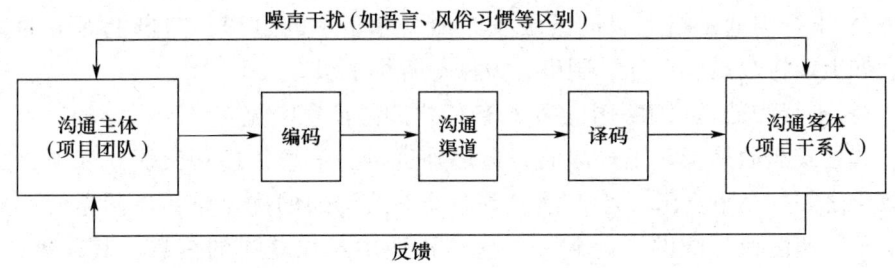

图 10-3 项目沟通的过程

1) 沟通主体，即信息的发出者或来源。

2）编码是指沟通主体采取一定的形式来传递信息的内容。

3）渠道，即媒体。

4）译码是指沟通客体对接收到的信息所作出的解释、理解。

5）沟通客体，即信息的接收者。

6）反馈，即沟通客体的反应。

从图 10-3 可以看出，项目沟通是一个双向、互动的反馈和理解过程。沟通主体将所要发送的项目信息进行编码后，使项目信息沿沟通渠道传递，并经过信息译码，然后被沟通客体接收。同时，沟通客体还要将项目信息理解的情况反馈给沟通主体。需要注意的是，任何一个沟通过程都会存在噪声干扰，消除噪声干扰也是保证有效沟通的重要环节。

（3）项目沟通方式。项目沟通有很多方式，根据角度的不同，项目沟通方式可作如下划分：

1）正式沟通和非正式沟通。正式沟通是指通过项目组织内部规定的沟通方式进行的信息传递与交流，如组织之间的公函来往、组织内部的文件传达、召开会议、组织规定的汇报制度等。正式沟通的优点是：沟通效果好，约束力较强，易于保密，可以使沟通保持权威性；其缺点是：依靠组织系统层层传递，比较刻板，沟通的速度较慢。

正式沟通通常包括上行沟通、下行沟通和平行沟通。

◇ 上行沟通是指下级的意见向上级反映，即自下而上的沟通。如向上级反映情况、意见、要求和建议等。上行沟通有两种形式：一种是层层传递，即根据一定的组织原则和程序逐级向上级反映；另一种是越级反映，即员工直接向项目最高决策者反映意见，减少了中间环节。

◇ 下行沟通是指上级向下级发布命令和指示的过程，即自上而下的沟通。如上级将政策、目标、制度、方法等告诉下级。

◇ 平行沟通是指组织中各平行部门之间的信息交流。

非正式沟通是指在正式沟通渠道之外进行的信息传递和交流，如项目团队成员之间的私下交流、小道消息等。非正式沟通的优点是：灵活方便，直接明了，速度快，能够了解到一些正式沟通中难以获得的信息；其缺点是：非正式沟通难于控制，传递的信息不准确，容易造成信息失真。

正式沟通与非正式沟通的构成如图 10-4 所示。

2）言语沟通和体语沟通。言语沟通是利用语言、文字、图画、表格等

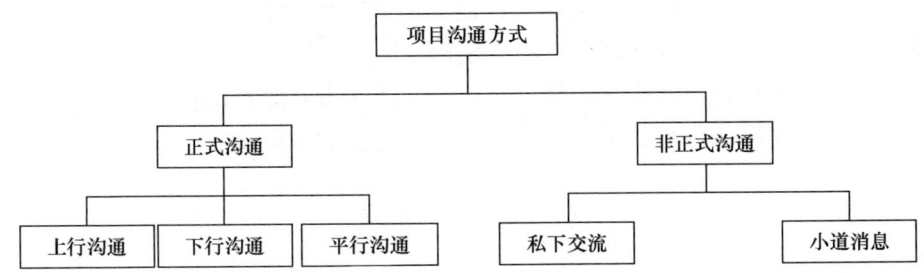

图 10-4　正式沟通与非正式沟通的构成

形式进行的沟通。其优点是简单明了，通俗易懂。

言语沟通通常包括书面沟通和口头沟通两种形式。

◇ 书面沟通是指以合同、规定、协议、通知、布告等书面形式进行的信息传递和交流。书面沟通大多用来进行通知、确认和要求等活动。如通知项目团队、供应商在某日来访或要求团队成员向客户提供有关月度进度报告的书面情况。在项目团队中通常使用内部备忘录，对客户和非公司成员如供应商，则使用外部信件的方式进行沟通。备忘录和信件必须清楚、简洁，不能包含长篇大论或与主题无关的附带内容。它的优点是正式、准确，具有权威性，可以作为资料长期保存，反复查阅。

◇ 口头沟通是指以谈话、报告、讨论、讲课、电话等口头表达的形式进行的信息交流活动。它的优点是亲切、灵活、速度快，双方可以自由交换意见，沟通效果好。

在所有沟通方式中，面对面的口头沟通是最有效的。如果不需要或者不可能进行面对面口头沟通(如是国际项目)时，则可通过电话、电子邮件或其他电子工具进行信息的交流和沟通。通过口头沟通，可以以一种更准确、便捷的方式获得信息。这种沟通为讨论、澄清问题，理解和及时反馈信息提供了渠道。

口头沟通应该坦白、明确。当就一个问题进行沟通时，言辞过于得体反而容易误导对方，使对方不清楚你的期望、目的，应该通过征求反馈信息来检查别人对你传达问题的理解程度。与此同时，口头沟通的时间选择也是十分重要的。例如，当你给其他人打电话时，你必须在开始就说明你需要讨论的问题需要多长时间，然后问一下他现在是否有时间，或者你是否应该在更方便的时候再与其电话联系。

需要注意的是，在口头沟通时，需要谨慎，不要使用可能被误解为性别歧视、偏见或攻击性的评述、言辞或短语。

体语沟通是利用动作、表情、姿势等非语言方式进行的沟通。

言语沟通和体语沟通之间的关系及其构成如图 10-5 所示。

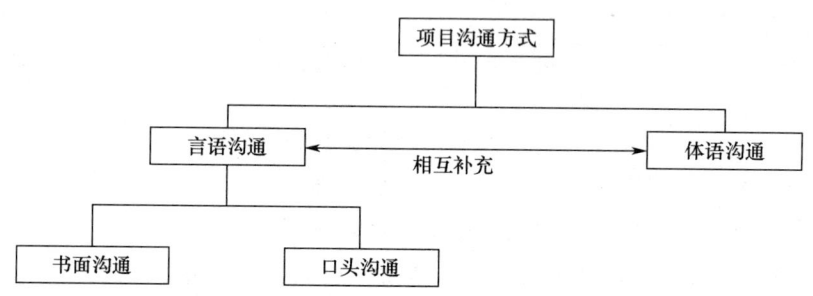

图 10-5　言语沟通和体语沟通之间的关系及其构成

3）单向沟通和双向沟通。单向沟通是指沟通主体和沟通客体两者的角色不变，一方只发送信息，另一方只接收信息。如作报告、发布指令等。这种方式传递信息快，但是没有反馈，准确性较差，易使接收者产生抗拒心理。

在双向沟通中，沟通主体和沟通客体两者的角色不断交换，且沟通主体是以协商和讨论的态度来面对沟通客体，信息发出以后还要认真听取客体的反馈意见，必要时双方可进行多次沟通，直到双方满意为止。双向沟通的气氛活跃，准确性较高，沟通客体能够表达自己的意见，有助于建立良好的人际关系。但是，沟通主体可能会受到客体的质询、批评，因此心理压力较大。而且，这种方式传递信息的速度较慢。

信息沟通的方式很多，采用何种沟通方式主要取决于下列因素：

◇ 对信息需求的紧迫程度。如果项目要求不断更新信息，可以采取一些沟通速度较快的沟通方式，如口头沟通或非正式沟通；如果项目对信息的需求不是非常紧迫，只要求定期提交书面报告，那么就可以采用正式沟通或书面沟通的方式。

◇ 沟通方式的可行性。某些沟通方式在特定的情况下可能是不适用的。

◇ 项目团队成员的能力。应该根据项目团队成员的经验和能力来选择不同的沟通方式。

◇ 技术是否到位。已有的系统能否满足要求，项目需求是否足以证明有改进的必要。
◇ 预期的项目人员配备。所建议的沟通系统是否适合项目参与者的经验与特长，否则需要大量的培训与学习。
◇ 项目时间的长短。现有技术在项目结束前是否有变化的可能。
◇ 项目环境。项目团队是以面对面的方式进行工作和交流，还是在虚拟的环境下进行工作和交流。

### 10.3.3 项目沟通规划的结果

（1）沟通管理计划。沟通管理计划包含在项目管理计划内或作为项目管理计划的辅助计划。根据项目需要，沟通管理计划可以是正式的、非正式的、详细的或者简单概括的。

沟通管理计划通常包括以下内容：

1）项目干系人沟通要求。
2）对需要发布信息的描述，包括格式、内容、详尽程度。
3）项目信息发布的原因。
4）沟通相关信息的责任人。
5）信息接收的个人或组织。
6）传达信息所需的技术或方法，如备忘录、电子邮件和新闻发布等。
7）沟通信息的时间计划和频率。
8）对下层无法解决的问题，确定问题上报的时间要求和管理链（管理链上注明各级人员的姓名）。
9）随项目进展对沟通管理计划更新与细化的方法。
10）通用词语表。

沟通管理计划也可包括项目状态会议、项目团队会议、网络会议和电子邮件等各方面的指导原则。如果在项目活动中的项目网址和项目管理软件使用较为频繁，这些内容就应该被加入到沟通管理计划中。

表 10-6 是通用的项目沟通管理计划文件示例。

（2）更新的项目文档。更新的项目文档的内容主要有项目计划、项目干系人登记表和项目干系人管理策略等。

表 10-6 某项目沟通管理计划文件示例

| 项目干系人 | 需要的信息 | 沟通频率 | 沟通方式 | 反馈时间 |
|---|---|---|---|---|
| 发起人 | 高层成本、进度和质量绩效问题和建议行动 | 每月 | 书面报告和会议 | 3 天内 |
| 项目经理监督层 | 详细成本、进度和质量绩效问题、建议行动、所需支持 | 每周 | 书面报告和会议 | 1 天内 |
| 客户高级管理层 | 详细成本、进度和质量绩效问题和建议行动<br>客户要求的行动 | 每月 | 书面报告和会议<br>项目团队会议 | 3 天内 |
| 客户关系人 | 客户要求的行动<br>有关客户行动的协作信息 | 每周 | 书面报告和会议<br>项目团队会议 | 2 天内 |
| 项目团队 | 详细成本、进度和质量绩效问题和建议行动<br>未来两周的协作信息<br>未来客户和发起人信息 | 每周 | 书面报告和会议<br>项目团队会议 | 3 天内 |

## 10.4 项目信息发布

项目信息发布（Project Information Distribution）是指将项目干系人所需要的项目信息及时传递的过程，包括对项目沟通计划中规定的信息和临时获取的信息进行发布。

项目信息发布的主要工作如表 10-7 所示。

表 10-7 项目信息发布的主要工作

| 依据 | 工具和方法 | 结果 |
|---|---|---|
| 沟通管理计划<br>项目绩效报告<br>组织积累的相关资源 | 项目沟通方式<br>项目信息发布工具 | 更新的组织积累相关资源 |

由图 10-6 可以更加清楚地了解在项目信息发布时的工作信息流向。

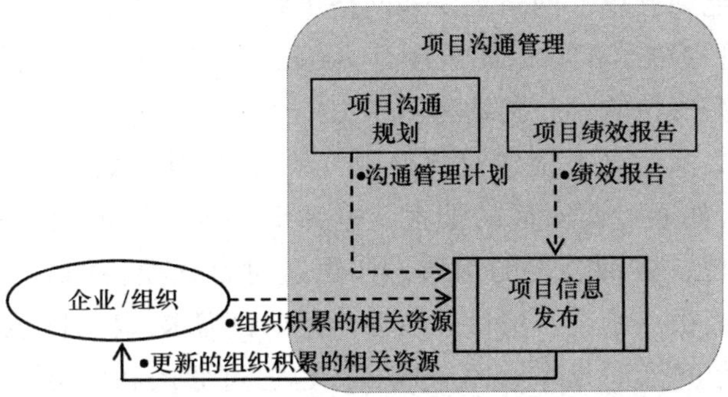

图 10-6 项目信息发布的工作信息流向示意图

## 10.4.1 项目信息发布的依据

（1）沟通管理计划。沟通管理计划是项目管理计划的一部分或其子计划。根据项目需要的不同，沟通管理计划可以是正式的或非正式的，详细的或高度概括的。

（2）项目绩效报告。项目绩效报告是用来提供项目绩效和项目进展状况等信息的报告。应在会前做好绩效报告的准备工作，同时绩效报告的内容应简洁、准确及时。

（3）组织积累的相关资源。组织积累的相关资源会影响项目信息发布过程，主要包括对政策、程序、项目信息发布指导原则等的影响。

## 10.4.2 项目信息发布的工具和方法

（1）项目沟通方式。项目沟通方式有个别会谈、集体会议、视频会议、电话会议、计算机聊天和其他远程沟通方法。

（2）项目信息发布工具。项目信息发布是指在项目整个生命期内，及时收集信息并与项目干系人共享信息，将信息发布给项目干系人。项目信息可以用如下多种方式发布：

1）包括纸质文件发布、手工归档系统和共享电子数据库等。

2）电子通信和项目会议工具，如传真、电子邮件、电话信箱留言、电话会议、可视电话会议、网络会议和网络出版。

3）项目管理电子工具，如进度计划编制网络界面、项目管理软件、会议和虚拟办公室支持软件、网站和协作工作管理工具。

例如，某集团信息系统建设项目中，项目经理既做到和上级（项目指导委员会）沟通，如通过面对面的汇报、电话请示等；又做到和各个部门以及和相关法人单位、咨询公司的沟通，如通过对召开项目例会、项目协调会、项目阶段成果汇报演示会、项目总结会，把项目需求、项目计划、进度情况、出现的问题等信息及时发布给团队成员；也通过面谈和成员交流，此外，还与项目团队成员通过发送电子邮件和网上聊天来交流。

### 10.4.3 项目信息发布的结果

项目信息发布的结果主要是更新的组织积累的相关资源，包括以下几点：

（1）项目干系人通知。对解决的问题、审定的变更和项目状态等问题向干系人通报。

（2）项目报告。正式和非正式项目报告将详细说明项目状态，其中，包括经验教训、问题登记簿、项目收尾报告和其他知识领域的成果。

（3）项目演示介绍。项目团队正式或非正式地向某些或所有项目干系人提供信息。这些信息要切合听众需要，介绍演示的方法要恰当。

（4）项目记录。项目记录可包括函件、备忘录以及项目描述文件。这些信息应尽可能地以恰当方式有条理地加以保存。项目团队成员也往往在项目笔记本中保留个人记录。

（5）项目干系人的反馈。可以发布从项目干系人收集到的有关项目运营的信息，并根据该信息改进或修改项目的未来绩效。

（6）经验教训记录。经验教训记录包括问题的起因，所采取纠正措施的原因和依据，以及有关信息发布的其他各种经验教训。记录下来的经验教训可成为本项目和执行组织的历史数据库的组成部分。

## 10.5 项目干系人期望管理

项目干系人期望管理(Stakeholder Expectations Management)是指项目经理出于满足项目干系人的需求，以解决相关问题为目的，对增进与干系人之间的沟通和合作过程所进行的管理活动。项目干系人期望管理的主要工作如表10-8所示。

表 10-8 项目干系人期望管理的主要工作

| 依 据 | 工具和方法 | 结 果 |
| --- | --- | --- |
| 项目干系人登记表 | 项目沟通方式 | 更新的组织积累的相关资源 |
| 项目干系人管理策略 | 人际交往技巧 | 变更请求 |
| 沟通管理计划 | 管理技巧 | 更新的项目文档 |
| 问题登记簿 |  | 项目管理计划更新 |
| 变更登记簿 |  |  |
| 组织积累的相关资源 |  |  |

由图10-7可以更加清楚地了解在项目干系人期望管理的工作信息流向。

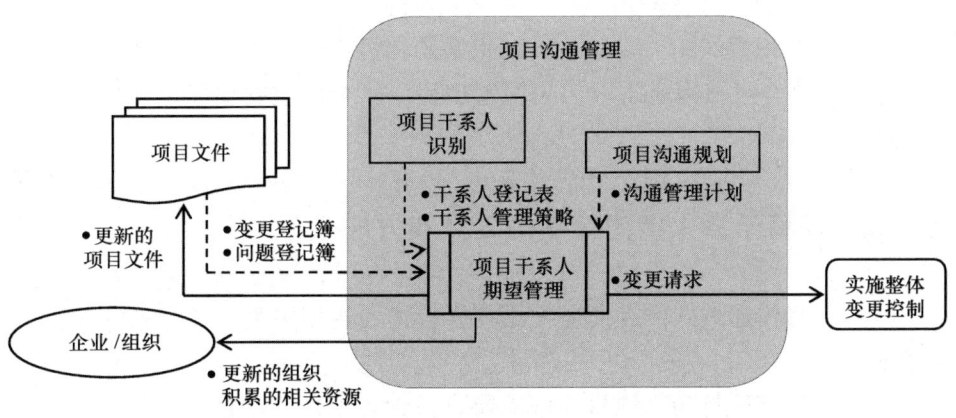

图 10-7 项目干系人期望管理的工作信息流向示意图

### 10.5.1 项目干系人期望管理的依据

(1) 项目干系人登记表。项目干系人登记表是与项目有关的干系人的清单。它通常用于确保在项目沟通时把所有的干系人全部包括进来。

（2）项目干系人管理策略。对干系人的目的和目标的理解可以用来制定干系人期望管理策略。该策略应整理归档于项目干系人管理策略文件中。

（3）沟通管理计划。通过干系人需求和期望可以了解干系人的目标、目的与沟通层次。在沟通管理计划中对这些需求和期望进行识别、分析和记录。沟通管理计划是项目管理计划的辅助计划。

（4）问题登记簿。问题登记簿或行动步骤记录本是一种用来记录与监督问题解决情况的工具。这些问题一般不会严重到其本身要变成一个项目或一项活动的程度，但为了保持各干系人之间良好的、建设性的工作关系，还是需要对它们加以处理。

以一定的方式对问题进行澄清和陈述，以便问题得以解决。需要针对每项问题分派负责人，并规定解决问题的目标日期。如果问题未得到解决，则可能导致冲突和项目延迟。

（5）变更登记簿。变更登记簿用来记录项目中出现的变更。必须就这些变更及其对项目的影响（包括时间、费用、风险等）与相应的干系人进行沟通。

（6）组织积累的相关资源。组织积累的相关资源可能影响干系人期望管理过程，主要有组织沟通需求、问题管理程序、变更控制程序以及项目的历史信息等。

### 10.5.2 项目干系人期望管理的工具和方法

（1）项目沟通方式。在此应使用在管理沟通规划中为每个干系人规定的沟通方法。

（2）人际交往技巧。项目经理需要具备管理干系人的技巧，例如，建立信任、解决冲突、善于聆听、灵活变通等。

（3）管理技巧。管理是指运用一定的职能和手段来协调和控制人的劳动，通过每个人的努力共同实现组织既定目标的活动过程。项目经理通常需要拥有的管理技巧有演示技巧、写作技巧和演讲技巧。

### 10.5.3 项目干系人期望管理的结果

（1）更新的组织积累的相关资源。组织积累的相关资源可能发生更新，包括问题的起因、采取纠正措施的原因和依据以及对干系人进行管理的经验教训等。

（2）变更请求。对干系人进行管理可能会导致项目需求改变，此时应采用适当的纠正措施或预防措施。

（3）更新的项目文档。对项目文件进行更新，主要反映干系人管理策略、项目干系人登记表和问题登记簿等内容的变动。

（4）项目管理计划更新。对项目管理计划进行更新，以反映项目沟通规划的修改情况。

## 10.6 项目绩效报告

项目绩效报告（Project Performance Reporting）是指搜集所有绩效信息，并向干系人提供绩效信息的过程。绩效信息是指为实现项目目标而投入的资源的使用情况，一般来说应提供范围、进度、成本、质量、风险和采购等实际发生状况信息。绩效报告通过实际发生数据与计划数据的比较，来预测项目结果。

项目绩效报告一般包括：

（1）项目状态报告（Project Status Reporting），用来描述项目当前的进展情况。

（2）项目预测报告（Project Forecasting Reporting），用来预测项目未来的进展情况和进度。

项目绩效报告的主要工作如表 10-9 所示。

表 10-9 项目绩效报告的主要工作

| 依 据 | 工具和方法 | 结 果 |
| --- | --- | --- |
| 项目管理计划 | 偏差分析技术 | 项目绩效报告 |
| 工作绩效数据 | 预测方法 | 更新的组织积累的相关资源 |
| 工作绩效状况 | 报告系统 | 变更请求 |
| 组织积累的相关资源 | | |

由图 10-8 可以更加清楚地了解在项目绩效报告的工作信息流向。

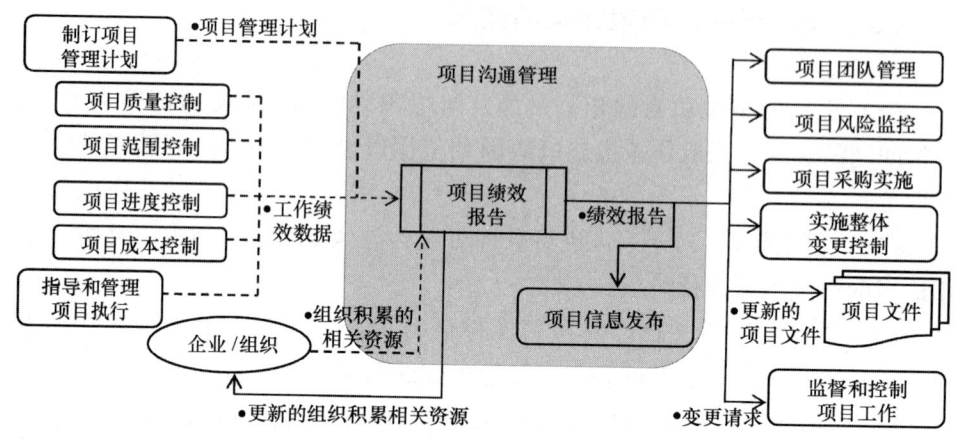

图 10-8 项目绩效报告的工作信息流向示意图

## 10.6.1 项目绩效报告的依据

（1）项目管理计划。项目管理计划提供了项目的基准信息。绩效衡量基准是指已经批准的项目工作计划，可据之衡量项目绩效和偏差，从而执行管理控制。绩效衡量基准一般整合了项目的范围、进度和成本参数，同时也可能包含项目的技术和质量参数。

（2）工作绩效数据。工作绩效数据来源于项目活动中的原始数据，包括交付项目进展状况、项目进度计划和已发生的成本等内容。工作绩效数据通常用于对项目实际发生情况与项目计划情况进行比较。比较的内容主要包括实际进度与计划进度、实际费用与计划费用、实际技术绩效与计划技术绩效等。

（3）工作绩效状况。通过工作绩效数据来计算工作绩效状况，以便按照计划要求来评估项目活动的实际进展，包括实际进度绩效、实际成本绩效和实际技术性能等。

（4）组织积累的相关资源。组织积累的相关资源会影响绩效报告工作过程，主要包括已有的绩效报告、已经使用的政策和程序等。

## 10.6.2 项目绩效报告的工具和方法

偏差分析技术又称为挣值分析,是指将项目的实际进展情况和计划进行对比。项目沟通方式前面已经介绍,在此不再赘述。

(1)预测方法。预测是利用实际绩效数据对项目未来绩效趋势进行预测的过程。预测方法有多种,下面简要介绍时间序列法和因果关系法。

1)时间序列法。时间序列是指同一种现象在不同时间上的相继观察值排列而成的一组数字序列。时间序列法的基本思想是:预测一个现象的未来变化时,用该现象的过去行为来预测未来。即通过时间序列的历史数据揭示现象随时间变化的规律,将这种规律作用于未来,从而对该现象的未来作出预测。

2)因果关系法。因果关系法是把客观事物之间内在的因果关系,转换成一种数学语言,找出自变量和因变量,用一种近似的函数关系表示出来,并依靠历史统计数据,建立相应的数学模型(因果模型),然后根据自变量的数量变化预测因变量数量变化的预测方法。

因果关系法预测比较适用于事物之间的因果关系清晰,而且又具备比较全面的横向统计数据资料的情况。运用这种方法可以对项目未来绩效趋势进行预测。

(2)报告系统。报告系统是项目经理收集、存储以及向项目干系人发布关于成本、进度和绩效信息的工具。该系统可以方便项目经理分别从成本、进度等不同的报告中提炼、汇集相关数据,并把经过加工整理的数据发送给相应的项目干系人。

## 10.6.3 项目绩效报告的结果

(1)项目绩效报告。项目绩效报告就是对有关项目绩效信息进行总结,提出分析结果,并按照项目沟通规划中的规定向项目干系人提供所需的信息。项目绩效报告的通用格式包括甘特图、S曲线图、矩形图和表格等。

表10-10是L公司2007年4月30日的电梯改造项目绩效报告。

表 10-10  L 公司 2007 年 4 月 30 日项目绩效报告表 （单位:万元）

| | 本月计划完成 | 本月实际完成 | 本月订货合同额 | 本 月 偏 差 |
|---|---|---|---|---|
| 设备订货 | 1085 | 1267 | 870 | -182 |
| 设备验收 | 1150 | 1050 | | -100 |
| 设备出货 | 980 | 980 | | 0 |
| 设备安装 | 0 | 0 | | 0 |

注：本月偏差＝本月实际完成－本月计划完成。

从表 10-8 中可以看出 L 公司电梯改造项目目前存在的主要问题。

设备订货工作的实际完成与计划相比：①订货计划的制订与工程的实际进度有一定的出入。②有关设备的技术准备工作没有做好，导致一些设备不具备订货条件。应对项目设备订货计划进行及时调整，以使设备供应满足工程进度的需要。

（2）变更请求。对项目绩效进行分析后，通常可能需要对项目的某些方面进行变更，如范围、进度、费用等。具体如何进行变更请求可参考整体变更控制中的方法进行处理。

# 本 章 小 结

本章对项目沟通的相关内容进行了比较详细的阐述。首先介绍了沟通及项目沟通管理含义。然后在此基础上引出了项目沟通管理工作的 5 个工作过程，即项目干系人识别、项目沟通规划、项目信息发布、项目干系人期望管理和项目绩效报告，并对每个过程的依据、工具、方法和结果进行了详细的阐述。

# 自 测 题

**一、判断题**

1. 相对正式沟通而言，非正式沟通的沟通效果好。                （    ）
2. 在双向沟通中，沟通主体和沟通客体两者的角色不断交换。   （    ）
3. 项目执行过程中信息的沟通与交流是否充分，将会影响到项目实施的效果，也是项目能否达到预期目标的关键。                （    ）

4. 确定项目干系人的信息需求和传递信息的方式是项目成功的关键。
( )

5. 任何一个沟通过程都存在干扰，因此消除干扰也是保证有效沟通的环节。
( )

二、单选题

1. 项目经理应当( )。
   A. 控制所有信息　　　　　　B. 努力控制沟通
   C. 授权沟通的控制　　　　　D. 拥有沟通系统中各种冲突的信息

2. 项目沟通管理中信息的过滤( )。
   A. 应当尽量限制
   B. 是有效沟通所必需的
   C. 只有当项目出现重大问题或危机时才应该发生
   D. B 和 C

3. 缺乏沟通和未解决的争端意味着( )。
   A. 项目复杂　　　　　　　　B. 进度计划失败
   C. 项目团队效率低下　　　　D. 项目团队的职责界定不明确

4. 项目沟通规划所用的工具是( )。
   A. 项目干系人分析　　　　　B. 信息检索系统
   C. 项目沟通方式　　　　　　D. 信息发布系统

5. 绩效报告过程包括下列所有报告，除了( )。
   A. 状态报告　　　　　　　　B. 预测报告
   C. 进展报告　　　　　　　　D. 产品分析报告

6. 在信息发布过程中会用到下列哪种工具( )。
   A. 沟通管理计划、项目计划和信息发送系统
   B. 信息发送系统、信息检索系统和绩效报告
   C. 项目沟通方式、信息检索系统和信息发送系统
   D. 项目沟通方式、工作结果和状态报告

7. 描述项目当前情况的报告是( )。
   A. 进度报告　　　　　　　　B. 状态报告
   C. 预测报告　　　　　　　　D. 进度表分析报告

8. 如果信息不( )，那么它对于接受者就是无用的。

A. 及时　　　　B. 有趣　　　　C. 复杂　　　　D. 稀少

9. (　　)是良好沟通的最佳渠道。

A. 电子邮件　　B. 电话　　　　C. 传真　　　　D. 以上都是

10. 绩效报告通常讨论实际情况和预期情况的(　　)。

A. 偏差　　　　B. 差异　　　　C. 关系　　　　D. 联系

11. 与项目干系人沟通的最好方法是(　　)。

A. 烟雾信号　　B. 面对面　　　C. 电子邮件　　D. 电话

### 三、多选题

1. 非正式沟通的优点(　　)。

　A. 灵活、方便　　　　　　B. 约束力较强

　C. 速度快　　　　　　　　D. 可以使沟通保持权威性

2. 项目沟通规划就是针对项目干系人的沟通需求进行分析，它主要包括(　　)。

　A. 确定向谁沟通信息　　　B. 沟通什么信息

　C. 什么时候沟通信息　　　D. 采取何种方式沟通信息

3. 采用何种沟通方式，取决于(　　)因素。

　A. 对信息需求的紧迫程度　B. 沟通方式的可行性

　C. 项目团队成员的能力　　D. 绩效情况

4. 下列选项中，(　　)是非正式沟通的例子。

　A. 工程师的笔记　　　　　B. 电子邮件信息

　C. 管理计划　　　　　　　D. 发给项目团队成员的备忘录

5. 项目经理可以通过(　　)促进项目沟通。

　A. 运用多种沟通渠道　　　B. 进行信息的追踪和反馈

　C. 成为一个沟通联络者　　D. 主持有效的会议

## 练习与思考

1. 什么是沟通，沟通的过程有哪些方面？
2. 什么是项目沟通管理？
3. 项目沟通规划的依据、方法和结果有哪些？
4. 什么是项目干系人期望管理？

5. 项目干系人期望管理的依据、方法和结果有哪些？

# 模 拟 练 习

请你在前面所定义的项目基础上，对你的项目进行干系人识别、项目沟通规划、项目信息发布、项目绩效报告和项目干系人期望管理等工作。

# 案 例 思 考

## 维拉扎诺大桥设计项目的沟通分析

位于纽约港的维拉扎诺大桥被誉为"世界上最大的桥梁"，奥斯马·阿曼是大桥的总设计师兼项目经理。因维拉扎诺大桥结构简单，造型别致而流芳百世。可是一个叫莫里斯的年轻成员在这个项目中的作用却鲜为人知。莫里斯当时年龄是25岁，2年前从MIT毕业来到了奥斯马的建筑设计公司。

维拉扎诺大桥项目对奥斯马来说是一个新的挑战，这是该年度市政府的重点项目，不仅要求把纽约港的布鲁克林和斯塔顿两个小岛连接起来，以解决交通上的难题，而且还要求该桥具有一定的艺术风格，以作为纽约港的一道风景。

经过近3个月的勘探和设计，项目组设计出了吊桥方案，奥斯马对项目的设计和计划都颇为满意。在一个落日的黄昏，奥斯马来到了布鲁克林岛，望着对面的斯塔顿岛自言自语道："这将是一道美丽的风景"，他显然已沉浸在自己的伟大计划中。"可是，能否找到一种更好的设计方法使这道风景流芳百世呢？"这时身边突然出现一位小伙子。奥斯马从落日美景中突然惊醒，马上想起了眼前这位小伙子正是2年前来到自己公司的莫里斯。"难道我的设计有什么不正确的地方吗？"奥斯马试探着向莫里斯问道。"如果要把桥梁设计成弧形，压力将会更小一些"，莫里斯短短的一句话无异于对整个项目设计的否定。

在项目会议上，这个问题再次被提了出来。"谁能保证技术上的成功性？"老设计师詹姆斯首先提出了质疑。"一座弧形的桥梁架在两岛之间确实是纽约港的一道美丽彩虹，而且建筑史上也早有先例，比如中国的赵州桥"，另一位设计师布朗对莫里斯的设想显示出了强烈的兴趣。"可是那架桥只有50余米，而我们大桥的长度将是它的几十倍！"詹姆斯对布朗的冒犯表示出了强烈的不满。"但是弧形桥梁的压力确实会减少很多",奥斯马一边聆听团队成员的争论,一边陷入了苦苦的思索中。

面对相持不下的局面,最后奥斯马亲自担任设计组组长,对弧形桥梁方案和吊桥方案进行了认真的研究和对比,并最终作出了决策:采用弧形桥梁方案。

世界上最大的桥梁就这样诞生了。

问题:

1. 在维拉扎诺大桥项目设计过程冲突发生的前后,项目经理奥斯马和团队成员进行了怎样的沟通?所采用的沟通方式是否有效?

2. 项目经理奥斯马是否对维拉扎诺大桥的项目干系人进行了管理?项目干系人管理工作是否有效?

3. 假若你是项目经理,对该项目的沟通管理还需进行哪些方面的改进?

主要内容
- 概述
- 项目风险管理规划
- 项目风险识别
- 项目风险定性分析
- 项目风险定量分析
- 项目风险应对
- 项目风险监控

第 11 章

# 项目风险管理

不要把所有的鸡蛋放在同一个篮子里。

——美国经济学家 托宾（James Tobin）

谁也没有能够预知未来的水晶球。在我们无序的系统中，唯一确定的就是不确定性。

——梅拉梅德（Melamed）

## 11.1 概述

### 11.1.1 风险含义

(1) 风险的定义。关于风险的定义很多,较为典型的有以下几种:

1) 美国学者 A. H. 威雷特认为"风险是关于不希望发生的事件发生的不确定性的客观体现。"

2) 美国经济学家 F. H. 奈特认为"风险是可测定的不确定性。"

3) 日本学者武井勋认为"风险是在特定环境和特定期间内自然存在的导致经济损失的变化。"

4) 中国台湾学者郭明哲认为"风险是指决策面临的状态为不确定性而产生的结果。"

5) Webster 大辞典认为"风险是遭受损失的一种可能性。"

6) William W. Lowrance(1976)将风险定义为不利影响的严重程度和发生概率的一种度量。

从上述风险定义中可以看出,风险是一种随机现象。风险的不确定性总体表现为两个方面:一方面,风险可能会带来损失,如地震等自然灾害造成的损失;另一方面,风险也可能会让人们受益。在一定的情况下,运用恰当的手段进行适时管理,风险也可以给人们带来利益而并非仅使人们受到损害。

(2) 风险的特征。

1) 风险具有客观性。风险是客观存在的,它不以人的意志为转移。

2) 风险具有可转化性。风险不是固化的、一成不变的,随着时间的推移或者环境的变化,风险也会随之转化,如风险性质的转化、风险后果的转化和新风险的出现等。

3) 风险具有相对性。风险是相对不同的风险管理主体而言的,不同的风险管理主体对同样的风险事件会产生不同的主观不确定性,表现为对风险事件发生可能性和风险损失大小的不同估计,不同的风险管理主体由于自身条件的差异,即使面临相同的风险,其风险承受能力也会有所不同。

4)风险具有阶段性。风险的发生一般会经历如下3个不同的阶段:潜在阶段——风险对项目基本没有什么危害,但若任其发展,它将逐步演变为现实的风险;发生阶段——风险已经发生,但尚未对项目产生危害,如果不及时采取措施加以处理,它就会给项目造成损失;造成后果阶段——风险对管理主体已经造成了危害,而且其后果无法挽回,此时只能采取措施尽量减少项目风险后果的危害。

### 11.1.2 项目风险管理含义

项目风险(Project Risk)是指由于项目所处的环境和条件的不确定性,以及受项目干系人主观上不能准确预见或控制等因素的影响,使项目的最终结果与项目干系人的期望产生偏离,并给项目干系人带来损失的可能性。

项目风险管理(Project Risk Management)是指通过风险识别和风险评估去认识项目的风险,并以此为基础合理地使用各种风险应对措施、管理方法、技术和手段,对项目风险实行有效的应对和监控,妥善处理风险事件所造成的不利后果,以最低的成本保证项目总体目标的实现。

项目风险存续于项目的整个生命期,除了具有一般意义的风险特征外,由于项目的一次性、独特性、组织的临时性和开放性等特征,对于不同项目,其风险特征各有所异。项目风险管理应强调对项目组织、项目风险、风险管理的动态性以及各阶段过程的有效管理。

项目风险管理本身就是一个项目,有明确的项目目标和工作内容。项目风险管理工作过程主要由项目风险管理规划、项目风险识别、项目风险定性分析、项目风险定量分析、项目风险应对和项目风险监控6个过程组成。

## 11.2 项目风险管理规划

项目风险管理规划(Plan Risk Management)是进行项目风险管理的首要工作,是规划和设计如何进行项目风险管理活动的过程。项目风险管理规划即确定一套全面、协调一致的项目风险管理策略和方法,并将其形成文件的过程。它主要包括:确定参与风险管理活动的组织成员,制定实施风险管理的行动方案和方式，提供风险管理的框架、途径和方法，确定判断风险的依据，选择适合的风险管理方法等。

通过项目风险管理规划，可以实现以下目的：决定项目风险管理的总体目标；提供项目风险管理的整体框架；制订应对风险的若干备选行动方案；为不可避免的风险及早建立时间和资金等资源储备；在组织内部形成风险管理文化。总之，项目风险规划的目的就是强化有组织、有目的的风险管理思路和途径，以预防、减轻、遏制或消除不良情况的发生，以免对项目产生不利影响。

项目风险管理规划的主要工作如表 11-1 所示。

表 11-1 项目风险管理规划的主要工作

| 依 据 | 工具和方法 | 结 果 |
|---|---|---|
| 项目范围说明书 | 风险管理规划会议和分析 | 项目风险管理计划 |
| 成本管理计划 | | |
| 进度管理计划 | | |
| 沟通管理计划 | | |
| 项目的制约因素 | | |
| 组织积累的相关资源 | | |

由图 11-1 可以更加清楚地了解项目风险管理规划的工作信息流向。

### 11.2.1 项目风险管理规划的依据

项目风险管理规划的依据包括以下几个方面：

（1）项目范围说明书。项目范围说明书详细说明了项目的可交付成果、为提交这些可交付成果而必须开展的工作和项目的主要目标，它能够使项目团队实施更详细的计划，是进行项目风险管理规划时可以利用的有效信息。

（2）成本管理计划。项目成本管理计划对应该如何核定和报告风险预算、应急储备和管理储备等都进行了规定，前面章节已经详细介绍，在此不再重复。

（3）进度管理计划。进度管理计划对如何核定和报告项目的进度应急储

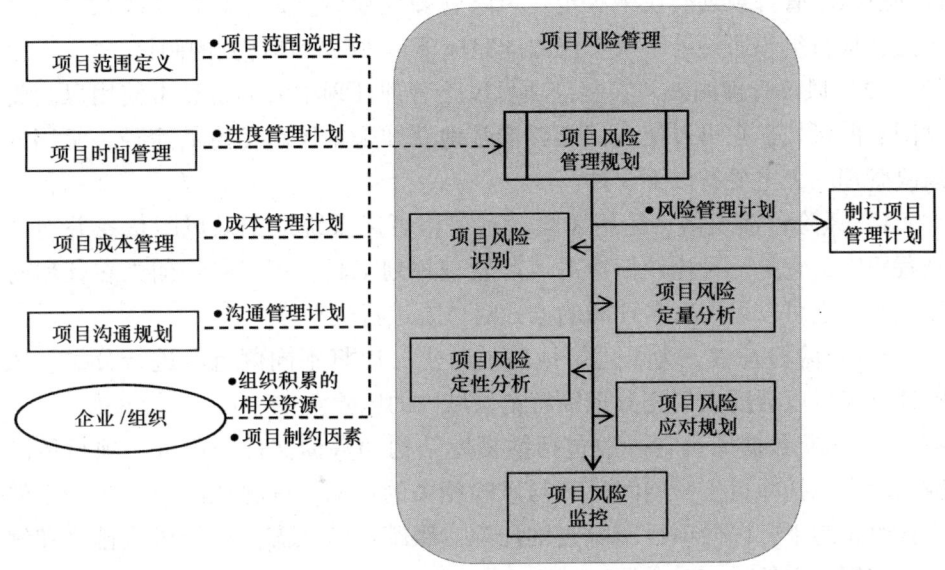

图 11-1 项目风险管理规划的工作信息流向示意图

备作了规定,前面章节已经详细介绍,在此不再重复。

(4) 沟通管理计划。沟通管理计划定义了项目中的各种互动关系,并且进一步明确了由谁在何时何地来共同使用各种风险及其应对措施的信息。

(5) 项目制约因素。对风险规划管理过程影响的项目制约因素主要有组织对风险的态度和承受能力等,这些因素代表组织愿意和能够承受相关风险的能力。

(6) 组织积累的相关资源。对风险规划管理过程产生影响的组织积累的相关资源主要有风险类别、风险描述的格式、概念和术语的通用定义、标准模板、角色和职责、经验教训、干系人登记册等。

## 11.2.2 项目风险管理规划的工具和方法

风险管理规划会议和分析包括以下几个方面:

(1) 风险管理规划会议。风险管理规划会议是项目风险管理规划的主要工具之一,主要参会人员包括项目经理和负责项目风险管理的团队成员。项目风险管理的工具、方法、具体时间安排以及报告与跟踪形式等内容,都可以通过风险管理规划会议来决定。风险管理规划会议是一种群体决策的活动形式，项目组织通过若干次会议方能完成项目风险管理计划的制订。

（2）风险管理图表。在制订项目风险管理计划中人们也经常使用风险管理图表的形式，它可以使人们能够清楚地获知采集风险信息的途径。常用的风险管理图表主要有以下3种：

1）风险管理表格。运用风险管理表格可以系统地记录风险信息并对之全程跟踪，它是一种比较便捷的风险管理规划工具，可以供任何人在任何时候使用，也可以采用匿名评阅的方式对风险进行规划。

2）风险检查表。为了理解风险的特点，应将不同侧重点进行分类。风险检查表可以帮助人们充分识别特定领域内的风险。

3）风险数据库。它一般包括数据库结构和数据文件两部分。项目风险数据库中包括项目生命期间所有与风险相关的活动，其将风险信息按一定的方式组织起来，以便项目团队查询风险、跟踪风险状态、进行风险排序和编制风险管理文件。

从项目风险数据库结构设计的角度来构建项目风险数据库时，其至少应包括如下数据字段，见表11-2。

表11-2 项目风险数据库字段

| 存入号码 | 识别日期 | 负责人 | 识别者 | 风险类型 |
| --- | --- | --- | --- | --- |
| 风险名称 | 发生概率 | 影响后果 | 风险优先级 | 风险开始日期 |
| 项目编号 | 所处阶段 | 所需资源 | WBS | 风险结束日期 |
| 风险容忍水平 | 风险陈述 | 风险评估结果 | 风险应对措施 | |

（3）工作分解结构。风险识别需要清楚项目的组成要素、各个组成要素的性质及相互间的关系，借助工作分解结构可以很好地完成这项工作。在项目的生命期中，项目团队不仅应将项目的WBS作为规划未来工程管理、分配资源、预算经费和签订合同的协调工具，还应依据项目的WBS来报告工程进展、执行效率、项目评估和费用数据，以便为控制项目风险服务。

## 11.2.3 项目风险管理规划的结果

项目风险管理规划工作的结果是整个项目风险管理过程的战略性和指导

性纲领,决定了项目组织的风险管理活动全过程。项目风险管理规划针对的是项目生命期的全过程。早期的项目风险管理规划结果是一份初始项目风险管理计划文件,随着项目的进展和风险管理的深入,项目风险管理规划需要不断地更新和完善。它描述了在项目生命期内,如何安排和实施项目风险识别、项目风险评估、项目风险应对和项目风险监控等一系列活动。一般来说,项目风险管理计划文件主要包括以下内容:

(1)方法描述。明确在实施项目风险管理的过程中所采用的方法、工具和数据来源。

(2)任务与职责描述。确定项目风险管理计划中每项活动的领导、团队成员和风险管理组员的任务与职责。表11-3列示了某项目风险管理主体在项目风险管理中的角色及相关工作。

表11-3 某项目风险管理主体的任务和职责

| 任务<br>职责<br>人员 | 制订风险管理计划 | 风险识别 | 风险评估 | 编制风险应对计划 | 执行风险应对计划 | 风险监控 | 风险管理活动总结 |
|---|---|---|---|---|---|---|---|
| 项目经理 | R | P | P | P | M | M | R |
| 项目团队 | P | P | P | P | P | P | P |
| 项目风险分析人员 | | R | R | R | | R | |
| 风险计划执行人员 | | | | P | R | | |

注:R 为负责;M 为监督;P 为参与。

由表11-3可以清楚地看出,项目经理和项目风险分析人员在项目风险管理中负有主要责任,其主要职责是制订项目风险管理计划和风险管理活动总结,在项目团队内规范沟通方式;项目风险分析人员主要负责项目风险识别和风险评估,并制订风险应对计划;风险计划执行人员参与风险的应对计划的制订,有利于应对计划的有效实施;项目团队成员都要参与项目风险管理,以便有利于项目团队的沟通及风险计划的有效执行。

(3)风险管理预算描述。通过项目风险分解结构来构建项目风险管理预算。

(4)风险管理时间安排描述。确定在项目整个生命期间内开展风险管理的时间间隔。

（5）风险类别描述。采用典型风险分类或通过构建项目风险分解结构进行风险分类，进而可以提高风险识别过程的效率和质量。

（6）风险发生概率标度及风险影响标度描述。风险发生概率即风险发生的可能性，是风险来源和风险发生条件两个不确定性因素综合作用的结果。风险影响标度是指风险一旦发生对项目目标产生的影响，包含风险发生的影响范围和影响程度两层含义。

（7）风险容忍水平描述。项目干系人可能会有不同的风险容忍水平，可接受的风险容忍水平构成了项目风险管理团队衡量风险应对计划执行效果的指标。

## 11.3　项目风险识别

项目风险识别（Identify Risk）是项目风险管理的基础和重要组成部分。项目风险识别是指明确项目可能存在的风险及其产生的原因，描述这些风险的特征，并对这些风险进行归类的过程。也可以理解为，项目风险识别是辨识哪些风险可能影响项目，并记录这些风险的特点、来源及分类的工作集合。

风险识别需要确定的风险三要素为：风险来源、风险事件和风险后果。风险后果一般采用风险事件对项目执行结果的影响来表示，如对项目进度和成本产生的影响分别称为工期风险和成本风险。

项目风险识别首先要进行的工作是根据项目的总目标和风险管理规划制订项目风险识别的目标。不同项目阶段，项目风险管理的侧重点不同，风险识别的目标也不同。随着项目的进展，新的风险可能会出现，从而又需要开展新一轮的项目风险识别工作。因此，项目风险识别不是一次性的活动，而是一项反复的过程。风险识别贯穿于项目生命期的全过程，并且应在项目管理过程中定期、有计划地进行。

项目风险识别的主要工作如表11-4所示。

由图11-2可以更加清楚地了解项目风险识别工作的信息流向。

表 11-4 项目风险识别的主要工作

| 依　据 | 工具和方法 | 结　果 |
|---|---|---|
| 项目风险管理计划 | 文件审查 | 风险登记册 |
| 活动成本估算 | 信息搜集技术 | |
| 活动持续时间估算 | 风险检查表 | |
| 范围基准 | 图解技术 | |
| 干系人登记表 | 假设分析 | |
| 成本管理计划 | SWOT 分析法 | |
| 进度管理计划 | 专家判断法 | |
| 质量管理计划 | | |
| 其他项目文件 | | |
| 组织积累的相关资源 | | |
| 项目的制约因素 | | |

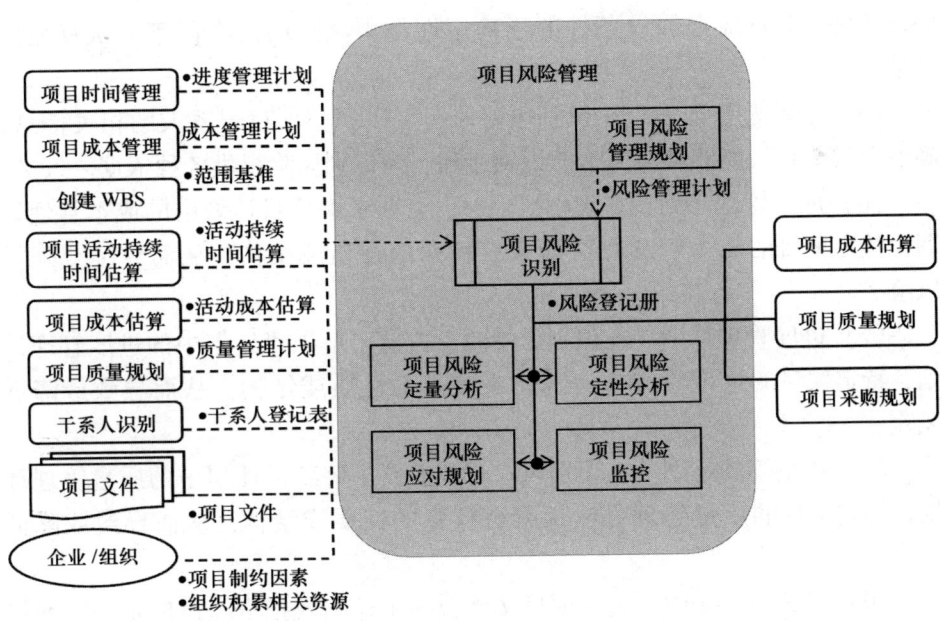

图 11-2 项目风险识别的工作信息流向示意图

### 11.3.1 项目风险识别的依据

(1) 项目风险管理计划。项目团队进行风险识别的首要依据就是项目风险管理计划。从项目风险管理计划中可以得到风险识别的范围、风险类别、项目组织成员的分工和责任分配、项目干系人风险容忍水平、识别方法及规范、风险识别结果的形式和处理程序等信息。

(2) 活动成本估算。对项目活动成本进行估算,有利于识别风险。活动成本估算是对各个活动可能需要的成本进行量化评估,可以用一个区间来表示,区间的宽度代表风险的程度。

(3) 活动持续时间估算。对项目活动持续时间进行估算,有利于识别活动或与整个项目的进度安排有关的风险。

(4) 范围基准。在进行风险识别时,可以从范围说明书中了解到项目的假设条件,并且应把假设条件的不确定性作为风险的潜在因素,认真加以评估。

(5) 干系人登记表。在识别风险时,可以利用项目干系人的相关信息,确保项目干系人能够参与风险的识别过程,为识别风险提供各种依据。

(6) 成本管理计划。在识别风险时,需要了解项目计划中的成本管理计划,特定项目的成本管理方法通常有特殊的性质或结构,从而导致或降低风险。

(7) 进度管理计划。在识别风险时,需要了解项目计划中的进度管理计划,特定项目的进度管理方法通常有特殊的性质或结构,从而导致或降低风险。

(8) 质量管理计划。在识别风险时,需要了解项目计划中的质量管理计划,特定项目的质量管理方法通常有特殊的性质或结构,从而导致或降低风险。

(9) 其他项目文件。其他项目文件包括工作绩效报告、挣值报告、网络图、基准以及对识别风险有价值的其他信息。

(10) 组织积累的相关资源。以前类似项目实际发生风险的历史资料,为识别现有项目的风险提供了非常重要的依据和参考,是项目风险识别的重要依据之一。组织积累的相关资源可以从本项目或其他相关项目的档案文件中获取，也可以从公共信息渠道中获取对本项目有借鉴作用的风险信息。一般来说，项目组织积累的相关资源来源于历史项目的各种原始记录、公用数据库、项目团队成员的经验等。如在项目的进展中，项目风险的来源遍及项目管理的所有知识领域，如表 11-5 所示。

表 11-5 项目风险的来源分布

| 知识领域 | 可能出现的风险 |
| --- | --- |
| 范围管理 | 目标不明确；范围不清；工作不全面；范围控制不恰当 |
| 进度管理 | 错误估算时间；浮动时间的管理失误；进度安排不合理 |
| 成本管理 | 成本估算错误；资源短缺；成本预算不合理 |
| 质量管理 | 设计、材料和工艺不符合标准；质量控制不当 |
| 采购管理 | 没有实施的条件或合同条款；物料的单价变高 |
| 风险管理 | 忽略了风险；风险评估错误；风险管理不完善 |
| 沟通和冲突管理 | 沟通计划编制不合理；缺乏与重要利益相关者的协商；冲突管理不完善 |
| 人力资源管理 | 项目组织责任不明确；没有高层管理者支持 |
| 整体管理 | 整体计划不合理；进度、费用、质量的协调不当 |

（11）项目的制约因素。当项目的制约因素发生变化或假设条件不成立时，就很可能成为项目新的风险源。因此，项目的前提和假设中隐藏着风险。由于项目总是处于一定的环境中，会受到许多内外因素的制约，其中的一些制约因素是项目活动主体无法控制的，因此，在这些制约因素中就隐藏着一定的风险。对项目的所有管理计划进行审查，可以明确项目计划和规划的前提、假设和限制。

## 11.3.2 项目风险识别的工具和方法

项目风险识别的工具和方法主要有：文件审查、信息搜集技术、风险检查表、图解技术、假设分析法、SWOT 分析法和专家判断法。以下着重介绍前 6 种方法。

（1）文件审查。文件审查即对项目文件进行系统的审查，项目文件包括项目的前提、假设和限制因素等。例如，针对项目范围管理计划，可以审查项目费用、进度目标是否定得过高等；针对人力资源与沟通管理计划，需要审查人员安排计划,确定哪些人对项目的顺利完成有重大影响;针对项目资源需求计划,需要考虑除项目人力资源以外的其他资源是否可能对项目的目标完成造成影响;针对项目采购与合同管理计划,应审查项目合同采取的计价形式。

(2) 信息搜集技术。头脑风暴法、德尔菲法和访谈法都属于信息收集技术的范畴,它们已在风险识别中得到了广泛的应用。

1) 头脑风暴法。其具体过程如下:

◇ 选择人员。一般主要由风险分析专家、风险管理专家、相关专业领域专家以及具有较强逻辑思维能力和总结分析能力的主持人组成头脑风暴会议的与会成员。在头脑风暴会议中,主持人应尽量创造融洽轻松的会议气氛,且一般不发表评论意见,而由专家们自由提出尽可能多的方案。

◇ 明确会议讨论的中心议题,并醒目标注。如与会的各位专家应集中讨论在承接某个工程项目或新产品开发项目时可能存在哪些风险、风险的危害程度如何等内容。

◇ 与会专家轮流发言,并由主持人记录发言的内容。参加会议的每位专家都无条件地接纳任何意见,不加以评论。在轮流发言的过程中,任何一位成员都可以先不发表意见而跳过。

◇ 终止发言。轮流发言应当是一个循环进行的过程,但当所有与会人员都在发言中跳过时,即可停止发言。

◇ 评价提出的所有意见。在停止轮流发言之后,与会人员共同评价每一条意见,并由主持人总结出几条重要的结论。

2) 德尔菲法。应用德尔菲法时的一般步骤为:

◇ 从企业的内部、外部挑选相关专家组成专家小组,但是这些专家们不会面,彼此之间互不了解。

◇ 要求所有专家匿名对所研讨的所有问题进行分析。

◇ 将全组专家的意见进行整理得到综合分析答案,并将综合分析答案发给所有专家。专家收到综合分析答案后,要在这次反馈的基础上重新分析。

3) 访谈法。访谈法也经常在项目风险识别中被广泛采用。风险管理人员通过和项目相关人员或相关问题专家直接进行交流面谈,收集不同人员对项目风险的认识和建议,这将有助于识别在常规计划中忽视的风险因素。访谈记录往往是风险识别的良好素材。

(3) 风险检查表。检查表是在管理过程中记录和整理数据的常用工具。风险检查表是从以往类似项目和其他信息途径收集到的风险经验的列表,通过查找此表可以简便、快捷地识别风险。其缺点是永远不可能编制一个详尽的风险检查表,而且管理者可能受检查表的局限影响,不能识别出该表未列出的风险,因此其应用范围有一定的局限性。这种方法一般在项目初期使用,以便尽早减少风险因素的存在。

风险检查表的应用步骤为:

1) 对所要关注的问题进行准确的表述,以确保达到意见统一。

2) 确定资料来源和资料搜集人。资料来源既可以是个体样本也可以是总体样本,资料搜集人要根据具体项目而定。在资料搜集过程中,搜集人要有耐心并具有相关的专业知识,以保证资料的真实可靠,另外,资料搜集时间要充足,以确保搜集到的资料数据能够体现项目风险的规律。

3) 根据搜集整理的资料,为项目设计出一个方便实用的风险检查表。经过系统地搜集资料,并进行初步的整理、分类和分析,制表人员就可着手制作风险检查表。表11-6 中列示了项目管理各工作过程可能出现的风险因素。

表11-6 项目管理各工作过程可能出现的风险因素

| 项目管理工作过程 | 可能的风险因素 |
| --- | --- |
| 启动工作过程 | 目标不明确;范围不清;工作描述不全面;技术条件不成熟;目标未现实等 |
| 计划工作过程 | 资源分配不当;成本预算不合理;计划不够具体;整体计划不合理等 |
| 实施工作过程 | 缺乏高层管理者支持;进度安排不合理;沟通不当;资源短缺等 |
| 控制工作过程 | 项目计划没有机动性;管理不完善;外部环境不断变化等 |
| 收尾工作过程 | 项目中断;未达到项目预期目标;成本超出预算等 |

此外,风险检查表还可以根据不同侧重点,对风险进行分类,以便于更好地理解风险的特点,它可以帮助人们全面识别特定领域内的风险。例如,也可以选用项目风险分类系统或项目分解结构作为核对清单,使关键路径上的项目形成一个亟待管理的进度风险核对清单。

(4) 图解技术。由于图解可以强化人们的思考能力,所以在风险识别过程中也经常采用图解技术,其主要包括因果图、流程图和影响图等。通常,图形的制作有三个步骤：首先，建立整体的架构，描绘出大致轮廓；其次，确定每个单元的组成要素，理清组成要素之间的关系；最后，加注圆框、箭头等标识符号。在此仅以流程图为例。

流程图提供了项目的工作流程以及各活动之间的相互关系。通过对项目的流程进行分析，可以发现项目风险发生在哪项活动中以及项目风险对各项活动可能造成的影响情况。

应用流程图技术时，首先应建立一个项目的总流程图与各分流程图，以此来分析项目实施的全部活动。流程图既可用网络图来表示，也可用工作分解结构图来表示。图 11-3 显示了某项目的简单流程。

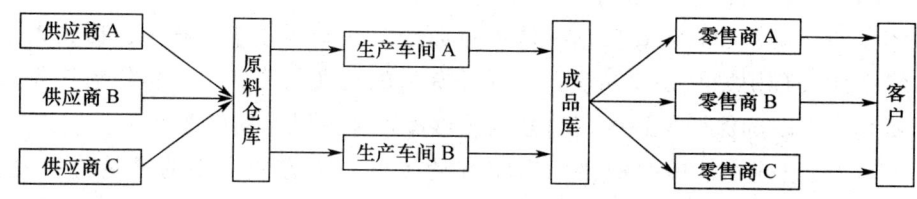

图 11-3　某项目流程图

由图 11-1 可知，该项目存在以下潜在风险：

原材料采购与存储过程中的风险有：原料采购价格波动、运输途中货物损耗、材料仓库毁损等。

生产过程中的风险有：残次品损耗、返工损失等。

销售过程中的风险有：延迟供货、销售退回、额外售后服务等。

（5）假设分析法。假设分析法就是通过对项目未来某种状况的详细描述，分析各种引发风险的关键因素及其影响程度。假设分析法的程序如下：

1）描述项目的状态。

2）确定项目某种因素的变动对项目的影响。

3）预测哪些风险会发生。

4）确定上述风险发生的后果。

（6）SWOT 分析法。SWOT 分析是指对组织的优势（Strength）、劣势（Weakness）、机会（Opportunity）和威胁（Threat）的分析。SWOT 分析法从项目所处的环境分析中抽取有用的信息，并将这些信息分为项目的自身条件（SW）和外部条件（OT）两部分，通过对影响项目风险的相关因素进行评估，识别项目的风险。SWOT 分析的框架图如图 11-4 所示。

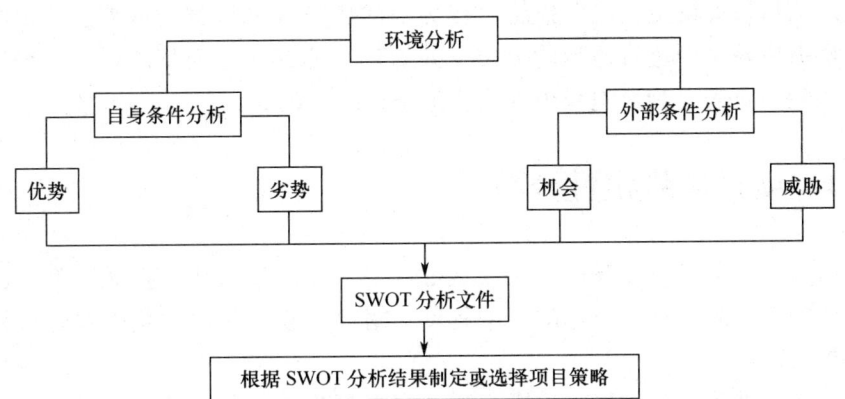

图 11-4　SWOT 分析框架图

在运用 SWOT 分析法时，应注意的是项目面临的机会和威胁涵盖的方面较多，所以要对涉及竞争、经济、政治、技术、社会文化等环境因素尽量做全面考虑。分析过程中要尽量做到简洁。控制因素数目，最好每个类别中的因素数目不多于 5 个。在讨论时注意尽量避免"群体思维"，即一个群体倾向于将其思维局限在最先提出的话题上。

### 11.3.3　项目风险识别的结果

项目风险识别的工作结果是得出该项目的一个初始风险登记册。最初的风险登记册通常也称其为项目风险清单，有时也可以将其视为项目风险管理计划的一部分，本章为更好地叙述项目风险管理的内容，故将其加以区分。一般来说，风险登记册包括以下内容：

（1）已识别的项目风险。已识别的项目风险可以通过定性的项目风险清单来表示。风险清单是对于每种风险来源、风险条件和可能影响的文字说明。应通过风险清单尽可能详细地描述已识别的风险，包括风险事件的影响及其原因。不管风险事件发生概率的大小，都需将已识别的风险一一列出。一旦项目中出现上述条件说明的情况，就表明了风险清单中罗列的风险事件已经发生或即将发生。

（2）潜在应对清单。在风险识别过程中，可确定风险的潜在应对措施。

如关键路径上的重要活动所需工人严重不足,需要采取及时补充工人数量的措施。项目按此确定的应对措施可作为风险应对规划过程的依据,项目团队应该根据风险来源进行适当的分类,并通过表格或文字清楚地描述,编制出潜在风险一览表,为风险管理的后续工作打好基础。

## 11.4　项目风险定性分析

风险定性分析(Qualitative Risk Analysis)是指通过分析项目风险发生的概率,风险发生后对项目目标的影响程度,对已经识别风险的优先级进行评估的分析活动。

风险定性分析是在风险识别之后,对已识别风险的影响可能性大小的评估过程,并按风险对项目目标潜在影响的轻重缓急给出风险排序。通过风险定性分析可以确定对具体风险应采取的措施,避免风险对项目目标的重大影响,风险定性分析结果成为指导风险应对行动的依据。另外,在项目管理过程中,重复进行风险定性分析还可以获得风险影响结果的未来趋势,帮助风险管理确定是否有必要增加或者减少已经采取的活动。风险定性分析的对象是项目的单个风险,而非项目的整体风险,重点是加深对某一具体风险可能性及其影响的认识进一步管理触发风险的不确定因素和条件。

表 11-7 中列示了项目定性风险分析的主要工作。

表 11-7　项目定性风险分析的主要工作

| 依　　据 | 工具和方法 | 结　　果 |
| --- | --- | --- |
| 风险登记册<br>风险管理计划<br>项目范围说明书<br>组织积累的相关资源 | 风险概率与影响评估<br>概率影响矩阵<br>风险数据质量评估<br>风险分类<br>风险紧迫性评估<br>专家判断法 | 更新的风险登记册 |

由图 11-5 可以更加清楚地了解项目风险定性分析工作的信息流向。

### 11.4.1　项目风险定性分析的依据

(1) 风险登记册。识别风险过程的主要依据就是风险登记册中的最初内

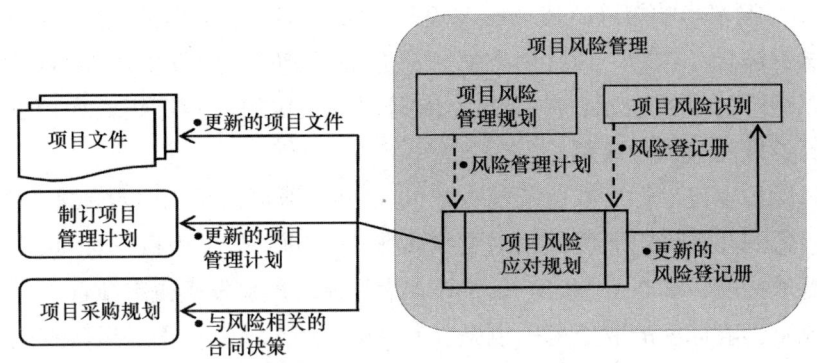

图 11-5 项目风险定性分析的工作信息流向示意图

容。最初的风险登记册包括易识别风险清单和潜在应对措施清单等内容。

（2）风险管理计划。项目风险管理计划详细说明了项目风险识别、项目风险评估、项目风险应对和项目风险监控的所有方面。项目风险管理计划中用于风险评估的关键元素包括风险管理团队角色与职责、时间安排、风险类别、概率和影响矩阵、更新的项目干系人风险承受能力等。

（3）项目范围说明书。在一些采用创新或最新技术的项目或大型复杂的项目中，不确定性因素通常比普通项目大得多，此时可以通过参考项目范围说明书来评估项目情况。

（4）组织积累的相关资源。对项目风险定性分析过程产生影响的组织积累的相关资源主要有以往类似项目的信息、风险专家对类似项目的研究、可从行业经验获得的风险数据等。

## 11.4.2 项目风险定性分析的工具和方法

（1）风险概率与影响评估。评估风险概率和影响是风险评估的基础，在风险定性分析中可以利用会议方法确定已识别风险的概率和影响。可通过挑选对风险类别熟悉的人员，采用召开会议或进行访谈等方式对风险进行评估，其中，包括项目团队成员和项目外部的专业人员。

在访谈或会议期间，对每项风险的概率级别及其对每项目标的影响进行评估，同时要确定概念表和影响级别所依赖的假设条件等。根据风险管理计划中给定的定义，确定风险概率和影响的等级。

(2) 概率影响矩阵。概率影响矩阵是将风险发生概率与风险影响程度这两个量纲综合考虑的一种常用方法。该方法通过将风险发生概率与风险影响程度以矩阵的形式表示，并以此为依据评定项目的风险等级，如极低、低、中、高、极高等风险级别。

风险发生概率标度取值范围在 0~1 之间，既可以采用序数标度，如从可能性极低到几乎确定无疑的相对概率值来表示的风险发生概率标度，也可以采用普通标度，如 0.1、0.3、0.5 等，为具体的风险发生概率赋值。

风险影响标度的取值范围也是在 0~1 之间，取值 0 表示风险损失极小，取值为 1 表示风险损失大。风险影响标度可反映某项风险发生后所造成的消极影响，风险影响标度（衡量消极影响程度的水平）可以用相对比例来描述，如"很低"、"低"、"中等"、"高"、"很高"，同时也可以采用数字比例为风险影响标度来赋值。这些数值可以是线性值，例如，0.1、0.3、0.5、0.7、0.9，或非线性值，例如，0.05、0.1、0.2、0.4、0.8，非线性值反映了项目组织回避高风险影响的愿望。数字比例的两种方式可以根据项目具体需要自行择一，也可以另行规定。一般可采用相对比例和数字比例两种方法来度量项目目标的风险影响标度，如表 11-8 所示。

表 11-8 项目风险影响标度示例

| 标度类别<br>目标 | 很低<br>0.05 | 低<br>0.10 | 中等<br>0.20 | 高<br>0.40 | 很高<br>0.80 |
|---|---|---|---|---|---|
| 成本 | 成本增幅不显著 | 成本增幅小于10% | 成本增幅10%~20% | 成本增幅20%~40% | 成本增幅大于40% |
| 进度 | 进度拖延不显著 | 进度拖延小于5% | 进度拖延5%~10% | 进度拖延10%~20% | 进度拖延大于20% |
| 范围 | 范围缩减不显著 | 范围次要方面缩减 | 范围主要方面缩减 | 范围缩减无法被发起人接受 | 项目最终结果无法使用 |
| 质量 | 质量降幅不显著 | 仅有个别质量下降 | 质量下降需要发起人审批同意 | 质量下降到发起人不能接受的程度 | 项目最终结果无法使用 |

判断项目的风险影响程度一般可以从以下 4 个方面来考虑：①风险影响程度的大小和分布，即风险影响程度的严重程度及其变化幅度，可用数学期望值和方差来表示。②风险影响程度的性质，即风险的影响程度是属于技术性的，还是经济性的或其他类型。③风险的影响程度，即风险会对哪些项目干系人造成损失。④风险影响程度的时间性，即风险是突发的，还是随时间渐进的，以及风险发生持续的时间等。

根据项目的具体情况，由对风险类别熟悉的人员，依据已经确定的风险发生概率和风险影响程度标度，采用召开会议或进行访谈等方式，针对前面识别工作得到的每项风险，首先估算出每项风险发生概率和风险影响程度然后将两者相乘，得到一个风险值。然后采用风险概率影响程度矩阵的形式，对每项风险的等级进行评定，最终得出每项风险的重要性及其紧迫程度。

表 11-9 为一个典型的概率影响矩阵，左下区域表示风险值较大，而左上区域表示风险值较小；风险值介于两者之间的区域表示中等风险。风险值可以为风险管理者提供指导。如果风险发生概率较高，且会对项目目标产生不利影响程度，则需要积极地对其采取风险应对措施；对于处于低风险区域的风险事件，则只需对其进行观察，并准备额外的应急储备，而无需采取积极的措施。

表 11-9 概率影响矩阵

| 风险值<br>概率 \ 影响 | 0.05 | 0.10 | 0.20 | 0.40 | 0.80 |
| --- | --- | --- | --- | --- | --- |
| 0.1 | 0.005 | 0.010 | 0.020 | 0.040 | 0.080 |
| 0.3 | 0.015 | 0.030 | 0.060 | 0.120 | 0.240 |
| 0.5 | 0.025 | 0.050 | 0.100 | 0.200 | 0.400 |
| 0.7 | 0.035 | 0.070 | 0.140 | 0.280 | 0.560 |
| 0.9 | 0.045 | 0.090 | 0.180 | 0.360 | 0.720 |

根据项目组织的偏好，也可以采用更为简化的概率影响矩阵，见表 11-10。

表 11-10　简化的概率影响矩阵

| 概率＼影响 | 低 | 中 | 高 |
|---|---|---|---|
| 低 | 3 | 3 | 2 |
| 中 | 3 | 2 | 1 |
| 高 | 2 | 1 | 1 |

标有 1、2、3 的网格分别代表拥有高、中和低的风险级别。此种方法的缺陷是没有揭示风险来源之间的相互关系，但可以作为对次要的和重要的风险进行简单分类的一种改进。

（3）风险数据质量评估。风险数据质量评估是评估有关风险数据对风险管理的效用程度。定性风险分析要求数据具有较高的可信度和准确性，因此需要对风险数据的准确性、质量和可靠程度进行评估。如果风险数据质量无法达到使用要求，则需要重新搜集质量较高的数据。

（4）风险分类。可按照风险来源、受影响的项目活动或其他分类标准（如项目阶段）对项目风险进行分类，以确定受不确定性影响最大的项目区域。其中，风险来源可使用风险分解结构识别，受影响的项目活动可使用工作分解结构来确认。根据共同的诱因对风险进行分类有助于集中制订有效的风险应对措施。

（5）风险紧迫性评估。风险紧迫性评估的目的是确认那些近期需要采取应对措施的风险。风险征兆、预警信号和风险等级等均可作为确定风险优先级或紧迫性的指标。通过综合考虑风险紧迫性与风险等级水平（由概率影响矩阵确定）可以得到最终的风险严重性级别。

（6）专家判断法。专家判断法又叫做主观评分法，它利用专家的经验等隐性知识，直观地将项目单一风险判断出来，并且给这些单一风险赋予相应的权重（如 0～10 之间的一个数，0 代表不存在风险，10 代表风险最大），然后把各个风险进行加权求和，再将结果与风险评价基准进行分析比较。专家判断法常被用来替代或补充以上的项目风险估算技术。

### 11.4.3 项目定性风险分析的结果

更新的风险登记册是项目风险定性评估的工作成果，包括以下内容：

（1）项目风险的相对排序或优先级清单。在风险定性评估中，运用风险概率影响程度矩阵，根据风险的重要程度进行风险分类。项目风险管理者可参考风险优先级清单，集中精力处理重要性的风险，以获得更好的项目风险管理效果。

（2）经过分类处理的风险。进行风险分类可揭示风险的共同原因，或特别需要关注的项目领域，从而提高风险应对的有效性。

（3）需在近期采取应对措施的风险清单。

（4）需进一步分析与应对的风险清单。对那些划归中高级别的风险应作为风险定量分析及采取风险管理活动的主要对象，而对那些潜在风险则应作为进一步监控的对象。

（5）定性分析得出的风险变化趋势。通过循环往复的定性风险评估来判断风险可能呈现的趋势。

由定性风险评估还可得出风险记录模版，如表 11-11 所示。

表 11-11 风险记录模版

| 风险描述 | 优先排序 | 风险类别 | 近期应对措施 | 进一步分析 | 观察清单 | 变化趋势 |
|---|---|---|---|---|---|---|
|  |  |  |  |  |  |  |

## 11.5 项目风险定量分析

风险定量分析（Quantitative Risk Analysis）是指在风险定性分析后，对排序在前面的、具有潜在重大影响的项目风险再进行量化分析，定量评价风险概率和影响程度，以便综合分析项目风险的整体水平。

一般情况下，风险定量分析是在风险定性分析之后进行的。而对于经验丰富的风险分析人员来说，也可直接进入风险定量分析阶段，前提是必须预先进行风险识别。风险定性分析和风险定量分析过程可分别进行，也可相互结合。通过循环往复的风险定量分析，得出风险变化趋势，从而为项目是否需增加或减少风险管理活动的决策提供科学依据。它同时也是风险应对的重要依据之一。

表 11-12 中列示了项目定量风险分析的主要工作。

表 11-12　项目风险定量分析的主要工作

| 依　据 | 工具和方法 | 结　果 |
|---|---|---|
| 风险登记册 | 概率分析 | 更新的风险登记册 |
| 风险管理计划 | 敏感性分析 | |
| 成本管理计划 | 决策树法 | |
| 进度管理计划 | 模拟法 | |
| 组织积累的相关资源 | | |

由图 11-6 可以更加清楚地了解项目风险定量分析工作的信息流向。

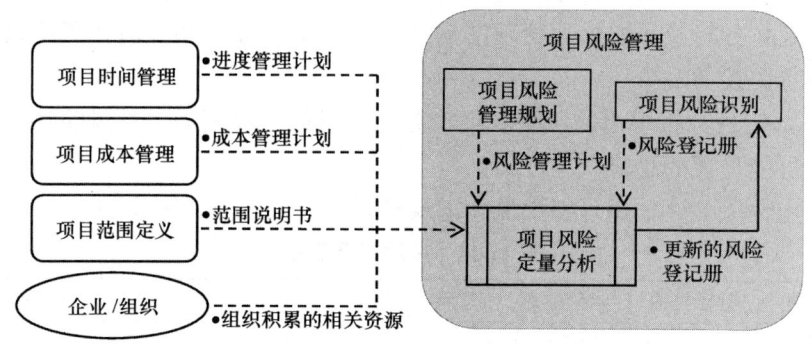

图 11-6　项目风险定量分析的工作信息流向示意图

### 11.5.1　项目风险定量分析的依据

项目风险定量分析的依据有：风险登记册、风险管理计划、成本管理计划、进度管理计划和组织积累的相关资源等内容。

### 11.5.2　项目风险定量分析的工具和方法

（1）敏感性分析。敏感性分析有助于确定哪些风险对项目具有重大的潜在影响程度。单个因素的敏感性分析是在所有其他不确定性因素保持不变的条件下,逐一考察项目每个不确定性因素对项目目标产生多大程度的影响。

敏感性分析的基本程序如下:

1) 确定评价指标,如净现值、投资回收期、内部收益率等。

2) 选择不确定性因素,设定变化幅度。不确定性因素主要包括材料价格、销售价格、建设期、销售量等;一般设定变化幅度为 ±5%。

3) 计算影响程度,即计算不确定性因素对评价指标的变动幅度,得到敏感度系数的计算公式为

$$\beta = \frac{评价指标的变化幅度(\%)}{影响因素的变化幅度(\%)}$$

4) 寻找敏感因素,使评价指标变动幅度最大的不确定性因素即为敏感因素,即敏感度系数最大的不确定性因素。

**例 11-1**:某公司规划项目的投资收益率为 21.15%,财务基准收益率为 12%。试对价格、投资在 ±20%,成本、产量在 ±10% 范围进行敏感性分析。

**解** 价格变化 ±1%,投资收益率变化 -0.67% ~ 0.62%。其他变动见表 11-13。

表 11-13 敏感性分析表

| 评价指标<br>敏感性因素 | 规划方案 | 价格变动 | | 投资变动 | | 成本变动 | | 产量变动 | |
|---|---|---|---|---|---|---|---|---|---|
| | | -20% | +20% | -20% | +20% | -10% | +10% | -10% | +10% |
| 投资收益率(%) | 21.15 | 7.72 | 33.62 | 25.26 | 18.19 | 25.90 | 16.41 | 17.95 | 24.24 |
| 与规划方案比较 | | -14.38 | +13.73 | +4.22 | -3.12 | +4.80 | -4.77 | -3.4 | +3.11 |
| 相对变化率 | | -0.72 | 0.67 | 0.21 | -0.16 | 0.48 | -0.48 | -0.34 | 0.31 |

(2) 概率分析。概率分析又叫做风险分析,是利用概率值定量研究不确定性的一种方法,它通过计算项目的目标值(如净现值)的期望值及目标值大于或等于零的累计概率来定量测定项目风险大小,为投资者决策提供重要依据。

概率分析的基本原理,就是在对参数值进行概率估计的基础上,通过以下投资效果指标来反映方案的风险程度:

1) 经济效果的期望值。投资方案经济效果的期望值是指参数在一定概率分布条件下,投资效果所能达到的概率平均值。其一般表达式为:

$$E(x) = \sum_{i=1}^{n} x_i P_i \tag{11-1}$$

式中 $E(x)$——变量的期望值；

$x_i$——变量 $x$ 的第 $i$ 个值 $(i=1,2,\cdots,n)$；

$P_i$——变量 $x_i$ 的概率。

2) 经济效果的标准差。标准差反映了一个随机变量实际值与其期望值偏离的程度。这种偏离程度在一定意义上反映了投资方案风险的大小。标准差的一般计算公式为：

$$\sigma(x) = \sqrt{\sum_{i=1}^{n} P_i [x_i - E(x)]^2} \tag{11-2}$$

式中 $\sigma(x)$——变量 $x$ 的标准差。

3) 经济效果的标准离差率。标准离差率是标准差与期望值之比，即：

$$V = \frac{\sigma(x)}{E(x)} \tag{11-3}$$

式中 $V$——变量 $x$ 的标准离差率。

需要说明的是，标准离差率是一个相对数，不会受变量和期望值的绝对值大小的影响，能更好地反映投资方案的风险程度。即当对两个投资方案进行比较时，如果期望值相同，则标准差较小的方案风险更低；如果两个方案的期望值与标准差均不相同，则标准离差率较小的方案风险更低。

以净现值作为目标值为例，对其进行概率分析的步骤如下：

◇ 列出各种拟考虑的相互独立的不确定性因素，如原材料价格、产品销售量、经营成本和初始投资等。

◇ 设想各种不确定性因素可能发生的情况。

◇ 确定各种不确定性因素出现各种情况的可能性，即主观概率，每种不确定性因素可能发生情况的概率之和必须等于 1。

◇ 分别求出各种可能事件的净现值、加权净现值，然后求出净现值的期望值。

◇ 求出净现值大于零或等于零的累计概率。

(3) 决策树法。决策树法是一种有效的风险定量评价方法。它根据项目风险的基本特点，描述项目风险发生的概率、影响程度以及项目风险的发展趋势。决策树法首先找出风险的状态、风险发生的概率、风险的影响程度等因素，然后根据这些因素绘制出一个从左至右依次展开的树状图。树状图主要由方块节点、圆形节点以及由这些节点所引出的分支组成的三角形节点。

1）方块节点是决策节点，由此引出与方案数量相同的方案分支，并且需要对方案进行分析和决策，以及在分支上标注方案的名称。

2）圆形节点是状态节点，又称机会节点。从状态节点可以引出状态分支（或概率分支），在每一个状态分支上需要标注明自然状态名称及其出现的主观估计概率。在这个过程中需要注意，状态数量与自然状态数量应该是一致的。

3）三角形节点是结果节点，在它的右端将不同方案在各种自然状态下所取得的结果（如收益值）标注出来。

决策树的优点是：能够进行多级决策，并且能够使项目风险管理者有步骤、有层次地进行决策。同时，决策树也存在一些缺点：它不能把所有因素全部考虑进去，如果分级太多，决策树图就会很复杂，不便于理解和分析。

**例 11-2**：某项目准备投产生产两种产品甲和乙，分别需要投资 50 万元和 55 万元，两种产品的生产年限是一样的。经过市场调研后，预测新产品上市后，畅销的概率为 70%，滞销的概率为 30%。甲、乙两种产品在不同情况下的收益如表 11-14 所示。

表 11-14  甲、乙产品的收益情况表

| 情况<br>产品 | 畅销(70%) | 滞销(30%) | 情况<br>产品 | 畅销(70%) | 滞销(30%) |
| --- | --- | --- | --- | --- | --- |
| 甲产品 | 160 万元 | −80 万元 | 乙产品 | 180 万元 | −120 万元 |

根据以上信息，可以运用决策树法进行分析。首先，画出该项目的决策树，如图 11-7 所示。

不同产品在各种市场状态下所取得的结果的计算过程如下：

状态节点 $1 = 160 \times 70\% + (-80) \times 30\% = 88$（万元）

状态节点 $2 = 180 \times 70\% + (-120) \times 30\% = 90$（万元）

决策节点 $0 = \max\{88-50, 90-55\} = 38$ 万元

所以，应选择投产甲产品。

（4）模拟法。模拟法是一种通过模仿实际运行情况，对复杂系统进行研究的一种手段。模拟法一般通过多次改变参数得到项目风险模拟结果，分析模拟结果的统计分布特征，并以此作为项目风险的估算。这一过程非常复杂，

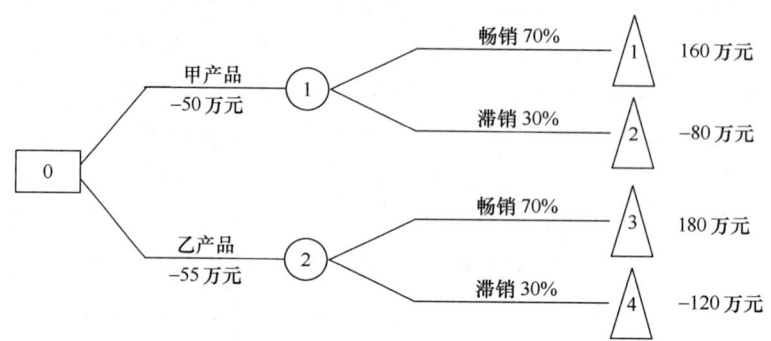

图 11-7 某项目的决策树

一般都要借助于计算机来完成。

模拟法在项目风险管理中特别适合于估算项目成本风险和项目进度风险，而项目成本风险和进度风险是项目风险管理的核心，因此模拟法在项目风险定量分析中的运用越来越多。

项目模拟一般采用蒙特卡洛模拟法进行。蒙特卡洛模拟法又称统计试验法，是一种通过对随机变量进行统计试验和随机模拟的一种方法。蒙特卡洛模拟法是用随机抽样的方法抽取一组满足输入变量的概率分布特征的数值，输入这组变量计算项目风险范围的可能性，通过多次抽样计算可获得项目目标的概率分布，计算项目整体风险的程度，从而估计项目所承担的风险。应用蒙特卡洛模拟法的优点是只要能正确地用数学式描述项目风险发生的概率，原则上都可以找到相应的解，通过计算机的多次模拟试验，最终将会取得满意的结果。蒙特卡洛模拟法的一般步骤如下：

1）通过敏感性分析，确定风险变量。
2）构造风险变量的概率分布模型。
3）抽取随机数作为输入变量。
4）将抽样的随机数作为输入变量的抽样值。
5）将抽样值作为项目整体风险的基础数据。
6）根据基础数据计算出目标值。
7）整理模拟结果，确定最大值、最小值、平均值、标准差、方差等，通过分析这些信息，为决策提供依据。

除了上述的项目风险定量分析方法以外，还有层次分析法、要素加权平均法、模糊综合评价法等方法，有些方法已经在其他章节详细说明，在此不再赘述。

### 11.5.3 项目风险定量分析的结果

项目风险定量评估的工作成果是进一步更新的风险登记册，包括以下内容：

（1）不确定性条件下的项目储备分析。按基于风险概率的项目潜在进度与费用的预算结果，列出可能的项目工期与费用及相应的置信水平，并结合项目干系人的风险承受水平来量化应急储备金。

（2）项目目标实现的概率。

（3）量化的风险优先级清单。通过风险定量分析得到的项目风险清单包括：对项目造成最大威胁的风险、需要分配最高额度应急储备金的风险及最可能影响关键路径的风险等。

（4）定量分析得出的风险变化趋势。通过循环往复的定量风险评估来判断风险可能呈现的趋势。

## 11.6 项目风险应对

项目风险应对（Risk Responses）是依据项目风险识别和分析的工作结果提出项目风险的处理意见和办法的过程，即针对风险识别和定性定量分析环节中已确认的、一旦发生危害严重且出现概率很高的风险，制订风险应对计划文档的过程。进一步说，项目风险应对是在综合考虑项目风险来源、项目风险事件和风险影响程度、项目风险发生的可能性及风险的危害程度、项目风险等级的基础上，确定采取何种风险应对措施及其实施方式的过程。

项目风险应对的主要工作如表 11-15 所示。

表 11-15 项目风险应对的主要工作

| 依 据 | 工具和方法 | 结 果 |
| --- | --- | --- |
| 风险登记册<br>风险管理计划 | 消极风险或威胁应对策略<br>积极风险或机会应对策略<br>应急应对策略<br>专家判断法 | 更新的风险登记册<br>风险相关合同协议<br>更新的项目管理计划<br>更新的项目文档 |

由图 11-8 可以更加清楚地了解项目风险应对工作的信息流向。

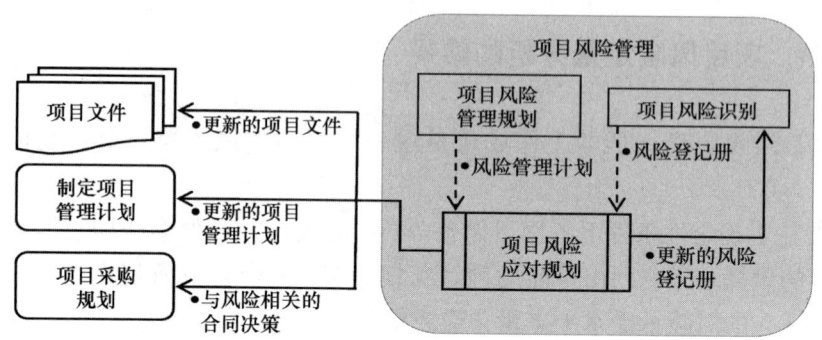

图 11-8  项目风险应对的工作信息流向示意图

## 11.6.1  项目风险应对的依据

项目风险应对的依据有：风险登记册、风险管理计划等，由于它们在"风险识别"一节已经介绍，在此不再重复。

## 11.6.2  项目风险应对的工具和方法

根据风险分析的结果可以使用不同的方法来应对项目风险。具体的项目风险应对方法如图 11-9 所示。

项目风险评估的结果有两种可能：一种可能是项目风险超过了项目干系人的容忍水平；另一种可能是项目风险在项目干系人可接受的范围之内。对于前一种情况，如果项目风险极大地超出了项目干系人的容忍水平，且无论采取何种措施都无法避免可能发生的重大损失，那么就应该停止、甚至取消该项目；如果项目风险接近项目干系人的容忍水平，则可以通过采取适当的应对措施来拯救项目，以避免或减弱项目风险所带来的损失。对于后一种情况，虽然项目风险在项目干系人可接受的风险水平内，为了能够将由项目风险所造成的损失控制在最小范围内，也应该采取相应的措施加以应对。

（1）消极风险或威胁应对策略。

1）回避风险。回避风险是要放弃或改变项目计划，以避免风险及其产

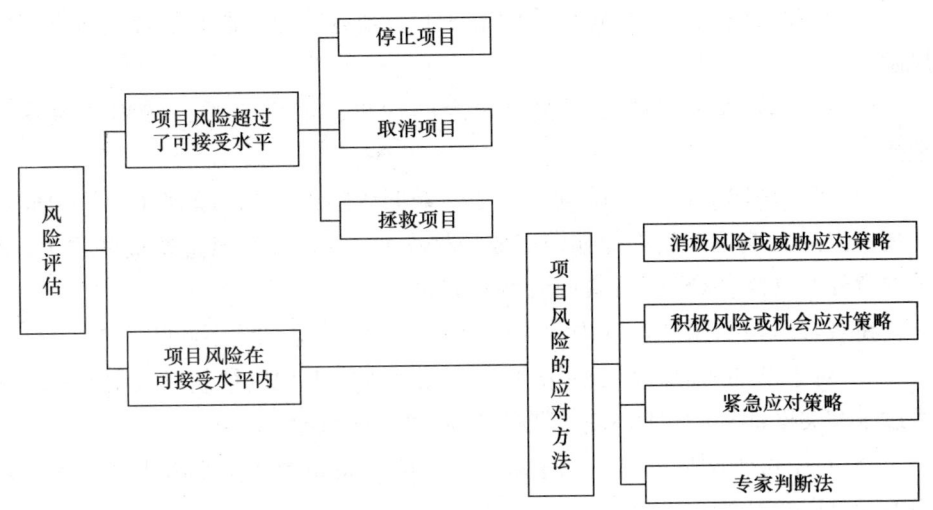

图 11-9 项目风险应对的方法

生条件，使项目目标不受影响的一种风险应对技术。如果项目的实施将要面临巨大的威胁，而项目管理组又没有其他办法来控制风险，如保险公司也认为风险太大，拒绝给予承保。此时项目风险管理团队就应当考虑是否放弃该项目，从而避免产生更大的人员伤亡和财产损失。

回避风险可以在风险发生之前，完全消除该风险可能带来的各种损失，而不是仅仅降低损失。采取风险回避措施时，要注意以下几个方面：

◇ 当风险发生的概率比较高、影响程度比较严重，并且对风险的认识比较充分时，采用回避风险的方法会获得良好的效果。

◇ 当采用其他风险应对方法的效果不理想时，可以采用回避方法。但对于像自然灾害、经济危机等风险不能采取回避方法。

◇ 回避一种风险时有可能会产生另外一种新的风险。

2）风险转移。它也称为分担风险，其目的是在不降低风险发生概率的前提下，借助一定工具将一部分风险损失转移给项目的第三方。采用转移风险要注意的事项有：

◇ 当项目风险发生的概率较小但导致的损失较大，而且项目团队很难应付这种风险时，采用转移风险的方法会获得较好的效果。

◇ 在转移风险的过程中，必须让分担风险者，即项目的第三方，获得与其所承担的风险相匹配的利益。

◇ 与项目团队一起分担风险的第三方必须有能力控制和处理其所承担的风险。

◇ 项目团队转移风险要付出一定的代价,长期来看,转移风险并不理想。

3)减轻风险。减轻风险的目的是要降低风险发生的可能性(如使用成熟的技术以降低项目产品不能如期完成的概率),或者减小风险造成的损失(如设立意外开支准备金),或者两者兼而有之。

在减轻风险后果的过程中,可以根据不同的风险采取不同的策略:

◇ 对于已知风险,项目团队可以在很大程度上加以控制以减小风险。如通过压缩关键活动的时间来减轻项目进度滞后的风险。

◇ 对于可预测风险,可以采取迂回策略,将每个风险都减少到项目利益相关者可以接受的水平上。

◇ 对于不可预测风险,要尽量使之转化为可预测风险或已知风险,然后加以控制和处理。

减轻项目技术风险、成本风险和进度风险的方法如表 11-16 所示。

表 11-16 减轻项目风险的策略

| 技 术 风 险 | 成 本 风 险 | 进 度 风 险 |
| --- | --- | --- |
| 获得团队支持 | 经常进行项目监督 | 经常进行项目监督 |
| 及时处理问题、改善沟通方式 | 使用 WBS、PERT 或 CPM 工具 | 使用 WBS、PERT 或 CPM 工具 |
| 经常进行项目监督 | 理解项目目标 | 选择最具经验的项目经理 |
| 经常咨询项目管理专家 | 获得团队支持 | |

4)接受风险。接受风险又称为自留风险,是指项目团队自己承担风险导致的所有后果。接受风险有被动和主动之分。被动接受风险,即当风险实际发生时,不采取任何措施,只是接受风险损失最小的方案。

采用接受风险应该注意以下问题:

◇ 对那些发生概率小且后果不是很严重的风险,采取接受风险的方式是可行的。

◇ 当采用其他风险应对方法产生的费用大于不采用风险应对所造成的损失时,应采用风险接受的方法。

表 11-17 是工程项目承包方在国际工程承包中常用的一些风险管理方法

及应对措施。

表 11-17 承包商常用风险应对方法及措施

| 风险事件 | 风险应对方法 | 风险应对措施 |
|---|---|---|
| 工程设计风险 | | |
| 设计深度不足 | 风险接受 | 索赔 |
| 设计缺陷或忽视 | 风险接受 | 索赔 |
| 地质条件复杂 | 风险转移 | 在合同条款中明确责任 |
| 自然环境风险 | | |
| 对材料、设备的损坏 | 风险减轻 | 加强保护措施 |
| 造成人员伤亡 | 风险转移 | 购买保险 |
| 火灾等自然风险 | 风险转移 | 购买保险 |
| 经济风险 | | |
| 分包商或供应商违约 | 风险转移 | 履约保函 |
| | 风险回避 | 进行资格预审 |
| 业主违约 | 风险接受 | 索赔 |
| | 风险转移 | 严格合同条件 |
| 项目资金严重不足 | 风险回避 | 放弃承包 |
| 报价过低 | 风险转移 | 分包 |
| | 风险接受 | 控制成本、加强合同管理 |
| 工程施工过程风险 | | |
| 劳务争端 | 风险接受 | 预防措施 |
| | 风险减轻 | 预防措施 |
| 施工现场条件恶劣 | 风险接受 | 改善现场条件 |
| | 风险转移 | 投保第三者险 |
| 工作失误 | 风险减轻 | 严格规章制度 |
| | 风险转移 | 投保工程全险 |
| 设备毁损 | 风险转移 | 购买保险 |
| 工伤事故 | 风险转移 | 购买保险 |

（2）积极风险或机会的应对策略。

1）利用风险。利用风险指项目组织为了确保机会得以实现，而分配更多的资源以保证风险成为项目获得利益的机会，以便在较短的时间内完成目标或超预期高质量实现目标。利用机会的目标在于通过确保机会肯定实现而消除与积极机会有关的不确定性。

2）分享风险。分享风险指将风险的责任授予给最能为项目带来利益的一方，通过建立风险合作关系来实现项目风险向项目机会的转变。比如，建立合作（合资）企业、动态联盟项目组织（公司）等。

3）促进风险。促进风险指通过提高积极风险的概率和积极影响，最大限度地激发对项目有利的机会，促进项目有利机会的发生概率，强化风险触发条件，提高项目的成功机会，为项目成功带来积极影响。

（3）应急应对策略。应急应对是指为某一特定的风险制订应急计划。应急计划应用于项目进行期间发生的已识别的风险。应急应对策略是假定项目风险已经接受，并提供相应的措施。应急应对策略是实现有效应急风险管理的基石，是为了控制项目实施过程中有可能出现或发生的特定情况做好准备。

（4）专家判断法。在对风险进行应对过程中，由具有相关知识的专家作出判断，专家应针对为每个具体的、已经定义过的风险而设计的应对措施。

### 11.6.3 项目风险应对的结果

（1）更新的风险登记册。在规划风险应对过程中，选择和商定适当的应对措施，并将其并入风险登记册。风险登记册的详细程度与风险的优先级和将要采取的应对措施相适应。

（2）风险相关合同协议。在规划风险应对过程中，可能作出转移风险的协议，如采用保险协议、服务协议等。

（3）更新的项目管理计划。更新的项目管理计划包括进度管理计划、费用管理计划、质量管理计划、人力资源管理计划、工作分解结构、费用绩效基准及其他管理计划。

（4）更新的项目文件。更新的项目文件包括更新的假设条件日志、更新的技术文件及其他文件。

## 11.7 项目风险监控

项目风险监控（Monitor and Control Risks），即项目风险监测与控制，是指在项目整个生命期间，根据项目风险管理计划，对项目进程中的风险事件实施的控制活动的全过程，它包括追踪已识别风险、观察清单中的风险，重新分析现有风险，监测应急计划的触发条件，监测残余风险，审查风险应对策略的实施并评估其效力的过程。

项目风险监控的主要工作如表 11-18 所示。

表 11-18 项目风险监控的主要工作

| 依 据 | 工具和方法 | 结 果 |
|---|---|---|
| 项目风险管理计划 | 偏差分析技术 | 更新的风险登记册 |
| 风险登记册 | 风险再评估 | 更新的组织积累的相关资源 |
| 工作绩效信息 | 风险审计 | 变更请求 |
| 绩效报告 | 技术绩效衡量 | 更新的项目管理计划 |
|  | 储备金分析 | 更新的项目文档 |
|  | 状态审查会 |  |

由图 11-10 可以更加清楚地了解项目风险监控工作的信息流向。

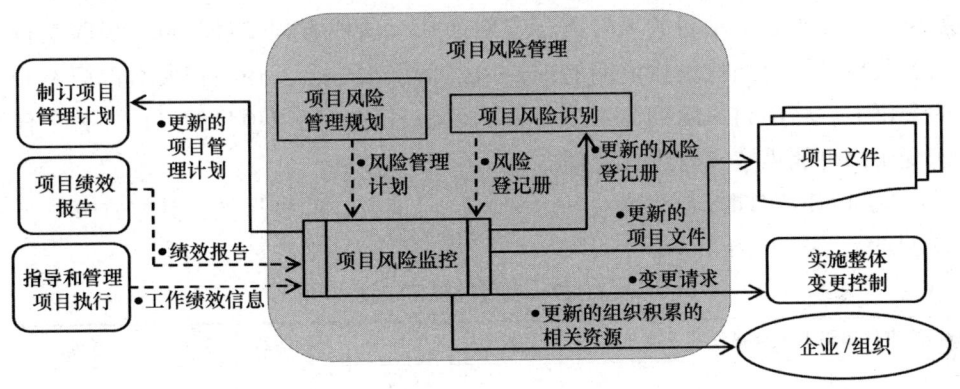

图 11-10 项目风险监控的工作信息流向示意图

## 11.7.1 项目风险监控的依据

（1）风险登记册。风险登记册中包括已经识别的风险、风险责任人、商定的风险应对措施、具体的实施行动、风险进度和费用应急储备等。

（2）项目风险管理计划。项目风险管理计划是项目风险监控的主要依据，主要内容在上节已经介绍过，这里不再赘述。

（3）工作绩效信息。工作绩效信息包括可交付成果的状态、项目进度进展情况、已经发生的费用及其他方面。

（4）绩效报告。绩效报告包括从绩效测量结果中提取的信息，如偏差分析、挣值数据和预测数据等。

### 11.7.2 项目风险监控的工具和方法

（1）偏差分析技术。偏差分析技术是指将项目计划工作和实际已经完成的工作进行比较，从而找出两者之间的偏差，然后预测这种偏差发展趋势的一种技术。经过分析，对于偏差大的需要进一步制订风险监控程序。偏差分析技术需要收集和计算的基本数据包括计划工作的预算费用、已经完成工作实际费用和已经完成实际工作量。

（2）风险再评估。在项目风险监控过程中，风险发生概率和风险影响程度会随着项目的进展而发生变化，项目风险评级及其轻重缓急顺序也会发生变化，所以需要对项目的风险进行定期评估，这样有利于对项目的风险实行动态监控。同时还应安排定期的项目风险信息报告会，在项目所有部门召开的会议上，将项目风险列为一项重要的议事日程，随着项目的进展，其中任何变化都可能需要及时进行处理。

项目风险定期报告有风险日记和风险记录文档两种形式，其格式分别如表 11-19、表 11-20 所示。

表 11-19 项目风险日记格式

| 风险事件编码 | 风险描述 | 发生时间 | 发生概率 | 风险影响 | 风险等级 | 管理行动 | 负责人 |
|---|---|---|---|---|---|---|---|
|  |  |  |  |  |  |  |  |

表 11-20 项目风险记录文档格式

| 风险事件编码 | 风险分类 | 报告日期 |
|---|---|---|
| 描述 | | |
| 发生概率 | 影响程度 | 风险值 |
| 最初征兆 | | |
| 处置方法 | | |
| 开始日期 | 完成日期 | 负责人 |
| 当前状态 | | |
| 应急计划 | | |
| 可能引发的新风险 | | |

（3）风险审计。项目风险审计的重点在于检查并记录审核责任制并签字验收。风险审计人员对回避、转嫁或降低风险发生等风险应对措施以及风险责任人的效率进行检查与记录。风险审计的实施贯穿于整个项目生命期，以控制项目整体风险。

（4）技术绩效衡量。把项目执行过程中的技术成果与计划数据相比较，若存在偏差则可能存在风险。例如，在某里程碑处若存在规定功能与实际要求之间的差异，就意味着后期项目范围目标的实现存在风险。

（5）储备金分析。在项目进展的任何时间点上，将剩余储备金与剩余风险相比较，以此来确定剩余的储备金是否充足。在项目实施过程中，要注意跟踪与管理那些对预算或进度储备金造成积极或消极影响的风险。

（6）状态审查会。项目风险管理团队可以通过定期召开的项目状态审查会来审查项目的进展状态。状态审查会的耗时长短与已识别风险的优先级和应对难度紧密相关。通常，状态审查会召开的频次越多，风险管理活动开展的难度就越低。

## 11.7.3　项目风险监控的结果

（1）更新的风险登记册。更新的风险登记册包括风险再评估、风险审计和定期风险审查的结果以及项目风险和风险应对的实际结果。

（2）更新的组织积累的相关资源。需要更新的组织积累的相关资源包括风险管理计划的模板、风险分解结构以及从风险管理活动中得出的经验教训等。

（3）变更请求。实施应急计划时常会导致项目风险管理计划的变更，此时就要提交变更申请。

（4）更新的项目管理计划。更新的项目管理计划中包括进度管理计划、费用管理计划、质量管理计划、人力资源管理计划、工作分解结构、费用绩效基准及其他管理计划。

（5）更新的项目文档。更新的项目文件包括更新的假设条件日志、更新的技术文件及其他文档。

# 本 章 小 结

本章对项目风险管理的相关知识点进行了比较详细的介绍。首先介绍了风险、项目风险以及项目风险管理的含义。然后分别从依据、工具、方法及其结果等方面阐述了项目风险管理规划、项目风险识别、项目风险定性分析、项目风险定量分析、项目风险应对、项目风险监控等项目风险管理的 6 个阶段相关知识点。

本章重点介绍了风险概率与影响评估、概率和影响矩阵、风险数据质量评估、风险分类、风险紧迫性评估、专家判断法、概率分析、敏感性分析、决策树法、模拟法等风险定性定量分析方法,掌握这些方法对于本章的学习具有重要意义。

# 自 测 题

**一、判断题**

1. 项目风险管理是对项目的风险进行识别和分析,并对项目风险进行分析的系统过程。　　　　　　　　　　　　　　　　　　　　　(　　)

2. 风险转移可以降低风险的发生概率。　　　　　　　　(　　)

3. 减轻风险所需要的成本与没有减轻风险所导致的损失相比较而言少一些。　　　　　　　　　　　　　　　　　　　　　　　　(　　)

4. 应急应对是指为某一特定的风险制订应急计划。　　　(　　)

5. 德尔菲法可以避免由于个人因素对项目风险识别的结果产生不当的影响程度。　　　　　　　　　　　　　　　　　　　　　　　　(　　)

6. 风险转移从长期来看总是有益的。　　　　　　　　　(　　)

**二、单选题**

1. 下面四个选项中哪一项与风险影响程度分析有关(　　)。

A. 风险管理　　　B. 风险识别　　　C. 风险评估　　　D. 风险减轻

2. 风险所产生的影响程度是通过(　　)来计算的。

A. 将风险发生的概率和风险影响程度相乘

B. 将风险发生的概率和风险的个数相乘

C. 将风险的个数和风险影响程度相乘

D. 以上皆是

3. 风险识别应最先解决的是( )。

A. 影响程度高，发生概率较小的风险

B. 影响程度低，发生概率较小的风险

C. 影响程度高，发生概率较大的风险

D. 影响程度低，发生概率较大的风险

4. 项目哪个阶段的风险最大( )。

A. 启动　　　　　B. 计划　　　　　C. 执行　　　　　D. 收尾

5. 如果一项商业投资有60%的机会赚得200万元，也有40%的可能损失150万元，那么，这次投资的预期货币价值为( )。

A. 5万元　　　　B. 30万元　　　　C. 50万元　　　　D. 60万元

6. 从客户的角度来看，如果没有把项目的风险管理好，( )将会对客户造成最久远的影响程度。

A. 范围风险　　　B. 进度风险　　　C. 成本风险　　　D. 质量风险

7. 下面所列方法中属于风险定性分析的方法是( )。

A. 敏感性分析　　B. 决策树法　　　C. 风险分类　　　D. 模拟法

8. 项目风险管理过程中使用决策树分析的优点在于它( )。

A. 考虑了决策者对风险的态度

B. 帮助决策者应对风险情形

C. 迫使决策者考虑各项结果的概率

D. 反映了风险是如何发生的

9. 下列选项中不是项目风险评估影响程度因素的是( )。

A. 风险事件　　　B. 保险费　　　　C. 项目性质　　　D. 风险概率

10. 现在不处理项目未来可能所面临的技术风险，这属于( )。

A. 风险规避　　　B. 风险转移　　　C. 风险减轻　　　D. 风险接受

### 三、多选题

1. 下列说法正确的是( )。

A. 转移风险也称为分担风险

B. 项目的风险对不同的组织来说大小是相同的

C. 项目总存在风险

D. 相同的风险在项目的不同阶段是不同的

2. 为了降低项目的风险而改变项目的范围时，项目团队应该考虑对(　　)的影响程度。

A. 进度　　　　B. 成本　　　　C. 质量　　　　D. 以上皆不是

3. 下面的例子中，哪些是通过风险转移来降低风险的例子(　　)。

A. 担保　　　　B. 合同　　　　C. 应急计划　　　D. 发包

4. 下列有关回避风险的描述正确的是(　　)。

A. 回避风险有可能会产生新的风险

B. 回避风险可以完全消除该风险所带来的各种损失

C. 如果风险影响程度比较严重，就可以采用回避风险的方法

D. 所有项目风险是可以回避的

5. 内部风险包括(　　)。

A. 项目团队人事风险　　　　　B. 项目成本估算风险

C. 项目资源的市场单价变动　　D. 国家政策

6. 导致项目风险造成的影响程度从(　　)方面来衡量。

A. 风险影响程度的大小　　　　B. 风险影响程度的性质

C. 项目风险的影响程度　　　　D. 风险影响程度的时间性

7. 下列有关项目决策树的说法正确的是(　　)。

A. 决策树是一个从左至右依次展开的树状图

B. 决策树只能进行单级决策

C. 决策树的分级越多，决策树图就会越复杂

D. 决策树能够使项目管理者有步骤地进行决策

8. 下列说法正确的是(　　)。

A. 项目风险超出可接受水平过多时，可以考虑停止项目甚至取消项目

B. 项目风险稍微超过可接受水平时，应该通过采取措施以减弱风险带来的损失

C. 项目的风险在可接受水平内时，就不要采取措施来控制

D. 在减轻项目风险时，把项目的风险降低得越低越好

9. 下列选项中(　　)是项目风险管理的目的。

A. 识别可能影响程度项目范围、质量、时间和成本的因素

B. 对所有已识别的风险制订风险应对计划

C. 为不能控制的项目因素制定基准计划
D. 通过影响程度能够被控制的项目因素而减轻影响程度

## 练习与思考

1. 假设现有一个新药开发项目，试说明该项目可能存在的风险。
2. 项目风险管理的过程有哪些？
3. 项目风险的特点有哪些，举例加以说明。
4. 试说明质量管理、费用管理和进度管理中可能存在的风险。
5. 项目风险等级是如何划分的？
6. 试述项目风险应对的主要方法及应注意的问题。
7. 风险控制的主要流程是怎样的？

## 案 例 思 考

### 《泰坦尼克号》的命殒之旅

《泰坦尼克号》的故事已经耳熟能详了，影片集中展现了首航最后两天和灾难出现前后数小时所发生的事情。但是很少有人了解这个持续 4 年的超级远洋班轮建设项目的具体细节：它究竟经历了哪几个阶段，各个阶段对这个灾祸究竟产生了什么影响。

让我们追溯到 1909 年，并再度审视白星公司利用新兴技术建造三艘超级远洋班轮的项目。这些远洋班轮的生命期至少为 20 年。这项投资巨大的项目似乎基于稳定的商业前景，但事实上并不能掩盖该公司项目管理所存在的风险。

泰坦尼克的设计者从一开始就遵循乘客舒适度的最佳化高于航行速度的经营战略。尽管泰坦尼克的设计者选择了最高的安全级别并吸收了所有最新和超前的安全技术，并且他们的目标是用最新的技术来建造最好的船，然而迫于董事会的获利压力，泰坦尼克的设计者开始在安全装置上作出妥协，认为救生船是附加的安全装置，是泰坦尼克号在营救其他失事船上的乘客时才能用上的东西。故将其数目减少到了 16 艘。正是这些管理方面的设计原因造成了泰坦尼克号沉船的灾难。

问题:

1. 为什么选择了最高的安全级别,并且运用了所有最新和超前的安全技术,泰坦尼克号最终仍难逃失事的厄运?

2. 请指出泰坦尼克号在设计过程中项目风险管理存在哪些不足?

3. 该项目应该采取什么项目风险应对措施?

主要内容
- ➢ 概述
- ➢ 项目采购规划
- ➢ 项目采购组织
- ➢ 项目采购实施
- ➢ 项目采购收尾

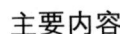

# 第 12 章
# 项目采购管理

做正确的事情比正确地做事情更重要。

我们必须看到所有的问题，不管它们有多么复杂，只要你以正确的方式看待，它们就不会变得更加复杂。

——民谚

## 12.1 概述

### 12.1.1 项目采购的含义

一般来说，企业采购是指商品的购买，而本章所指的采购与企业一般意义上的商品采购有所不同，它假设供应商在项目组织外部，并主要是从采购关系(项目组织——供应商)中的项目组织角度出发来考虑问题，即从项目组织的视角出发讨论如何进行项目采购管理问题。

项目采购(Project Procurement)是指项目组织通过努力，以不同方式从组织系统外部获得物料、土建工程和服务的整个采购过程。项目采购不仅包括实物商品的购买，还包括雇佣承包商实施工程和聘用专家进行咨询等服务活动。

项目采购根据其划分标准的不同，主要有基于采购对象和采购方式两种分类。

(1) 基于采购对象的分类。按采购对象的不同，项目采购可分为有形采购和无形采购两类，如图12-1所示。

从图12-1可知，物料采购和工程采购均属于有形采购。

物料采购是指购买项目所需的各种机器、设备、仪器、仪表等物料，还包括与之相关的运输、安装、测试、维修等服务。大宗货物，如药品、种子、农药、化肥、计算机等专项合同采购，也属于物料采购。

工程采购是指选择合格的承包单位来完成项目的施工任务，同时还包括与之相关的人员培训和维修等服务，如大型水电站的修建、高速公路的建设、输气管道的架设工程等。

咨询服务采购则属于无形采购范畴。它是指聘请咨询公司或咨询专家来完成项目所需的各种服务，包括项目的可行性研究、项目的设计工作、项目管理、技术支持和人员培训等服务。

(2) 基于采购方式的分类。按照采购方式的不同，项目采购可分为招标采购和非招标采购两类，如图12-2所示。

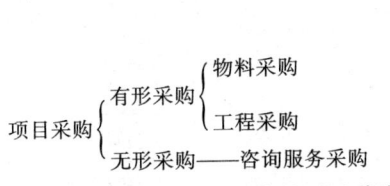

图 12-1 按采购对象划分的项目采购

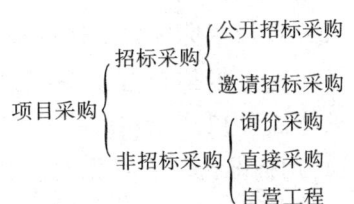

图 12-2 按采购方式划分的项目采购

1）招标采购。它是指为了使项目组织能够以最低的价格采购其所需的货物、工程和服务，并保证投标人有一个公平参与投标竞争的机会而进行的工作。具体说来，招标采购是由招标人发出招标公告，邀请潜在的投标商进行投标，然后由招标人对投标商所提出的招标文件进行综合评价，从而确定中标人，并与之签订采购合同的一种采购方式。

招标采购可进一步分为公开招标采购和邀请招标采购。公开招标采购是向所有潜在的合格投标人提供一个公平竞争的机会来竞标；邀请招标采购是为了减轻招标采购的工作量和成本，只邀请比较熟悉的投标人来竞标。

招标采购的优点如下：

◇ 可以帮助招标人以最低价格取得符合要求的工程、物料和服务。

◇ 符合要求的投标人都有机会在公平竞争的情况下参加投标。

◇ 可以公开办理各种手续，从而避免贪污受贿行为。

招标采购的缺点如下：

◇ 手续较繁琐，耗费时间也较多，不够机动灵活。

◇ 投标人可能会把手续费等附加成本转移到购买的投标项目价格中去。

◇ 可能发生抢标、围标等现象。

2）非招标采购。通常大多数项目采购都是通过非招标采购进行的，非招标采购类似于日常工作的采购活动，在现实生活中应用得也非常广泛。非招标采购一般适用单价较低、有固定标准的产品的采购。非招标采购可进一步分为询价采购、直接采购和自营工程三类。询价采购指通过收集若干供应厂商的产品报价，综合评价各供应厂商的条件和价格，最终确定一个供应商的过程。直接采购指直接与供应商签订采购合同的采购方式。自营工程指由于项目的特殊要求以及成本收益的限制，利用项目自身的人力、物力和财力自己制造或提供所需的产品或服务。

因招标采购与非招标采购的工作过程不尽相同，以下将分别进行介绍。

(1) 项目招标采购工作过程。项目招标采购工作涉及招标人和投标人两个方面，主要包括招标准备、投标、评标和定标三个过程，具体如图 12-3 所示。

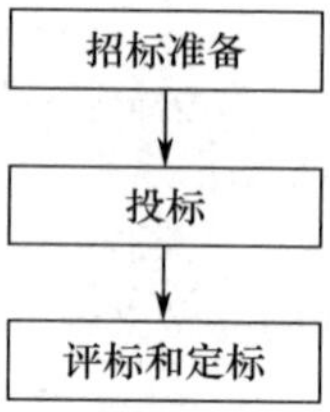

1) 招标准备。它是指在投标之前招标人所做的准备工作，其主要包括：

第一，编制招标文件和标底。招标文件是招标人招标采购货物、服务或承建工程项目的法律文件，是投标人准备投标文件和投标的依据，是评标的依据，也是签订和履行合同的依据。招标文件的编制质量直接影响着项目采购的效果和进度，招标文件应为投标人提供一切必要的资料，以便使其做好投标准备，所以招标文件的编制必须系统、完整、准确。招标文件包括工作说明、需求建议书、可交付成果、客户供应条款、过程确认、合同类型、付款方式、进度时间表、投标文件的内容、提交项目投标文件的最后期限、项目投标文件评价标准等内容。

图 12-3　项目招标采购的程序

第二，刊登招标公告。招标人可以在专业杂志和官方网站上刊登广告，通过发布广告可以使更大范围的投标人得知项目的招标活动，可以使招标人在更大范围内选择供应商。

第三，资格预审。凡是大型的土建工程、成套复杂设备项目等，在正式组织投标之前都要进行资格预审，先对投标人是否有足够的能力承担工程或制造设备进行审查，以便缩小投标人的范围，减轻评标的负担。在资格预审中需要考虑的因素主要有：投标人的经验、投标人所具有的人员配备和制造能力的情况、投标人的财务状况、投标人的法律地位等。

第四，发售招标文件。招标文件编制好后，就进入了发售招标文件的工作环节。若预先已经单独进行了资格评审，那么就可以向通过资格评审的投标人发售招标文件；若预先没有进行资格评审，招标文件只能发售给对招标广告作出响应的所有投标人。

第五，召开投标人会议。投标人会议是在投标之前为潜在的投标人所召开的会议，目的在于确保所有潜在投标人均有一个平等的机会，可以对采购需求有一个清晰、共同的理解（技术要求，合同要求等），并且，对于投标人提问的答复也有可能作为修订条款被纳入招标文件之中。

2) 投标人开展投标工作。在规定的投标截止日期之前招标人收到的投标文件才有效,凡是在截止日期之后收到的投标文件应该原封不动地退还。为了使投标人有充足的时间安排投标,投标时间的确定需要考虑:

◇ 项目的实际情况。
◇ 对大型工程和复杂的设备项目,应组织标前会和现场考察。
◇ 对投标人提出的书面问题能够及时答复。

投标人在投标时还必须及时提供合格的投标文件,其内容包括:

◇ 投标书及其附录。
◇ 报价。
◇ 与报价有关的技术文件,如拟采用的技术方案、主要设备、拟派出的人员名单及工作进度等。

3)招标人开展评标、定标工作。评标是根据项目招标文件中规定的标准和方法,对每个投标人的投标文件进行评价、比较,从而确定是哪个投标人中标。评标首先对投标文件进行初评,主要是审查投标文件是否完整、有无计算的错误、是否提交了足够的保证金、投标文件是否合乎要求等,然后是对投标书的具体评价和比较。

(2)项目非招标采购工作过程。非招标采购的工作内容与招标采购有所不同。在进行非招标采购时,要合理安排采购的步骤,哪些采购要安排在前面,哪些采购要安排在后面,并且要对每批采购从准备到交货的时间做好安排。非招标采购的主要工作过程如下:

1)分析物料的需求状况。物料需求计划是生产计划的具体体现形式,物料需求计划制订的依据是生产计划、物料清单文件和库存文件。编制物料需求计划的主要目的是确定订单的日期和订单的数量。

2)了解市场情况。项目组织在采购时应了解目前市场上是否能找到项目所需物料的供应商,他们是直接供应物料还是自己生产物料,是从国内采购还是从国外采购。如果目前市场上没有合适的物料,就要看是否有必要与供应商研究新物料的开发。

3)制订订单计划。依据物料的需求状况和市场情况来制订订单计划,通过订单计划来确定下单数量和下单时间:

下单数量 = 生产需求量 − 计划入库量 − 现在入库量 + 安全库存量

下单时间 = 要求到货时间 − 认证时间 − 订单时间 − 缓冲时间

4)样品的认证。在选择供应商之前,一般要求供应商提供一定的样品进行认证，以防供应商提供的物料不符合项目的要求。在计算总体认证数量时，要把所有供应商的认证数量相加，对某些供应商的认证数量可以进行适当的调整，对信誉好的供应商的认证数量应适当地减少，而对信誉差的要增加认证数量。

5）选择供应商。在选择供应商时，一般来说包括初选和最后的定选。项目组织在选择供应商时要仔细研究供应商所提供的信息资料。根据物料的认证情况，制定问卷来调查供应商的实力。在条件允许的情况下，应该实地考察供应商的状况。最后通过谈判来确定最终的供应商。

表 12-1 是一份供应商调查问卷示例，它可用于初选阶段，以便了解供应商的一般情况。

表 12-1 供应商调查问卷示例

| 1 | 企业名称： | 2 | 负责人或联系人姓名： |
|---|---|---|---|
| 3 | 地址： | 4 | 电话： |
| 5 | 企业成立时间： | 6 | 主要产品： |
| 7 | 职工总数： | 8 | 年销量或年产值/万元： |
| 9 | 生产能力： | 10 | 样品、样件生产周期： |
| 11 | 生产特点：成批生产□　流水线大量生产□　单台生产□ | | |
| 12 | 主要生产设备：齐全、良好□　基本齐全、尚可□　不齐全□ | | |
| 13 | 使用或依据的质量标准：<br>　a. 国际标准名称/编号：　　b. 国家标准名称/编号：　　c. 行业标准名称/编号：<br>　d. 企业标准名称/编号：　　e. 其他： | | |
| 14 | 工艺文件：齐备□　有一部分□　没有□ | | |
| 15 | 检验机构及检验设备：<br>有检验机构及检验人员，检验设备良好□　只有兼职检验人员，检验设备一般□<br>无检验人员，检验设备短缺，需外协□ | | |
| 16 | 检验设备校准情况：有计量室□　全部委托外部计量机构□ | | |
| 17 | 主要客户(公司/行业)： | | |
| 18 | 新产品开发能力：能自行设计开发新产品□　只能开发简单产品□　没有自行开发能力□ | | |
| 19 | 国际合作经验：是外资企业□　　　　　　　　是合资企业□<br>　　　　　　　与外企业合作生产全部或部分产品□　无对外合作经验□ | | |
| 20 | 职工培训情况：经常、正规地进行□　不经常开展培训□ | | |
| 21 | 是否经过产品或质量体系认证：□是　　　(指出具体内容)　　　□否 | | |

### 12.1.2　项目采购管理的含义

项目采购管理(Project Procurement Management)是指为达到项目的目标而从项目组织外部获取所需物料、工程和服务的过程。项目采购管理的总目标是以最低的成本、及时地为项目提供满足其需要的物料、工程和服务。

项目采购管理是项目管理的重要组成部分,是保证项目成功实施的关键活动,它几乎贯穿于整个项目生命期。任何项目的实施都需要投入包括人力、材料、设备等在内的大量资源,如果采购的物料、工程和服务没有达到项目规定的标准,必然会降低项目的质量,影响项目的成本、进度和质量等目标的实现。

项目采购管理工作过程主要包括:项目采购规划、项目采购组织、项目采购实施和项目采购收尾。

## 12.2　项目采购规划

项目采购规划(Project Procurement Planning)是为了明确需要从项目组织外部采购哪些物料、工程和服务以最好地满足项目需求的过程。项目采购规划是整个项目采购过程中的第一步,它包括项目的采购方式、采购的预测成本、时间安排、各种采购活动之间的相互衔接、项目采购过程如何与项目的其他方面(如进度计划)相协调等。

项目采购规划主要回答以下问题:

(1) 采购什么,即采购的对象及其品质,这是由项目资源估算和各种资源需求的描述决定的。

(2) 何时采购,即采购的时点,如果采购过早,会增加库存成本,如果采购过晚,则会由于库存不足而使项目停工待料,采购时点的决定可以采用经济订货点等方法。

(3) 采购多少,即采购的数量,可以通过经济订货量分析来确定采购数量。

(4) 以何种价格采购,即以适当的价格获得所需资源。项目团队要在资源质量和交货期限的限制条件下,选择适宜的合同类型,寻找最低的合同价格。

(5) 怎样采购,即采购过程中采用的工作方式,是自制还是外购,采用招标采购还是非招标采购。在选择供应商时,其应满足两个条件:一是经济性,即在供应来源中选择成本最小的;二是可获得性,供应商必须能够及时提供项目所采购的物料、工程或服务。

项目采购规划的主要工作内容如表 12-2 所示。

表 12-2 项目采购规划的主要工作

| 依　据 | 工具和方法 | 结　果 |
|---|---|---|
| 范围基准 | 自制或外购分析 | 项目采购管理计划 |
| 项目干系人需求文件 | 专家判断法 | 采购工作说明书 |
| 风险登记册 | 合同类型分析 | 自制或外购决策 |
| 与风险相关的合同协议 | 经济订货量分析 | 变更请求 |
| 活动资源要求 | 加权评分系统 | 采购文件 |
| 项目进度计划 | | 供应商评估标准 |
| 活动成本估算 | | |
| 成本基准 | | |
| 项目的制约因素 | | |
| 组织积累的相关资源 | | |

由图 12-4 可以更加清楚地了解项目采购规划的工作信息流向。

### 12.2.1　项目采购规划的依据

(1) 范围基准。范围基准描述了需求以及项目目前的界限范围。它主要包括以下内容:

1) 项目范围说明。它描述了产品范围,服务及成果,为项目及其产品、服务和成果规定了一系列可交付成果和验收标准,同时为项目采购规划过程中需要考虑的项目产品、服务和成果方面的技术问题提供重要信息。

2) 工作分解结构。它阐明了项目各组件之间及其与项目可交付成果之间的关系。

3) 工作分解结构词汇表。它提供了工作的详细说明,包括可交付成果的识别,以及完成每项可交付成果所需的工作分解结构组件内的工作描述。

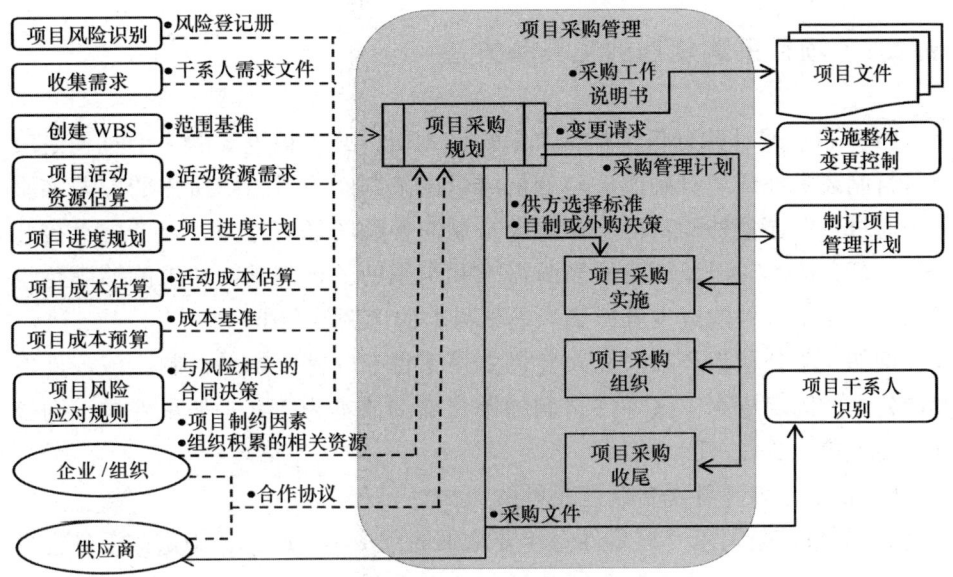

图 12-4 项目采购规划的工作信息流向示意图

（2）项目干系人需求文件。

（3）风险登记册。风险登记册包含与风险相关的信息，如识别的风险、风险负责人和风险应对策略等。

（4）与风险相关的合同协议。与风险相关的合同协议包括用以规定各方在具体风险发生时应承担的责任的保险、服务和其他项目的协议。

（5）活动资源要求。

（6）项目进度计划。

（7）活动成本估算。

（8）成本基准。

（9）项目的制约因素。项目的制约因素包括市场条件，从市场可获得的产品、服务和成果，按照何种条件和条款从何处获得。

（10）组织积累的相关资源。在制订项目采购管理计划和选择合同类型时，组织积累相关资源可提供与采购相关的政策、程序、指导原则和管理体系。组织政策常常会限制采购决策。

### 12.2.2 项目采购规划的工具和方法

（1）自制或外购分析。在编制采购计划时，其中很重要的一个过程是决定是自制还是外购。自制或外购分析可以用来判断项目组织所需的资源和服务是通过自制还是外购获得。在比较自制与外购的经济性时，要考虑直接和间接两部分成本，以及项目的当前需求和组织的长远需求，如果能够满足组织的长远需求，外购成本分摊到当前项目上的比例就会小一些。

例如，某公司生产某产品每年需要甲零件 500 件，如果自制，该零件不增加公司的固定成本，该零件自制的单位变动成本为 7 元，如果外购，则该零件的单价为 8 元/件。

1）试决定该零件是自制还是外购。

2）如果该公司生产该零件每年要增加固定成本 600 元，确定该零件是自制还是外购。

**解**

1) 自制成本 $= 7 \times 500 = 3500$（元）

   外购成本 $= 8 \times 500 = 4000$（元）

   自制成本 < 外购成本，应选择自制。

2) 自制成本 $= 7 \times 500 + 600 = 4100$（元）

   外购成本 $= 8 \times 500 = 4000$（元）

   自制成本 > 外购成本，应选择外购。

（2）专家判断法。评估该过程的依据或成果往往需要专家的技术判断，也可依据专家的采购判断制定或修改评判标准。专家法律判断可能要求律师提供相关服务，协助作出非标准采购条款和条件方面的判断。专家判断法不仅适用于采购的产品、服务或成果的技术细节，而且适用于采购管理过程的各个方面。具体方法前面章节已作详细介绍，在此不再赘述。

（3）合同类型分析。合同类型的选择是根据各采购物料、服务的具体情况和各种合同类型的适用情况权衡比较从中选择的。一般来讲，合同有三种类型，即固定价格合同、成本补偿合同和单价合同。

1）固定价格合同。经项目组织和供应商协商，在合同中订立双方同意的固定价格作为今后结算的依据，而不考虑项目实际发生成本的多少。如实际成本较低，对供应商有利，对项目组织不利；反之，如实际成本较高，对项目组织有利，对供应商不利。固定价格合同对于项目组织来说风险比较小，只要准确计算采购物料和服务的成本，然后按照这个成本签订合同，而无需考虑供应商所花费的实际金额，也不必多付超过固定价格的部分成本。供应商有可能只获得较低的利润，甚至亏损，特别是当项目所需资源的价格大幅的上涨时，供应商会面临很大的风险。因此，签订这种合同时，双方必须对产品成本的估计均有确切的把握。固定价格合同适用于技术不复杂、工期不长、风险不大的项目。

2) 成本补偿合同。成本补偿合同(Cost Plus Fee Contract)也称成本加酬金合同，简称 CPF 合同。它是指以供应商提供资源的实际成本加上一定的利润或成本为结算价格的合同。成本补偿合同适用于那些不确定性因素较多，所需资源的成本难以预测又急于执行的项目，如新技术的研究和开发。成本补偿合同包括成本加成合同、成本加固定费合同和目标成本加奖励合同三种类型。

相对而言，对于项目组织来说，成本加成合同风险较大，因为供应商所提供的资源的花费很可能超过预定的价格。成本加成合同的计算公式：

$$c = c_d + c_d p$$

式中　　$c$——合同总价；
　　　　$c_d$——实际发生成本；
　　　　$p$——固定百分比。

例如，若供应商提供 A 产品的实报实销成本为 98000 元，合同规定供应商的成本利润率为 14%，则 A 产品的结算价格为 121720 元[98000 × (1 + 14%)]。由此可见，实际成本越高，供应商获利越多。因此，采用这种定价方法容易造成供应商故意抬高成本，使项目组织蒙受损失，故在实际工作中很少采用这种合同。

成本加固定费合同是指在合同中规定的结算价格由实际成本和固定费两部分构成，成本是实报实销的，而固定费则由合同明确规定，与实际成本的高低无关。成本加固定费的计算公式为：

$$C = C_d + F$$

式中　　$F$——固定费。

相对于成本加成合同来说，这种合同可以避免供应商故意抬高成本，减少项目组织的风险,也能保证供应商获得一定的利润,但其不足之处是不能促使供应商千方百计地降低成本。

目标成本加奖励合同预先商定了项目目标成本水平和奖罚的规则,即以项目的粗略计算成本作为目标成本,约定当实际成本超过计算成本部分可以实报实销;若实际成本低于估算成本则有奖励,节约部分按合同规定的比例由项目组织和供应商双方共同分享。目标成本加奖励合同可以激励供应商想方设法降低成本。目标成本加奖励合同的计算公式为:

$$C = C_d + P_1 C_0 + P_2(C_0 - C_d)$$

式中　$C_0$——目标成本;

　　　$P_1$——酬金百分数;

　　　$P_2$——奖罚百分数。

例如,项目组织给供应商 $Q$ 约定的目标成本是1000万元,$P_1$ 约为10%,即目标利润是100万元,$P_2$——项目组织和供应商为7∶3。假设第一种情况,供应商 $Q$ 的实际成本为950万元,则节余 1000 - 950 = 50 万元,项目组织为供应商实际支付1065万元(950 + 100 + 50 × 30%);假设第二种情况,供应商 $Q$ 的实际成本为1050万元,则超出 1050 - 1000 = 50(万元),项目组织为供应商实际支付1135万元(1050 + 100 - 50 × 30%);假设第三种情况,供应商 $Q$ 的实际成本为1500万元,则超出 1500 - 1000 = 500(万元),按照供应商分成比例计算 500 × 30% = 150(万元),超过了其目标利润100万元,项目组织按实际成本支付供应商1500万元。

3)单价合同。单价合同的结算价格是供应商每单位产品付出的劳动与劳动单位价格的乘积。这种合同形式适用于业主委托设计单位表示及提供施工详图、或由于某些原因不能准确地计算工程量时采用。

对业主方而言,单价合同的优点是可以减少招标的准备工作,缩短招标准备时间,存在的风险是项目结束前总造价一直是未知数。若设计师能比较正确地估算工程量和减少项目实施中的变更则可降低业主风险。对承包商而言,这种合同方式避免了固定价格合同中的许多风险因素,比固定价格合同风险小。

项目组织规定的要求(如标准产品版本、项目绩效报告、成本数据提交)及其他因素(如市场竞争水平和风险水平)也将决定合同类型的选择。另外,供应商可能会将这些具体要求作为额外列支成本的项目。

(4) 经济订货量分析。经济订货量(Ecoaomic Order Quantity, EOQ)分析是通过建立存货经济订货量模型，对要采购的产品进行分析，确定采购的批量和采购的时间，使订货成本和储存成本之和最小。这里订货成本(Ordering Costs)是指为订购产品而发生的各种成本。订货成本中有一部分与订货次数无关，也可以理解为订货固定成本。而另一部分则与订货次数有关，但与每次订货量的多少无关，这部分可以称为订货变动成本，是与经济订货量决策相关的成本。储存成本(Carrying Costs)是指为储存产品而付出的代价。其中一部分具有固定成本性质，如仓库折旧费。另一部分与存储过程中的储存量成正比例变化，因而是与经济订货量决策的相关成本。采购成本、库存成本与订货量的关系如图12-5所示。

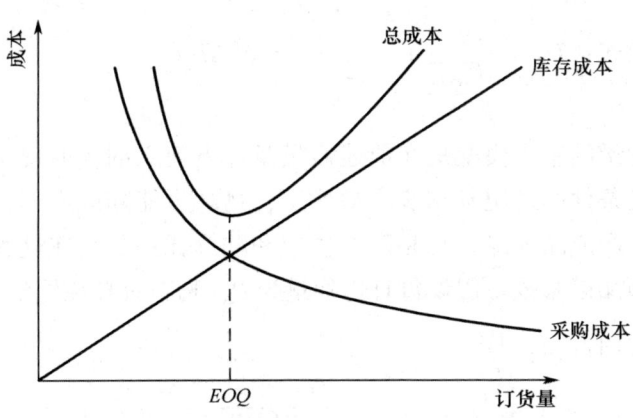

图 12-5　成本与订货量关系图

经济订货量的基本模型存在以下假设条件：
1) 项目组织能及时补充物料。
2) 能集中到货，而不是陆续入库。
3) 不允许缺货。
4) 物料单价不变，不考虑现金折扣。
5) 项目组织现金充足，不会因现金短缺而影响采购。

假设每次订货成本为 $K$，订单量为 $D$，年单位保管成本为 $A$，经济订货量为 $Q$，则：

$$总成本 = 采购成本和库存成本之和 = \frac{DK}{Q} + \frac{QA}{2} \qquad (12\text{-}1)$$

要使采购成本和库存成本之和最小，得到：

$$Q = \sqrt{\frac{2KD}{A}} \quad (12\text{-}2)$$

这是经济订货量的基本模型，它还可以推导出一些其他形式：

每年最佳订货次数公式：$N = \dfrac{D}{Q} = \dfrac{D}{\sqrt{\dfrac{2KD}{A}}} = \sqrt{\dfrac{DA}{2K}}$ （12-3）

最佳订货周期公式：$t = \dfrac{1}{N} = \dfrac{1}{\sqrt{\dfrac{DA}{2K}}} = \sqrt{\dfrac{2K}{DA}}$ （年） （12-4）

总成本公式：$TC = \dfrac{DK}{\sqrt{\dfrac{2KD}{A}}} + \dfrac{A\sqrt{\dfrac{2KD}{A}}}{2} = \sqrt{2KDA}$ （12-5）

经济订货量的基本模型是在前述假设条件下建立的，但现实生活中能够满足这些假设条件的情况却很少。事实上，物料可能陆续入库，使存量陆续增加，尤其是产成品入库，总是陆续供应和陆续耗用的。在这种情况下，就要对基本模型加以修改。假设每日送货量为 $P$，物料每日耗用量为 $d$，故送货期内的全部耗用量为：$\dfrac{dQ}{P}$

$$则\ Q = \sqrt{\frac{2KDP}{A(P-d)}} \quad (12\text{-}6)$$

**例 12-1**：某项目要采购某种物料 3600 件，该物料年单位储存成本为每件 2 元，每次订货成本为 25 元。

① 如何确定经济订货量？
② 最佳订货周期是多少天？
③ 总成本是多少元？
④ 如果该物料是陆续供应和耗用的，假设该物料每日送货量为 30 件，物料的每日耗用量为 10 件，则如何确定经济订货量？

解

① $Q = \sqrt{\dfrac{2KD}{A}} = \sqrt{\dfrac{2 \times 25 \times 3600}{2}} = 300$（件）

② $N = \sqrt{\dfrac{DA}{2K}} = \sqrt{\dfrac{3600 \times 2}{2 \times 25}} = 12(次)$

$$t = \dfrac{360}{12} = 30(天)$$

③ $TC = \sqrt{2KDA} = \sqrt{2 \times 25 \times 3600 \times 2} = 600(元)$

④ $Q = \sqrt{\dfrac{2KDP}{A(P-d)}} = \sqrt{\dfrac{2 \times 25 \times 3600 \times 30}{2 \times (30-10)}} = 367(件)$

（5）加权评分系统。招标人在选择供应商时，需要综合考虑多种因素，可使用加权评分体系选择供应商。具体做法是：

1）为每个评审标准分配权重。

2）根据每个评审标准给潜在供应商打分。

3）用分数乘以权重。

4）合计乘积结果，计算出汇总分数，作为评价和选择的依据。

**例12-2**：某项目组织在进行评标时，根据招标文件的要求，设定供应商选择应考虑的因素权重分别为：投标商在类似项目中的经验为20%，投标商提出的技术方法为30%，进度计划为10%，成本为40%。设定每个要考虑的因素总分为100分，通过对潜在投标商的每个因素评价打分，甲投标商的4个因素的得分值分别是80，80，75，90，乙投标商的4个因素的得分值分别是90，80，70，80，丙投标商的4个因素的得分值分别是85，85，70，90。如何采用加权评分系统对甲乙丙这三个投标商进行评价？

**解**

甲投标商的综合得分 $= 80 \times 0.2 + 80 \times 0.3 + 75 \times 0.1 + 90 \times 0.4 = 83.5(分)$

乙投标商的综合得分 $= 90 \times 0.2 + 80 \times 0.3 + 70 \times 0.1 + 80 \times 0.4 = 81(分)$

丙投标商的综合得分 $= 85 \times 0.2 + 85 \times 0.3 + 70 \times 0.1 + 90 \times 0.4 = 85(分)$

由此可见，丙投标商的综合得分最高。因此，应该选择丙投标商作为供应商。

### 12.2.3 项目采购规划的结果

（1）项目采购管理计划。项目采购管理计划应说明从制定采购文件到合同收尾的项目采购过程的管理方法。具体包括：

1）采用的合同类型。
2）如果评估标准要求有独立的估算，由谁进行估算。
3）如果实施组织没有采购或发包部门，项目管理团队本身应采取的行动。
4）标准的采购文件。
5）管理多个供应商的办法。
6）协调采购与项目的其他方面，如进度制定与项目绩效报告。
7）明确对采购规划造成影响的制约因素和假设条件。
8）明确供应商供货所需的提前订货期，并就其与项目进度计划制订过程进行协调。
9）处理自制或外购决策，并与活动资源需求和进度计划相关联。
10）规定合同可交付成果的进度，并与进度计划相协调。
11）确定履约保函或保险合同，以降低项目的风险。
12）制定提供给供应商的有关如何制定和维持合同工作分解结构的指导说明。
13）确定合同工作说明书应使用的格式和形式。
14）确定经过资格预审的优选供应商。
15）管理合同和评估供应商使用的采购衡量指标。

根据项目需要，项目采购管理计划可以是正式的或非正式的，可详可略。它是项目整体管理中的项目管理规划的一个从属组成部分。

（2）采购工作说明书。采购工作说明书说明的是与合同相关部分的项目范围。根据项目范围说明书制订每项合同的工作说明书。采购工作说明书对所采购产品进行详细的描述，以便使潜在的供应商确定他们能否提供这些产品。至于采购工作说明书详细到何种程度，根据项目的性质、项目组织的需要或者预期的合同形式而定。采购工作说明书描述了将由供应商供应的产品、服务或成果，包含的信息有规格、数量、质量水平、性能数据、履约期限、工作地和其他要求。

（3）自制或外购决策。自制或外购决策文档可以比较简单，只需简要列明作出决策的原因和依据。

（4）变更请求。采购规划过程可能会导致就项目管理计划及其附属计划和其他组成部分提出变更请求(参见"项目整体管理"一章中的相关内容)。通过整体变更控制过程对变更请求进行审查和处理。

（5）采购文件。项目团队通常是借助于采购文件来获取潜在供应商的报价或建议书。报价和建议书的不同之处在于，报价主要依据价格来选择供应商时使用，如购买一般性商业产品；而建议书则是主要依据非价格因素来选择供应商时使用，如当选择供应商时以技术技能作为最重要的考虑因素。值得注意的是，这些术语也经常交互使用，因此，在选择供应商时不能仅根据其使用的术语差异而作出判断。

一般来说，采购文件主要包括投标邀请书（IFB）、征求建议书（RFP）、询价书（RFQ）、招标通知、洽谈邀请以及承包商初步建议征求书等。

采购文件的复杂程度以及详细程度应与采购项目的价值和风险水平相一致。采购文件的严格程度既要足以保证作出一致和具有可比性的应答，又要具有足够的灵活性，以便更好地满足需求和考虑供应商的建议，可以通过邀请供应商完全按照投标邀请书提交建议书，并在另外的建议书中提供推荐的可选择方案等方法实现。

按照项目组织的相关政策，向潜在供应商发出投标邀请，包括在报纸、杂志、网络或公共登记机关进行公告。

（6）供应商评估标准。供应商评估标准用于评定供应商的建议书或为其评分。这些标准既可以是客观的（如"所推荐的项目经理必须是PMP"），也可以是主观的（如"所推荐的项目经理必须具有记录在案的以往管理类似项目的经验"）。供应商评估标准经常作为采购文件的组成部分列入其中。

如果所采购产品能够很容易从若干个可选择的供应商处取得，则评估标准可以只限于采购价格。采购价格在此既包括所采购物品的成本，也包括运输等附加成本。如果情况并非如此，则应确定其他选择标准并将其形成文字，以便在评估时有所依据。例如：

1）对需求的理解。供应商的建议书对合同工作说明书的响应情况如何。

2）全生命期成本。所选择的供应商能否提出最低的全生命期成本（采购成本加运营成本）。

3）技术能力。供应商是否具备预期能取得所需的技术能力与知识。

4）管理方案。供应商是否具备保证项目成功所需的管理过程和程序实施的能力。

5）技术方案。供应商建议的方法、技术、解决方案和服务是否满足采购文件的要求，或者他们能提供比预期更好的方案。

6）经济实力。供应商是否拥有预期能取得所需的资金来源。

7）生产能力和兴趣。供应商是否有能力和兴趣满足未来的潜在要求。

8）业务规模和类型。供应商企业是否满足项目组织定义的或政府机关规定的作为中标条件的业务类型或规模标准，如小型企业、妇女拥有的企业或弱势小型企业。

9）业绩。供应商是否可提供现有客户的意见，以证明供应商的工作经验以及履行合同要求方面的情况。

10）知识产权。供应商是否拥有项目生产的产品所要求的知识产权。

11）特许经营权。供应商是否拥有产品生产要求的特许经营权。

## 12.3 项目采购组织

项目采购组织（Project Procurement Conducting）是指根据项目采购规划中对产品、服务或成果的要求，确定潜在的供应商，并根据投标人提供的相关信息，如报价、投标书等，选定最终供应商，并与供应商洽谈并签订书面合同。在制订了项目采购规划之后，项目团队要了解市场行情、获得供应商报价单、投标申请书等文件，并根据项目采购规划所制定的供应商选择标准，从众多供应商中选择一个或多个作为项目的供应方。

项目采购组织的主要工作如表 12-3 所示。

表 12-3 项目采购组织的主要工作

| 依 据 | 工具和方法 | 结 果 |
|---|---|---|
| 项目采购管理规划 | 投标人会议 | 中标的供应商 |
| 采购文件 | 建议书评估技术 | 采购合同 |
| 供应商评估标准 | 独立估算 | 资源日历 |
| 合格供应商清单 | 采购谈判法 | 变更请求 |
| 供应商建议书 | 专家判断法 | 更新的制订项目管理计划 |
| 项目文档 |  | 更新的项目文档 |
| 自制或外购决策 |  |  |
| 组织积累的相关资源 |  |  |

由图 12-6 可以更加清楚地了解项目采购组织的工作信息流向。

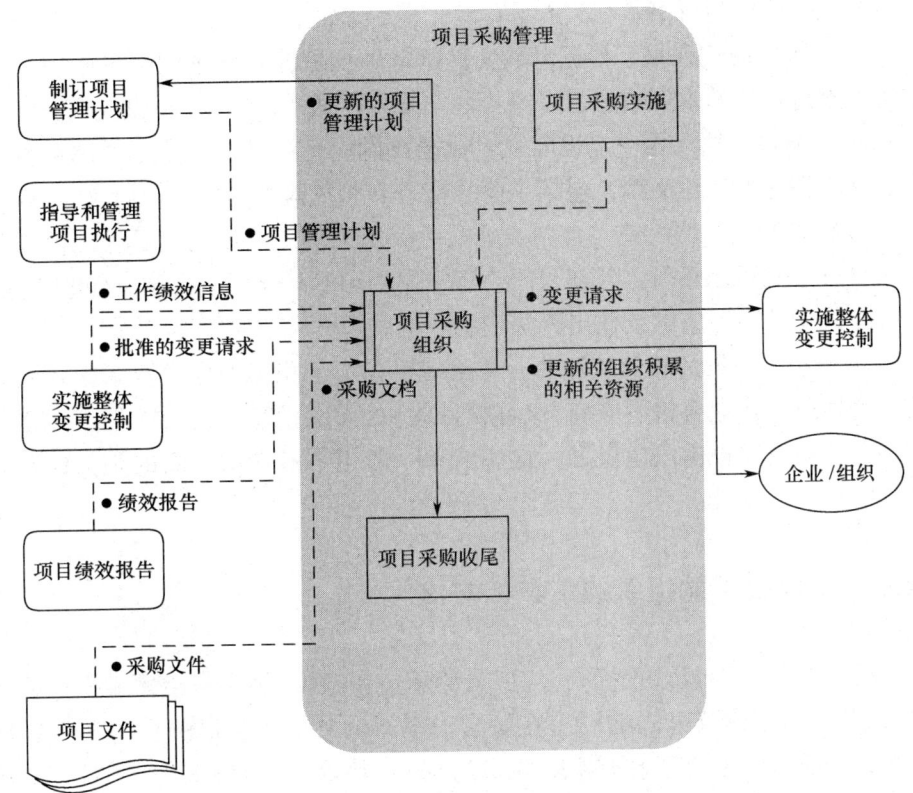

图 12-6　项目采购组织的工作信息流向示意图

## 12.3.1　项目采购组织的依据

（1）项目采购管理计划。项目采购管理规划确定了如何从项目组织的外部获得资源，以便更好地满足项目的要求。

（2）采购文件。采购文件囊括了与采购计划有关的，关于项目需求的重要信息以及带有合同和法律含义的需求，如健康、安全、绩效、保险、知识产权和许可证等因素。在采购规划时需要考虑这些方面。

（3）供应商评估标准。评估标准可以包括供应商以前生产的产品、服务或成果样品的情况，以便评价供应商的能力与产品质量。评估标准中也可以包括对供应商过去与本组织或其他组织往来的历史审查。

（4）合格供应商清单。制定合格供应商清单，并邀请清单上所列示的供应商提供报价或建议书。

（5）供应商建议书。根据采购文件编制的供应商建议书构成一套评估机构用以进行评估的基本信息，以选择一个或多个成功的投标人（供应商）。

（6）项目文档。在一定程度上，在选择供应商的过程中需要考虑项目文档。还需要考虑其他文档，包括风险登记册和与风险相关的合同协议等内容。

（7）自制或外购决策。自制或外购决策用来确定某项工作最好是由项目团队自行完成还是必须从外部采购。预算制约因素可能影响自制或外购决策，如决定外购，则不应继续作出购买或租赁的决策。

（8）组织积累的相关资源。有些组织可以在其积累的相关资源中找到先前的合格或潜在的合格供应商（又称投标人）的相关信息清单或文件，并邀请这些供应商提供报价或建议书。这些清单一般包括潜在供应商的相关经验和其他特征。

## 12.3.2 项目采购组织的工具和方法

（1）投标人会议。投标人会议（又称承包商会议、供应商会议或投标前会议）就是在拟订建议书之前同潜在供应商举行的会议。会议的目的是保证所有潜在供应商清楚地理解本项采购目的（技术要求、合同要求等）。对会上所提出问题的解答，可作为修正案纳入采购文件。在买卖双方互动的过程中，所有潜在供应商都应得到同等对待，以获得最佳的投标结果。

（2）建议书评估技术。建议书的评级和打分可使用多种不同的方法，但所有方法都会涉及专家判断和一些评估标准。评估标准既可包括客观要素也可包括主观要素。在正式的建议书评估过程中，在评估标准方面，通常为每一评估项分配权重。建议书评估过程中利用供应商选择过程获取的多个审查人的输入信息作为依据。之后，使用加权系统对所有建议书进行全面的评估和比较，确定每项报价书的总加权分值。

（3）独立估算。对于许多采购项目，采购组织可以制定自己的估算，用以核对供应商的报价。如果独立估算与供方的成本估算之间存在明显的差异，则表明工作范围存在问题或潜在供应商对工作范围说明书产生误解或有漏项，独立估算经常也称之为"合理成本"估算。

（4）采购谈判。采购谈判就是在合同签字之前，对合同的结构与要求加以澄清，取得一致意见。合同的最后措辞应尽可能反映双方达成的所有一致意见。谈判的主题一般包括责任和权限，适用的条款和法律，技术和经营管理方法，特许经营权，合同资金筹集，技术解决方案，总体进度计划，付款以及价格。合同谈判过程以买卖双方签署合同的结束而结束。

对于复杂的采购事项，合同谈判可能是个独立的过程，有自己的依据（如一份问题或未决事项清单）和成果（如记录的决策）。对于简单的采购事项，合同的条件和条款可以是固定不变、不可洽谈、供应商只能接受的。

项目经理可以不是谈判的主谈人。在谈判期间，项目经理以及项目管理团队的其他人员可列席，并在需要时，就项目的技术、质量和管理要求进行说明。

（5）专家判断法。使用专家判断对供应商建议书进行评估。报价书的评估由采购文件和拟订合同涉及的所有有关领域的跨专业评审小组进行。这可以包括基本领域和相关职能专业的技能，如合同、法律、财务、会计、工程、设计、研发、销售和生产。具体操作前文已作详细介绍，在此不再赘述。

## 12.3.3 项目采购组织的结果

（1）中标的供应商。中标的供应商是指根据其提交的建议书或报价的评估结果，确定在竞争范围内的供应商，并且已与项目组织洽谈了合同草案，在授予合同之后，该合同草案将成为正式合同。

（2）项目采购合同。与每位中标的供应商订立项目采购合同。合同形式既可以复杂，也可以简单。合同是对双方具有约束力的法律协议，它强制供应商提供指定的产品、服务或成果，强制项目组织支付规定的金额。合同文件的主要内容一般包括：章节标题、工作说明书、进度计划、履约期间、角色和责任、价格和付款、通货膨胀调整、验收标准、保修、产品支持、有限责任、酬金、留滞金、罚款、激励、保险、履约保函、分包商批准、变更请求处理程序、终止和争议解决机制。

（3）资源日历。资源日历记载了项目生命期中，项目所需资源的数量和可用性以及每种具体资源用量的时间安排。

（4）变更请求。选择供应商的过程可能会导致就项目管理计划及其从属计划和其他组成部分，如项目进度计划和项目采购管理计划提出变更请求。将通过整体变更控制过程对请求的变更进行审查和处理。

(5) 项目管理计划更新。项目管理计划的成本基准、范围基准、进度基准以及项目采购管理计划等组成部分需要更新。

(6) 更新的项目文档。干系人需求文件、需求跟踪文档以及风险登记表等文档需要更新。

## 12.4 项目采购实施

项目采购实施(Project procurement administer)指的是对采购方及其关系进行管理，监控合同的执行，并且根据需求进行改变和更正合同的过程。它包括与供应商进行谈判、合同签订以及监督合同履行等一系列管理工作。项目采购实施是为了确保采购双方都履行其合同义务，并确保自身的合法权利得到保障。

项目采购实施的实质是对买卖双方签订的采购合同进行管理。项目采购合同是指项目组织和供应商为了实现采购计划，明确双方权利和义务关系的协议。项目组织选择了供应商，经过一番合同谈判，双方达成一致意见后就可以签订采购合同。项目采购合同主要包括：供应商的责任和权利，项目组织的主要责任和权利，合同价格、计价方法和补偿条件，工期要求，争执的解决，双方的违约责任，合同应履行的问题和风险及附录等方面。

(1) 采购实施的内容。一旦合同签署，采购实施工作就开始了。采购实施的内容有：对供应商工作的管理、采购质量管理、采购合同变更管理、解决合同纠纷、项目组织内部对合同变更的协调和支付管理，具体内容如下：

1) 对供应商工作的管理。项目组织应该定时地以适当的方式对供应商的工作进行管理和监督，确保他们所提供的物料、工程和服务符合合同的要求。比如，项目组织可以派出一名相关技术专家实地考察供应商的生产情况，并监督、指导供应商的工作。

2) 采购质量管理。为了确保项目组织采购的物料、工程和服务的质量符合项目的要求，项目组织要按照合同的规定对供应商提供的物料、工程和服务的质量进行检查和验收。验收的方式主要包括：根据货物的样品进行验收、根据到达现场的实物进行验收、根据权威部门的鉴定结果进行验收。

3) 采购合同变更管理。在项目采购合同的执行过程中，可能会由于合同双方各自的原因或外部的各种不确定性因素，需要对合同的一些条款进行更改。合同的变更具有以下特征：

◇ 合同的变更会对双方的利益产生影响,因此双方必须协商一致。
◇ 合同的内容和条款发生了变动。
◇ 合同变更后将产生新的债权、债务关系。
◇ 合同的变更要按照规定的程序来进行。

4)解决合同纠纷。项目采购合同在变更后,如果不能顺利执行,就可能会导致合同纠纷。项目组织要对明确的和潜在的合同纠纷采取适当措施,尽可能避免合同纠纷发展成为法律争端。解决项目采购合同纠纷的主要方式有:

◇ 协商解决,即合同双方按照合同中有关解决纠纷的条款进行协商来解决纠纷。
◇ 调解解决,如果合同中没有规定解决纠纷的条款,则应通过双方都认可的第三方来进行调解。
◇ 仲裁和诉讼解决,当不能通过协商和调解来解决纠纷时,就只能通过仲裁机构或法院来解决纠纷。

5)项目组织内部对合同变更的协调。合同变更后会对项目管理的其他内容产生影响,所以应该使项目组织都了解项目合同的变更,并且根据合同变更对项目带来的影响进行相应的调整。

6)支付管理。项目组织对供应商支付款项时,要按照合同规定的支付方法和供应商所提供的物料、工程和服务的数量与质量,进行付款,并且对其实施严格的管理。一般来说,合同规定的支付方法有现金支付和转账支付,现金支付是针对小额价款结算的;转账支付是针对大额价款支付的,必须通过开户银行进行。

(2)项目采购实施的主要工作。项目采购实施的主要工作内容如表12-4所示。

表12-4 项目采购实施的主要工作

| 依 据 | 工具和方法 | 结 果 |
| --- | --- | --- |
| 采购文件 | 合同变更控制系统 | 采购文件 |
| 项目采购管理计划 | 采购绩效审核 | 更新的组织积累的相关资源 |
| 中标的供应商 | 支付系统 | 变更请求 |
| 项目绩效报告 | 索赔管理 | 项目管理计划更新 |
| 批准的变更请求 | 档案管理系统 | |
| 工作绩效数据 | | |

由图 12-7 可以更加清楚地了解项目采购实施的工作信息流向。

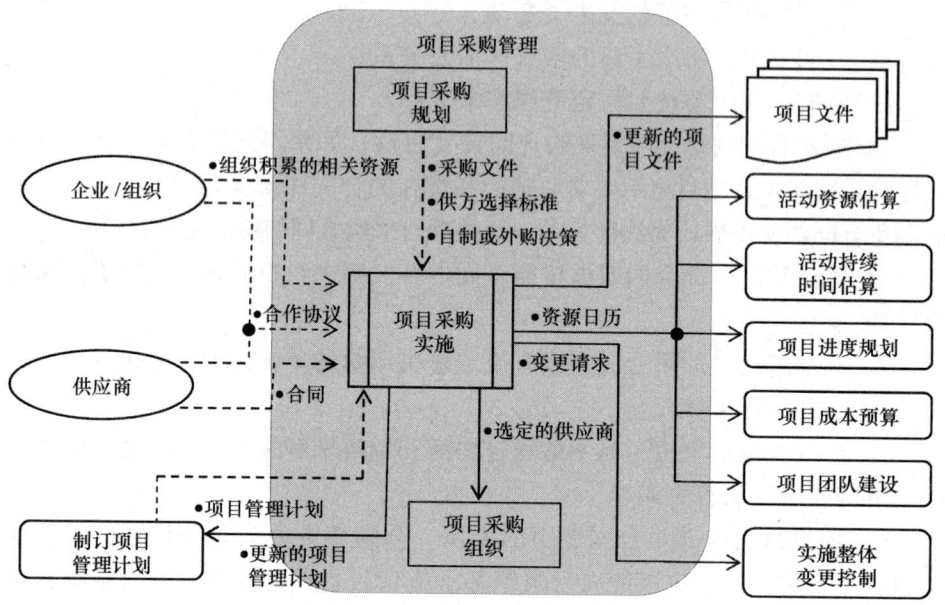

图 12-7　项目采购实施的工作信息流向示意图

## 12.4.1　项目采购实施的依据

（1）采购文件。采购文件用于征求潜在卖方的建议书。当主要依据价格来选择供方时，通常采用"投标"或"报价"等术语；如果主要依据其他考虑因素（如技术能力或技术方法）来选择卖方，通常就使用诸如"建议书"的术语。

（2）项目采购管理计划。项目采购管理计划描述是指如何管理从编制采购文件至合同收尾的各个采购过程，采购管理计划是项目管理计划的一部分，包括拟采用的合同类型、风险管理事项，是否需要编制独立估算，是否将独立估算作为评价标准等内容。

（3）中标的供应商。

（4）项目绩效报告。

（5）批准的变更请求。批准的变更请求包括对合同条款和条件的修改，例如，合同工作文件、定价和产品、服务或成果的描述，在变更实施之前都需以书面形式对变更进行记录并批准。口头讨论的未做记录的变更无需进行处理或实施。

（6）工作绩效数据。工作绩效数据包括已经达到什么质量标准，已经发生了哪些成本项目。供应商的项目绩效报告说明哪些可交付成果已经完成，哪些还没有完成。

### 12.4.2 项目采购实施的工具和方法

（1）合同变更控制系统。合同变更控制系统规定了合同修改的过程，包括文档工作、追踪系统、争议解决程序以及批准变更所需的审批层次。合同变更控制系统应与整体变更控制系统相匹配。

（2）采购绩效审核。采购绩效审核是一项系统的审查活动，按照合同规定，审查供应商在规定的成本和进度计划范围内，按照质量要求完成项目活动的过程。采购绩效审核活动在项目实施过程中进行，需由供应商给予支持和协助。采购绩效审核的目的是确定供应商工作过程或可交付成果中是否存在缺陷或问题，并对供应商履行合同的情况进行量化。

（3）支付系统。支付系统规定了项目组织向供应商支付款项时必须遵循的程序。项目组织支付货款时，必须经由项目有关管理人员的批准。特别是对于有许多或复杂采购需要的大型项目。项目组织可根据项目的实际情况建立支付系统。

（4）索赔管理。有争议的变更是指那些买卖双方在变更赔偿问题上产生分歧，或是对已发生的变更产生分歧的变更请求。这些存有争议的变更也被称为索赔、争议或诉求。在合同期中，通常按照合同条款对索赔进行记录、处理、监控和管理。如果合同双方无法解决索赔问题，则需要按照合同中规定的争议解决程序进行处理。

（5）档案管理系统。项目经理使用档案管理系统对合同文件和记录进行管理。

### 12.4.3 项目采购实施的结果

（1）采购文件。采购文件主要包括采购合同以及所有支持性进度计划、未批准的合同变更请求和批准的变更请求。另外，采购文件也包括供应商制定的技术文件和其他工作绩效数据，例如，可交付成果、供应商项目绩效报告、保修、财务票证，包括发票和付款记录以及合同检验结果。

(2) 更新组织积累的相关资源。

1) 来往函件。合同条款和条件往往要求保留某些项目组织或供应商之间往来函件的文字记录，如因绩效不符合要求而提出的警告，以及合同变更请求、事实澄清等，还可包括项目组织审计和检验结果所反映的供应商需要纠正的不足之处。

2) 付款时间表和付款申请。所有付款必须与采购合同中的条款一致。

3) 供应商绩效评估文件。供应商绩效评估文件是由项目组织编制的。此绩效评估文件记录了供应商继续实施现有合同的工作能力，说明是否允许供应商实施未来项目的工作或对供应商的执行绩效进行评级。这些文件可成为提前终止供应商合同的依据或管理合同罚款、合同惩罚或激励的依据。

(3) 变更请求。采购实施过程可导致就项目管理计划及其从属计划和其他组成部分，如项目进度计划和项目采购管理计划提出变更请求。通过整体变更控制过程对变更请求进行审查和批准。

请求的变更可包括项目组织发出的指令或供应商采取的行动，而另一方对之存有质疑。由于任何一方可对这些推定变更持有争议并可能引起索赔，所以通常利用项目往来函件对这种变更进行特别的识别和记录。

(4) 项目管理计划更新。

1) 项目采购管理计划。对项目采购管理计划进行更新，以反映对采购实施造成影响的批准的变更请求。

2) 进度基准。如果在这个阶段延误影响到了整个项目的绩效，进度基准需要更新以反映当前的估计。

## 12.5　项目采购收尾

项目采购收尾(Project Close Procurements)是指采购全部履行完毕或采购因故终止所需进行的一系列管理工作，如采购结算、索取保险赔偿金和违约金等。

项目组织和供应商均按照采购合同履行了各自的义务后，采购过程就此终止。采购合同一旦签订就不能随意终止，但是当出现一些特殊情况时，合同可能提前终止。具体如下：

（1）合同双方混同为一方，如供应商加入项目组织，这时合同就提前终止。

（2）合同由于不可抗力的原因提前终止，如一项建筑工程的地皮被政府强制征用，导致项目终止，因此采购合同也将提前终止。

（3）合同双方通过协商，解除各自的义务，如项目组织和供应商通过协商达成一致意见，供应商不再提供货物，项目组织也不继续付款，此时合同就终止了。

（4）仲裁机构或法院宣告合同终止，如当合同纠纷交由仲裁机构或法院裁决时，合同被判决终止。

项目采购收尾的主要工作如表 12-5 所示。

表 12-5 项目采购收尾的主要工作

| 依 据 | 工具和方法 | 结 果 |
|---|---|---|
| 项目采购管理计划<br>采购文件 | 项目采购审计<br>档案管理系统 | 项目采购收尾<br>更新组织积累的相关资源 |

由图 12-8 可以更加清楚地了解项目采购收尾的工作信息流向。

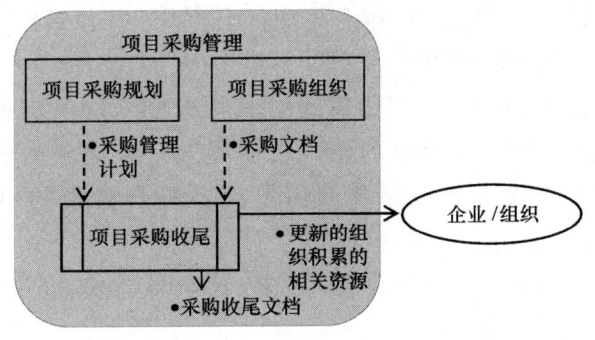

图 12-8 项目采购收尾的工作信息流向示意图

### 12.5.1 项目采购收尾的依据

项目采购收尾的依据包括项目采购管理计划和采购文件,前面已经介绍,在此不再赘述。

### 12.5.2 项目采购收尾的工具和方法

(1) 项目采购审计。项目采购审计是项目采购收尾的主要方法,采购审计是指根据有关法律和标准对从采购计划的编制到采购收尾的整个采购过程所进行的结构性审查。项目采购审计的目的在于确认项目组织采购过程中的成绩与不足之处,是否存在违法现象,以便吸取经验和教训。

(2) 档案管理系统。档案管理系统已在项目采购实施中介绍,在此不再赘述。

### 12.5.3 项目采购收尾的结果

(1) 采购收尾。对项目采购过程中的所有合同文件要进行整理并建立索引记录,以便日后备查,它是整个项目记录的一部分。

(2) 更新组织积累的相关资源

1) 采购文档。一套完整的编有索引的合同文件(包括已收尾的合同),并将其纳入项目最终档案之中。

2) 可交付成果验收。项目组织通过其授权的合同管理员向供应商发出可交付成果被验收或被拒收的正式书面通知。合同条款中一般规定可交付成果的正式验收要求,以及如何解决不符合要求的可交付成果的程序。

3) 经验教训记录。进行经验教训分析并提出过程改进建议,以供将来的采购规划和实施过程借鉴。

# 本 章 小 结

本章从项目组织的角度对项目采购管理进行讨论。项目采购管理由项目采购规划、项目采购组织、项目采购实施和项目采购收尾4个工作过程组成。在项目采购规划中,详尽地阐述了采购计划编制的依据、工具和方法以及结果。项目采购按照采购的方式分为:招标采购和非招标采购,这两种采购方式都有各自的程序。项目采购实施与收尾也有其相应的依据、工具和方法以及结果。本章重点应该掌握的工具和方法有自制或外购分析、合同类型分析、经济订货量分析和加权评分系统。

# 自 测 题

一、判断题

1. 在选择供应商时,成本是唯一的决定因素。 (　)
2. 只有合同双方都履行完各自的义务时,合同才能终止。 (　)
3. 奖励合同可以激励供应商想方设法地降低成本。 (　)
4. 经济订货量是使订货成本和储存成本之和最小时的订货量。 (　)
5. 一般来说,公开招标采购比邀请招标采购能找到更多的投标人。
 (　)
6. 对所有供应商的认证数量应该都是相同的。 (　)

二、单选题

1. 采购成本的预测一般是通过(　　)来进行的。
A. 综合估算　　　B. 加权系数　　　C. 独立估算　　　D. 参数模型法
2. 下列表述错误的是(　　)。
A. 项目采购绝大多数是通过非招标采购进行的
B. 非招标采购一般适用单价较低,有固定标准的产品
C. 非招标采购主要包括:询价采购、直接采购和自营工程
D. 项目采购绝大多数是通过招标采购进行的
3. 下列有关固定价格合同的表述正确的是(　　)。
A. 固定价格合同对于供应商来说风险比较小

B. 固定价格合同以供应商所花费的实际成本为依据

C. 固定价格合同适用于技术复杂、风险大的项目

D. 签订固定价格合同时，双方必须对产品成本的估计均有确切的把握

4. 某客户要采购某种物料2000件，该物料年单位储存成本为每件4元，每次订货成本为10元，则确定经济订货量为(　　)。

　　A. 120　　　　B. 80　　　　C. 90　　　　D. 100

5. 某公司生产产品每年需要甲零件300件，如果自制，该零件增加公司的固定成本300元，该零件的自制的单位变动成本为7元，如果外购，则每件零件的单价为8元/件。则该公司应该(　　)。

　　A. 自制　　　　B. 外购　　　　C. 两者效果一样　　　　D. 不能确定

6. 下列有关招标采购的表述错误的是(　　)。

　　A. 手续较繁琐，耗费时间也较多，不够机动灵活

　　B. 投标人可能把手续费等附加成本转移到购买的投标项目的价格中去

　　C. 可能发生抢标、围标等现象

　　D. 可以出现贪污贿赂行为

### 三、多选题

1. 经济订货量的基本模型的假设条件有(　　)。

　　A. 项目组织现金充足　　　　B. 物料陆续入库

　　C. 不允许缺货　　　　D. 物料单价不变，不考虑现金折扣

2. 成本补偿合同包括(　　)。

　　A. 成本加成合同　　　　B. 固定价格合同

　　C. 目标成本加奖励合同　　　　D. 单价合同

3. 项目组织在进行独立估算时，如果与供应商的报价差异较大，其原因有(　　)。

　　A. 供应商对采购方的需求考虑不充分

　　B. 供应商对采购方的需求有误解

　　C. 项目定义的范围不恰当

　　D. 只有A和B

4. 下列有关成本加成合同表述错误的是(　　)。

　　A. 供应商会努力减低成本　　　　B. 项目组织承担的风险较大

　　C. 结算价就是产品的成本　　　　D. 项目组织比较关心供应商的绩效

5. 采购计划编制应注意(　　)。

A. 采购的物料的质量和使用性能要符合项目的要求

B. 采购计划要明确规定采购的物料衔接问题

C. 采购计划要对整个采购过程进行协调管理

D. 采购数量应尽量多,以备项目的不时之需

6. 评标首先对投标文件进行初评,主要是审查(　　)。

A. 投标文件是否完整,是否合乎招标文件的要求

B. 有无计算的错误投标文件

C. 投标商的技术、经验和报价

D. 是否提交了足够的保证金

7. 解决项目采购合同纠纷的主要方式有(　　)。

A. 协商解决　　　B. 调解解决　　　C. 仲裁解决　　　D. 诉讼解决

# 练习与思考

1. 简述项目采购的分类。
2. 项目采购规划主要应解决哪些问题?
3. 描述 3 种不同类型的合同,并说明当每种合同被采用时与之相应的风险。
4. 资格预审的作用是什么,其要考虑的因素应包括哪些?
5. 选择供应商时,要考虑哪些因素?
6. 非招标采购的主要过程有哪些?
7. 以例子说明合同应该包括哪些内容以及它们的作用。
8. 项目组织与供应商签订了一个奖励合同,合同目标成本是 30 万元,目标利润是 5 万元,并且按照 7∶3 的比例买卖双方共同分担。

① 如果供应商履行合同完毕时的实际成本是 25 万元,项目组织将支付给供应商多少利润?支付的总金额是多少?

② 如果供应商履行合同完毕时的实际成本是 36 万元,项目组织将支付给供应商多少利润?支付的总金额是多少?

③ 如果供应商履行合同完毕时的实际成本是 50 万元,项目组织将支付给供应商多少利润?

9. 某企业生产需要甲产品，全年需要甲产品 12000 件，每日送达 300 件，每日耗用 240 件，每次订货成本 100 元，每件产品年储存成本为 3 元，确定其经济订货量。

# 案 例 思 考

## Q 公司项目采购管理的失误

A 公司下属子公司 Q 要求指定购买一台某品牌投影机及幕布、吊架等配件，向 A 公司采购中心递交了申请，要求于 2 天内必须安装调试完毕。对于零星采购申请，采购中心有两种选择：定点采购和网上公开竞价。纳入定点采购的货物，采购中心以"公开招标、分批供货"的采购方式确定品牌和型号。每月随时更新价格。下属子公司如果采用定点的品牌和型号，当天申请，采购中心当天办结并通知供应商，供应商一般在 1~3 天内完成供货。没有纳入定点采购范围的货物都采用网上竞价的方式，采购中心邀请一定数量的供应商在网上参与报价。这样一般需要 2 天时间来办结采购工作，供应商供货期也是 1~3 天。

由于事情紧急，只有两天时间，采购中心经办人建议 Q 公司采用"公开招标、分批供货"的采购方式确定定点品牌投影机，这样在价格和质量上都有保证，供货商如期完成安装调试的可能性也较大。但是 Q 公司不同意，采购中心只好邀请 6 家代理供应商在网上参与报价。经办人陆续接到代理供应商的电话，称该品牌投影机的上海总代理已经知道 Q 公司指定要购买该品牌的投影机，采取了封锁价格的方法，不肯降低报价，并且要求他们抬高价格。

于是采购中心经办人和 Q 公司，看是否能更换品牌，如果更换品牌，价格就不会被供货商控制。但 Q 公司坚持己见不肯换品牌。最后经过 6 家代理供应商多达几十轮的竞价，虽然中标价格比 Q 公司的预算低了近 10%，但这只是代理供应商在降低自己的利润，而上海总代理出货的价格并没有下降。由于事先指定了品牌，该品牌投影机的成交价没有达到最合理的价位。如果事先没有指定品牌，而是改成定点采购或改为品牌间的竞争，由几个品牌的投影机进行竞价，这样，价格就会有更大幅度的下降。

从这个案例中可以看出，如果在项目采购这一工作环节出现失误，不但会影响项目的顺利进行，甚至还会导致整个项目的失败。

阅读该资料后，请结合本章所学的知识，回答以下问题：

1. Q公司在项目采购规划上存在哪些问题？
2. Q公司在该项目采购组织上存在哪些问题？
3. 项目采购管理有哪些工作过程？
4. 该项目的项目沟通管理有何问题？

附 录

# Project 2007 项目管理软件应用指南

微软公司在 20 世纪 80 年代中期推出了 Project 的 DOS 版本。之后，该公司于 1990 年推出了世界上第一个基于 Windows 环境下的 Project 1.0 for Windows 版本。1992 年 4 月，Project 3.0 for Windows 问世，1994 年 4 月，微软推出 Project 4.0 for Windows，世界上很多大公司（如波音公司）率先将其用于项目管理。为了能在我国广泛应用，中国科学院计算所开发了"中文伴侣"将其本土化，使得该版本在建筑、航空、航天等领域得以应用，并取得了非常显著的效果。在 Windows 95 问世后，适应这个操作系统的 Project 4.1 于 1995 年 7 月应用于项目管理领域。该版本增强了在计算机网络通信方面的功能，为大型工程的现代化管理奠定了基础。1997 年 10 月，微软推出了 Project 98 英文版，同年 12 月又推出了中文版。后来又出现了 Project 2003 版本。现在又出现了 Project 2007 版本。

# 一、Project 2007 概述

## （一）Project 2007 的版本

Project 2007 包括 Project 2007 标准版、Project 2007 专业版和 EPM（企业项目管理）解决方案。这三类产品是分别针对不同的用户需要而设计的，以便满足不同用户规模和项目复杂度的要求。

**1. Project 2007 标准版**

Project 2007 标准版提供了一系列核心工具，项目经理、业务经理以及项目规划人员可以使用这些工具独立管理项目进度和资源。利用 Project 2007 标准版，项目管理人员可以有效组织和跟踪任务和资源，以保证项目在预算计划内按时完成。

**2. Project 2007 专业版**

Project 2007 专业版除了具备标准版的所有功能外，主要还提供了团队协作功能。它能够与 Microsoft Project Server 2007 集成在一起，在与 Project Server 2007 和 Project Web Access 一同使用的时候，它还能够提供 EPM 功能，如有关资源可用性以及技能和项目状态的最新信息。

### 3. EPM 解决方案

EPM 解决方案允许组织有效管理他们的项目资产，建立标准和最佳实践，根据技能和可用性集中管理资源，以及在项目小组内部实现高效的沟通和协作。一个可扩展且企业级的体系结构使得系统与其他业务应用（LOB）系统进行有效交互成为可能。包含在 EPM 解决方案中的 Project 2007 核心产品包括 Project Server 2007、Project Professional 2007、Project Server 2007 客户端访问许可证（CAL）、Project Server 2007 外部连接器。其中，Project Server 2007 是一个将项目和资源信息集中化和标准化的企业项目管理平台。

## （二）Project 2007 版的功能

与 4.0 版本相比，Project 2007 中文版为项目管理人员提供了众多的有实用价值的新功能，概括如下：

### 1. 处理任务结点和资源数量的能力高

Project 4.0 版处理项目任务和资源的数量限制都是 9999 个，而 Project 2007 版已经上升到 1000000 个，这样多的结点处理能力满足了大型工程项目管理的需要，为项目管理人员管理大型和超大型复杂工程项目创造了条件。

### 2. 群体项目和多级项目管理功能强

Project 4.0 版同时合并计算处理的项目数目为 80 个，而 Project 2007 版已经达到 1000 个。更为突破性的功能是用户不仅可以将一个项目作为一个子项目插入到另一个项目，而且可以与不同项目之间的各任务级链接，实现项目之间更为复杂的约束控制，从根本上解决了那些项目巨大、参加单位众多、联系紧密并相互制约的大项目的协调管理难题。

### 3. 资源成本采用多类别、分段计费的全新机制

Project 4.0 版只为资源设置了一种正常班、加班和进出场费的费率，这种机制在费率需要调整时会影响到已经发生的成本计算精确程度。在 Project 2007 版中采用多类别、分段计费的全新机制，每种资源在同一段时间内可以设置 5 种费率类别供用户选用，以便实现资源在不同任务上工作可以按不同的费率类别计费。每类费率又可以按时间顺序划分为 25 区段，每个区段也可以制定不同的费率数额，在系统进行成本统计时按时间分段计算，这就为精确计算成本从体系上解决了因工作内容不同和时间季节变化而导致的费率差

异问题。使项目成本核算更加精细，符合运作实际。

**4. 资源的使用、平衡和管理功能更加完善**

Project 2007 版为资源管理新增加了"资源使用状况"视图。该视图把每个资源所承担的任务工时、成本、完成百分比、经济指标分析数据和累计的数据等按时间分段(如按天)显示在一张表上。用户能够定量地查看和分析每种资源在每个时间区段内的状况。在这个版本中，用户还可以规定每种资源可以安排工作的时间期限。根据任务的需要可以安排资源以不同的工作分布类型在任务上工作。平衡资源可以在整个项目周期内进行，也可以在指定时间区段内进行。

**5. 项目的动态跟踪功能进一步加强**

Project 2007 版把整个项目周期划分为原始计划、当前计划、实际计划、待执行计划 4 个阶段进行管理和跟踪，用户随时可以通过前锋线查看项目当前进展状况，通过显示有原始计划、当前计划和实际计划并存的甘特图可以比较、分析项目运作是否按预订计划执行。根据待执行计划的数据重新调整人力和物力，优化整个项目运作过程，实现综合管理。Project 2007 版可以把任务拆分成多个阶段进行。项目团队可以随时从系统中得到项目运作分析的经济指标报告。

**6. 加强项目交流，全面及时地传递信息**

大型项目的管理者和参与者之间、项目团队成员之间的信息交流一直是有效进行项目管理控制的重要课题。Project 2007 版提供了多种信息交流方式。项目组织内部不仅可以采用 E-mail 电子邮件系统交流，讨论，做出应答，而且可以在 Internet 或 Intranet 上发布消息，获取信息，这就使得项目经理不受时间和距离的限制，坐在办公室内就可以对项目组进行"异地指挥"和控制。

综上，Project 2007 版提供了一系列可靠的项目管理工具，这些工具将可用性、功能和灵活性完美地融合在一起，使项目经理可以更加有效地管理项目。通过与熟悉的 Microsoft Office System 程序、强大的报表软件以及指导性的计划、向导和模板进行集成，项目经理可以对所有信息了如指掌，控制项目的工作、日程和财务状况，与项目团队保持密切合作并提高工作效率。

## （三）Project 2007 版的操作界面

Project 2007 版的操作界面（如图1所示）和操作方式与 Office 软件的其他家族成员非常相像，由菜单栏、工具栏、数据编辑栏、导航栏等组成，相比较 Office 软件的其他产品，Project 2007 版经常通过视图栏切换视图，使项目管理人员能有效地查看需要的信息。

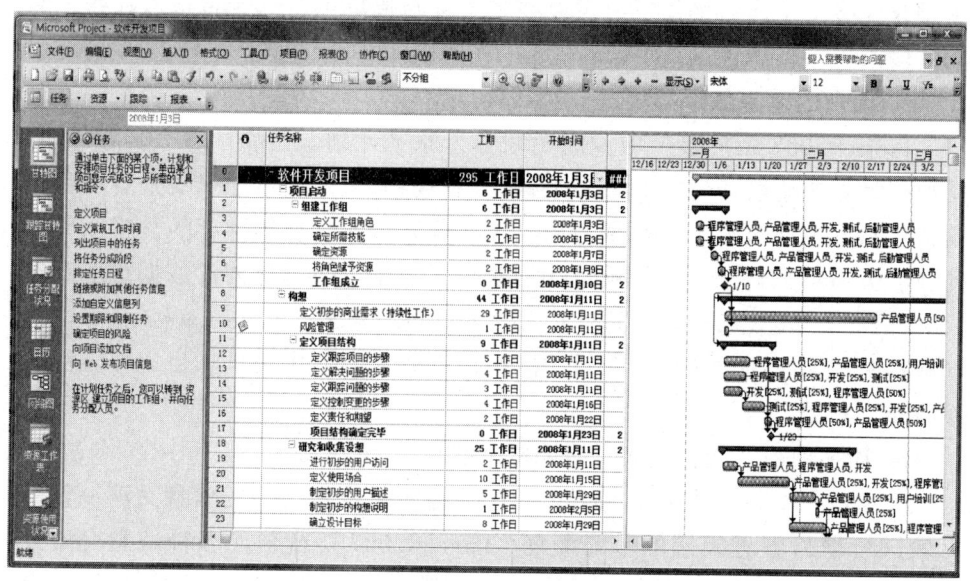

图1　Project 2007 版的操作界面

**1. 操作界面**

与其他所有软件一样，Project 2007 版的菜单栏位于操作界面的上方。其中大部分菜单与 Office 系列软件没什么两样，例如，"文件"、"编辑"、"视图"、"插入"、"格式"、"工具"、"窗口"和"帮助"等，而另外一些菜单命令是 Project 2007 版所特有的，如"项目"、"协作"等。

启动 Project 2007 版后，在操作界面中菜单栏的下方会出现两个默认的工具栏：一个是"常用"工具栏，另一个是"格式"工具栏。除了"常用"工具栏和"格式"工具栏外，Project 2007 版还提供了其他几个工具栏，它们分别是 Visual Basic、Web、跟踪、绘图、任务窗格、协作、资源管理、自定义窗格、PERT 分析、比较项目版本、分析、欧元货币转换器、网络图和项目向导工具栏。

数据编辑栏位于屏幕的上部，"常用"工具栏的下方。单击选择单元格，插入点会自动显示在数据编辑栏中。这时可以键入新的文字或编辑已有的文字，只要在数据编辑栏文本任意位置单击即可。

在操作界面左侧的"任务窗格"可以协助完成整个项目定义，项目向导包括"定义项目"、"定义常规工作时间"、"列出项目中的任务"、"将任务分成阶段"、"排定任务日程"、"链接或附加其他任务信息"等命令，选择相应命令即可按照系统提示完成所需的项目定义工作。

**2. 视图栏**

因为单个视图难以显示出项目的全部信息，即很难把任务工期、任务之间的链接关系、资源配置情况、项目进度情况等方面的信息全部在一个视图中显示出来，所以 Project 2007 版提供了多种视图来显示项目信息。

视图栏共有 9 个视图图标，单击视图栏底部的向下箭头可以看到其他更多的视图。如果视图栏没有出现，选择菜单中"视图"→"视图栏"菜单命令或者从工作区的快捷菜单中选择"视图栏"命令，即可以显示视图栏；再次执行该命令可隐藏视图栏。常用的视图包括：

（1）"甘特图"视图。"甘特图"视图以工作表和条形图表的形式显示基本任务信息。使用"甘特图"可以很方便地查看任务的工期、开始和结束时间，以及资源的信息，使用"甘特图"还可以创建初始计划、查看日程和调整计划。

（2）"跟踪甘特图"视图。"跟踪甘特图"显示出了项目偏移原始估计的程度，这样有助于确定如何调整计划来适应任何延迟。

（3）"任务分配状况"视图。"任务分配状况"视图为每项任务列出了分配给该项任务的资源，以及每项资源在各个时间段内（可能是每天、每周、每月，或者是其他更小或更大的时间间隔）完成的工时。

（4）"日历"视图。"日历"视图使用了以月为时间单位的日历格式，用天或周来计算任务时间。其中，非工作日呈灰色显示，尽管工期条线会穿越非工作日（周六和周日），但是工期时间并不包含非工作日。

（5）"网络图"视图。"网络图"视图以流程图方式来显示任务及其相关性。一个框（有时称为节点）代表一个任务，框与框之间的连线代表任务间的相关性。

(6)"资源工作表"视图。项目资源可以是人员、设备、装置、部门、公司、房间等。"资源工作表"视图采用电子表格的格式显示有关每种资源的信息，如资源名称、工作组、标准费率、加班费率、使用成本和基准日历等。

(7)"资源使用状况"视图。使用"资源使用状况"视图可以一次查看所有资源分配信息。在视图左边的"资源名称"一栏里，显示了资源名称及其指向的所有任务；"工时"栏里显示的是完成每项任务的估计工时。右边窗口显示的为小时数。

(8)"资源图表"视图。"资源图表"视图显示的是单个资源的分配信息，它是逐个方式显示的。"资源图表"视图主要用来突出显示资源冲突，指出在人员、设备及其他资源中，有哪些是过度配置的，有哪些是没有充分利用的。

## 二、建立项目计划

在 Project 2007 版中指定项目计划的第一步是创建项目。由于任务是项目的重要组成部分，是项目的具体分解，因此将项目的任务建立工作完成后就等于建立好了项目。

### (一) 创建项目

新建一个项目文件可以单击工具栏中的"新建"按钮创建一个空白项目。另外，通过单击"文件"菜单中的"新建"菜单项，会在窗口的最左侧出现"新建项目"窗口，如图 2 所示。可以通过单击"空白项目"创建一个空白项目，也可通过单击"根据现有项目"或者项目模板创建项目。其中，模板就是包含一系列典型及标准任务和资源的项目文件。Project 2007 版提供了一系列的模板，利用它们可以快速创建主题类

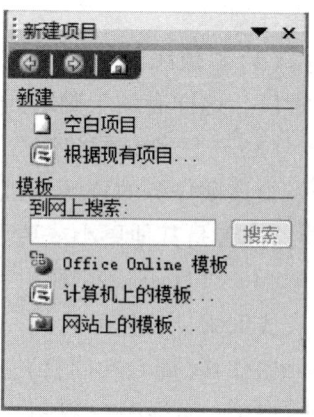

图 2　新建项目对话框

似的项目文件。同时 Project 2007 版还提供了利用"网站上的模板"创建项目的手段。

项目界定完成后,接下来就需要设定项目的环境,主要设置项目的日历。

**1. 定义项目**

在"任务向导"窗口中单击"定义项目"链接,将出现如图 3 所示的"定义项目"窗口。首先,需要输入项目的估计开始日期,单击"定义项目"窗口中的下拉框,将出现一个月历,默认的项目开始日期为当前日期。在设置好项目的开始日期后,单击"保存并前往第二步"链接。接下来,将出现与 Project Server 相关的选项,如果不需要连接 Project 服务器,请单击"否",反之单击"是"。最后,根据情况在出现的窗口中单击"保存并完成"完成项目开始日期的设定。

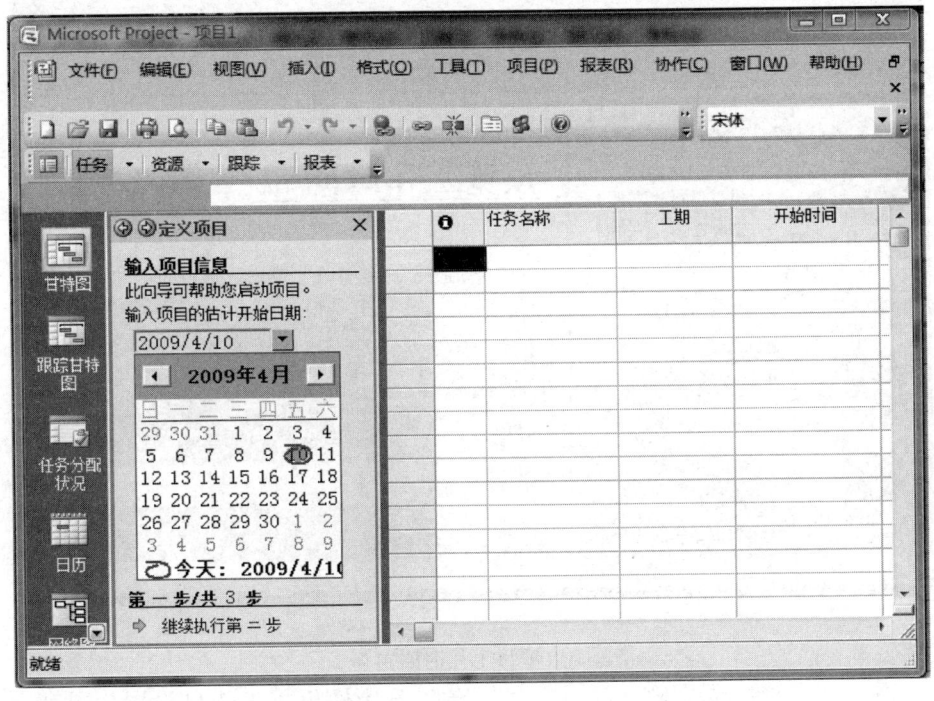

图 3　定义项目窗口图示

**2. 定义项目的常规工作时间**

在"任务向导"窗口中单击"定义常规工作时间"链接,将出现"项目工作时间"窗口。利用该窗口可以设置项目日历,项目日历就是项目的任务和资源能够被分配的时间。

首先,选择日历模板。Project 2007 版提供了几个日历模板,如图 4 所示,可以根据需要创建项目日历。窗口右侧的"预览工作时间"窗框中,深色代表工作时间,浅色代表非工作时间。我们首先要选择一个日历模板作为"项目日历",在日历模板中共有 4 类,"标准"日历是最常用的日历模板,"行政日历"则是在"标准"日历的基础上设置了我国国家规定的法定节假日。另外还有"24 小时"日历和"夜班"日历。

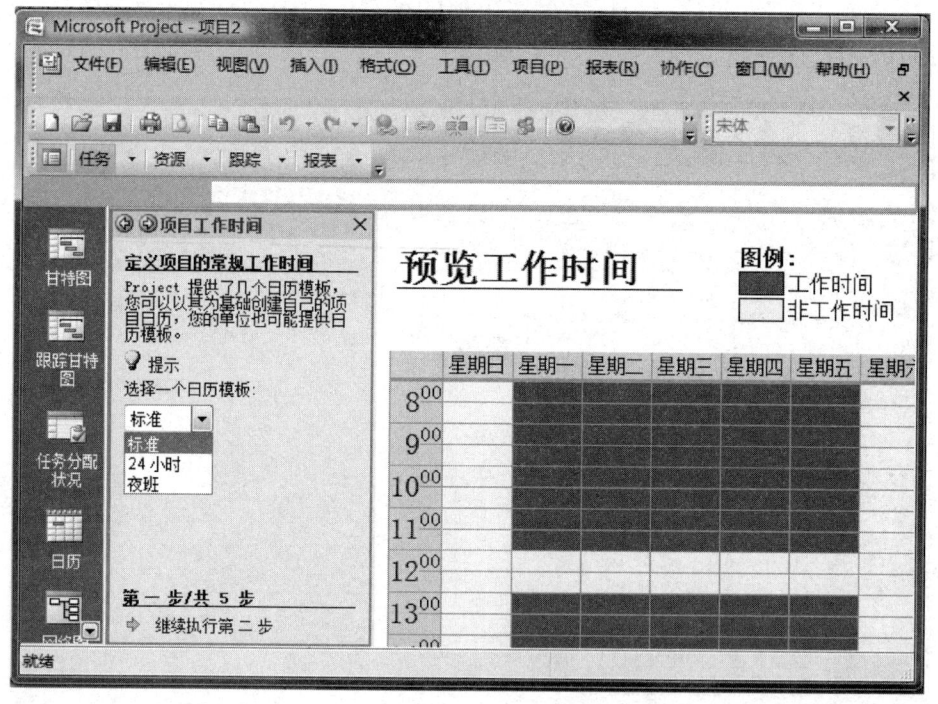

图 4 项目工作时间窗口

其次,选择一周中哪天工作。"标准"日历模板将工作日设置为星期一到星期五,星期六和星期日休息。如果右侧"预览工作时间"窗口中的具体工作时间符合项目要求,就可以直接前往第三步。否则,选中"我希望调整一周内一个或多个工作日的工作时间",时间设置选项将显示在屏幕上。使用各个下拉框,修改工作时间,并单击"应用于所有工作日"如图5所示,单击"保存并前往第三步"。

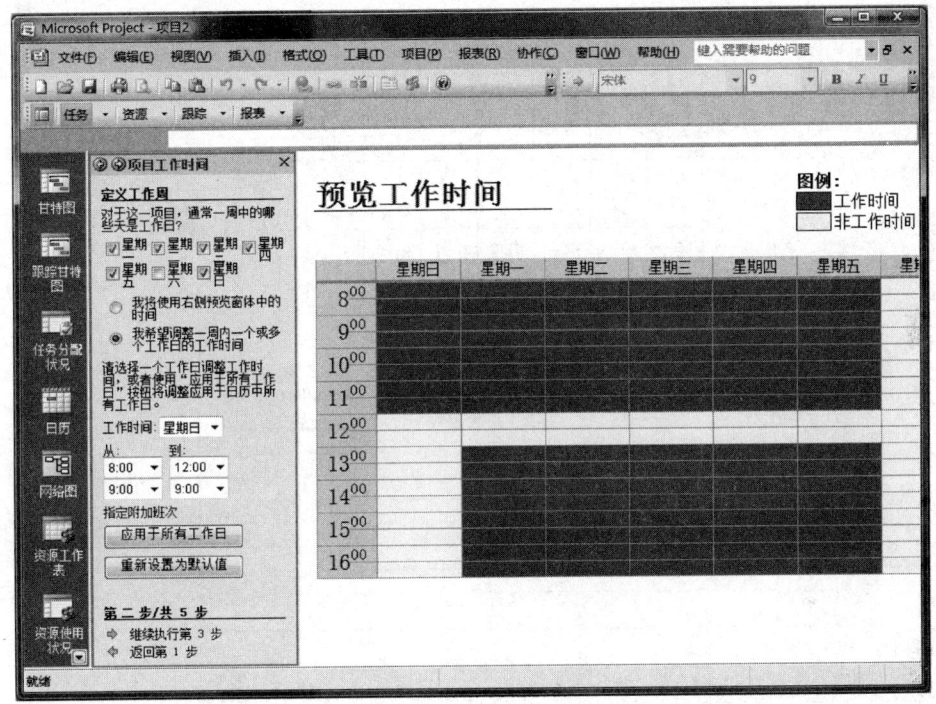

图5　预览工作时间窗口

第三步应打开的窗口为"设置假日和倒休",如果需要设置"五一"、"十一"长假,就需要修改个别日期为工作日或非工作日,必须单击"更改工作时间"链接以打开"更改工作时间"窗口,如图6所示,进行相关的操作。完成工作时间设置后,可以单击"保存并前往第四步"链接。

第四步需要定义项目的时间单位。在Project 2007版中任务的工期可以使用不同单位,如工时、工作日、周工时、月工时,排定日程时,Microsoft Project将所有工期单位转换为工时,因此就存在着时间单位之间的换算问题。在此可以定义时间单位转换关系,例如,每周工时定义为40,说明Microsoft Project将把"1周工时"的工期解释为40工时,然后单击"保存并前往第五步"。

项目日历设置完成后,单击"保存并完成",退出该向导。如果项目团

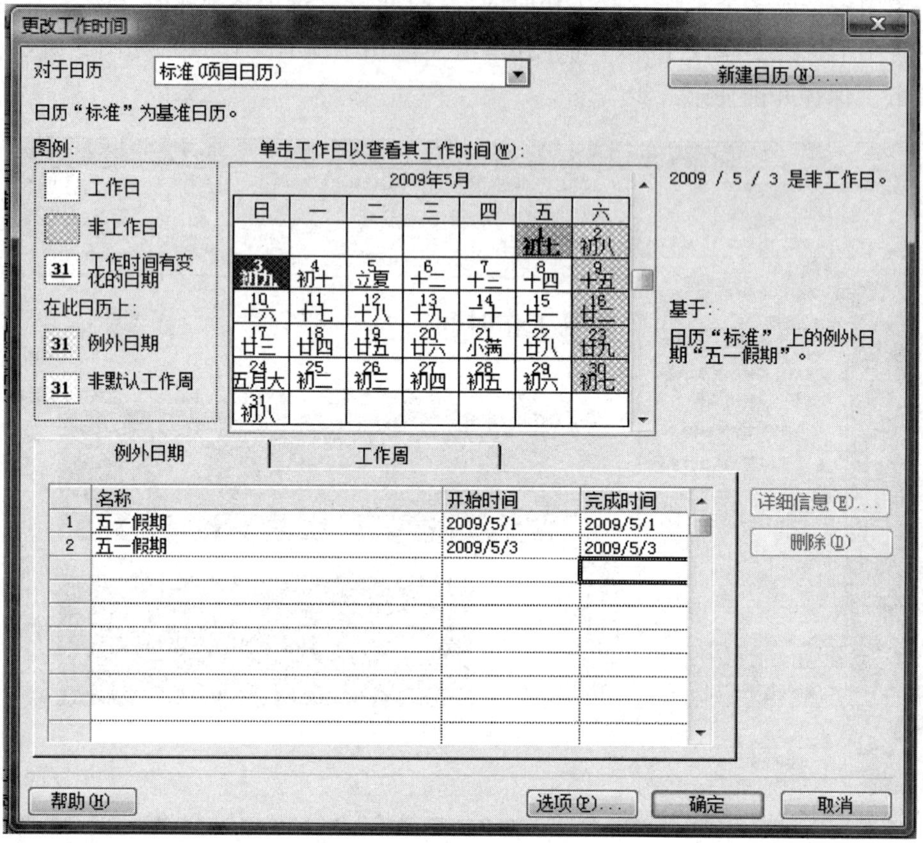

图6 更改工作时间窗口

队需要新建日历,可以单击"定义附加日历"链接,向导将继续引导项目管理人员创建新日历。

### (二) 创建任务

任务是构成项目的基本单元,任何项目的实施都是通过完成一系列任务来实现的。

**1. 建立任务**

Project 2007 版提供了多重视图来输入任务的信息,一般都使用"甘特图"视图建立任务。选择"甘特图"视图后,在窗口右下角出现了左侧为表、右侧为条形图的界面。见图 7 的上半部分。

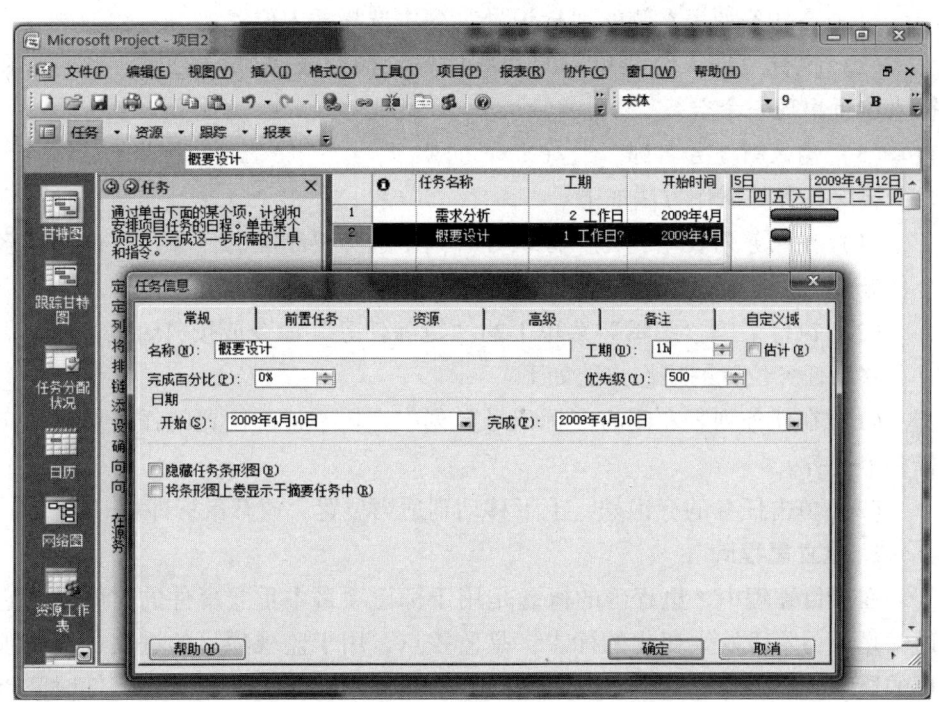

图 7 任务信息设置

在表上半部分的"任务名称"域定义任务,并在"工期"域中设定所需的工作时间,默认值为"1 工作日?",如图 7 中的任务 2 所示,可以根据要求修改。在预设情况下,当直接填上数字时会以"工作日"为预设的工期单位,若希望改变,可以双击该任务,或单击"项目"菜单中的"任务信息"选项,弹出如图 7 所示的窗口,在"常规"选项卡的"工期"框中修改工期单位,工期时间的单位如表 1 所示。

表 1 工作时间的单位

| 时间单位 | 分 | 时 | 日 | 周 | 月 |
|---|---|---|---|---|---|
| 单位缩写 | M | H | D | W | Mo |
| 全称 | 分钟 | 工时 | 工作日 | 周工时 | 月工时 |

在创建任务列表过程中,经常需要插入新任务、删除任务或移动任务位

置。要在现有的任务中插入一项新任务，请按照以下步骤创建：

（1）在任务列表左侧的"标识号"列中选择插入位置。

（2）执行"插入"菜单下的"新任务"命令或按〈Insert〉键，此时，在插入位置出现一个空行。

（3）输入新任务名称。

删除任务的操作方法如下：

（1）在任务列表左侧的"标识号"列中选择要删除的任务。可以选择多个任务。

（2）执行菜单"编辑"菜单下的"删除任务"命令或按〈Delete〉键。

移动任务位置的操作方法如下：

（1）在任务列表左侧的"标识号"列中选择要移动位置的任务。可以选择多个任务。

（2）单击任务的标识号，上下移动到适当位置，放开鼠标即可。

**2. 建立里程碑**

在项目管理中，里程碑的概念是用于标记项目中重要事件的时间点，它通常是项目阶段发生变化的标志，是监控点，用于监视项目的进度，检查项目的质量。在项目计划中，通过建立"里程碑"任务实现对重要事件时间点的管理。由于里程碑任务本身并不包含任何工作，所以里程碑的任务工期一般是 0，要创建一个里程碑任务，只要在任务列表中将任务工期设置为 0 即可，或选中任务后在图 8 所示的弹出窗口中，单击"高级"选项卡，在该选项卡中选中"标记为里程碑"复选框。其在甘特图中以◆表示。

**3. 建立周期性任务**

如果任务是一项重复发生的工作，如：月例会或是连续几次的相同而重复的工作，便可以定义为周期性任务。输入周期性任务的方法为：

（1）在菜单中选择"插入"→"周期性任务"，此时便会出现"周期性任务信息"窗口。如图 8 所示。

（2）在"任务名称"栏中键入此任务名称，如周例会。

（3）在"工期"方块中键入此任务发生所需要的时间。

（4）在"重复发生方式"下选择"每天"、"每周"、"每月"或"每年"，并指定任务发生的频率。

（5）最后，在"重复范围"中设定反复次数或是结束的日期。

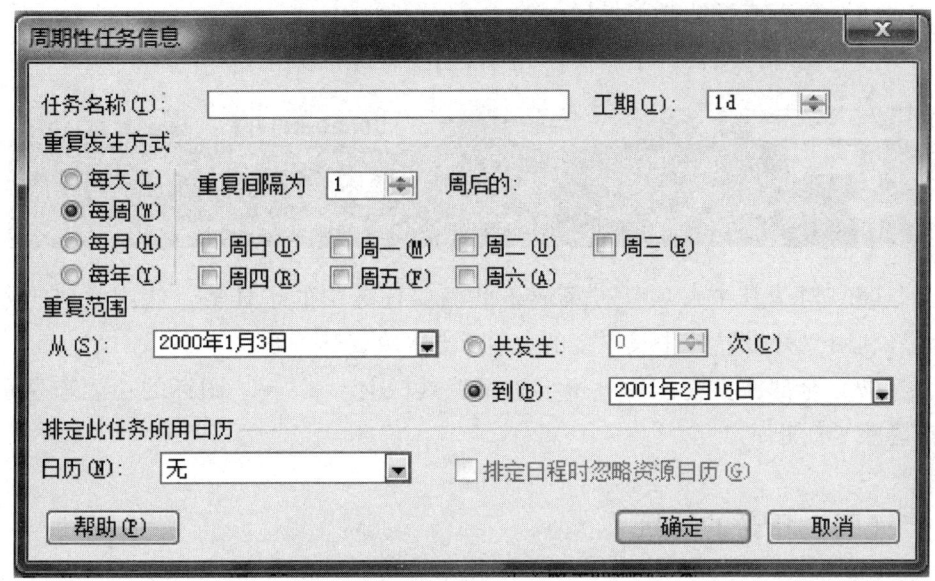

图 8　插入周期性任务信息窗口

（6）单击"确定"按钮便完成了输入周期性任务的工作。

## （三）任务分解结构

为了使将要追踪的任务分成明晰层级，对于工作范围过大的任务便应该进一步细分，例如，"婚礼准备"下的工作有："酒会准备"、"婚房装修"、"婚纱照"，便可以利用 Project 建立成摘要任务与子任务。

（1）在"任务向导"中，单击"将任务分成阶段"。

（2）接着，便会出现"组织任务"窗口，通过此处的向导提示，建立摘要任务和子任务。

（3）下一步，可以利用拖曳鼠标的方式选择其属于子任务的工作。

|   | ❶ | 任务名称 | 工期 | 开始时间 | 完成时间 |
|---|---|---|---|---|---|
| 1 |   | 婚礼准备 | 1 工作日？ | 2009年5月4日 | 2009年5月4日 |
| 2 |   | 酒会准备 | 1 月工时 | 2009年5月4日 | 2009年5月29日 |
| 3 |   | 婚房装修 | 2.5 月工时 | 2009年5月4日 | 2009年7月10日 |
| 4 |   | 婚纱照 | 2 工作日 | 2009年5月4日 | 2009年5月5日 |

(4) 单击或者选择工具栏上的"→"图标。

(5) 此时，便会产生摘要任务与子任务之间的关系。

| 1 | □ 婚礼准备 | 50 工作日 | 2009年5月4日 | 2009年7月10日 |
|---|---|---|---|---|
| 2 | 酒会准备 | 1 月工时 | 2009年5月4日 | 2009年5月29日 |
| 3 | 婚房装修 | 2.5 月工时 | 2009年5月4日 | 2009年7月10日 |
| 4 | 婚纱照 | 2 工作日 | 2009年5月4日 | 2009年5月5日 |

(6) 对于其中一项任务不属于此摘要任务中的子任务，使用类似的方法，利用"升级"或工具栏上的"←"方式改变其关系。

(7) 全部调整完毕后，可再利用工具栏上"＋ －"图标的功能来显示或隐藏子任务。

## （四）任务的链接

在项目中创建任务之后，需要对任务进行链接，即在项目中建立任务之间的相关性，以表示它们之间的关系。在 Project 2007 版中两个链接任务之间的关系是通过完成日期和开始日期之间的相关性进行链接的。有四种任务相关性类型："完成—开始"（FS）、"开始—开始"（SS）、"完成—完成"（FF）和"开始—完成"（SF）。在 Project 中链接任务时，默认链接类型为"完成—开始"（FS）型。

使用甘特图视图、网络图视图或日历视图可以链接同一个项目中的任务。下面以甘特图视图中任务链接为例说明如何对任务进行链接，其他两种视图操作方法类似。其步骤如下：

**1. 使用甘特图视图链接任务**

（1）在"视图"菜单上，单击"甘特图"。

（2）在"任务名称"域中，选择要链接的两个或多个任务（按照想链接它们的顺序）。若要选择不相邻的任务，按住〈Ctrl〉并单击要链接的任务。若要选择相邻的任务，按住〈Shift〉并单击要链接的第一个和最后一个任务。

（3）单击"链接任务"。

**2. 甘特图视图中使用"任务信息"窗口链接任务**

（1）在"视图"菜单上，单击"甘特图"。

（2）双击要设置链接关系的任务名称，弹出"任务信息"窗口，选择"前置任务"选项卡，如图9所示。

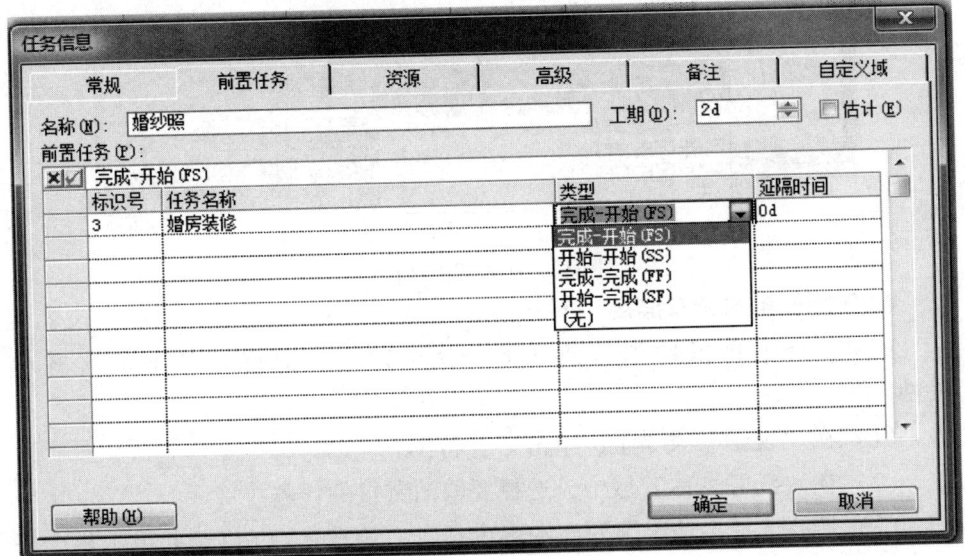

图9　任务信息窗格

（3）在"任务名称"域中从下拉列表中选定要链接的任务。

（4）在"类型"域中从下拉列表中选择链接类型。

（5）在"延隔时间"域中从下拉列表中选择需要延迟的时间，说明根据任务链接类型，在所链接任务完成或在延迟时间之后，后续任务才可开始或结束。

**3. 更改任务相关性的链接类型**

在默认情况下，Project 2007 版以"完成—开始"相关性对任务进行链接。但是，可以在"任务信息"窗口的"高级"选项卡上方便地更改任务相关性的类型。

（1）双击要更改其链接类型的任务的名称。

（2）双击要更改的链接线，如图10所示。

（3）若要更改任务相关性的类型，从弹出的任务相关性窗口的"类型"列表中选择其他类型或取消任务相关性，如图11所示。

图10　任务之间的连接线

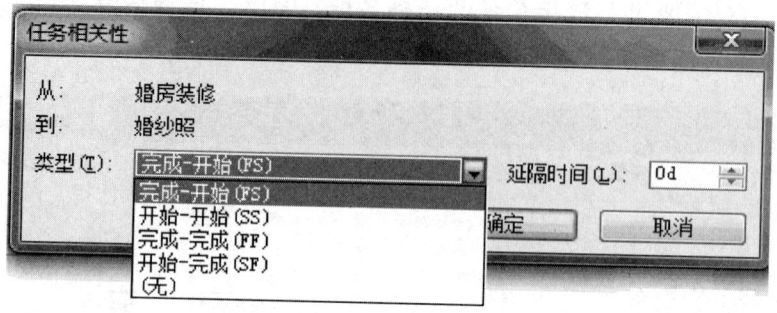

图 11　任务相关性窗口

**4. 删除任务的所有链接**

如果任务不再依赖于其他任务，就可以同时删除该任务的所有相关性。

（1）在"视图"菜单上，单击"甘特图"。

（2）在"任务名称"域中，选择要取消链接的任务。

（3）若要选择不是连续列出的多个任务，请按住〈Ctrl〉键并单击每个任务。若要选择连续列出的多个任务，请单击第一个任务，按住〈Shift〉键，然后单击列表中要选择的最后一个任务。

（4）单击"取消任务链接"。

这些任务将根据与其他任务的链接或限制重新排定日程。删除任务链接会删除两个任务之间的相关性，该相关性是由任务之间的链接线指示的。如果要更改任务或子任务的层次结构，则需要将任务升级，而不是删除任务链接。

**5. 删除特定的任务相关性**

如果任务链接到多个任务，而需要删除特定的链接，同时保留某些链接不受影响，则可以在"任务信息"窗口中选择要删除的链接。

（1）在"视图"菜单上，单击"甘特图"。

（2）在任务列表中，单击要删除其相关性的任务。

（3）单击"任务信息"。

（4）在"前置任务"选项卡上，单击要删除的相关性，然后按〈Delete〉键。

## 三、资源管理

资源管理是项目管理的重要组成部分，项目生命周期每一阶段都涉及资源耗费，其基本要素有人工、材料、设备等，这些资源的合理安排对项目的有效管理起着重要的作用。

### （一）建立项目所需的资源库

资源可理解为一切具有现实和潜在价值的东西，完成项目必须要消耗劳动力（人力资源）、材料、设备、资金等有形资源，同时还可能需要消耗一些无形资源，而且由于存在资源约束，项目耗用资源的质量、数量、均衡状况对项目的工期、成本有着不可估量的影响：在资源保障充分的前提下，可以按最短工期、最佳质量完成项目任务；如果资源保障不充分或配置不合理，必然造成项目工期拖延、实际成本超过预算成本。在进行资源管理前，首先要设定这次项目中要用到哪些资源，这些资源可能包含了参与这次项目的人员、这些项目中所需使用的设备等。

在 Microsoft Project 的"项目向导"工具栏中找到"资源"快捷图标，见图 12。

图 12 "项目向导"工具栏

此时，就可以在"资源"向导的提示下进行与此项目有关的资源输入了。在"资源"窗格中找到并单击"为项目指定人员和设备"，如图 13a 所示。然后，就会出现"指定资源"对话框，如图 13b 所示，要求指定一种资源的添加方式。一共提供四种选择方式，可以根据实际情况加以选择。

如果没有设定好的资源库，也可以自己从头开始进行设定。步骤如下：

（1）在"视图"菜单上，单击"资源工作表视图"。切换到如图 14 所示的资源工作表。

（2）双击要设置的资源输入列，弹出"资源信息"窗口，如图 14 中的弹出框所示，可以在此窗口中输入详细信息。

（3）资源输入的主要输入域描述，包括如下内容：

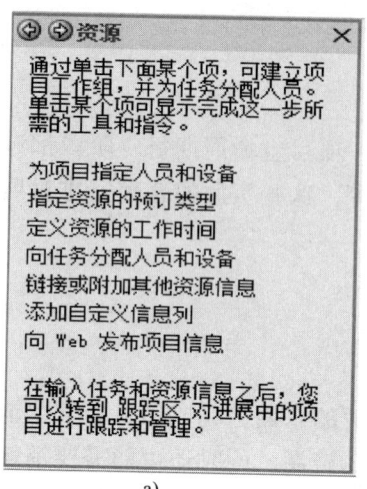 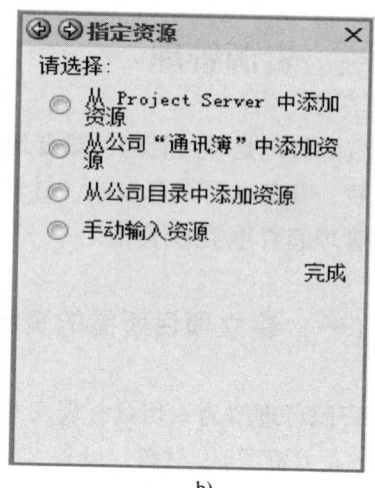

a)　　　　　　　　　　　　　　　　b)

图 13　资源管理向导

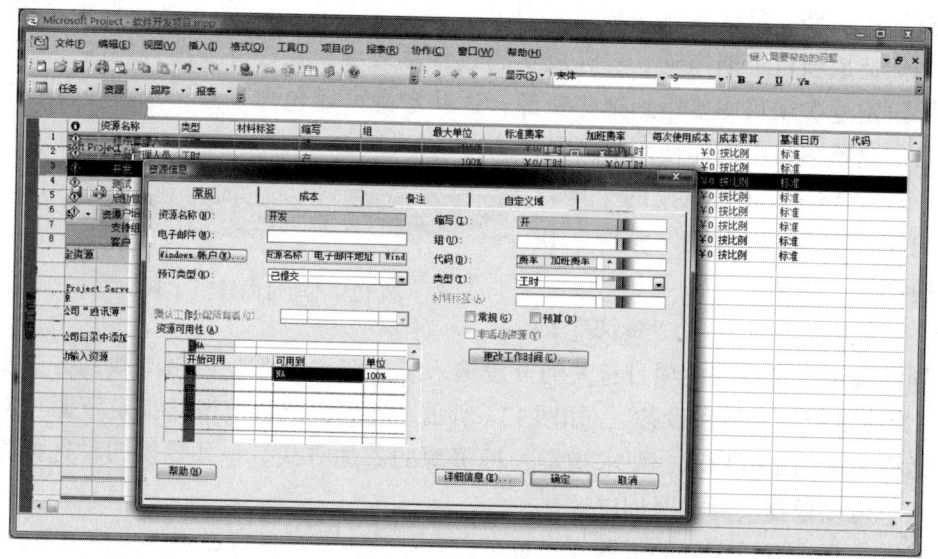

图 14　资源工作表

1）资源名称和其他标识信息：包括资源的实际名称以及电子邮件地址等信息。

2）资源类型：表示此工作分配的资源是工时资源还是材料资源。工时资源是执行工时以完成任务的人员和设备资源。工时资源要消耗时间（工时或工作日)来完成任务。材料资源是为完成项目中的任务而使用的供应品或其他可消耗品。

3) 资源组：共同具有某些特征并按组名分类的资源。例如，可以按照工作职能和使用组名(如管道工)对资源进行分类，或按雇用状态对资源进行分类。

4) 单位可用性：资源可排定给所分配工时的时间量，表示为百分比或小数。单位可用性是指资源的可用性，例如，当人员为全职时，该值可为50%、100%或300%。

5) 材料标签：包含为材料资源输入的度量单位，例如吨、箱或立方码。该标签将与材料资源的工作分配单位结合起来使用，如8t或22箱。

6) 成本费率表：使用成本费率表，可以在不同费率表中为所选资源指定不同费率，也为成本管理中资源成本的累算打下基础。特别是，可以使每个选项卡都构成一个不同的费率表，分别用于不同任务的不同费率。在5个费率(A、B、C、D和E)的任何一个中，都可以为所选资源定义多达5种不同费率，并指定生效日期。在一定时间内费率增加或下降时(例如，由于工时资源工资提升或材料资源打折)，就可以相应地应用这些不同的费率表。默认情况下，资源分配给使用表A中成本费率的任务。费率表不能被重命名。

◇ 生效日期。这是该行中指定的标准费率、加班费率和每次使用成本要生效的日期。如果在"生效日期"域中有两个划线，即表示关联的费率当前有效。这是在没有其他生效日期时或针对生效日期之外的日期应用的默认费率。

◇ 在成本费率表中所列的下一个"生效日期"之前，该费率将一直有效。在新费率生效的日期，整个Microsoft Project范围内(如在"资源工作表"上的"标准费率"域和"加班费率"域中，以及在所分配任务的资源成本计算中)的费率都将更改。

◇ 标准费率。它用于累计该资源正常工时成本的每小时费率。

◇ 加班费率。它用于累计该资源加班工时成本的每小时费率。

◇ 每次使用成本。与完成工时数无关的资源使用时累计的设置量。

7) 基准日历：指定资源日历的基准日历，列表中不仅包含三个内置日历，还包含在"更改工作时间"窗口中创建的新基准日历。内置日历分为：

"24小时"日历、"夜班"日历和"标准"日历(默认值)。对于那些一周工作40小时(即星期一到星期五的每天8:00~17:00)的资源,可以使用"标准"日历。除此之外,对于那些一周工作20小时(即8:00~12:00)的兼职人员,还可以设置"上午"日历。例如,去年小红的日程采用的是"上午"日历,但现在小红成了一名全职员工。可以在"资源工作表"视图中添加"基准日历"域,然后将域从"上午"更改为"标准"。

## (二)将资源分配到任务中

了解如何在项目中建立资源后,接着,便是将建立好的资源分配到相对应的任务中。进行任务分配的方法为:

(1) 在"视图"菜单上,单击"甘特图"。

(2) 在"工具"菜单上,单击"分配资源"。或者在工具栏中找到"分配资源"图标。出现分配资源窗口,如图15所示。如果是材料被分配,例如,展示场所的装修需要两包水泥,便是在资源分配窗口的"单位"中输入"2"代表2包。对于人力资源,可以通过百分比指定单位。

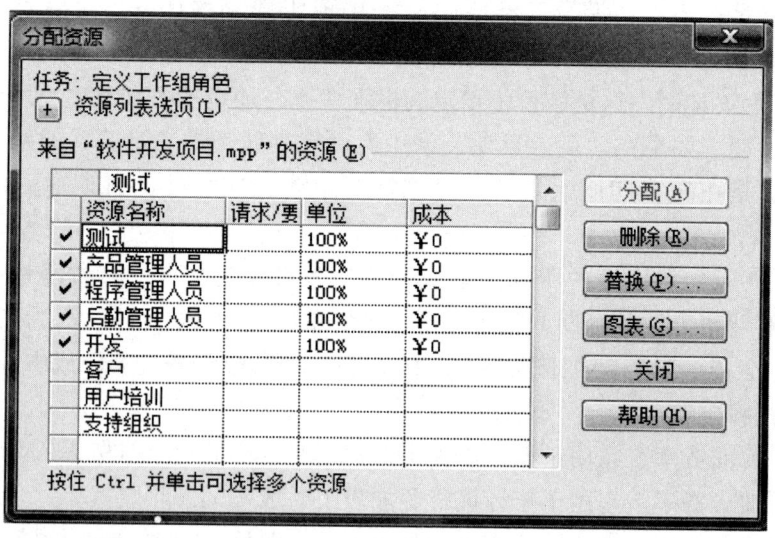

图15 分配资源窗口

(3) 单击所要分配的任务,其中,如果按下键盘中的<Ctrl>键并连续单击可以进行不连续的选取，而利用鼠标拖曳则可以连续选取多个任务。

（4）同样利用鼠标选择其选定的任务要分配哪些资源，其中按下键盘中的〈Ctrl〉键并连续单击选取，而利用鼠标则可以连续选择多个任务。单击"分配资源"可以为多个任务分配资源。

（5）当任务被分配资源时，甘特图中将会出现此项任务分配了哪些资源，同时资源名称前面也会被勾选。

除了上述方法，也可以通过设置任务信息来为任务指定资源。

（1）在"视图"菜单上，单击"甘特图"。

（2）在"任务名称"域中，选择要更改其优先级的任务，可以双击该任务，或选择"项目"菜单中的"任务信息"选项，选择"资源"选项卡，弹出如图 16 所示的弹出窗口，采用上面类似的方法也可以为任务指定资源。

图 16　任务信息窗口资源选项卡

### （三）资源管理

资源被分配到工作中之后，接着便可能需要了解哪些资源分配了哪些任务，会不会有太多的工作中有某一资源。如此资源分配不合理，可能会出现工作负荷太高而无法及时完成任务的情况。

### 1. 资源分配状况报表

（1）在菜单中选择"视图"中的"资源使用状况"。

（2）此时 Microsoft Project 便会自动产生资源分配状况报表，如图 17 所示。

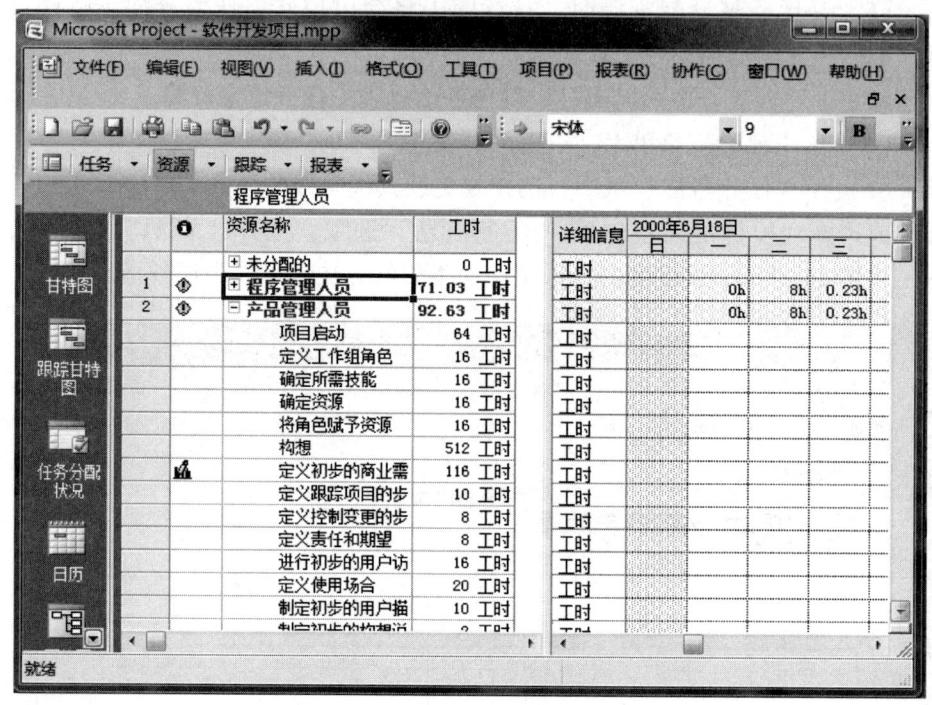

图 17　资源分配状况报表

（3）从资源分配状况报表既可以知道哪些资源被分配于哪些工作，还可以知道哪些任务还未分配。

### 2. 任务分配状况报表

如果想要知道哪些任务交办给哪些人来进行，只需在菜单中选择"视图"中的"任务分配状况"，便可以以任务视图方式来了解资源分配情形。如图 18 所示。

### 3. 查找过度分配的资源

由于资源的数量是有限的，如果没有考虑到该资源是否被分配给了其他任务，就可能导致资源的过度分配。资源过度分配必然会造成项目任务的资

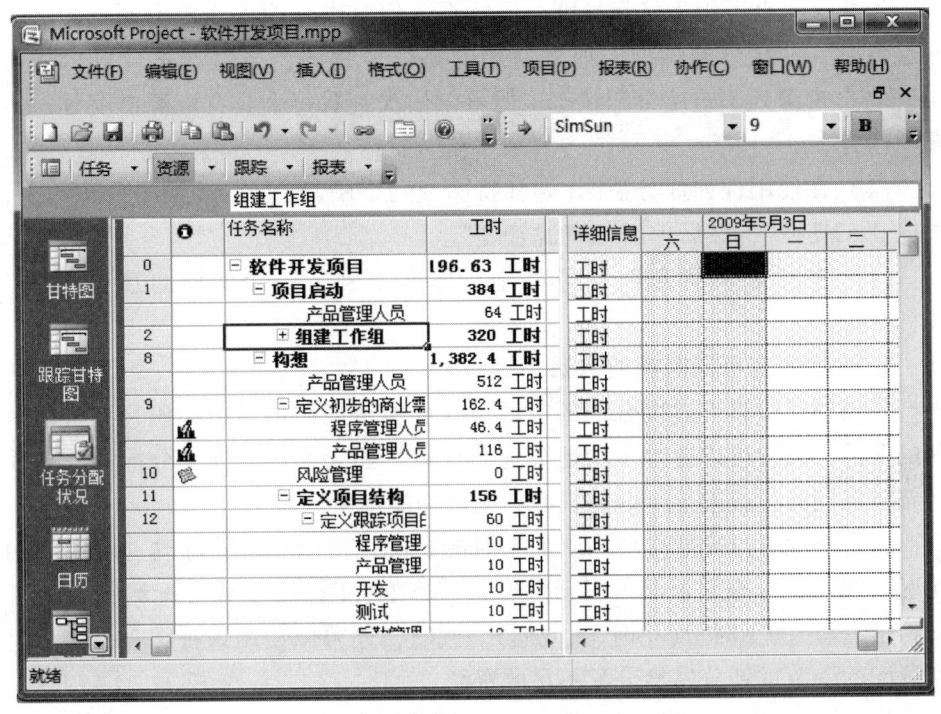

图 18 任务分配状况报表

源不到位,影响任务的正常进行,因此,必须解决资源的过度分配。要解决资源过度分配,首先要能识别资源过度分配。使用视图或筛选器可以帮助定位资源过度分配。

可以只查看过度分配的那些资源的列表,方法是:显示"资源工作表"视图或"资源使用状况"视图,然后筛选过度分配的资源。

(1) 在"视图"菜单上,单击"资源工作表"或"资源使用状况"。

(2) 在显示的视图中,单击"筛选器",然后单击"过度分配的资源"。

(3) 若要再次查看完整的资源列表,单击"筛选器",然后单击"所有资源"。

即使不筛选过度分配的资源,也可以轻松地查看它们,因为它们的名称在任何资源视图中均显示为红色。此外,在"资源工作表"和"资源使用状况"视图中,会在标记域中显示一个标记,该标记指示需要对过度分配的资源进行调配。

任务视图也可用于显示过度分配情况，但此类视图不会像资源视图那样用红色显示过度分配情况。如果使用的是任务视图，虽然它不会显示哪些（或多少）资源处于过度分配状态，但可以依次查看每个具有资源过度分配情况的任务。

（1）在使用任何任务视图（如甘特图或网络图）时，在"视图"菜单上，指向"工具栏"，然后单击"资源管理"。

（2）在"资源管理"工具栏中，单击"到下一个资源过度分配处"图标。

**4. 查找具有可用时间的资源**

如果项目中具有过度分配的资源，就可能希望在项目中标识具有可用时间的资源，以便可以更加平均地分配工作量。如果存在其他未分配的任务并且希望找到可完成附加工时的资源，则该功能也十分有用。

若要查找可以完成作业的附加工时的资源，可以显示并修改"资源使用状况"视图，以查看资源可用于附加工作分配（工作分配即分配给特定任务的特定资源）的工时量（小时、天或周）。同时，还可以使用该视图将工作从过度分配的资源重新分发给分配不足的资源。

（1）在"视图"菜单上，单击"资源使用状况"。

（2）在"格式"菜单上，选择"详细信息"，然后单击"剩余可用性"。

（3）在"剩余可用性"一行中，检查各时间段中表示剩余可用性或分配不足的工时量。

## （四）资源均衡

若想了解有些工时资源是否被分配了过多的工作，可以在 Microsoft Project 中通过使用资源调配功能，解决资源冲突或过度分配问题。调配的方法是：拆分任务或向任务添加延迟，直到分配给这些任务的资源不再处于工作量过大的状态。由于对任务进行了这些更改，调配可能会延迟某些任务的完成日期，因此也会延迟项目的完成日期。

在调配时，Microsoft Project 不更改分配给每个任务的人力资源，只调配工时资源、材料资源和成本资源。

### 1. 设置任务优先级

在进行调配之前，可能需要设置任务优先级可用性的一种表示方法。首先延迟或拆分优先级最低的任务。这是一种指示任务重要性和调配可用性的标记。所输入的优先级值是介于 1～1000 之间的主观值，使用该值可以指定调配过程中所使用的控制量。例如，如果不希望 Microsoft Project 对特定任务进行调配，可以将该任务的优先级设置为 1000。默认情况下，优先级值设置为 500 或中间控制级。与具有较高优先级的任务相比，首先延迟或拆分优先级较低的任务。

（1）在"视图"菜单上，单击"甘特图"。

（2）在"任务名称"域中，选择要更改其优先级的任务，可以双击该任务，或选择"项目"菜单中的"任务信息"选项，弹出如图 16 所示的弹出窗口。

（3）单击"常规"选项卡，然后在"优先级"框中键入或选择优先级。

### 2. 通过调配分配项目工作

（1）在"工具"菜单上，单击"调配资源"。如图 19 所示。

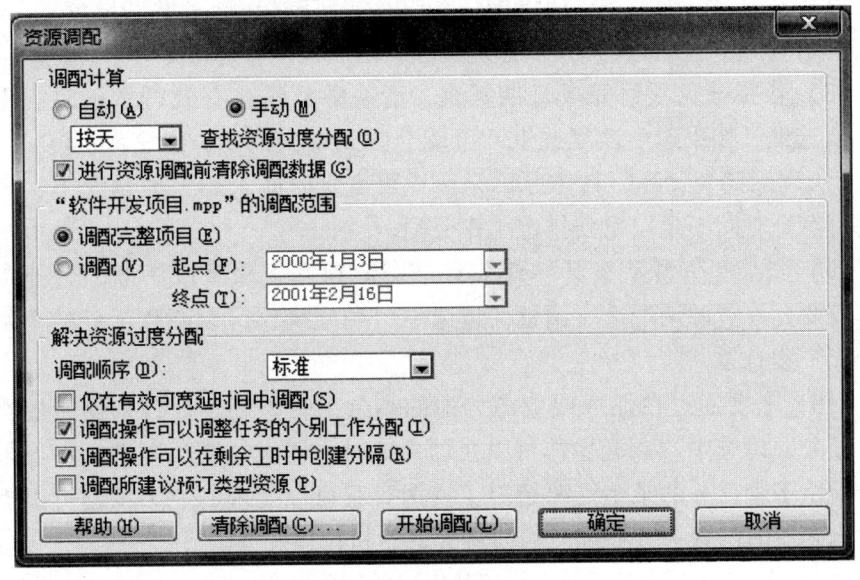

图 19　资源调配窗口

（2）在"调配计算"下，单击"自动"或"手动"。

(3) 只有在单击"开始调配"时才进行手动调配(默认设置)。每当更改任务或资源时，就会立即进行自动调配。如果希望每当分配给资源的工作超出其完成能力时就重新排定任务日程，请使用自动调配。

(4) 如果选择自动调配，请清除"进行资源调配前清除调配数据"复选框。清除该复选框后，Microsoft Project 只调配新的和未调配的工作分配。默认情况下选中该复选框，但在进行自动调配时，保留其选中状态可能会因调配所有任务而大大降低日程中的工作速度。在"查找资源过度分配"框中，单击选择一个时间段或时间基准用作调配识别过度分配的敏感度。默认情况下为"按天"。该设置在以下间隔发现过度分配时建立调配干预点：一分钟、一小时、一天、一周或一个月。

(5) 在"调配范围"下，选择调配整个项目还是只调配位于特定时间范围内的那些任务。

(6) 在"调配顺序"框中，选择所需的调配顺序。

(7) 选择"只按标识号"可在考虑其他任何条件之前按其标识号的升序调配任务。选择"标准"可首先检查前置任务相关性、可宽延时间、日期、优先级和限制，以确定是否应调配任务以及如何调配(这是默认设置)。选择"优先级，标准"可首先检查任务优先级，然后只检查标准条件。

(8) 若要避免项目完成日期延迟，请选中"仅在有效可宽延时间中调配"复选框。如果选中该复选框，可能会收到错误消息，指出 Microsoft Project 无法调配整个日程。具体原因是：在可宽延时间未用完的情况下，日程中的可宽延时间不足以重新排定工作分配。

(9) 当某一资源从事某一任务且该资源独立于从事该任务的其他资源时，若要允许资源调配进行调整，请选中"调配操作可以调整任务的个别工作分配"复选框。

(10) 若要通过在任务或资源分配的剩余工时中创建拆分来使调配操作中断任务，请选中"调配操作可以在剩余工时中创建分隔"复选框。如果同时分配给多个任务的某个资源超出了资源日程可以处理的能力，则可以拆分具有剩余工时的任务，并在资源日程允许时执行该任务。

(11) 如果要在重新调配之前清除以前的调配结果，请单击"清除调配"。

(12) 如果要进行手动调配，请单击"开始调配"。如果要进行自动调配，请单击"确定"。

(13) 如果在打开了"资源调配"对话框时显示包含所选资源的资源视图，则会显示"开始调配"对话框。如果只希望调配所选资源，请单击"选择的资源"。否则，请单击"完整资源库"。

## 四、成本管理

项目成本是因为项目而发生的各种资源耗费的货币体现。项目成本包括项目生命周期每一阶段的资源耗费，其基本要素有人工费、材料费、设备费、咨询费和其他成本等。项目成本的影响因素有项目的范围、质量、工期、资源数量及其价格、项目管理水平等。项目成本管理是指为保障项目实际发生的成本不超过项目预算，使项目在批准的预算内按时、按质、经济高效地完成既定目标而开展的项目成本管理活动。

### （一）项目成本的累算

一个项目的总成本包括了资源、任务或工作分配输入的所有基于比率的成本、每次使用成本和固定成本。在 Microsoft Project 中，实际上成本的公式为：

$$成本 = 实际成本 + 剩余成本$$

而实际成本的公式则为：

$$实际成本 =（实际工时 \times 标准工资率）+（实际加班工时 \times 加班工资率）+ 资源每次使用成本 + 任务固定成本$$

而剩余成本的公式的计算方式与实际成本计算方式相同，但它计算的是计划成本。

**1. 资源成本的累算**

"资源管理"一节中已经谈到如何建立项目资源库，项目资源库中的资源信息设定中，成本费率表的设定是其中重要一项，通过它的设定可以在项目成本累算中获得（实际工时 × 标准工资率）、（实际加班工时 × 加班工资率）以及资源每次使用成本。如需更改资源成本的累算方式，可以按如下步骤：

(1) 在"视图"菜单上，单击"资源工作表"。
(2) 在"资源名称"域中单击资源。

(3) 单击"资源信息",弹出如图 14 的窗口,然后单击"成本"选项卡。

(4) 在"成本累算"框中,单击需要的累算方法。

**2. 任务的固定成本**

按照实际成本的计算公式,只需获得任务固定成本就可以得到实际成本了。任务的固定成本可以通过设定新任务的固定成本累算方法来指定默认值,也可以通过更改现有任务的固定成本累算方法改变现有值或默认值。

(1) 更改新任务的固定成本累算方法。

1) 在"工具"菜单上单击"选项",然后单击"计算方式"选项卡。

2) 在"默认固定成本累算"框中,单击要应用到此项目中的所有新任务的累算方法,如图 20 所示。设定完成后,在任务工作表中输入任务的固定成本时,Microsoft Project 将根据选定的累算方法对固定成本进行计算,当输入要在任务开始时间或完成时间进行累计的固定成本时,Microsoft Project 将在代表任务开始时间或完成时间的时间段中输入全部固定成本值。当输入按比例分配的固定成本时,Microsoft Project 会将该成本分配在整个任务工期内。

3) 如果希望将此方法应用到所有将来的项目,请单击"设为默认值"。

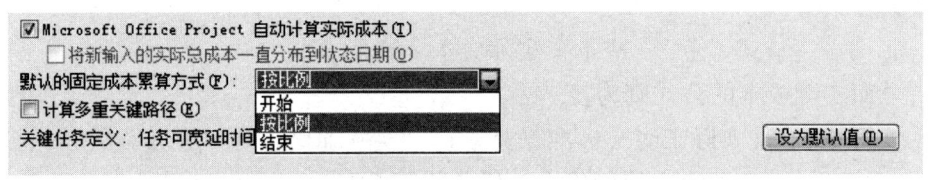

图 20 新任务固定成本累算方式的设定

(2) 更改现有任务的固定成本累算方法。

1) 在"视图"菜单上,单击"其他视图"。

2) 在"视图"框中单击"任务工作表",然后单击"应用"。

3) 在"视图"菜单上,指向"表",再单击"成本",弹出如图 21 所示的任务工作表窗口"成本"列表。

4) 在"固定成本累算"域中,单击要应用到每个任务的累算方法。

需要指出的是,此成本设置将只影响固定成本的累算方式。

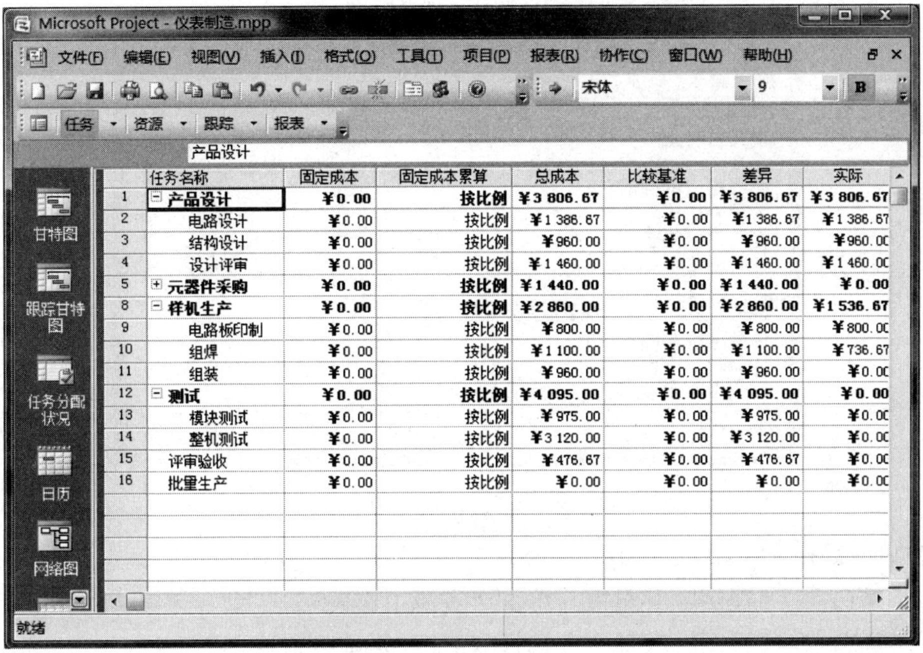


| | 任务名称 | 固定成本 | 固定成本累算 | 总成本 | 比较基准 | 差异 | 实际 |
|---|---|---|---|---|---|---|---|
| 1 | 产品设计 | ¥0.00 | 按比例 | ¥3 806.67 | ¥0.00 | ¥3 806.67 | ¥3 806.67 |
| 2 | 电路设计 | ¥0.00 | 按比例 | ¥1 386.67 | ¥0.00 | ¥1 386.67 | ¥1 386.67 |
| 3 | 结构设计 | ¥0.00 | 按比例 | ¥960.00 | ¥0.00 | ¥960.00 | ¥960.00 |
| 4 | 设计评审 | ¥0.00 | 按比例 | ¥1 460.00 | ¥0.00 | ¥1 460.00 | ¥1 460.00 |
| 5 | 元器件采购 | ¥0.00 | 按比例 | ¥1 440.00 | ¥0.00 | ¥1 440.00 | ¥0.00 |
| 8 | 样机生产 | ¥0.00 | 按比例 | ¥2 860.00 | ¥0.00 | ¥2 860.00 | ¥1 536.67 |
| 9 | 电路板印制 | ¥0.00 | 按比例 | ¥800.00 | ¥0.00 | ¥800.00 | ¥800.00 |
| 10 | 组焊 | ¥0.00 | 按比例 | ¥1 100.00 | ¥0.00 | ¥1 100.00 | ¥736.67 |
| 11 | 组装 | ¥0.00 | 按比例 | ¥960.00 | ¥0.00 | ¥960.00 | ¥0.00 |
| 12 | 测试 | ¥0.00 | 按比例 | ¥4 095.00 | ¥0.00 | ¥4 095.00 | ¥0.00 |
| 13 | 模块测试 | ¥0.00 | 按比例 | ¥975.00 | ¥0.00 | ¥975.00 | ¥0.00 |
| 14 | 整机测试 | ¥0.00 | 按比例 | ¥3 120.00 | ¥0.00 | ¥3 120.00 | ¥0.00 |
| 15 | 评审验收 | ¥0.00 | 按比例 | ¥476.67 | ¥0.00 | ¥476.67 | ¥0.00 |
| 16 | 批量生产 | ¥0.00 | 按比例 | ¥0.00 | ¥0.00 | ¥0.00 | ¥0.00 |

图 21 任务工作表窗口“成本”列表

## （二）查看项目成本

Project 提供了查看项目各种成本组成的表格和图形，可以查看任务的成本、资源的成本和项目的成本。

**1. 查看任务的总成本**

若要查看任务的总成本，可以执行以下操作：

（1）在“视图”菜单上，单击“其他视图”。

（2）在“视图”列表中单击“任务工作表”，然后单击“应用”。如图 22 所示。

（3）在“视图”菜单上，指向“任务工作表”，再单击“成本”，然后查看“总成本”域。如图 21 所示。

**2. 查看资源总成本**

若要查看按工时资源、材料资源和成本资源分组的资源的总成本，请执

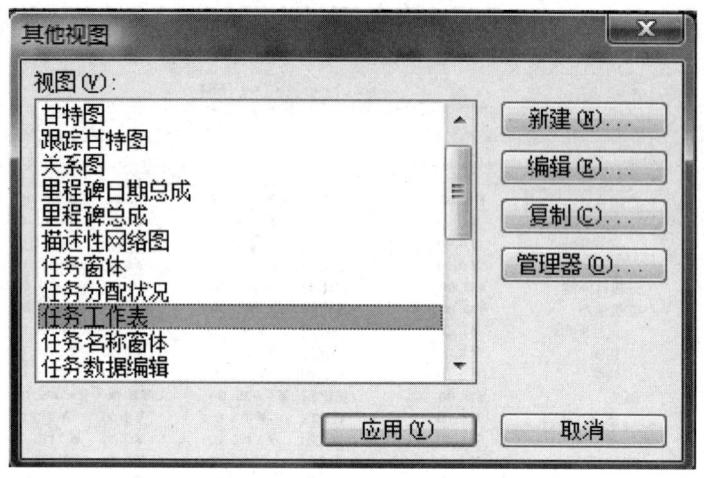

图22 其他视图窗口

行以下操作：

(1) 在"视图"菜单上，单击"资源工作表"。

(2) 在"视图"菜单上，选择"表"，再单击"成本"。

(3) 若要显示汇总的资源总成本，请单击"分组依据"框中的"工时与材料资源"。查看"成本"域。

**3. 查看整个项目的总成本**

在图23中"成本"列表中，可以看到各个层次项目成本的汇总信息。也可以通过在"项目"菜单上，单击"项目信息"，然后单击"统计信息"，

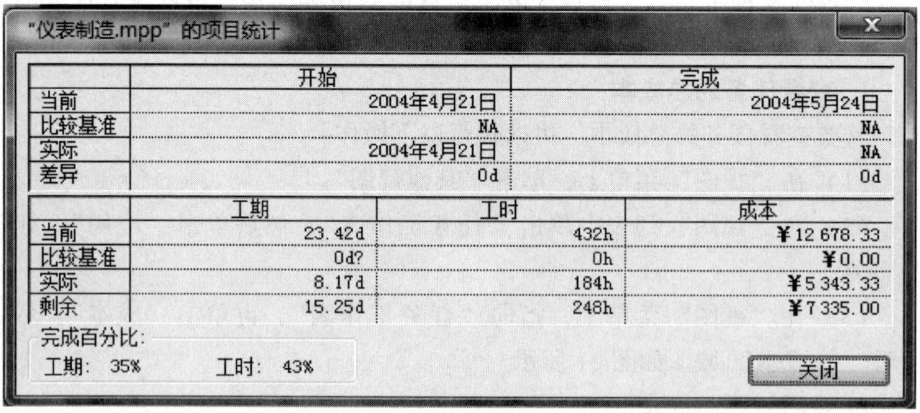

图23 项目统计信息

获得整个项目总成本的统计信息。

## 五、项目监控

在项目的实施过程中,项目管理者需要对项目进展的有关情况及影响项目实施的内外部因素进行及时、连续、系统、准确的记录和报告,项目成功的重要因素之一就是能对项目进行监督、控制和调整。也就是说,要在项目的过程中对项目进行有效的跟踪,在项目运行过程中把实际发生的情况与原来估计的情况进行比较。

Microsoft Project 进行项目动态跟踪,可以按 3 个步骤进行:

(1) 首先保存基准计划。

(2) 项目实施过程中更新项目信息,如果项目计划需要修订可以另存基准计划或保存中期计划。

(3) 比较实际进度与比较基准或中期计划,查看是否存在偏差,如存在则分析原因,并根据需要再次调整项目计划。

### (一) 比较基准和中期计划

**1. 比较基准**

采用 Microsoft Project 进行项目跟踪的一个主要目的,就是比较项目的实际进展与原计划是否一致,及时发现问题。所以记录实际进展信息时,先要将项目计划保存起来,以便日后对照,这就是所谓的"比较基准"。

基准指的是在计划结束时或在某些其他关键阶段结束时保存的一组原始数据或项目图。基准实质上是一组数据与跟踪时输入的实际数据保存在同一个文件中。比较基准计划是指用于在项目进行过程中跟踪进度的初始项目计划,它是优化后的、由主管部门批准的计划,并作为项目实施考核的依据而存在。比较基准计划是在保存比较基准时得到的日程简况,它包括关于任务、资源和工作分配的信息。比较基准一般应在项目计划实施之前保存,以便在整个项目的实施过程中对照。

比较基准计划应包含与以下内容相关的信息:

(1) 任务(开始时间、完成时间、工期、工时、成本、拆分、时间分段工时和时间分段成本)。

(2) 资源(工时、成本、时间分段工时及时间分段成本)。

(3) 任务分配(开始时间、完成时间、工时、成本、时间分段工时及时间分段成本)。

因为比较基准提供用于衡量项目实际进度的参照点,所以它包含任务工期、开始日期和完成日期、成本以及其他要进行监控的项目变量的最佳估计值。如果比较基准信息与当前数据不同,表示原始计划不正确。一般来说,如果项目的范围或性质发生变化,就会出现这种差异。如果项目风险承担者(即为主动参与项目或者其利益受项目影响的个人和单位)认为该差异是合理的,可在项目进行过程中的任何时间修改或重新制定比较基准。如果项目的工期持续时间很长,或项目的计划任务或成本发生显著更改,以至与初始比较基准数据不再相关,此时会发现保存多个比较基准尤其有用。

通常在项目计划"定型"以后需要第一次保存比较基准,以后修改项目计划时,可以适时地保存。但并不是每次修改都要保存,一个项目运行保存11个比较基准,用户可以挑选比较重要的项目计划版本保存。比较基准是用于衡量项目变化的主要参照点。

**2. 中期计划**

有时需要将项目现有进展情况和前期的进展进行比较。这个时候就可以通过保存中期计划来实现这一管理。中期计划是在项目开始后保存的一组当前项目数据,可用来与比较基准和项目的进展情况进行比较,以评估项目的情况。中期计划与比较基准的不同之处是它仅保存两条信息,即当前任务的开始日期和完成日期。一个项目文件中最多可以保存10个中期计划。在项目开始后,如果需要保存项目当前状态下的任务开始日期和完成日期,就可选择保存为中期计划。

如果要保存项目实际进展中的检查点,可以保存中期计划并与比较基准计划进行比较。如果在计划阶段需要对大量项目数据进行比较,可以保存多个比较基准。例如,可能需要在主要计划的里程碑处执行此操作,然后,在项目开始后,如果需要保存任务开始日期和完成日期,可以保存多个中期计划,如可能要按月或按季度进行该操作。

**3. 保存比较基准和中期计划**

比较基准数据将作为项目文件的一部分保存,而不是作为单独的文件保存。对需要设置比较基准或中期计划的 Microsoft Project 文件，在"工具"菜单上，选择"跟踪"，再单击"设置比较基准"。打开如图 24 所示的"设置比较基准"窗口，各选项对应以下用途：

（1）设置比较基准：单击"设置比较基准"可指定要设置的比较基准，有"比较基准"及"比较基准1"到"比较基准10"11 个不同的比较基准，单击任一选项可将当前项目设置为选定的比较基准。比较基准信息保存在"比较基准开始时间"、"比较基准完成时间"、"比较基准工时"、"比较基准工期"和"比较基准成本"域中。

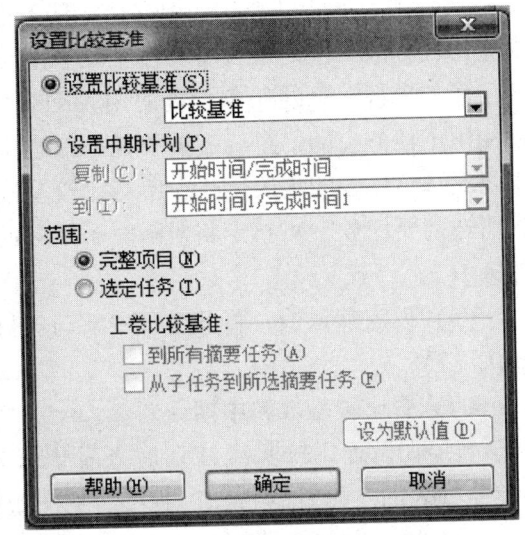

图 24 "设置比较基准"窗口

（2）设置中期计划：单击"设置中期计划"可将数据从任何现有的比较基准或中期计划复制到其他中期计划。中期计划是一组任务开始日期和完成日期，可以在项目的特定阶段设置这些日期。通过将中期计划与比较基准计划或当前计划进行比较，可以监控项目的进度或进度落后状态。Microsoft Project 将"复制"框中选定的"开始时间"和"完成时间"域或"比较基准"和"比较基准1"到"比较基准10"域复制到"到"框中选定的"开始时间"和"完成时间"域或"比较基准"和"比较基准1"到"比较基准10"域。

（3）范围：选择一组用来创建比较基准计划或中期计划的任务。通常，若要创建比较基准计划，可单击"完整项目"。单击"选定任务"可设置比较基准或中期计划中选定任务的信息。选中"完整项目"可设置项目中所有任务的比较基准或中期计划信息。默认情况下，该选项为选中状态。选择"选定任务"可以只设置当前选定任务的比较基准或中期计划信息。如果选择该选项，可进一步选择是否在摘要任务上卷比较基准信息以及信息的上卷方式。

(4) 上卷比较基准：在保存选定任务的比较基准或中期计划信息时使用上卷比较基准可指定是否将对选定任务的更改上卷到比较基准摘要任务对这些子任务进行汇总的任务。可使用大纲来创建摘要任务。Microsoft Project 自动使用子任务中的信息确定摘要任务信息中。选择"到所有摘要任务"可指定将对选定任务的更改反映在所有比较基准总摘要任务中。选择"从子任务到所选摘要任务"可指定将对瞬时子任务的更改反映在选定的比较基准摘要任务中。

(5) 设为默认值：将此窗口中活动项目的当前设置作为所有新建项目的默认设置。

**4. 查看比较基准和中期计划**

若要在设置比较基准计划后查看该计划，请显示已应用了"跟踪"或"差异"表的"跟踪甘特图"视图，见图 25。步骤如下：

(1) 在"视图"菜单上，单击"跟踪甘特图"。
(2) 在"视图"菜单上，选择"表"，再单击"跟踪"或"差异"。

| | 任务名称 | 开始时间 | 完成时间 | 比较基准开始时间 | 比较基准完成时间 | 开始时间差异 | 完成时间差异 |
|---|---|---|---|---|---|---|---|
| 0 | 软件开发项目 | 2008年5月5日 | 2049年12月31日 | 2008年5月5日 | 2049年12月31日 | 0 工作日 | 0 工作日 |
| 1 | 项目启动 | 2008年5月5日 | 2008年5月14日 | 2008年5月5日 | 2008年5月14日 | 0 工作日 | 0 工作日 |
| 2 | 组建工作 | 2008年5月5日 | 2008年5月14日 | 2008年5月5日 | 2008年5月14日 | 0 工作日 | 0 工作日 |
| 3 | 定义工 | 2008年5月5日 | 2008年5月6日 | 2008年5月5日 | 2008年5月6日 | 0 工作日 | 0 工作日 |
| 4 | 确定所 | 2008年5月5日 | 2008年5月8日 | 2008年5月5日 | 2008年5月8日 | 0 工作日 | 0 工作日 |
| 5 | 确定资 | 2008年5月9日 | 2008年5月12日 | 2008年5月9日 | 2008年5月12日 | 0 工作日 | 0 工作日 |
| 6 | 将角色 | 2008年5月13日 | 2008年5月14日 | 2008年5月13日 | 2008年5月14日 | 0 工作日 | 0 工作日 |
| 7 | 工作组 | 2008年5月14日 | 2008年5月14日 | 2008年5月14日 | 2008年5月14日 | 0 工作日 | 0 工作日 |
| 8 | 构想 | 2008年5月15日 | 2008年8月12日 | 2008年5月15日 | 2008年8月12日 | 0 工作日 | 0 工作日 |
| 9 | 定义初步的 | 2008年5月23日 | 2008年8月12日 | 2008年5月23日 | 2008年8月12日 | 0 工作日 | 0 工作日 |
| 10 | 风险管理 | 2008年5月15日 | 2008年5月15日 | 2008年5月15日 | 2008年5月15日 | 0 工作日 | 0 工作日 |

图 25　查看单个比较基准

若要查看多个比较基准计划，在"视图"菜单上，单击"多比较基准甘特图"，显示"多比较基准甘特图"视图，通过这个视图可以看到多个比较基准之间项目计划的差异。

设置中期计划后，若要在显示工作表视图时查看该计划，请在"插入"菜单上，单击"列"。在"列定义"窗格中，将自定义中期计划域添加到表中。例如，如果用"开始时间 1"域和"完成时间 1"域来创建中期计划，应将这两个域添加到表中。

### (二) 项目进度更新

在项目实施过程中，为了收集反映项目进度实际状况的信息，以便对项目进展情况进行跟踪，掌握项目进度动态，应对项目进展状态进行观测。随着项目工期的进展，可以用实际开始和完成日期、实际工时、实际和剩余工期以及当前和来更新计划。

**1. 更新实际开始和完成日期**

（1）在"视图"菜单上，单击"甘特图"。

（2）在"任务名称"域中，选择要更新的任务。

（3）在"工具"菜单上指向"跟踪"，然后单击"更新任务"，出现如图 26 所示的窗口。

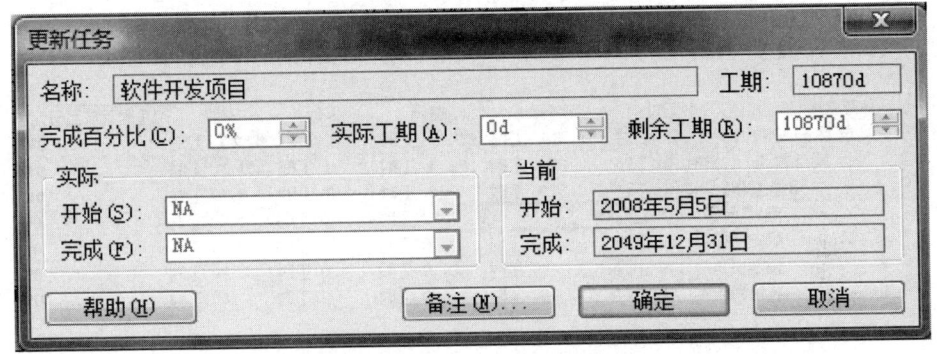

图 26 "更新任务"窗口

（4）在"实际"下面的"开始"和"完成"框中，输入新日期。

为任务输入实际开始日期或实际完成日期将更改该任务对应的排定或计划日期。但是，对实际日期或排定日期所做的更改不会影响基准日期。若要比较基准日期和排定日期，请在"视图"菜单上选择"表"，然后单击"差异"。如果为任务输入了实际完成日期，Microsoft Project 将把它的完成百分比计算为 100%。若要快速更新具有相同日期的多个任务的实际开始和完成日期，请选择要更新的每个任务，在"工具"菜单上选择"跟踪"，然后单击"更新项目"。单击"将任务更新为在此日期完成"，键入或选择一个日期，然后在"用于"旁边，单击"选定任务"。

此外，还可以通过直接在 Microsoft Project 中修改项目的实际开始时间和完成时间，步骤如下：

（1）在“视图”菜单上，单击“甘特图”或“跟踪甘特图”。

（2）在“视图”菜单上，选择“表”，再单击“跟踪”或“差异”。

在出现了如图 25 的表格后，可在表格内直接输入实际时间。

**2. 更新实际工时**

如果知道已为任务执行的工时量，则可以为该任务输入实际工时。如果知道每个资源已为任务执行的工时量，则可以为每个分配的资源输入实际工时。步骤如下：

（1）在“视图”菜单上，单击“甘特图”。或者在“视图”菜单上，单击“其他视图”，在“视图”列表中单击“任务工作表”，然后单击“应用”。

（2）在“视图”菜单上，指向“表”，然后单击“工时”。

（3）在要更新的任务的“实际”域中，输入实际工时值，如图 27 所示。

| | 任务名称 | 工时 | 比较基准 | 差异 | 实际 | 剩余 | 工时完成百分比 |
|---|---|---|---|---|---|---|---|
| 0 | **软件开发项目** | **0.23 工时** | **539.83 工时** | **69.6 工时** | **0 工时** | **0.23 工时** | **0%** |
| 1 | **项目启动** | **381.6 工时** | **384 工时** | **-2.4 工时** | **0 工时** | **381.6 工时** | **0%** |
| 2 | **组建工作** | **318 工时** | **320 工时** | **-2 工时** | **0 工时** | **318 工时** | **0%** |
| 3 | 定义工 | 78 工时 | 80 工时 | -2 工时 | 0 工时 | 78 工时 | 0% |
| 4 | 确定所 | 80 工时 | 80 工时 | 0 工时 | 0 工时 | 80 工时 | 0% |
| 5 | 确定资 | 80 工时 | 80 工时 | 0 工时 | 0 工时 | 80 工时 | 0% |
| 6 | 将角色 | 80 工时 | 80 工时 | 0 工时 | 0 工时 | 80 工时 | 0% |

图 27　更新实际工时

重新计算的工时完成百分比值和剩余工时值分别显示在“工时完成百分比”和“剩余”（剩余工时）域中。当为任务指定实际工时时，Microsoft Project 将按照公式“工时完成百分比 = 实际工时/工时”以及“剩余工时 = 工时 - 实际工时”来计算工时完成百分比以及剩余工时。

**3. 更新实际工期和剩余工期**

如果知道任务所用时间将多于或少于 Microsoft Project 计算出的时间，则可以指定剩余工期。

（1）在“视图”菜单上，单击“其他视图”，在“视图”列表中单击“任务工作表”，然后单击“应用”。

（2）在“视图”菜单上，选择“表”，然后单击“跟踪”。

(3)在"实际工期"域中,输入要更新的任务的实际工期。

(4)重新计算的完成百分比值和剩余工期值分别显示在"完成百分比"和"剩余工期"域中。

(5)在"剩余工期"域中,键入要更新的任务的剩余工期,如图28所示。

| 任务名称 | 实际开始时间 | 实际完成时间 | 完成百分比 | 实际完成百 | 实际工期 | 剩余工期 | 实际成本 | 实际工时 |
|---|---|---|---|---|---|---|---|---|
| 0 软件开发项目 | 2008年5月5日 | NA | 0% | 0% | 1.39 工作日 | 4.66 工作日 | ¥0 | 0.55 工时 |
| 1 项目启动 | 2008年5月5日 | NA | 27% | 0% | 2.47 工作日 | 6.58 工作日 | ¥0 | 90.55 工时 |
| 2 组建工作组 | 2008年5月5日 | NA | 27% | 0% | 2.47 工作日 | 6.58 工作日 | ¥0 | 70.8 工时 |
| 3 定义工作组 | 2008年5月5日 | NA | 60% | 0% | 3 工作日 | 2 工作日 | ¥0 | 70.8 工时 |

图 28 更新实际工期和剩余工期

重新计算的工期值和完全百分比值显示在"工期"和"完成百分比"域中。

当为任务指定了实际工期时,Microsoft Project 将按照公式"完成百分比 = 实际工期/工期"以及"剩余工期 = 工期 – 实际工期"来计算完成百分比以及剩余工期。

当为任务调整剩余工期时,Microsoft Project 将按照公式"工期 = 剩余工期 + 实际工期"以及"完成百分比 = 实际工期/工期"来计算工期和工时完成百分比。

如果输入的实际工期大于在任务完成前的排定工期,则 Microsoft Project 将排定工期更新为等于实际工期,将剩余工期更改为零,并将任务标记为100%完成。

**4. 更新完成百分比和工时完成百分比**

标出任务完成的百分比可帮助跟踪实际进度。通过指定介于0(表示任务尚未开始)和100(表示任务已完成)之间的完成百分比,可将计划进度和实际进度进行比较。

另外,若要将特定任务的完成百分比快速更新为0、25%、50%、75%或100%,请按住〈Ctrl〉并单击列表中要更新的每个任务,然后单击"跟踪"工具栏上对应的完成百分比按钮,如"25%完成"。若要显示"跟踪"工具栏,请在"视图"菜单上选择"工具栏",然后单击"跟踪"。

如果已为任务分配了资源,并且正在跟踪工时,则可以标出任务上已完成的工时百分比。通过指定介于0(尚未为任务执行工时)和100(已为任务执行所有工时)之间的工时完成百分比,可将计划工时与实际完成工时进行比较。

(1) 在"视图"菜单上,单击"其他视图",在"视图"列表中单击"任务工作表",然后单击"应用"。

(2) 若要更新完成百分比,在"视图"菜单上,指向"表",然后单击"跟踪"。

(3) 在"完成百分比"域中,键入要更新的任务的完成百分比。

(4) 重新计算的实际工期值和剩余工期值显示在"实际工期"和"剩余工期"域中。

(5) 若要更新工时完成百分比,请在"视图"菜单上,选择"表",然后单击"工时"。

(6) 在"工时完成百分比"域中,键入要更新的任务的工时完成百分比。重新计算的实际工时值和剩余工时值分别显示在"实际"和"剩余"域中。

注释:

当为任务指定了完成百分比时,Microsoft Project 将按照公式"实际工期 = 工期 × 完成百分比"以及"剩余工期 = 工期 – 实际工期"来计算实际工期和剩余工期。

当为任务指定了工时完成百分比时,Microsoft Project 将按照公式"实际工时 = 工时 × 工时完成百分比"以及"剩余工时 = 工时 – 实际工时"来计算实际工时和剩余工时。

Microsoft Project 根据摘要任务的子任务进度计算摘要任务的完成百分比。也可对摘要任务手动输入工时完成百分比。Microsoft Project 根据摘要任务的子任务进度计算摘要任务的工时完成百分比。也可对摘要任务手动输入工时完成百分比。

如果为摘要任务手动输入工时百分比,Microsoft Project 将根据摘要子任务在日程中的位置将工时百分比应用于子任务。较早排定日程的任务在完成之前会要求应用进度,并且进度继续会应用于任务,直到所有任务都完成。

可以设置默认值，以指定 Microsoft Project 如何根据项目的状态日期自动调整实际剩余和剩余工时的位置。

## (三) 项目成本更新

如果已在项目计划中输入成本，Microsoft Project 将根据所设置的成本累算方式随着任务的进行更新实际成本。

**1. 更新实际累计的资源分配成本**

实际累计的资源分配成本默认为自动计算。若要手动输入这些成本，必须首先关闭这些值的自动计算。

(1) 在"工具"菜单上，单击"选项"，再单击"计算方式"选项卡。

(2) 在"计算方式选项"下，清除"总是由 Microsoft Office Project 计算实际成本"复选框。

如果需要手动输入这些成本，请按如下步骤操作：

(1) 在"视图"菜单上，单击"任务分配状况"。

(2) 在"视图"菜单上，选择"表"，再单击"跟踪"。

(3) 如果希望将实际累计的资源分配成本更新到当前日期，在如图 28 所示的"实际成本"域中，为要更新成本的工作分配键入实际成本。

(4) 如果希望逐日更新实际累计的资源分配成本，请选择"格式"菜单上的"详细信息"，再单击"实际成本"。

(5) 选择要更新的任务和时间单元格，然后键入实际成本。

更新实际成本时，软件不能根据完成百分比和剩余成本计算实际成本。例如，有一个工期为 20 小时的任务，并且为该任务分配了一个资源，成本为每小时 30 元，则该资源分配的成本为 600 元。

如果任务已完成 0 并且输入实际成本 300 元，则"剩余成本"域将继续显示 600 元。不会计算该域以反映实际成本。但是，因为"成本"域等于实际成本加剩余成本，所以会更新该域以反映添加的实际成本。因此，在此例中，"成本"域会将剩余成本 600 元和实际成本 300 元相加，结果成本为 900 元。

如果任务已完成 50% 并且输入实际成本 300 元，则"剩余成本"域会更新为 300 元，而"成本"域继续显示 600 元。

如果任务已完成75%并且输入实际成本300元,则"剩余成本"域会更新为100元,而"成本"域会更新以显示400元。

### 2. 更新实际每次使用资源分配成本

(1) 在"视图"菜单上,单击"资源工作表"。

(2) 单击资源,然后在"项目"菜单上,单击"资源信息"。

(3) 在"成本"选项卡上,更新"成本费率表"部分中表格中的"每次使用成本"列,以反映新的每次使用分配成本,如图29所示。

可以通过在"生效日期"列中输入日期,来设置新的每次使用成本生效的特定日期。如果更改了每次使用资源成本,Microsoft Project 将更新该资源的每个工作分配中的成本。还将使用已更新的每次使用成本重新计算计划成本。

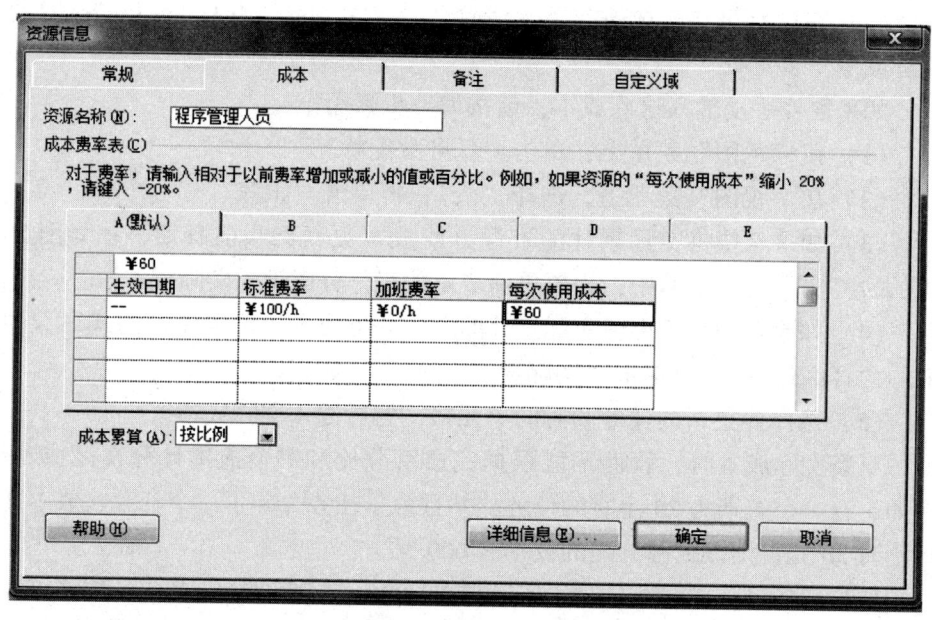

图29　更新实际每次使用资源分配成本

### 3. 更新实际固定成本资源

可以更新限制到任务开始或结束的实际固定成本资源。也可以更新按比例分配任务的实际固定成本资源,可进行如下操作:

(1) 在"视图"菜单上,单击"甘特图"。

(2) 在"视图"菜单上,选择"表",再单击"成本"。

(3) 在时间分段成本表上的"成本"域中,为成本资源已发生更改的各项任务更改数值。如图 30 所示。

| | 任务名称 | 固定成本 | 固定成本累算 | 总成本 | 比较基准 | 差异 |
|---|---|---|---|---|---|---|
| 0 | 软件开发项目 | ¥0 | 按比例 | 826,094 | ¥0 | 826,094 |
| 1 | 项目启动 | ¥0 | 开始 | ¥32,178 | ¥0 | ¥32,178 |
| 2 | 组建工作 | ¥0 | 按比例 | ¥24,280 | ¥0 | ¥24,280 |
| 3 | 定义工作 | ¥100 | 按比例 | ¥1,700 | ¥0 | ¥1,700 |
| 4 | 确定所 | ¥20 | 按比例 | ¥7,540 | ¥0 | ¥7,540 |

图 30 更新实际固定成本资源

## (四) 跟踪项目

创建日程并建立比较基准计划后,应该按本节(二)和(三)中的方法频繁更新项目进展以达到监督项目所要求的频率。

**1. 查看日程差异**

差异指的是比较基准与任务或资源计划信息之间的差别。在设置了比较基准计划并开始向日程中输入实际信息后,就会出现差异。差异可以发生在工时、成本和日程中。这里讲述与任务进度相关的日程差异。

(1) 查看任务是否按计划进行。如果要保证项目按计划完成,必须保证各项任务按日程进行。但由于各种原因总会有些任务和计划发生偏差,尽早发现这些和比较基准计划相比产生偏差的任务是比较重要的,这样就可以及时调整任务的相关性或分配资源来满足期限。具体操作如下:

1) 在"视图"菜单上,单击"跟踪甘特图"。

2) 在"视图"菜单上,选择"表",再单击"差异",显示如图 31 所示的"差异表"。

3) 从差异域可以比较每个任务及项目的开始差异和完成差异。

(2) 查看任务工时与计划工时是否相符。如果要管理项目中的资源分配,则要确保资源能够在计划时间内完成任务,日程中的差异可好可坏,这取决于其类型和严重程度。如果要查看任务的工时情况,具体操作如下:

1) 在"视图"菜单上,单击"甘特图"。

| | 任务名称 | 开始时间 | 完成时间 | 比较基准开始时间 | 比较基准完成时间 | 开始时间差异 | 完成时间差异 |
|---|---|---|---|---|---|---|---|
| 0 | **软件开发项目** | **2008年5月6日** | **2009年7月1日** | **2008年5月5日** | **2049年12月31日** | **1 工作日** | **;67 工作日** |
| 1 | **项目启动** | **2008年5月6日** | **2008年5月26日** | **2008年5月5日** | **2008年5月14日** | **1 工作日** | **8 工作日** |
| 2 | **组建工作组** | **2008年5月6日** | **2008年5月26日** | **2008年5月5日** | **2008年5月14日** | **1 工作日** | **8 工作日** |
| 3 | 定义工作组角色 | 2008年5月6日 | 2008年5月20日 | 2008年5月5日 | 2008年5月6日 | 1 工作日 | 10 工作日 |
| 4 | 确定所需技能 | 2008年5月8日 | 2008年5月16日 | 2008年5月5日 | 2008年5月8日 | 3.05 工作日 | 6 工作日 |
| 5 | 确定资源 | 2008年5月21日 | 2008年5月22日 | 2008年5月9日 | 2008年5月12日 | 8 工作日 | 8 工作日 |

图 31　“跟踪甘特图”中显示的“差异”表

2）在“视图”菜单上，选择“表”，再单击“工时”，显示如图 32 所示的“工时”表。

3）如果要查看比较基准和实际工时之间的差异，则比较“差异”域的值。

| | 任务名称 | 工时 | 比较基准 | 差异 | 实际 | 剩余 | 工时完成 |
|---|---|---|---|---|---|---|---|
| 0 | **软件开发项目** | **.63 工时** | **:9.83 工时** | -253,509.2 工时 | **工时** | **.63 工时** | |
| 1 | **项目启动** | **542 工时** | **384 工时** | **158 工时** | **82 工时** | **460 工时** | |
| 2 | **组建工作组** | **422 工时** | **320 工时** | **102 工时** | **70.8 工时** | **351.2 工时** | |
| 3 | 定义工作组角色 | 142.4 工时 | 80 工时 | 62.4 工时 | 70.8 工时 | 71.6 工时 | |
| 4 | 确定所需技能 | 119.6 工时 | 80 工时 | 39.6 工时 | 0 工时 | 119.6 工时 | |
| 5 | 确定资源 | 80 工时 | 80 工时 | 0 工时 | 0 工时 | 80 工时 | |

图 32　“甘特图”中显示的“工时”表

**2. 跟踪实际成本**

项目的跟踪和比较不仅体现在进度方面，还包括项目成本。在项目管理过程中，项目的管理者通常要把成本控制放在重要的位置。实施跟踪项目成本，及时发现成本上的差异，并进行分析研究，提出有效的纠正措施。

（1）查看任务成本是否与预算相符。如果给任务分配固定成本或为资源指定工资，则可能想要查看累算成本大于预算成本的任务。通过使用比较基准计划创建一个预算并紧密跟踪项目成本，可以及早发现成本超支，并能对日程或预算做出相应的调整。如果想要查看任务成本与预算是否相符，执行如下操作：

1）在“视图”菜单上，单击“其他视图”，在“视图”列表中单击“任务工作表”，然后单击“应用”。

2）在“视图”菜单上，选择“表”，再单击“成本”，显示如图 33 所示的“成本任务工作”表。

从中可以查看“总成本”域和“比较基准”域的值，“差异”域显示出

| 任务名称 | 固定成本 | 固定成本累算 | 总成本 | 比较基准 | 差异 | 实际 | 剩余 |
|---|---|---|---|---|---|---|---|
| 0 软件开发项目 | ¥0 | 按比例 | ¥844,035 | ¥0 | ¥844,035 | ¥0 | ¥844,035 |
| 1 项目启动 | ¥0 | 开始 | ¥50,119 | ¥0 | ¥50,119 | ¥0 | ¥50,119 |
| 2 组建工作组 | ¥0 | 按比例 | ¥33,800 | ¥0 | ¥33,800 | ¥0 | ¥33,800 |
| 3 定义工作组角色 | ¥100 | 按比例 | ¥7,260 | ¥0 | ¥7,260 | ¥0 | ¥7,260 |
| 4 确定所需技能 | ¥20 | 按比例 | ¥11,500 | ¥0 | ¥11,500 | ¥0 | ¥11,500 |
| 5 确定资源 | ¥0 | 按比例 | ¥7,520 | ¥0 | ¥7,520 | ¥0 | ¥7,520 |

图 33　"任务工作表"中显示的"成本任务工作"表

两者的差异。

（2）利用"盈余分析"表进行挣值法管理。对项目实施的进度、成本状态进行评估一个有效的工具就是挣值法，挣值法可以通过 Microsoft Project 提供的"盈余分析"表格得以实现，步骤如下：

1）在"视图"菜单上，单击"其他视图"，在"视图"列表中单击"任务工作表"，然后单击"应用"。

2）在"视图"菜单上，选择"表"，再单击"其他表"，在"其他表"列表中选取"盈余分析"选项，然后单击"应用"，显示如图 34 所示的"盈余分析"表。

| 任务名称 | 计划分析 - PV | 盈余分析 - EV | AC (ACWP) | SV | CV | EAC | BAC | VAC |
|---|---|---|---|---|---|---|---|---|
| 0 软件开发项目 | ¥0 | ¥0 | ¥0 | ¥0 | ¥0 | ¥844,035 | ¥0 | ¥844,035 |
| 1 项目启动 | ¥0 | ¥0 | ¥0 | ¥0 | ¥0 | ¥50,119 | ¥0 | -¥50,119 |
| 2 组建工作组 | ¥0 | ¥0 | ¥0 | ¥0 | ¥0 | ¥33,800 | ¥0 | -¥33,800 |
| 3 定义工作组角色 | ¥0 | ¥0 | ¥0 | ¥0 | ¥0 | ¥7,260 | ¥0 | -¥7,260 |
| 4 确定所需技能 | ¥0 | ¥0 | ¥0 | ¥0 | ¥0 | ¥11,500 | ¥0 | -¥11,500 |
| 5 确定资源 | ¥0 | ¥0 | ¥0 | ¥0 | ¥0 | ¥7,520 | ¥0 | -¥7,520 |

图 34　"任务工作表"中显示的"盈余分析"表

项目管理者可以通过这个表比较挣值法中的各个参数，并根据这些参数的含义作出相应的管理选择。

## 项目管理自测题答案

### 第 1 章

一、判断题

| 序号 | 1 | 2 | 3 | 4 | 5 | 6 | 7 | 8 |
|---|---|---|---|---|---|---|---|---|
| 答案 | √ | × | √ | × | × | √ | √ | √ |

二、单选题

| 序号 | 1 | 2 | 3 | 4 | 5 | 6 |
|---|---|---|---|---|---|---|
| 答案 | C | A | A | C | B | B |

三、多选题

| 序号 | 1 | 2 | 3 | 4 | 5 |
|---|---|---|---|---|---|
| 答案 | AB | ABCD | ABC | ABCD | ABD |

## 第 2 章

一、判断题

| 序号 | 1 | 2 | 3 | 4 |
|---|---|---|---|---|
| 答案 | × | × | √ | × |

二、单选题

| 序号 | 1 | 2 |
|---|---|---|
| 答案 | A | A |

三、多选题

| 序号 | 1 | 2 | 3 |
|---|---|---|---|
| 答案 | AB | ABC | ABC |

## 第 3 章

一、判断题

| 序号 | 1 | 2 | 3 | 4 | 5 | 6 | 7 | 8 |
|---|---|---|---|---|---|---|---|---|
| 答案 | √ | √ | × | × | × | × | √ | √ |

二、单选题

| 序号 | 1 | 2 | 3 | 4 | 5 | 6 | 7 |
|---|---|---|---|---|---|---|---|
| 答案 | A | C | A | C | C | B | A |

三、多选题

| 序号 | 1 | 2 | 3 | 4 | 5 |
|---|---|---|---|---|---|
| 答案 | ABCD | ABC | BD | BCD | ABCD |

## 第 4 章

一、判断题

| 序号 | 1 | 2 | 3 | 4 | 5 | 6 | 7 | 8 |
|---|---|---|---|---|---|---|---|---|
| 答案 | × | × | √ | √ | √ | × | × | × |

二、单选题

| 序号 | 1 | 2 | 3 | 4 | 5 | 6 | 7 | 8 |
|---|---|---|---|---|---|---|---|---|
| 答案 | C | B | C | D | A | B | D | A |

三、多选题

| 序号 | 1 | 2 | 3 | 4 | 5 | 6 | 7 | 8 |
|---|---|---|---|---|---|---|---|---|
| 答案 | ABC | ABCD | ABCD | ABCD | AC | ACD | BD | ABCD |

## 第 5 章

一、判断题

| 序号 | 1 | 2 | 3 | 4 | 5 | 6 | 7 | 8 |
|---|---|---|---|---|---|---|---|---|
| 答案 | × | √ | × | √ | √ | × | √ | × |

二、单选题

| 序号 | 1 | 2 | 3 | 4 | 5 | 6 | 7 |
|------|---|---|---|---|---|---|---|
| 答案 | C | B | B | B | C | A | D |

三、多选题

| 序号 | 1 | 2 | 3 | 4 | 5 | 6 | 7 | 8 |
|------|---|---|---|---|---|---|---|---|
| 答案 | ABCD | ABCD | AB | CD | ABCD | ABC | ABCD | AD |

## 第 6 章

一、判断题

| 序号 | 1 | 2 | 3 | 4 | 5 | 6 | 7 |
|------|---|---|---|---|---|---|---|
| 答案 | × | × | × | √ | × | √ | × |

二、单选题

| 序号 | 1 | 2 | 3 | 4 | 5 | 6 | 7 | 8 | 9 | 10 |
|------|---|---|---|---|---|---|---|---|---|----|
| 答案 | B | B | A | C | C | C | A | A | B | D |

三、多选题

| 序号 | 1 | 2 | 3 | 4 | 5 | 6 | 7 | 8 |
|------|---|---|---|---|---|---|---|---|
| 答案 | AB | ABC | BCD | ABCD | BC | ABC | ABD | AC |

## 第 7 章

一、判断题

| 序号 | 1 | 2 | 3 | 4 | 5 | 6 | 7 | 8 |
|------|---|---|---|---|---|---|---|---|
| 答案 | √ | √ | √ | × | √ | × | × | × |

## 二、单选题

| 序号 | 1 | 2 | 3 | 4 | 5 | 6 | 7 | 8 | 9 | 10 | 11 | 12 | 13 |
|---|---|---|---|---|---|---|---|---|---|---|---|---|---|
| 答案 | B | C | A | C | B | B | D | C | B | B | B | C | A |

## 三、多选题

| 序号 | 1 | 2 | 3 | 4 | 5 | 6 |
|---|---|---|---|---|---|---|
| 答案 | BC | ABCD | BCD | ABCD | AC | BCD |

## 四、计算题

1 答案：

CV = BCWP − ACWP = 20 − 35 = −15 < 0，说明此时项目已经超支。

SV = BCWP − BCWS = 20 − 24 = −4 万元 < 0，说明此时项目进度已经拖延。

SPI = BCWP/BCWS = 20/24 = 5/6，说明项目实际完成的工作量少于计划的工作量。

CPI = BCWP/ACWP = 20/35 = 4/7，说明项目实际成本少于计划成本。

项目进度落后而且成本超支，但进度比成本落后更多。

2 答案：

| 活动 | 1周 | 2周 | 3周 | 4周 | 5周 | 7周 | 8周 | 9周 | 10周 |
|---|---|---|---|---|---|---|---|---|---|
| 设计 | 4 | 3 | | | | | | | |
| 建造 | | | 2 | 3 | 1 | | | | |
| 安装 | | | | | | 2 | 2 | | |
| 调试 | | | | | | | | 1 | 2 |
| 累积成本预算 | 4 | 7 | 9 | 12 | 13 | 15 | 17 | 18 | 20 |

## 第8章

### 一、判断题

| 序号 | 1 | 2 | 3 | 4 | 5 | 6 | 7 | 8 | 9 | 10 |
|---|---|---|---|---|---|---|---|---|---|---|
| 答案 | × | × | √ | √ | √ | √ | × | √ | √ | √ |

二、单选题

| 序号 | 1 | 2 | 3 | 4 | 5 | 6 | 7 | 8 | 9 | 10 |
|---|---|---|---|---|---|---|---|---|---|---|
| 答案 | D | C | A | D | C | B | A | D | C | C |

三、多选题

| 序号 | 1 | 2 | 3 | 4 | 5 | 6 | 7 | 8 |
|---|---|---|---|---|---|---|---|---|
| 答案 | AC | BCD | ABD | ABCD | ABCD | ABCD | AB | ABC |

## 第9章

一、判断题

| 序号 | 1 | 2 | 3 | 4 | 5 | 6 | 7 | 8 |
|---|---|---|---|---|---|---|---|---|
| 答案 | √ | √ | × | √ | √ | √ | √ | × |

二、单选题

| 序号 | 1 | 2 | 3 | 4 | 5 | 6 | 7 | 8 |
|---|---|---|---|---|---|---|---|---|
| 答案 | A | C | B | C | A | A | C | D |

三、多选题

| 序号 | 1 | 2 | 3 | 4 | 5 | 6 | 7 |
|---|---|---|---|---|---|---|---|
| 答案 | ABD | ABC | AC | ACD | ABCD | BC | AC |

## 第10章

一、判断题

| 序号 | 1 | 2 | 3 | 4 | 5 |
|---|---|---|---|---|---|
| 答案 | × | √ | √ | √ | √ |

二、单选题

| 序号 | 1 | 2 | 3 | 4 | 5 | 6 | 7 | 8 | 9 | 10 | 11 |
|---|---|---|---|---|---|---|---|---|---|---|---|
| 答案 | B | A | C | C | D | C | B | A | D | A | B |

三、多选题

| 序号 | 1 | 2 | 3 | 4 | 5 |
|---|---|---|---|---|---|
| 答案 | AC | ABCD | ABC | ABD | ABCD |

**第11章**

一、判断题

| 序号 | 1 | 2 | 3 | 4 | 5 | 6 |
|---|---|---|---|---|---|---|
| 答案 | √ | × | √ | √ | × | × |

二、单选题

| 序号 | 1 | 2 | 3 | 4 | 5 | 6 | 7 | 8 | 9 | 10 |
|---|---|---|---|---|---|---|---|---|---|---|
| 答案 | C | A | C | A | D | D | C | C | B | D |

三、多选题

| 序号 | 1 | 2 | 3 | 4 | 5 | 6 | 7 | 8 | 9 |
|---|---|---|---|---|---|---|---|---|---|
| 答案 | ACD | ABC | ABD | ABC | AB | ABCD | ACD | AB | ACD |

**第12章**

一、判断题

| 序号 | 1 | 2 | 3 | 4 | 5 | 6 |
|---|---|---|---|---|---|---|
| 答案 | × | × | √ | × | √ | × |

二、单选题

| 序号 | 1 | 2 | 3 | 4 | 5 | 6 |
|------|---|---|---|---|---|---|
| 答案 | C | D | D | D | C | D |

三、多选题

| 序号 | 1 | 2 | 3 | 4 | 5 | 6 | 7 |
|------|---|---|---|---|---|---|---|
| 答案 | ACD | AC | ABC | AC | ABC | ABD | ABCD |

# 参 考 文 献

[1] Abbasi, G Y Crashing PERT Networks Using Mathematical Programming[J]. International Journal of Project Management, 2001(19): 181-188.

[2] 项目管理协会. 项目管理知识体系指南[M]. 黄晞烨, 译. 4版. 北京: 电子工业出版社, 2009.

[3] J 肯特·克劳福德. 项目管理办公室解决方案[M]. 戴炼, 等译. 北京: 电子工业出版社, 2008.

[4] 杰克·吉多, 等. 成功的项目管理[M]. 张金成, 等译. 北京: 电子工业出版社, 2007.

[5] 杰克 R 梅瑞狄斯. 项目管理实践[M]. 魏青江, 等译. 北京: 电子工业出版社, 2007.

[6] 杰克 R 梅瑞狄斯. 项目管理: 管理新视角[M]. 周晓红, 等译. 北京: 电子工业出版社, 2006.

[7] 埃里克·维尔朱. 项目管理模板、解决方案与最佳实践[M]. 刘霞, 等译. 北京: 电子工业出版社, 2006.

[8] 哈罗德·科兹纳. 项目管理案例集[M]. 罗卿, 等译. 北京: 电子工业出版社, 2008.

[9] 哈罗德·科兹纳. 项目管理案例与习题集[M]. 杨爱华, 等译. 北京: 电子工业出版社, 2007.

[10] 布鲁斯·巴克利, 等. 客户驱动的项目管理[M]. 毛尧飞, 等译. 北京: 清华大学出版社, 2002.

[11] 昆廷·弗莱明, 等. 挣值项目管理[M]. 张斌, 等译. 北京: 电子工业出版社, 2007.

[12] 小米尔顿 D 罗西瑙, 等. 项目管理: 最佳实践案例剖析[M]. 王丽珍, 等译. 北京: 电子工业出版社, 2008.

[13] 罗伯特 B 斯图尔特, 邱菀华. 价值工程方法基础[M]. 北京: 机械工业出版社, 2007.

[14] 劳拉·布朗. 制药业项目管理[M]. 郭云涛, 译. 北京: 电子工业出版社, 2006.

[15] 骆珣. 项目管理教程[M]. 北京: 机械工业出版社, 2003.

[16] 骆珣. 项目管理[M]. 北京: 机械工业出版社, 2008.

[17] 丁荣贵, 等. 项目组织与人力资源管理[M]. 北京: 电子工业出版社, 2009.

[18] 毕星, 等. 项目管理[M]. 上海: 复旦大学出版社, 2000.

[19] 毕星, 等. 项目管理精要[M]. 北京: 化学工业出版社, 2002.

[20] 白思俊, 等. 现代项目管理概论[M]. 北京: 电子工业出版社, 2006.
[21] 马士华, 等. 工程项目管理实务[M]. 北京: 电子工业出版社, 2003.
[22] 戚安邦. 现代项目管理[M]. 北京: 对外经济贸易大学出版社, 2001.
[23] 张卓, 等. 项目管理[M]. 北京: 科学出版社, 2005.
[24] 宋伟. 项目管理学[M]. 北京: 人民邮电出版社, 2008.
[25] 注册咨询工程师考试教材编写委员会. 工程项目组织与管理[M]. 北京: 中国计划出版社, 2003.
[26] 余志峰, 等. 项目组织[M]. 北京: 清华大学出版社, 2000.
[27] 朱宏亮. 项目进度管理[M]. 北京: 清华大学出版社, 2002.
[28] 张立友, 等. 项目管理实战剖析与PMP攻略[M]. 北京: 机械工业出版社, 2007.
[29] 周跃进. 项目管理[M]. 北京: 机械工业出版社, 2007.
[30] 周小桥. 项目管理工具与模板[M]. 北京: 清华大学出版社, 2005.
[31] 王祖和, 等. 现代工程项目管理[M]. 北京: 电子工业出版社, 2007.
[32] 中国国际工程咨询公司, 陈文晖. 项目管理的理论与实践[M]. 北京: 机械工业出版社, 2008.
[33] 乌云娜, 等. 项目管理策划[M]. 北京: 电子工业出版社, 2006.
[34] 邱菀华, 等. 现代项目管理导论[M]. 北京: 机械工业出版社, 2002.
[35] 邱菀华, 杨敏. 项目价值理论与实务[M]. 北京: 机械工业出版社, 2007.
[36] 杨侃. 项目设计范围管理[M]. 北京: 电子工业出版社, 2008.
[37] 郭捷. 项目风险管理[M]. 北京: 国防工业出版社, 2007.
[38] 张欣莉. 项目风险管理[M]. 北京: 机械工业出版社, 2008.
[39] 冯之楹, 等. 项目采购管理[M]. 北京: 清华大学出版社, 2000.

# 机工经管读者俱乐部反馈卡

完整填写本反馈卡将可以参加幸运抽奖

每月我们将会抽出 10 位幸运读者，免费赠送当月新书一本

加入俱乐部，将会收到我们定期发送的新书信息

获奖名单将公布在 http://www.Golden-book.com 及 http://www.cmpbook.com 上

## 个人资料

姓名：_____ 性别：□男 □女 年龄：_____ E-mail：_____
联系电话：_____ 传真：_____ 手机：_____
就职单位及部门：_____ 职务：_____
通讯地址：_____ 邮政编码：_____

## 单位情况

单位类型：
□国有企业　　　　　□私营企业　　　　　□政府机构
□股份制企业　　　　□外资企业（含合资）　□集体所有制企业
□其他（请写出）_____

单位所属行业：
□食品/饮料/酿酒　　□批发/零售/餐饮　　□旅游/娱乐/饭店
□政府机构　　　　　□制造业　　　　　　□公用事业
□金融/证券/保险　　□农业　　　　　　　□多元化企业
□信息/互联网服务　　□房地产/建筑业　　　□咨询业
□电子/通讯/邮电　　□其他（请写出）_____

单位规模：
□500 人以下　　□500—1000 人　　□1000—2000 人　　□2000 人以上

# 关于书籍

1. 您购买的图书书名：_____ ISBN：_____
2. 您是通过何种渠道了解到本书的？
   □报刊杂志　□电视台电台　□书店　□别人推荐　□其他_____
3. 您对本书的评价
   内容　　　□好　　　　□一般　　　□较差
   编排　　　□易于阅读　□一般　　　□不好阅读
   封面　　　□好　　　　□一般　　　□较差
4. 您在何处购买的本书
   □书店　□网络　□机场　□超市　□其他_____
5. 您所关注的图书领域是：
   □投资理财　　□人力资源　　□销售/营销　　□财务会计
   □管理学与实务　□其他_____
6. 您愿意以何种方式获得我们相关图书的信息？
   □电子邮件　　□传真　　　　□书目　　　　□试读本
7. 如果您希望我们发送新书信息给您公司的负责人，请注明所推荐人的：
   姓名_____　职务_____　电话_____
   地址_____　邮件_____

感谢合作！请确认我们的联系方式

联系人：胡嘉兴

地址：北京市西城区百万庄大街22号机械工业出版社经管分社

邮编：100037

电话：010-88379705

传真：010-68311604

电子邮箱：hjx872004@yahoo.com.cn

登记表电子版下载请登录：

http://www.golden-book.com/clubcard.asp 或http://www.golden-book.com

如方便请赐名片，谢谢！